Die siebzig großen Geheimnisse der alten Kulturen

Zweitausendeins

Die siebzig großen Geheimnisse der alten Kulturen

AUS DEM ENGLISCHEN VON
MANFRED MOTHES
PETRA POST UND
ANDREA VON STRUVE

HERAUSGEGEBEN VON BRIAN M. FAGAN

Schutzumschlag. Rücken: »Schlangengöttin«, Knossos, Kreta; Archäologisches Museum, Heraklion; Photo AKG, London/Erich Lessing. *Vorne, von l. nach r.*: Noah in der Arche, Detail des Mosaiks, San Marco, Venedig; Werner Forman Archiv. Megalithen bei Callanish auf Lewis, Schottland; Crown Copyright: mit freundl. Erlaubnis von Historic Scotland. Grabtuch (Negativfilm), Turin; Fortean Picture Library. »Muttergöttin«, Çatal Hüyük, Türkei; C. M. Dixon. Der Argo-Nachbau von Tim Severin; John Egan, Severin-Archiv. Terrakottafigur, Grab des Qin Shihuangdi; © Daniel Schwartz/Lookat, Zürich; Maya-Palast, Palenque, Mexiko; © Tony Morrison/South American Pictures. Detail der Goldmaske Tutanchamuns; Ägyptisches Museum, Kairo. Stonehenge; © Skyscan Balloon Photography, English Heritage Photographic Library.

Schmutztitel: Der bislang nicht entzifferte Diskus von Phaistos, vor einem Jahrhundert auf Kreta entdeckt; Archäologisches Museum, Heraklion.

Frontispiz: Die geheimnisvolle Stadt Tiahuanaco, Bolivien um 200 bis 600 n. Chr.; Blick über den Tempelkomplex zur Steintreppe, die zur Kalasasaya führt.

Seiten 5 bis 7 von l. nach r.: Die Arche Noah von Gustav Doré; die Monolithen bei Callanish, Insel Lewis, Schottland; die Sphinx von Gise; die Terrakottaarmee im Grab Qin Shihuangdis; Detail des Schreins von Auzon mit Runenschrift, um 700 n. Chr.; germanischer Krieger im Kampf mit einem römischen Legionär, Relief, 2. Jh., Rom.

Deutsche Erstausgabe.
1. Auflage, Oktober 2001.

Die englische Originalausgabe ist 2001 unter dem Titel »The Seventy Great Mysteries of the Ancient World. Unlocking the Secrets of Past Civilizations« bei Thames & Hudson, London, erschienen.

Lektorat und Register der deutschen Ausgabe:
Ekkehard Kunze (Büro W, Wiesbaden).
Redaktion: Gabriele Schönig, Hamburg.
Satz und herstellerische Betreuung der deutschen Ausgabe:
Dieter Kohler GmbH, Nördlingen.

Printed and bound in Hong Kong by Toppan.

Dieses Buch gibt es nur bei Zweitausendeins im Versand, Postfach, D-60381 Frankfurt am Main, Telefon 069-420 8000 oder 01805-23 2001, Fax 069-415 003 oder 01805-24 2001.
Internet www.Zweitausendeins.de, E-Mail info@Zweitausendeins.de.
Oder in den Zweitausendeins-Läden in Berlin, Düsseldorf, Essen, Frankfurt am Main, Freiburg, 2× in Hamburg, in Hannover, Köln, Mannheim, München, Nürnberg, Saarbrücken, Stuttgart.

In der Schweiz über buch 2000, Postfach 89, CH-8910 Affoltern a. A.

ISBN 3-86150-415-4

Inhalt

Mythen und Legenden: Was ist wahr?

Rätsel der Steinzeit

Alte Kulturen

Gräber und Schätze

Alte und nicht entzifferte Schriften

Der Untergang alter Kulturen

Autorenliste

BRIAN M. FAGAN ist Professor für Anthropologie an der University of California in Santa Barbara und namhafter Autor archäologischer Literatur. Er verfasste bedeutende Studien über Klimaveränderung, Ägypten, die Geschichte archäologischer Entdeckungen sowie das Standardlehrbuch *Ancient North America* (3. Aufl., 2000). **22, 45, 48, 65, 67, 68, 70**

DR. CHRISTOPHER CHIPPINDALE, Kurator am Cambridge University Museum of Archaeology and Anthropology, schrieb *Stonehenge Complete* (2. Aufl., 1994). Eines seiner Forschungsgebiete ist die Archäologie der Felsmalerei der Aborigines in Nordaustralien. **16, 25, 26, 29**

DR. RICHARD A. DIEHL ist Professor für Anthropologie und Direktor des Alabama Museum of Natural History an der University of Alabama. Sein Spezialgebiet ist seit 40 Jahren die Erforschung der antiken mesoamerikanischen Kulturen. Er schrieb *Tula: the Toltec Capital of Ancient Mexico* (1983) und *In the Land of the Olmec* (zusammen mit Michael D. Coe, 1980). **37**

DR. AIDAN DODSON ist Gaststipendiat am archäologischen Institut der University of Bristol. Er hat sich ausgiebig mit der Geschichte und der Grabarchäologie Ägyptens befasst. Seine letzten Veröffentlichungen sind *The Mummy in Ancient Egypt* (gemeinsam mit Salim Ikram, 1998) und *After the Pyramids* (2000). **35, 50**

ESTER EIDINOW arbeitet am Magdalen College, Oxford, an einer Dissertation über Probleme der Ungewissheit bei den Griechen der Antike. **39**

CAROL J. ELLICK ist Gründungsmitglied der Abteilung für Öffentlichkeitsarbeit der Statistical Research, Inc., einer archäologischen und geschichtswissenschaftlichen Beratungsgesellschaft in Tucson, Arizona. Ihr Spezialgebiet ist die Entwicklung archäologischen Unterrichtsmaterials für den voruniversitären Unterricht sowie Geschichtsinterpretationen im Rahmen der Öffentlichkeitsarbeit. **69**

DR. KENNETH L. FEDER ist Archäologe am anthropologischen Institut der Central Connecticut State University in New Britain, Connecticut. Er ist Gründer und Vorsitzender des Farmington River Archaeological Project, Mitglied des Committee for the Scientific Investigation of Claims of the Paranormal und Autor mehrerer Bücher, darunter *The Past in Perspective* (2000) und *Frauds, Myths, and Mysteries: Science and Pseudoscience in Archaeology* (4. Aufl., 2001). **5, 6, 7, 8**

ROBERTA HARRIS lehrt Archäologie des antiken Nahen Ostens, Schwerpunkt: die biblische Periode. Sie war mehrere Jahre Ehrenvorsitzende der Anglo-Israel Society und Herausgeberin des jährlichen *Bulletins* dieser Gesellschaft. Sie ist Autorin von *Exploring the World of the Bible Lands* (1995). **1, 2, 3, 9, 10, 53, 54**

DR. JOHN HAYWOOD ist Ehrenstipendiat am historischen Institut der University of Lancaster und Fellow der Royal Historical Society of Great Britain. Er schrieb mehrere Bücher, darunter *The Historical Atlas of the Celtic World* (2001) und *Encyclopedia of the Viking Age* (2000). **40**

CHARLES HIGHAM ist Professor für Anthropologie an der University of Otago, Neuseeland. Er betreibt seit 31 Jahren Forschungen in Thailand und Kambodscha und hat mehrere Bücher zu Fragen der Archäologie Südostasiens geschrieben, darunter *The Archaeology of Mainland Southeast Asia* (1989), *The Bronze Age of Southeast Asia* (1996) und *The Civilization of Angkor* (2001). Als Fellow der British Academy leitet Prof. Higham zurzeit ein großes Forschungsprojekt über die Ursprünge der Angkor-Kultur in Kambodscha. **52**

DR. MARK HUMPHRIES ist Dozent am Institut für Altertumsforschung der National University of Ireland in Maynooth und Spezialist für Geschichte und Archäologie der Römischen Spätantike und des frühen Christentums. Er schrieb *Communities of the Blessed* (1999), eine Neueinschätzung frühchristlicher Expansion in Westeuropa. **66**

PROF. LAWRENCE KEPPIE vom Hunterian Museum der University of Glasgow schrieb ausgiebig über folgende Themen: römische Legionen, lateinische Inschriften und römische Funde in Schottland. Zu seinen vielen Veröffentlichungen gehört *The Making of the Roman Army: From Republic to Empire* (1998). **42**

DR. DAVID LEWIS-WILLIAMS ist Professor emeritus und leitender Mentor am Rock Art Research Institute der University of Witwatersrand, Johannesburg. Zu seinen Veröffentlichungen gehören *Believing and Seeing: Symbolic Meanings in Southern San Rock Paintings* (1981), *Stories that Float from Afar: Nineteenth-Century/Xam San Folklore* (2000) und *The Shamans of Prehistory: Trance and Magic in the Painted Caves* (mit Jean Clottes, 1998). **20**

PROF. J. P. MALLORY von der School of Archaeology and Palaeoecology an der Queens University von Belfast hat sich auf die frühe Vorgeschichte der indoeuropäischen Völker spezialisiert. Er ist der Autor von *In Search of the Indo-Europeans* (1989) und Mitverfasser sowohl von *The Tarim Mummies* (2000) als auch der *Encyclopaedia of Indo-European Culture* (1997). **30, 36**

SIMON MARTIN ist Absolvent des Royal College of Art und hat gegenwärtig einen Forschungsauftrag am Institute of Archaeology des University College in London. Während der letzten sechs Jahre betrieb er epigraphische Feldforschung in Calakmul. Er ist Mitverfasser des *Chronicle of the Maya Kings and Queens* (2000). **14, 44**

STEVEN MITHEN ist Professor für frühe Vorgeschichte an der University of Reading. Nach seinem Studium an den Universitäten von Sheffield, York und Cambridge ging er 1992 nach Reading. Seine Forschungsinteressen sind die Evolution des menschlichen Geistes, die vorgeschichtlichen Jäger-Sammler-Gesellschaften und die Anwendung von Computersimulationen in der Archäologie. Gegenwärtig betreibt er Feldstudien in Wadi Faynan, Jordanien. Zu seinen Veröffentlichungen gehören *Thoughtful Foragers: A Study of Human Decision Making* (1990) und *The Prehistory of the Mind* (1996). **17, 18, 19, 23, 24**

DR. MICHAEL R. MOLNAR ist Astronom und Spezialist für astrologischen Symbolismus auf antiken Münzen. Er schrieb *The Star of Bethlehem: The Legacy of the Magi* (1999). **11**

DR. COLIN PARDOE ist Berater für archäologische und biologische Anthropologie. Er schrieb unter anderem über die Beziehungen von Biologie und Kultur. **21**

DR. KONSTANTINOS POLITIS ist Assistenz-Kurator für die mittelalterliche und moderne Geschichte Europas am British Museum und Spezialist für die Archäologie der Region des Toten Meers. Er war Leiter der Ausgrabungs- und Restaurationsarbeiten an der Lot-Kirche in Deir Ain Abata und beaufsichtigt nun Ausgrabungen im antiken Zoar in Safi, Jordanien. **4**

ANDREW ROBINSON ist der Autor von *The Story of Writing: Alphabets, Hieroglyphs and Pictograms* (1995) und *Lost Languages: The Riddle of the World's Undeciphered Scripts* (erscheint demnächst). Er ist wissenschaftlicher Redakteur von *The Times Higher Educational Supplement.* **55, 56, 57, 58, 59, 60, 61, 62, 63, 64**

CHRIS SCARRE ist stellvertretender Direktor des McDonald Institute for Archaeological Research und Herausgeber des *Cambridge Archaeological Journal.* Er war Herausgeber und Hauptverfasser von *Past Worlds: The Times Atlas of Archaeology* (1988) und *Timelines of the Ancient World* (1993). Er schrieb ebenfalls das *Chronicle of the Roman Emperors* (1995) und ist Mitverfasser von *World Civilizations* (1997). **27, 28, 41**

DR. IAN SHAW ist Dozent für ägyptische Archäologie an der University of Liverpool. Er ist Verfasser von *Egyptian Warfare and Weapons* (1991), Mitverfasser des *British Museum Dictionary of Ancient Egypt* (1995), Herausgeber der *Oxford History of Ancient Egypt* (2000) und Mitherausgeber von *Ancient Egyptian Materials and Technology* (2000). **31, 32, 33, 34**

DR. CHRISTOPH SNYDER ist außerordentlicher Professor für Europäische Geschichte am politik- und geschichtswissenschaftlichen Institut der Marymount University in Arlington, Virginia. Er schrieb *An Age of Tyrants: Britain and the Britons, AD 400–600* (1998) und *Exploring the World of King Arthur* (2000). **12**

DR. CHARLES STANISH ist außerordentlicher Professor für Anthropologie an der University of California, Los Angeles. Er führte Studien und Ausgrabungen im Becken des Titicacasees in Peru und Bolivien durch, Forschungsschwerpunkt: die Ursprünge komplexer politischer und ökonomischer Systeme. Zusammen mit Brian Bauer verfasste er *Ritual and Pilgrimage in the Ancient Andes* (2001). **46, 47**

DR. JAMES F. STRANGE ist Professor für Theologie an der University of South Florida in Tampa. Seine Spezialgebiete sind Forschungen zu Fragen des Neuen Testaments sowie die römische und byzantinische Archäologie des östlichen Mittelmeerraums. Er schrieb diverse Bücher und wissenschaftliche Artikel zu Fragen der Archäologie. **13**

DR. JO ANNE VAN TILBURG ist Leiterin des aktuellen Easter Island Statue Project. Sie ist außerordentliche Professorin am Cotsen Institute of Archaeology der University of California in Los Angeles, wo sie das Rock Art Archive leitet. Zu ihren Veröffentlichungen gehören *Easter Island Archaeology, Ecology and Culture* und der Eintrag zur Osterinsel in der *Encyclopaedia of Prehistory for Human Relations Area Files.* Gegenwärtig schreibt sie an einer Biographie über Katherine Routledge, die mit anderen Wissenschaftlern 1919 die Mana-Expedition zur Osterinsel leitete. **49**

DR. RICHARD F. TOWNSEND ist Kurator des Department of African and Amerindian Art am The Art Institute of Chicago. Er schrieb über Kunst, Architektur und Ritual-Landschaften der Azteken. Seine bekanntesten Veröffentlichungen sind *The Azteks* (2000) sowie die bedeutenden Ausstellungskataloge *The Ancient Americas* (1992) und *Ancient West Mexico* (1998). **15**

PROF. ROGER WILSON ist ordentlicher Professor und Leiter des archäologischen Instituts der University of Nottingham. Sein Spezialgebiet ist die griechische und römische Archäologie Siziliens und des zentralen Mittelmeerraums. Er schrieb mehrere Bücher, darunter *Sicily under the Roman Empire* (1990). **38, 42, 51**

Vorwort

ARCHÄOLOGEN STEHEN immer dann im öffentlichen Rampenlicht, wenn es um die Entdeckung eines der vielen Geheimnisse der über zweieinhalb Millionen Jahre alten Menschheit geht.

Die ungelösten Rätsel der Menschheitsgeschichte sind allgegenwärtig. Wir forschen nach Personen, Orten und Ereignissen, von denen die Mythen und Legenden erzählen, die verloren gegangen sind – vielleicht auch nur in unserer Vorstellung existiert haben, wo sie tiefen Symbolwert erlangten oder Teil eines festen Glaubens geworden sind. Es war immer ein Bedürfnis des Menschen, seine eigene Geschichte zu ergründen und zu verstehen, doch vieles verschwindet im Nebel der Vergangenheit und wird dadurch umso geheimnisvoller. Wie sind wir entstanden und wie haben wir uns entwickelt? Was geschah mit erfolgreichen Hochkulturen der Vergangenheit, die plötzlich untergingen und verschwanden, wie vom Erdboden verschluckt? Wie wurden die größten Monumente der Welt gebaut, und warum?

Wir stehen vor einer Vielzahl von Geheimnissen einer Periode, die wir vage und ungenau als »Altertum« bezeichnen. Noch vor einem Jahrhundert verband man mit diesem Begriff die alten Kulturen des Mittelmeerraumes: Ägypten, Griechenland, den Nahen Osten, Mesopotamien und Rom. Die Geheimnisse des Altertums haben die Wissenschaft beschäftigt, und man suchte nach der Arche Noah, dem Heiligen Gral und dem Garten Eden.

Heute umfasst die Welt des Altertums zweieinhalb Millionen Jahre Menschheitsgeschichte, von den Hominiden der Ebenen Afrikas über die ersten Maisbauern Mexikos bis zu den Königsgräbern Chinas. Verglichen mit der »Global-Archäologie« unserer Tage war die Welt der Antike vor hundert Jahren ein Dorf. Unsere Bühne ist die ganze Welt, und entsprechend wurde der Begriff erweitert. »Unser« Altertum umfasst alle Zeitalter der Menschheitsgeschichte und alle Teile der Erde, von den frühesten Anfängen bis zu der Zeit vor circa 500 Jahren, als sich die ersten Europäer aufmachten, die Neue Welt zu entdecken.

Viele Bücher sind über die berühmtesten Mysterien der Welt geschrieben worden, doch nur wenigen ist bekannt, wie weit die Lehrmeinungen über sie auseinander gehen und wie viele Geheimnisse der Vergangenheit noch ungelöst sind. *Die siebzig großen Geheimnisse der alten Kulturen* versucht, diese Lücke zu schließen. Unsere Auswahl mag auf Einwände stoßen, doch sie ist zeitlich und räumlich umfassend genug, um nicht nur die unglaubliche Vielfalt vergangener Hochkulturen vorzustellen, sondern auch Mysterien, die vor hundert Jahren noch völlig unbekannt waren. Stellvertretend seien erwähnt: Wer waren die ersten Amerikaner? Gab es einen Kult der Muttergöttin? Warum ging die Maya-Kultur so plötzlich unter, und haben Meteoriten frühe Zivilisationen ausgelöscht?

So manches Geheimnis der Vergangenheit ist heftig umstritten und wird von Laien wie Fachleuten mit der Leidenschaft religiöser Eiferer diskutiert. Dank der Sachkenntnis der 28 Experten, die an diesem Buch mitgewirkt haben, sind die 70 Beiträge über die großen Geheimnisse der alten Kulturen kompetent, sachlich und informativ. Sie beleuchten selbst die am heißesten diskutierten Themen der Vergangenheit aus einem objektiven Blickwinkel, und wo es keine endgültigen Antworten gibt, geben die Wissenschaftler dies erfrischend freimütig zu.

Einige der besten archäologischen Experten nehmen den Leser mit auf eine faszinierende, aufwühlende Reise zu den spannendsten Rätseln der Vergangenheit und haben ein Buch von bleibendem Wert geschrieben.

BRIAN FAGAN

Die großartigen Malereien der Chauvet-Höhle in Frankreich werden auf ein Alter von 32 000 Jahren geschätzt und sind die frühesten bekannten Beispiele gegenständlicher Malerei

Einleitung: Ein wissenschaftlicher Ansatz

Das schönste Erlebnis ist die Begegnung mit dem Geheimnisvollen. Sie ist der Ursprung jeder wahren Kunst und Wissenschaft.

ALBERT EINSTEIN, 1930

DIE SINTFLUT, ATLANTIS, Rätsel der Steinzeit, nicht entzifferte Schriften und im Nebel der Vergangenheit verschwundene Kulturen: Dieses Buch ist eine Reise durch die gesamte Menschheitsgeschichte zu den größten ihrer Rätsel. Manche dieser Geheimnisse werden wohl nie wissenschaftlich gelöst werden. Andere sind fundamentale Fragen zu vergangenen Kulturen, die Historiker seit über einem Jahrhundert beschäftigen.

Die siebzig großen Geheimnisse der alten Kulturen ist in sechs Teile gegliedert. Wir beginnen mit »Mythen und Legenden« und stellen einige der bekannteren Mysterien der Vergangenheit vor, die im Laufe vieler Jahrhunderte allgemeines Kulturgut geworden sind. Wissenschaft und Mythos können bekanntlich kaum gegensätzlicher sein. Erstere fordert handfeste Beweise, während Letzterer ergebenen Glauben verlangt. Wir verfolgen einen wissenschaftlichen Ansatz, indem wir nach den historischen Fakten in unvergänglichen Legenden suchen. Zum Beispiel prüfen wir die Beweise für die Existenz des Gartens Eden und des Auszugs aus Ägypten und diskutieren die anhaltenden Kontroversen über Atlantis und den Trojanischen Krieg, die seit dem 19. Jahrhundert die Wissenschaft beschäftigen. Das Schlüsselwort ist hierbei »Beweise«. Welche handfesten Beweise gibt es für den Heiligen Gral und für Aztlán, den sagenumwobenen Stammsitz der Azteken? Basiert die Geschichte von Jason und den Argonauten tatsächlich auf Reisen griechischer Abenteurer zum Schwarzen Meer? Ist die Suche nach der Bundeslade von vornherein zum Scheitern verurteilt? Enthält die »Traumzeit« der australischen Aborigines Erinnerungen an die erste Besiedlung des Kontinents vor Zehntausenden von Jahren? Und zeigt das berühmte Grabtuch in Turin wirklich ein Abbild Christi?

»Rätsel der Steinzeit« beschäftigt sich mit dem weiten Feld der frühen Vorgeschichte und einigen ihrer Hauptfragen, die die Archäologie umtreibt. Der Ursprung der Menschheit und die wissenschaftliche Debatte über ihre Frühzeit im tropischen Afrika werden ebenso untersucht wie der Beginn unserer Sprache und die geheimnisvollen ersten Kunstwerke vor mehr als 30 000 Jahren. Wer waren die ersten Amerikaner? Wie kamen die ersten Menschen nach Australien, und wie lange ist das her? Was war verantwortlich für das Aussterben von Wollmammut und Säbelzahntiger am Ende der Eiszeit? Weitere fundamentale Fragen betreffen die Anfänge der Landwirtschaft im

Theseus tötet den Minotaur. Griechische Vase mit schwarzfiguriger Darstellung, circa 540 v. Chr. Nach der Legende lebten auf Kreta die Minoer, in deren religiösen Zeremonien Stiere im Zentrum standen

Rechts: **Der Lindow-Mann, gefunden in einem Torfmoor Nordenglands, ist nur eine von vielen in Nordeuropa gefundenen Leichen ähnlicher Art. Wir wissen nicht, ob sie geopfert, ermordet oder hingerichtet wurden**

Unten: **Die rätselhaften Skulpturen der Osterinsel faszinieren ihre Betrachter seit dem 18. Jahrhundert. Die *moai* genannten Steinriesen stellen wahrscheinlich berühmte Vorfahren dar. Die roten Kopfbedeckungen entsprechen dem im polynesischen Raum üblichen Federschmuck**

Ein Jäger mit Pfeil und Bogen: Felskunst in den südafrikanischen Drakensbergen. Darstellungen dieser Art finden sich überall auf der Welt, oft auf offenen oder nur leicht geschützten Oberflächen. Sie zeigen, wie die Menschen des Altertums ihre Welt wahrnahmen

südwestlichen Asien vor 12 000 Jahren, die das Zusammenleben der Menschen bis heute nachhaltig veränderte. Viele glauben, dass die ersten Bauern eine matriarchalisch orientierte Gesellschaftsordnung hatten, entstanden aus einem Kult der Muttergöttin. Wir überprüfen die Zeugnisse für diesen Glauben. Und wer war Ötzi, der berühmt gewordene Mann aus dem Eis, der vor über 5000 Jahren in den Alpen den Tod fand und dessen Leiche wundersamerweise erhalten blieb? Wo kamen die Indoeuropäer her, und wie entstand Stonehenge?

»Alte Kulturen« behandelt ebenfalls zahlreiche kontroverse Themen, darunter den Afrozentrismus und den Ursprung altägyptischer Kulturen sowie die Herkunft der Olmeken Mesoamerikas. Diese Streitthemen werden leidenschaftlich diskutiert, ebenso wie die Frage nach dem Alter der ägyptischen Sphinx. Weiter gibt es Fragen, die die moderne Wissenschaft bis heute nicht beantworten kann: Woran starb Tutanchamun, und was bedeuten die geheimnisvollen Nasca-Linien im Süden Perus? Menschenopfer und Mumifizierungen sind Phänomene, die uns in vielen alten Kulturen begegnen und uns fragen lassen, warum Völker wie die Inka oder die Karthager ausgerechnet Kinder opfern mussten. Wollten sie ihre Götter gnädig stimmen und eine Verbindung zwischen der Fruchtbarkeit des Bodens und dem Weiterleben nach dem Tod herstellen? Die im chinesischen Tarimbecken aufgefundenen mumifizierten Leichen waren keine Menschenopfer, aber wer waren diese mysteriösen Menschen mit ihren Tätowierungen und den karierten Kleidern? Selbst das alte Rom, über das uns Archäologen und klassische Autoren so viel berichtet haben, birgt noch reichlich Geheimnisse, vom Mithras-Kult bis zu den verschollenen Legionen.

»Gräber und Schätze« behandelt einige der spektakulärsten archäologischen Entdeckungen und die vielen Fragen, die sie aufgeworfen haben. Die Schriftrollen vom Toten Meer zum Beispiel sind zu einem Politikum geworden und geben neue Aufschlüsse über die Heilige Schrift. Und die Terrakotta-Armee des chinesischen Kaisers Qin Shihuangdi lässt die unermesslichen Reichtümer erahnen, die noch in den Katakomben der ungeöffneten Grabstätte verborgen sind. All dies sollte uns daran erinnern, dass spektakuläre Funde nur ein Teil der Entdeckerfreuden sind. Viel wichtiger sind die Fragen, die sich aus ihnen ergeben, über die Kulturen, aus denen sie stammen, und die Religionen, die hinter ihnen stehen.

Links: **Der Archäologe Johan Reinhard legt die gefrorene Mumie eines Kindes frei, das von den Inka auf einem Andengipfel geopfert wurde. Damit sollte die mächtige Schöpfungsgottheit beschwichtigt werden, die auf hohen Bergen ihr Reich hatte**

Gegenüberliegende Seite: **Die Kapelle innerhalb der Rotunde der Grabeskirche in Jerusalem soll über der Begräbnisstätte Christi erbaut worden sein. Das Grab wurde vermutlich von Erzbischof Makarius wiederentdeckt, der im Auftrag des römischen Kaisers Konstantin handelte**

»Alte und nicht entzifferte Schriften« widmet sich den größten ungelösten Rätseln der Archäologie. Neben zeitaufwendiger Teamarbeit erfordert die Entzifferung alter Schriften erhebliche Erfahrung von Seiten der häufig unter starkem Konkurrenzdruck stehenden Wissenschaftler. Neben der Liebe zum Detail müssen sie oft den Mut haben, völlig umzudenken und neue Ansätze zu finden. Die gefeierte Entschlüsselung der ägyptischen Hieroglyphen, der assyrischen Keilschrift und der Maya-Schrift ist allgemein bekannt. Wir wollen jedoch Schriften vorstellen, um deren Entzifferung sich Wissenschaftler seit Generationen erfolglos bemüht haben, darunter die Indus-Schrift, die kretisch-minoische Linear-A-Schrift und einige frühe Inschriften aus dem Hochland Mexikos.

»Der Untergang alter Kulturen« befasst sich mit dem Niedergang verschiedener alter Zivilisationen – ein erstaunlicherweise wenig erforschtes Thema. Der Fall Roms und der Untergang der Maya-Kultur werden seit Generationen diskutiert. Ökologische Probleme, soziale Spannungen, Krieg und viele andere Faktoren wurden oft genannt, um solche Phänomene zu erklären, doch in jüngerer Zeit wird auch Naturereignissen Beachtung geschenkt, besonders seit wir in der Lage sind, abrupte

Gegenüberliegende Seite: **Luftaufnahme der geheimnisvollen Linien von Nasca im Süden Perus, die zwischen 100 v. Chr. und 700 n. Chr. datieren. Manche Wissenschaftler halten sie für Straßen, die zeremoniellen Zwecken dienten, andere für alte Wasserwege**

Links: **Die grandiosen Ruinen der Maya-Stadt Palenque in Mexiko: Die Frage, warum blühende Kulturen wie die der Maya plötzlich untergingen, ist eine der größten Herausforderungen für die historische Wissenschaft**

Gegenüberliegende Seite, rechts: **Die seltsamen Symbole und Rituale des römischen Mithras-Kults beschäftigen die Wissenschaft seit langem. Dieses Relief aus dem römischen Legionslager Housesteads in Nordengland stellt Mithras' Geburt aus einem Ei dar**

Rechts: **Eine Tasse mit etruskischer Inschrift. Die Sprache der Etrusker bleibt ein Rätsel, obwohl wir die Bedeutung der einzelnen Zeichen verstehen**

Klimaveränderungen während der letzten Jahrtausende zu verfolgen. Wir zeigen, wie die neuesten Erkenntnisse über El Niño unsere Vorstellungen vom Untergang der Mochica-Kultur im nördlichen Küstengebiet Perus beeinflusst haben. Ebenfalls könnten strengste Trockenperioden für das Verschwinden der Anasazi im Südwesten Nordamerikas verantwortlich sein. Noch dramatischer muten neue Theorien an, die katastrophale Meteoriteneinschläge und andere astronomische Großereignisse mit dem Untergang einzelner Kulturen in Verbindung bringen.

Ein Dreivierteljahrhundert nach der Entdeckung der Grabkammer des Tutanchamun hat sich der archäologische Fortschritt keineswegs verlangsamt. Viele große Mysterien der Vergangenheit sind noch ungelöst und faszinieren Fachleute wie Laien gleichermaßen. Darin liegt der Reiz der Archäologie: Die Menschheit in all ihrer wundersamen Vielfalt zu entdecken.

Mythen und Legenden: Was ist wahr?

»NUN DENN, SO WILL ICH EUCH in die Welt der Legende führen. Ihr wisst schon, jene Zeit und jener Ort, wo Tiere sprachen und lebten wie wir, ungezähmt, ungebrochen, echte Tiermenschen ...« Diese Schöpfungsgeschichte aus dem Nordwesten Indiens ist eine von zahllosen Mythen. Sie versucht die Weltordnung zu erklären, den Beginn allen Daseins. Die alten Ägypter hatten den Gott Atum, der dem Urmeer entstieg und den Urhügel aufschüttete. Im ersten Buch Mose (Genesis), Kapitel 1, wird beschrieben, wie Gott die Welt und die Menschen in sechs Tagen erschuf. Wir Menschen haben die Gabe der Spiritualität und Symbolik, wir definieren die Grenzen der Existenz und stellen die Beziehungen zwischen Individuum, Gemeinschaft und Kosmos in Dichtung und Musik dar. So sind wir auch bemüht, Vergangenes zu erforschen und dem Wahrheitsgehalt von Mythen und Legenden auf die Spur zu kommen.

Die größten Werke der Weltliteratur – darunter die Heilige Schrift, die *Ilias* von Homer, das Gilgamesch-Epos und die Sagen des Nordens, um nur einige zu erwähnen – waren ursprünglich mündlich überlieferte Erzählungen, die erst viel später niedergeschrieben und bis heute ausgiebig erforscht, analysiert oder einfach nur gelesen werden. Sie enthalten einige der berühmtesten Erzählungen von Heldenmut und Abenteuer: Jason und seine Suche nach dem Goldenen Vlies oder Theseus' Kampf mit dem Minotaur im Labyrinth. Und unvermeidlich stellt sich die Frage aller Fragen: Ist das alles wahr? Floh Moses tatsächlich aus Ägypten, als dort die Blattern wüteten? Wurden Sodom und Gomorrha wirklich im Schwefel- und Feuerregen zerstört? Ist der Trojanische Krieg eine historische Tatsache, und lebte König Artus wirklich und suchte den Heiligen Gral? Endgültige Antworten können wir nicht geben, denn Legenden entziehen sich beharrlich dem Zugriff wissenschaftlich korrekter Überprüfung.

Jean-François Detroy, *Die Eroberung des Goldenen Vlieses*, 1743: Was ist wahr an der Geschichte von Jason und den Argonauten?

Die gestellte Aufgabe ist außerordentlich anspruchsvoll. Die Suche nach dem Garten Eden erfordert Einblick in die sumerische Literatur ebenso wie in die archäologische Forschung. Sir Leonard Woolley irrte in der Annahme, er hätte bei einer Ausgrabung in Ur im südlichen Irak Spuren der biblischen Sintflut gefunden. Heutige Theorien gehen davon aus, dass die plötzliche Überflutung des Euxine-Sees zur Entstehung des Schwarzen Meeres geführt hat, was im Volksglauben als Sintflut überliefert wurde. Mengen belletristischer und wissenschaftlicher Literatur existieren zum Phänomen Atlantis. Eine der beständigsten Theorien stützt sich auf den griechischen Philosophen Platon, der vage Erinnerungen an einen verheerenden Vulkanausbruch auf Santorin im 17. oder 16. Jahrhundert v. Chr. aufgezeichnet haben soll. Die Beschäftigung mit neuen, unkonventionellen Theorien ist ständigen Angriffen jener Wissenschaftler ausgesetzt, die beispielsweise die Bundeslade, die Zehn Verlorenen Stämme Israels oder den Stern von Bethlehem für unumstößliche historische Wahrheiten halten. Heldensagen und große Katastrophen beinhalten abenteuerliche Szenarien und bieten häufig simplifizierende Erklärungen für die Vergangenheit. Oft genug jedoch beweist die Wissenschaft, dass die tatsächlichen historischen Ereignisse einfach komplizierter waren.

Alle frühen Kulturen hatten überzeugende Ideologien, um ihre Herkunft zu erklären oder den Machtanspruch von gottähnlichen Königen und anderen Herrschern zu rechtfertigen. Die Mythologie der Maya war ein faszinierendes Märchen, in deren Zentrum mächtige Landesfürsten standen. Ihre Priester unterhielten den berühmten Langzählungskalender, von dem manche annehmen, dass er das Ende der Welt im Jahr 2012 voraussagt. Aber kann man Maya-Lehren auf das 21. Jahrhundert anwenden? Die Azteken des mexikanischen Hochlandes hatten sich im frühen 15. Jahrhundert n. Chr. eine fantastische Nationalgeschichte erschaffen, mit der sie ihre Eroberungsfeldzüge rechtfertigten. Diese frei erfundene Vergangenheit sah ihr Stammland im Nordwesten des Mexikanischen Beckens an einem See namens Aztlán, der bisher noch nicht entdeckt worden ist. Die wissenschaftliche Suche geht weiter.

Maya und Azteken sahen die natürliche und die geistige Welt als eine Art Kontinuum, in der Menschen mit außergewöhnlichen Geisteskräften hin- und herzuwechseln vermochten, um mit Vorfahren und anderen Wesen der jenseitigen Welt zu kommunizieren. In diesen Kulturen kam nie die Frage auf, ob Heldensagen und Schöpfungsgeschichten wahr sind oder einer wissenschaftlichen Prüfung standhalten. Sie sind einfach Teil des Weltgefüges. Die australische »Traumzeit« ist eine solche symbolische Welt, die alle umgibt und alles durchdringt.

Das Grabtuch Christi in Turin gehört zu den bekanntesten christlichen Reliquien. Es ist ein Tuch, auf dem Vorder- und Rückansicht eines Mannes zu erkennen sind, von dem behauptet wird, er sei Jesus. Radiokarbonmessungen datieren das Tuch auf das 13. oder 14. Jahrhundert, aber es gibt einige Ungereimtheiten, sowohl bezüglich der Datierung als auch der Entstehung des Abbildes. Der Streit um dieses Tuch ist ein klassisches Beispiel für die Grenzen, die den wissenschaftlichen Bemühungen um die Lösung der Rätsel der Vergangenheit gesetzt sind.

Eine der größten wissenschaftlichen Herausforderungen liegt in der Überprüfung überlieferter Legenden und Mythen. Die Suche nach Antworten erscheint nur dann als harmlos, wenn man in Rechnung stellt, dass sie für viele Menschen unverrückbare historische Tatsachen sind oder gar der Kern ihrer tiefsten religiösen Überzeugung. Und leidenschaftlicher Glaube ist stärker als alle Wissenschaft.

Der Heilige Gral erscheint vor Lancelot und den Rittern der Tafelrunde. Ob König Artus und sein sagenumwobener Hof wirklich existierten, wird immer noch lebhaft debattiert

Der Garten Eden

Zeit: mythisch
Ort: wahrscheinlich südlicher Irak

Eden ist ein unvergleichlicher Ort auf dieser Welt, und niemand soll wissen, wo er liegt. Wenn die Zeit gekommen ist ... wird Gott uns den Weg nach Eden weisen.

RABBINISCHES GLEICHNIS

NIEMAND HAT JE ERFAHREN, wo der biblische Garten Eden liegt, durch den ein großer, Leben spendender Strom fließt. Der Satz »Und Gott der Herr pflanzte einen Garten in Eden gegen Osten hin« (1. Mose 2,8) aus dem ersten Buch Mose soll auf ein Gebiet im südlichen Irak verweisen, das einmal das Land von Sumer und Akkad genannt wurde. Viele Jahrhunderte wurde vergeblich nach diesem sagenhaften Garten gesucht. Ähnliche Legenden waren auch aus Sumer bekannt, doch fehlte ihnen die Dimension von Sünde und Buße der hebräischen Fassung. Später dachten Theologen, angefangen bei Paulus, eher an einen himmlischen Ort der Freuden als an ein irdisches Paradies (2. Korinther 12,3–4).

Die Bibel sieht den Garten Eden als ein irdisches Paradies, in dem Adam und Eva den Segen Gottes erhalten. Die dargestellte Sphäre der Planeten bildet die Trennlinie zwischen Himmel und Erde

Links: **Gartenszene aus einer persischen Handschrift des 16. Jahrhunderts n. Chr.: Der Begriff »Paradies« hat seinen Ursprung in einem persischen Wort mit der Bedeutung »Park«**
Oben: **Wandmalerei eines Teichs im Garten des Nebamun aus seinem Grab in Theben, 18. Dynastie, um 1420 v. Chr.: Der Teich ist von Schatten spendenden Bäumen umgeben**

Gärten in Ägypten und im Nahen Osten

Die Vorstellung eines Gartens wurzelt tief in der semitischen Ideenwelt – möglicherweise als Gegenbild zu den ausgedörrten Landstrichen rings um die bewohnten Gebiete. Es ist gewiss nicht leicht, der kargen Erde des Nahen Ostens Nahrung abzutrotzen. Dieses weite Land ist schon immer ein Gebiet extremer Gegensätze gewesen: wasserreiche, schattige Oasen, gehegt und gepflegt von ihren Bewohnern, umgeben von lebensfeindlicher Wüste. Die fruchtbaren Täler von Euphrat und Tigris auf ihrem Weg durch die Türkei, Syrien und den Irak und der Nil in Ägypten kontrastieren mit den umliegenden Trockenebenen und Sandwüsten. Ohne Wasser ist alles dem Tod geweiht – Mensch, Tier und Pflanze, und selbst entlang der Küste kann das Land nur dort bestellt werden, wo Quellen oder Flüsse vorhanden sind. Niemand kann genau vorhersagen, wo Regen fallen wird, und ohne ständigen Wasserzufluss sind auch Bewässerungsanlagen wertlos. Der Traum des Pharaos von den sieben fetten und sieben mageren Jahren (1. Mose 41, 1–4) spiegelt eine durchaus realistische Situation wider, die erst mit dem Bau des Assuan-Staudamms Mitte des 20. Jahrhunderts beendet war.

So hatte die Idee des Gartens über Jahrtausende einen hohen Stellenwert im Nahen Osten. Der Name »Eden«, der seinen Ursprung entweder im akkadischen Wort *edinu* hat, das so viel bedeutet wie »Ebene«, oder, was noch wahrscheinlicher ist, dem hebräischen Begriff für »Sinnesfreude« entstammt, war von Anbeginn mit der Vorstellung des Paradieses verknüpft. Unser Wort »Paradies« hat seine Wurzeln im altpersischen *apiri-daeza* – ein Park –, das später zum hebräischen *pardes* und danach zum griechischen *paradeisos* wurde. In griechischen Bibelübersetzungen wurde dieses Wort zuerst für den Garten Eden, später für alle Parks und Lustgärten verwendet, so zum Beispiel für die von Gärten, Bädern und Wasserspielen umgebene Palastanlage, die König Herodes im 1. Jahrhundert v. Chr. in Jericho errichtete.

Im pharaonischen Ägypten umgaben Könige und Adlige ihre Häuser mit bewässerten Gärten, in denen Obst und Gemüse wuchsen. Speisefisch wurde in Teichen ge-

züchtet, deren schattige Ufer den Bewohnern Erholung während der Hitze des Tages boten. Im Alten Testament ist die Rede von einem solchen Garten, gelegen zwischen den Doppelmauern um die Stadt Jerusalem (2. Könige 25,4), wobei es sich um den im zweiten Buch der Könige 21,18 erwähnten Garten Usas handeln könnte. Auch anderswo im Nahen Osten des Altertums entstanden königliche Gärten, so um die Paläste Assyriens und Babylons. Einige Könige hielten Wildtiere in riesigen Parkanlagen. Doch war ihnen weniger am Artenschutz gelegen als an der Jagd auf importierte oder zu diesem Zweck gezüchtete Tiere. Das bekannteste Beispiel dürften die Löwen des Assurbanipal (668–627 v. Chr.) sein, dargestellt in Reliefs seines Palastes in Ninive. Ein weiteres Relief zeigt denselben König und seine Gattin beim Festmahl in einer von Bäumen umgebenen Laube ihres Palastgartens und ein anderes aus Ninive stellt wahrscheinlich den Garten des Sanherib (704–681 v. Chr.) dar. Kreuz und quer durchziehen ihn Bewässerungsgräben, die von einem Aquädukt gespeist werden, den der König bauen ließ, um Wasser aus den 80 Kilometer östlich gelegenen Zagros-Bergen in die Parks und Gärten der Stadt zu leiten.

Die Hängenden Gärten von Babylon

Die berühmtesten aller Gärten – die Hängenden Gärten von Babylon – waren schon im Altertum bekannt. Diese »Gärten der Lüste« (eine passende Übersetzung für den Garten von Eden) waren eines der Sieben Weltwunder der Antike. Der Legende nach wurden sie vom babylonischen König Nebukadnezar errichtet und seiner Gattin Amytis zum Geschenk gemacht, die sich nach den bewaldeten Bergen ihrer Heimat sehnte. Zu Beginn des 20. Jahrhunderts glaubte der deutsche Archäologe Robert Koldewey die Überreste des Baus entdeckt zu haben, den er sich als

Oben: **Assurbanipal, König von Assyrien, beim Festmahl in den Palastgärten, Relief aus dem Palast von Ninive, 7. Jahrhundert v. Chr.** *Unten:* **Die wiederhergestellte Fassade von Nebukadnezars Thronsaal in Babylon, 6. Jahrhundert v. Chr.**

Oben: **Ein mesopotamisches Zylindersiegel mit zwei sitzenden Figuren zu beiden Seiten eines heiligen Baumes, die rechte ist eine Göttin, erkennbar an den Hörnern ihres Kopfschmucks. Hinter den Figuren befinden sich aufgerichtete Schlangen – stehen sie in Beziehung zum Garten Eden?**
Links: **Adam und Eva in einer Darstellung von Masolino und Masaccio, 15. Jahrhundert: Man beachte die Abbildung der Schlange mit einem Frauenkopf**

eine Art terrassenförmig angelegte, mit Pflanzen bewachsene Zikkurat vorstellte. Bei jüngeren archäologischen Forschungen stieß man auf eine Stelle nördlich des Königspalastes, wo sich ausgedehnte, bewässerte und mit Pflanzen und Bäumen bewachsene Terrassen befunden haben könnten, die dem König, seiner Familie und seinem Gefolge zur Verfügung standen. Interessanterweise liegt diese Stelle zwischen der Mauer des eigentlichen Palastes in der nordwestlichen Ecke Babylons und der nördlichen Stadtmauer. Es ist daher zu vermuten, dass, wie in Jerusalem, der Raum zwischen den doppelten Verteidigungsmauern der Stadt in der Nähe des Palastes der klassische Ort für derartige Gärten war.

Die Vorstellung von Eden

Die königlichen Gärten des antiken Nahen Ostens sind Manifestationen einer mythischen Vorstellung. Das Bild des Gartens Eden aus der Bibel zeigt ein irdisches oder himmlisches Paradies, einen Ort des Friedens und der Ruhe für die Menschen. Im westlichen Kulturkreis beschwört es das »Goldene Zeitalter«, die »Insel der Glückseligkeit« oder »Elysium«. Die Vorstellung von arkadischer Unschuld hat nichts von ihrer Kraft verloren.

In der Bibel ist Eden ein Ort der Unschuld in einer Zeit der Unschuld, als Gott noch mit uns sprach und wir mit ihm, wie mit einem Freund. Dann wurden wir erwachsen. Als die Frucht vom Baum der Erkenntnis uns die Augen für die Realität unseres Daseins geöffnet hatte, war unsere Menschwerdung vollendet. Nun mussten wir arbeiten, um zu leben, nun waren Armut, Bosheit, Krankheit und Tod in die Welt gekommen und lauerten uns auf. Gleichnisse enthalten uralte Wahrheiten, die uns tief berühren. Heute, mehr denn je, erkennen wir, dass der Garten Eden nur in unseren Herzen liegt, wo seine mythische Bedeutung viel tiefer wirkt, als es konkrete Fakten je tun könnten.

Die Sintflut und die Arche Noah

Zeit: mythisch/Mitte 6. Jahrtausend v. Chr.
Ort: südwestliche Türkei/Schwarzes Meer?

2

Da sprach Gott zu Noah: Das Ende alles Fleisches ist bei mir beschlossen, denn die Erde ist voller Frevel von ihnen; und siehe, ich will sie verderben mit der Erde. Mache dir einen Kasten von Tannenholz ... Denn siehe, ich will eine Sintflut kommen lassen ... Alles, was auf Erden ist, soll untergehen.

1. MOSE 6,13–14, 17

DIE BIBLISCHE GESCHICHTE von der großen Flut, in der die ganze Welt ertrank, wird im Buch der Schöpfung (Kap. 6–9) erzählt. Als Gott beschloss, wegen der Sünden der Menschen seine Schöpfung zu vernichten, nahm er allein Noah davon aus, weil der rechtschaffen war. Er gab ihm genaue Anweisungen zum Bau eines Schiffes (gewöhnlich als Arche bezeichnet), ähnlich einem lang gestreckten Haus mit einem Giebeldach und vielen Räumen. Als der Regen einsetzte, führte Noah seine Familie an Bord sowie ein Paar von jeder Spezies der Tierwelt.

Der Regen fiel weiter, bis alles Land versunken war, doch schließlich ließ er nach, und die Fluten gingen zurück. Die Arche strandete am Berg Ararat, und Noah sandte Vögel aus, um zu prüfen, ob man das Schiff verlassen konnte. Zuerst schickte er einen Raben und dann dreimal eine Taube. Als die letzte Taube nicht zurückkehrte, wusste Noah, dass sie an Land gehen konnten. Sogleich brachte er ein Dankopfer dar. Gott nahm es an und beschloss, nie wieder die Erde zu verfluchen, um die Menschen für ihre Sünden zu bestrafen. Er schloss einen Bund mit Noah und seinen Söhnen und sprach: »Seid fruchtbar und mehret euch und füllet die Erde« (1. Mose 9,1). Er vertraute den Menschen die Tiere an und setzte zum Zeichen des neuen Bundes einen Regenbogen an den Himmel.

Die Suche nach der Arche Noah

Schon immer haben Menschen in dem einen oder anderen Berg den Ort zu erkennen geglaubt, wo einst Noahs Arche anlegte. In jüngerer Zeit haben zahlreiche Expeditionen versucht, deren Überreste zu finden, und es gibt nicht wenige Berge im Nahen Osten, die dafür in Frage kommen. Einer ist der Pir Omar Gudrun, früher Berg Nisir genannt, nahe Kirkuk im Irak (dem früheren Mesopotamien), östlich des alten assyrischen Kernlandes im Zagros-Gebirge. Eine weitere mögliche Stelle liegt im Taurus-Gebirge östlich des Vansees in Armenien. Zur Zeit des Assyrischen Reichs (ca. 9.–7. Jahrhundert v. Chr.) lag dort das Reich Urartu (man beachte die Ähnlichkeit des Namens mit dem biblischen Ararat). Der Massis, höchster Gipfel dieser Bergkette, war gelegentlich das Ziel von Expeditionen auf der Suche nach der Arche Noah. Gleiches gilt für die kurdischen Berge südöstlich des Vansees, aber trotz zeit-

Die Arche Noah am Fuße des Berges Ararat: Eine Taube kehrt mit einem frischen Zweig im Schnabel zu Noah zurück, ein erstes Zeichen für das zurückweichende Wasser der Sintflut

Links: **Die Tafel II des berühmten altbabylonischen Gilgamesch-Epos: Sie erzählt die Geschichte Ut-Napishtims, des mesopotamischen Gegenstücks zu Noah, circa 2000 bis 1800 v. Chr.**
Gegenüberliegende Seite: **Dieses Mosaik aus der Basilika San Marco in Venedig zeigt Noah und seine Familie in der Arche. Eine Taube kehrt zurück, während viele Tierarten die Arche bereits paarweise verlassen haben**

weilig aufkeimender Hoffnungen wurde die Arche nie gefunden. Diese Tatsache ist kaum verwunderlich, denn schließlich wurde Noahs Geschichte im Buch Mose nicht gerade in historisch korrekter Terminologie abgefasst, sondern hat eine eher mythologische Form. Sie basiert auf dem ursprünglichen und wenig entwickelten Konzept eines Gottes, der noch in direktem Kontakt zu seinen Gläubigen steht. Zwar wird ihm zweifellos die alleinige Allmacht zugeschrieben, doch hat er durchaus menschliche Züge und unterscheidet sich darin nicht allzu sehr von den Gottheiten anderer Völker des Nahen Ostens der damaligen Zeit.

Spuren der Sintflut

Oft ist darauf hingewiesen worden, dass die Legenden von der großen Flut und dem Helden, der sie überlebt, um der Welt neues Leben zu schenken, in den Mythologien vieler Kulturen existieren, von Amerika bis Südostasien und vom Mittelmeer bis Mesopotamien. Deukalion nannten die Griechen ihren Helden der Fluten. Wie Noah baute er mit seiner Frau ein Schiff, lud Tiere ein und segelte vor der Vernichtung davon. In Mesopotamien hieß er zu unterschiedlichen Zeiten Ziusudra, Atrahasis oder Ut-Napishtim.

Die mesopotamische Version der Legende entspricht der Geschichte der Bibel am meisten. George Smith vom Britischen Museum veröffentlichte im Jahre 1873 das Gilgamesch-Epos, die Sage vom König von Uruk, der mit seinem Begleiter Enkidu viele Abenteuer bestand. Als Enkidu starb, machte sich der verzweifelte Gilgamesch auf, das Geheimnis des ewigen Lebens von seinem Vorfahr Ut-Napishtim zu erfahren, der die große Flut überlebt hatte und von den Göttern mit Unsterblichkeit belohnt worden war. Detailliert wird auf die Geschichte des Ut-Napishtim eingegangen, die, abgesehen von der Vielzahl der beteiligten Götter, der biblischen Geschichte Noahs in hohem Maße gleicht.

Als der englische Archäologe Leonard Woolley um 1920 in Ur, der Geburtsstadt des biblischen Stammvaters Abraham, Ausgrabungen machte, glaubte er auf Beweise für die Sintflut gestoßen zu sein und telegrafierte sofort nach London. Leider war die Aufregung, die er damit auslöste, umsonst, denn er hatte sich geirrt. Ebenso erfolglos verliefen spätere Ausgrabungen an anderen Stellen der südlichen Hochebene Mesopotamiens. Zwar stieß man zwischen Sedimenten, die Spuren von Zivilisation enthielten, wie Tonscherben, Gräber und Reste von Bauwerken, auf dicke Schichten von Schwemmsand, doch waren diese lokal begrenzt und viel zu wenig ausgedehnt, um als Beweise für eine Sintflut in Frage zu kommen. Es handelte sich vielmehr um Spuren örtlicher Überschwemmungen durch Euphrat und Tigris, die beiden großen Flüsse des Landes von Sumer und Akkad.

Alle Städte Mesopotamiens liegen zwangsläufig an einem der beiden Ströme oder wenigstens einem ihrer Zuflüsse. Einerseits waren sie die Leben spendenden Wasseradern des Landes, andererseits bedrohten sie es ständig mit Überschwemmungen. Ein Unwetter weit im Norden am Oberlauf der Flüsse oder ein zu rasches Abschmelzen der winterlichen Schneedecke in den Bergen verwandelte sie schnell in reißende Ströme, die über die Ufer traten und enorme Verwüstungen auf relativ eng begrenztem Raum anrichteten. Umso häufiger geschah dies dort, wo die Unterläufe der Flüsse in eingedeichten Betten träge durch ihr Schwemmland flossen, hoch über den von ihnen bewässerten Feldern. Und so finden sich Spuren von Überflutungen auch nur dort. Viele solcher Stätten liegen heute in der Wüste, denn wieder und wieder änderten die Flüsse ihren Lauf quer über das gesamte Deltagebiet.

RCVINNVBIB
ETERITSIGNVFEDERIS
TROSITVLRA

Links: **Die von Sir Leonard Woolley ausgehobene »Sintflut-Grube« um 1920 in Ur im südlichen Mesopotamien: Woolley glaubte Beweise für die biblische Flut gefunden zu haben, doch die dicke Lage Schlick zwischen zwei Kulturreste bergenden Schichten zeugte lediglich von einer örtlich begrenzten Überschwemmung, die nicht einmal das gesamte Gebiet der Stadt bedeckt hatte, geschweige denn den gesamten Nahen Osten**

Gegenüberliegende Seite: **An Bord des Forschungsschiffes, das die versunkene Küste des Schwarzen Meeres untersucht: Unter der Leitung von Robert Ballard, Entdecker des Wracks der *Titanic*, werden ferngelenkte Tauchboote zur Bildübertragung eingesetzt**

Oft wurde vermutet, dass sich die Sage von der Sintflut auf eine solche Überschwemmung bezieht, vielleicht auf eine von besonders katastrophalen Ausmaßen. Die Erinnerung daran könnte Abrahams Volk auf seiner langen Reise von Ur nach Kanaan begleitet haben, wo sie in neuer, monotheistischer Gestalt wieder auflebte. Die mündlichen Überlieferungen, die der schriftlichen Fassung der Schöpfungsgeschichte zugrunde liegen, hätten von erfahrenen Erzählern leicht über Jahrhunderte hinweg weitergereicht worden sein können, und Unstimmigkeiten im biblischen Text selbst lassen erkennen, dass er aus mehreren Quellen stammt, die nicht in jedem Detail übereinstimmten.

Flutkatastrophe am Schwarzen Meer?

Es gibt jedoch eine neue und geradezu faszinierende Theorie der beiden amerikanischen Wissenschaftler William Ryan und Walter Pitman, beide Geophysiker mit besonderem Interesse für das Schwarze Meer. Für sie war die Sintflut eine verheerende Katastrophe im Gebiet des Schwarzen Meeres gegen Mitte des 6. Jahrtausends v. Chr. Damals war das Schwarze Meer noch ein Süßwassersee, von Geologen als »New Euxine Lake« bezeichnet, dessen Oberfläche circa 150 Meter unter dem Meeresspiegel lag. Als das Abschmelzen der Polkappen am Ende der letzten Eiszeit ein weltweites Ansteigen des Meeresspiegels verursachte, ergoss sich das Salzwasser des Mittelmeeres (das wiederum durch die Straße von Gibraltar vom Atlantik gespeist wurde) durch die Dardanellen in das Marmarameer. An dessen östlichem Ende wurde das Wasser vorerst noch von einer Landbarriere aufgehalten, doch strömte es mit weiter steigendem Meeresspiegel erst allmählich, dann immer stärker in die dahinter liegende Niederung. Ausgelöst vielleicht durch eines der in diesem Gebiet so zahlreichen Erdbeben, brach schließlich die Barriere, und Millionen von Kubikmetern Wasser bahnten sich ihren Weg durch den heutigen Bosporus und weiter nach Osten, wo sie sich in den tief darunter liegenden

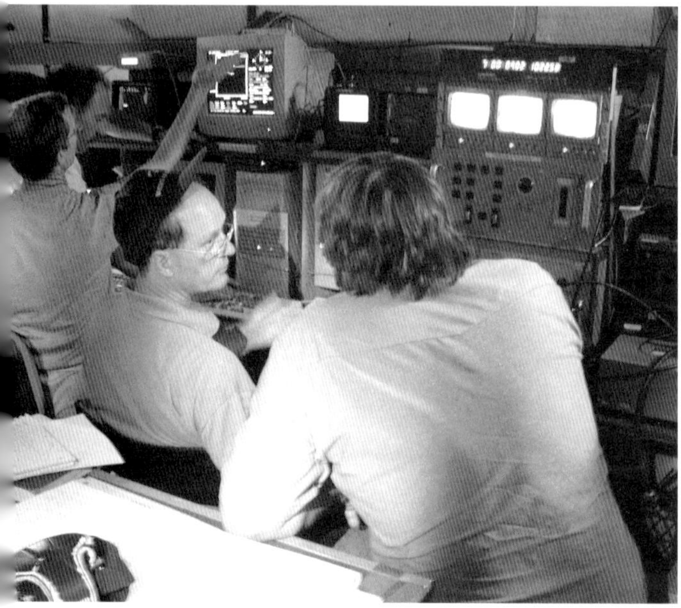

See ergossen. Ryan und Pitman schätzen, dass über zwei Jahre täglich mehr als 40 Kubikkilometer Wasser von Westen nach Osten durch den schmalen Kanal floss, sein Bett tief in das Land schnitt und alles mitriss, was auf seinem Weg lag. Zwar stieg das Wasser im See nur um circa 15 Zentimeter täglich, doch hatte dies zur Folge, dass ein Küstenstreifen von bis zu 1,5 Kilometer Breite täglich darin verschwand.

Ohne Zweifel lebten hier damals ebenso wie im gesamten Nahen Osten Menschen in bäuerlichen Siedlungen entlang dieser Küste. Die meisten werden in der Lage gewesen sein, dem Wasser zu entkommen, in Booten, auf Eseln, zu Fuß. In alle Richtungen geflohen, werden sie Erinnerungen an die schreckliche Flut mitgenommen haben. Erinnerungen, die sich allmählich zu Sagen und Legenden verdichteten und durch viele Generationen in Erzählungen und Volksweisen weitergegeben wurden.

So die Theorie, die gegenwärtig von Wissenschaftlern überprüft wird. Um sie zu verifizieren, wird ein ferngesteuertes, mit Kameras versehenes Tauchboot eingesetzt, das den Grund des Schwarzen Meeres absucht und seine Signale auf die Bildschirme eines darüber liegenden Forschungsschiffes überträgt. Die ersten Ergebnisse sind bereits sehr ermutigend: In 91 Meter Tiefe wurden Strukturen entdeckt, bei denen es sich möglicherweise um Überreste von Gebäuden handelt. Weitere Prüfungen folgen.

Dies also könnte der Ursprung der Legende von der Sintflut sein, jedenfalls nach Meinung der beiden amerikanischen Wissenschaftler. Noah und die Arche wären dann nur eine Erinnerung daran, die mesopotamischen Sagen über den Helden der Flut eine andere und die griechische Legende von Deukalion eine dritte. So schwer die Beweisführung dieser Theorie auch sein mag, sie ist nicht so einfach von der Hand zu weisen.

Die Flutkatastrophe am Schwarzen Meer im 6. Jahrtausend v. Chr.: Als Folge stieg der Wasserspiegel um 150 Meter an, und der ehemalige Süßwassersee wurde zum Salzwassermeer

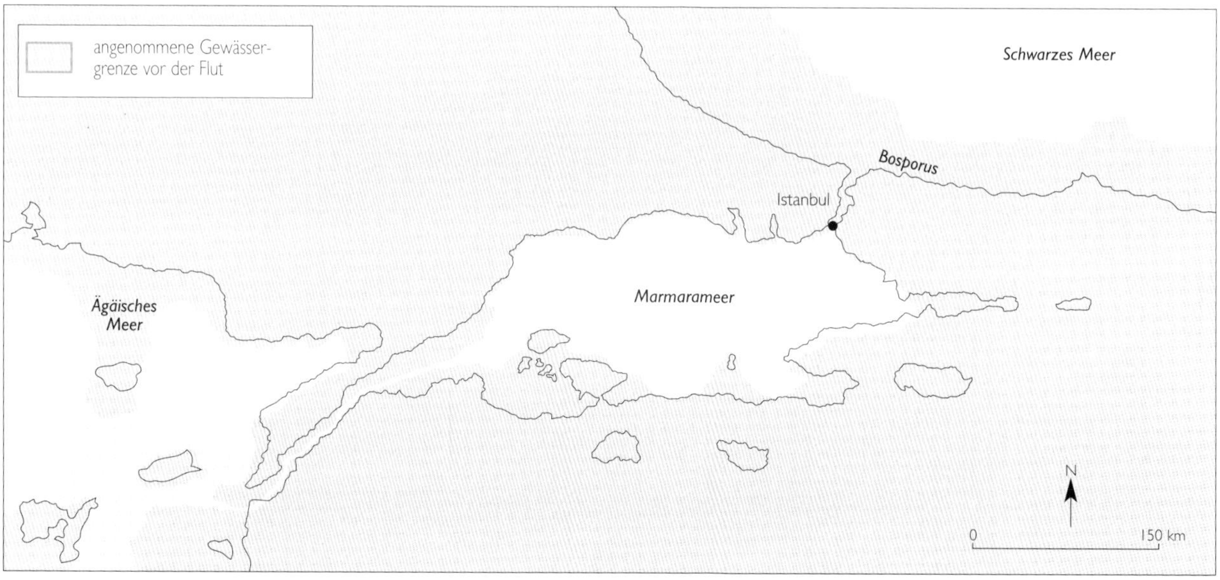

Der Auszug aus Ägypten: Mythos oder Realität?

Zeit: 13. Jahrhundert v. Chr.?
Ort: Ägypten/Sinai-Halbinsel

3

So spricht der Herr, der Gott Israels: Lass mein Volk ziehen …
2. MOSE 5,1

DAS BUCH EXODUS (zweites Buch Mose) des Alten Testaments beginnt mit einem Bericht der Unterdrückung des Volkes Israel in Ägypten und seiner Befreiung von der Sklaverei durch Moses. Obwohl Sohn jüdischer Eltern, war Moses in der Obhut einer ägyptischen Prinzessin aufgewachsen. Als Erwachsener erschlug er einen ägyptischen Aufseher, weil dieser einen jüdischen Sklaven misshandelt hatte. Als seine Tat bekannt wurde, musste Moses in die Wüste fliehen, wo er am brennenden Dornbusch eine Offenbarung Gottes erfuhr. Daraufhin kehrte er nach Ägypten zurück, wo er gemeinsam mit seinem Bruder Aaron die Freiheit für das Volk Israel forderte. Die Weigerung des Pharaos hatte zur Folge, dass die Zehn Plagen über sein Land kamen. Als die zehnte Plage, der Tod des Erstgeborenen, praktisch jeden ägyptischen Haushalt traf, forderte der Pharao die Juden auf, das Land zu verlassen. Gott teilte die Fluten des Roten Meeres im Osten Ägyptens, öffnete so seinem Volk einen Fluchtweg, ertränkte aber die nachdrängenden ägyptischen Verfolger.

So mancher Wissenschaftler steht dieser Erzählung skeptisch gegenüber und zweifelt sogar an der Existenz Moses'. Viele sind jedoch überzeugt, dass, während die Geschichten von den Zehn Plagen und der Durchquerung

Oben: **Die Israeliten durchqueren das Rote Meer, während ihre Verfolger darin umkommen, Fresko aus der Synagoge von Dura Europos in Syrien aus der Mitte des 3. Jahrhunderts n. Chr.**

des Roten Meeres durchaus der Sage zuzuschreiben sind, dennoch einige historische Erkenntnisse aus den Berichten gezogen werden können, speziell aus dem zweiten, vierten und fünften Buch Mose. Man unterscheidet die Lehrmeinungen der Minimalisten und der Maximalisten, und ihre Uneinigkeit über den Exodus ist nur Teil eines viel größeren Streits über die Zulässigkeit des Alten Testaments als Quelle zur Geschichte Israels.

Den Minimalisten ist das Fehlen historischer Beweise im Sinai und in Ägypten ein Dorn im Auge, ebenso wie der zweifelhafte Wahrheitsgehalt der Zehn Plagen und der Meeresdurchquerung. Sie glauben, dass die in der Bibel zu findenden Erzählungen erst viel später, zwischen dem ausgehenden 6. und dem 2. Jahrhundert v. Chr., aus theologiedidaktischen Erwägungen entstanden. Und da es zur damaligen Zeit keine Geschichtsschreibung im eigentlichen Sinne gab, halten sie die Berichte des Alten Testaments für Volkssagen und Mythen, die jeder Glaubwürdigkeit entbehren und sich der Überprüfung durch historische und archäologische Erkenntnisse entziehen.

Die Maximalisten hingegen, zu denen die Mehrheit der Wissenschaftler gehört, stehen den Bibeltexten ganz anders gegenüber, obwohl auch sie anerkennen, dass sie erst lange nach den Ereignissen entstanden sind, von denen sie berichten. Nachdem die Babylonier unter Nebukadnezar den Ersten Tempel Jerusalems zerstört hatten (587–586 v. Chr.), zwangen sie die Führer der Völker von Jerusalem und Juda ins Exil nach Babylon. Und genau dort entstanden zwischen 586 und 538 v. Chr. anhand mündlicher und schriftlicher Überlieferungen die endgültigen Fassungen vieler Bücher des Alten Testaments. Daher, so die Lehrmeinung, enthalte die biblische Erzählung einen erheblichen Teil historisch relevanter Informationen.

Die Wissenschaftler beziehen sich auf eine Urfassung, die von Moses und seiner Gruppe erzählt, die auf dem Berg Sinai von Gott die Gesetzestafeln (Thora) erhielten.

Gegenüberliegende Seite: **Luftbildaufnahme des Berges Sinai und der umliegenden Gipfel**

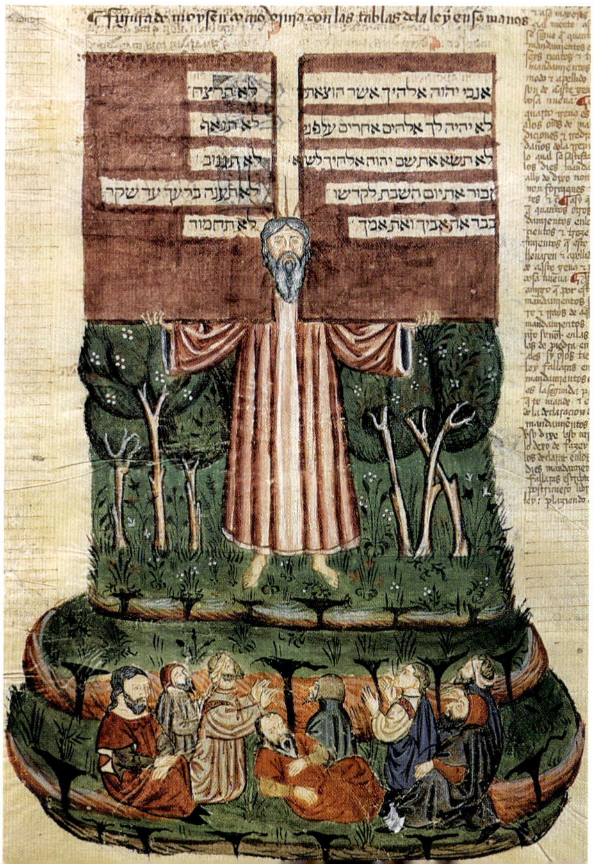

Rechts: **Illustration aus der Alba-Bibel, 1422: Moses hält die Gebotstafeln in die Höhe, während das Volk Israel niederkniet**

Neben dem eigentlichen Auszug unter Moses enthält der Bibeltext noch Hinweise auf weitere Reisen in den Sinai, und es erscheint daher zumindest möglich, dass der Auszug aus Ägypten kein einmaliges Ereignis war. Während der exakte Weg des Exodus im Dunkeln liegt und viele erwähnte Ortsnamen heute im Sinai unbekannt sind, erwartet man doch von der archäologischen und historischen Forschung wertvolle Aufschlüsse, die zur Enträtselung des Bibeltexts beitragen können.

War das Volk Israel in Ägypten?

Die Minimalisten behaupten, dass für Moses und den Exodus nicht der geringste Beweis vorliegt, ebenso wie für die Anwesenheit der Israeliten in Kanaan, und daher sei dieser Teil des Alten Testaments eine Erfindung späterer Jahre. Die Maximalisten hingegen, auch wenn sie anerkennen müssen, dass weder in Ägypten noch im Sinai irgendein Hinweis auf Moses und den Exodus zu finden ist, führen eine Vielzahl von Indizien an, die sowohl die Anwesenheit semitischer Völker in Ägypten als auch die Ankunft neuer Siedler im zentralen Hochland von Juda im 13. und 12. Jahrhundert v. Chr. beweisen. Anhand von Fakten aus der ägyptischen Geschichte zeigen sie, dass spätestens seit dem 19. Jahrhundert v. Chr. semitische Nomaden nach Ägypten kamen, um zu handeln, Nahrungsmittel zu kaufen oder, falls möglich, sich niederzulassen, üblicherweise im östlichen Teil des Nildeltas. Unter diesen Einwanderern befanden sich die Vorfahren der Israeliten, patriarchalisch geführte Clans unter der Führung Jakobs. Sie kamen nach Ägypten, um sich mit Josef zu vereinigen, verdingten sich als Rinderhirten für den Pharao und bekamen auf königliches Geheiß das im östlichen Deltagebiet gelegene Land Goschen als Siedlungsgebiet zugewiesen.

Während eines vorübergehenden Niedergangs des Pharaonenstaats konnten die Nachfahren der ursprünglichen Siedler ihre Macht im Deltagebiet festigen und erklärten Avaris zu ihrer Hauptstadt. Der Geschichtsschreibung sind sie als die Hyksos bekannt, was etwa so viel bedeutet wie »Herren des fremden Hügellandes«, eine recht gute Beschreibung des südlichen Kanaan. Die Anführer dieser Gruppe wurden gegen Mitte des 16. Jahrhunderts v. Chr. vom wieder erstarkten einheimischen Herrschergeschlecht aus dem Land gejagt. Der Großteil der semitischen Bauernschaft blieb jedoch und wurde Teil der Agrarbevölkerung des Deltagebiets. Genau diese Volksgruppe ist es, die angeblich vom König versklavt wurde, der »nichts von Josef wusste« (2. Mose 1,8). Wahrscheinlich sind hiermit die Pharaonen der 19. Dynastie gemeint, die ungefähr im Jahre 1307 v. Chr. an die Macht kamen und wahrscheinlich verwandtschaftliche Bindungen zum östlichen Deltagebiet hatten, denn sie machten es zu ihrem Sitz und wählten das nicht weit von Avaris gelegene Pi-Ramesse (Bibel: Ramses oder Raamses, heute Quantir) zu ihrer Hauptstadt.

Dieses Pharaonengeschlecht erbaute weitere Städte, darunter Pi-Atum (Bibel: Pithom, heute Tell el-Retaba), und eine Reihe von Grenzfestungen und Vorratslagern im selben Gebiet, um Übergriffen der Beduinen und anderen Eindringlingen aus dem Sinai entgegenzuwirken. Zu diesem Zweck wurden, ähnlich wie im mittelalterlichen Europa, die Siedler zum Militärdienst gezwungen, darunter Abkömmlinge der Hyksos, aber auch verschiedener anderer Immigrantengruppen, deren gemeinsames Interesse es nur sein konnte, diesen Verhältnissen zu entkommen. Daher wird erzählt, dass die Israeliten schließlich das Land verließen, gemeinsam mit »viel fremdem Volk« (2. Mose 12,38). Zahlreiche Experten nehmen daher an, dass der Exodus zeitlich am besten in das 13. Jahrhundert v. Chr. und die lange Regierungszeit Ramses' II. (ca. 1290–1224 v. Chr.) passen würde.

Der Weg des Exodus

Ein wahrhaftiges Rätsel ist jedoch die Route, die Moses nahm, um sein Volk aus Ägypten zu führen. Genauso wenig ist bekannt, wieso das hebräische »Yam Suf« als Rotes Meer übersetzt wurde, während es doch eigentlich »Schilfmeer« bedeutet, und auch wo es liegt, weiß niemand. Weiterhin herrscht Uneinigkeit über die Lagerplätze der Israeliten, was aber wenig verwundert, da die Beduinenstämme des Sinai kaum hebräische Ortsnamen bewahrt haben werden. Der Weg des Exodus und der Streifzüge durch die Wüste liegt ebenso im Dunkeln wie die Lage des Berges Sinai. Bei Kadesch-Barnea, wo die Israeliten fast 40 Jahre lagerten, bevor sie nach Kanaan weiterzogen, könnte es sich um die Oase Ain el-Qudeirat im nordöstlichen Sinai handeln, aber auch dort finden sich keine Überreste aus dem in Frage kommenden Zeitraum.

Das Gelobte Land

Moses starb und wurde am Berg Nebo im Land Moab begraben (5. Mose 34,5), und es war Josua, der das Volk Israel über den Jordan in das Hügelland Kanaan führte. Es gibt kaum Anzeichen für eine gewaltsame Eroberung, aber man fand sehr wohl Beweise für eine Erstbesiedlung des Landes mit bäuerlichen Anwesen zwischen dem 13. und

11. Jahrhundert v. Chr., also zur gleichen Zeit, als die Länder am Ostrand des Mittelmeers von Seefahrern aus dem ägäischen Raum angegriffen wurden. Ägyptische Texte nennen sie »Seevölker«, darunter die Philister, die sich in jenem Gebiet niederließen, das heute als Gazastreifen bekannt ist. Flüchtlinge aus dem umkämpften Küstengebiet zogen auf der Suche nach neuem Lebensraum ins Landesinnere, wo sie bald auf die von Osten kommenden Israeliten trafen und sich mit ihnen verbanden. Viele Beweise technischer Neuerungen fand man in den bäuerlichen Siedlungen, die sie gemeinsam im Hügelland gründeten. Erwähnenswert ist, dass sich im Gegensatz zu den Küstensiedlungen derselben Periode unter den tierischen Überresten so gut wie keine Schweineknochen fanden (so wie auch der spätere Judaismus den Verzehr von Schweinefleisch verbot). Dies weist nicht nur auf die Anwesenheit der Israeliten in den Hügeldörfern hin, sondern bestätigt, dass sich das dortige Gemeinschaftsleben nach religiösen Überzeugungen richtete.

Es gibt noch einen weiteren schlagenden Beweis für die Anwesenheit der Israeliten im Kanaan des späten 12. und 11. Jahrhunderts v. Chr. Im 5. Jahr seiner Regierungszeit (ca. 1219 v. Chr.) zog der ägyptische Pharao Merneptah durch dieses Gebiet, mit der Absicht, es wieder unter seine Herrschaft zu bringen. Ein später von ihm in Karnak errichteter Gedenkstein, die so genannte Israel-Stele, erwähnt, dass er in Kanaan unter anderem auch das Volk Israel ausgelöscht hätte. Es steckt schon eine gewisse Ironie darin, dass die erste nichtbiblische Erwähnung Israels von dessen totaler Vernichtung berichtet.

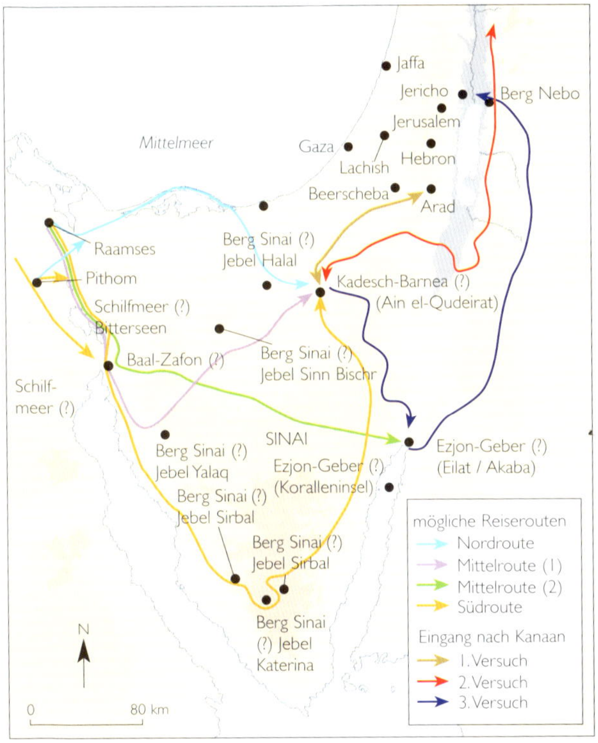

Obwohl also weiterhin jeder direkte Beweis für die Existenz Moses' und den Auszug aus Ägypten fehlt, gibt es eine erhebliche Anzahl von Indizien, die man kaum ignorieren kann. Letztlich ist es eine Frage persönlicher Überzeugung. Aber auch für diejenigen, die vom grundsätzlichen Wahrheitsgehalt der Bibel ausgehen, werden ihre Geschichten immer geheimnisvoll bleiben.

Oben: **Mögliche Reiserouten der Israeliten durch die Sinai-Halbinsel nach Kanaan**
Links: **Die Israel-Stele des Merneptah: Sie listet seine Siege in Kanaan auf, darunter die Auslöschung des Volkes Israel**
Gegenüberliegende Seite: **Darstellung von Seevölkern aus Medinet Habu, Luxor, Ägypten: An ihren Helmen kann man sie als Philister identifizieren**

Der Untergang von Sodom und Gomorrha

Zeit: ca. 3150 bis 1550 v. Chr.
Ort: Jordanien

Da ließ der Herr Schwefel und Feuer regnen vom Himmel herab auf Sodom und Gomorrha und vernichtete die Städte und die ganze Gegend und alle Einwohner der Städte und was auf dem Lande gewachsen war.

1. MOSE 19, 24–25

DER UNTERGANG DER STÄDTE Sodom und Gomorrha ist eine der faszinierendsten Geschichten des Alten Testaments und ebenfalls des Korans. Die Hauptfiguren sind der Großpatriarch Abraham und sein Neffe Lot, und ihre Lebensprobleme drehen sich um Landrechte, Homosexualität, Erbfolge und Inzest, alle auch heute noch wohl bekannt. Abgesehen davon, dass die Erzählung ein Paradebeispiel für biblische Ethik ist, drängt sich natürlich die Frage auf, ob es für die Existenz der Städte und die geschilderten Ereignisse irgendwelche Beweise gibt.

Was die Bibel sagt

Abraham und Lot zogen als Schäfer durch das Land Kanaan, bis ihre Herde so zahlreich geworden war, dass das Land sie nicht mehr ernähren konnte. Abraham entschied, man solle sich trennen, und ließ Lot die erste Wahl, sich einen Ort zu suchen. Lot wählte die wasserreiche Ebene des Jordantals und ließ sich nahe Sodom nieder, eine der fünf wohlhabenden »Städte der Ebene«; die anderen waren Gomorrha, Adam, Zebojim und Zoar. Aber die Männer Sodoms waren homosexuelle Sünder, und Gott hatte sie gewarnt, dass er sie vernichten würde, wenn sie nicht Buße täten. Abraham begann daraufhin eine Diskussion mit Gott, in der es darum ging, ob man mit den Sündern auch die Rechtschaffenen bestrafen dürfe, aber es stellte sich schnell heraus, dass Lot der einzige Rechtschaffene in Sodom war.

Zwei Engel kamen und warnten Lot vor dem bevorstehenden Untergang Sodoms, und als die Stadtbewohner von Lots himmlischen Besuchern erfuhren, kamen sie herbei und verlangten, diese zu sehen. Weil er befürchtete,

Der Untergang von Sodom und Gomorrha, Bildausschnitt aus einem Wandteppich des frühen 16. Jahrhunderts, Deutschland

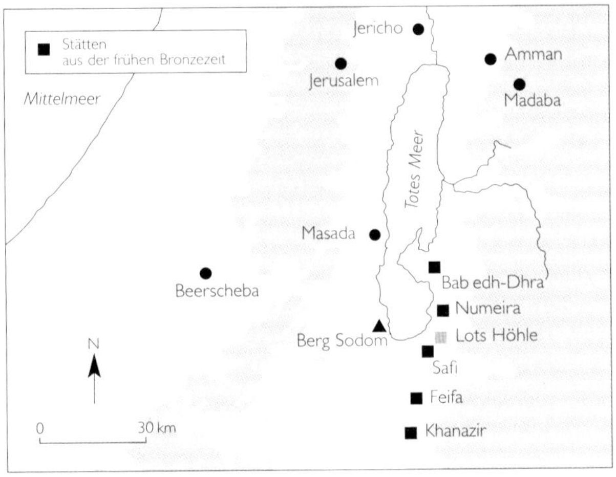

Karte des Gebiets des Toten Meeres

das Gesindel würde den Engeln zusetzen, bot er ihnen stattdessen seine beiden minderjährigen Töchter an. Schließlich griffen die Engel ein, blendeten die Bewohner Sodoms und rieten Lot, augenblicklich mit seiner Familie das Weite zu suchen. Als Feuer und Schwefel auf Sodom und Gomorrha zu regnen begannen, floh Lot mit Frau und zwei Töchtern in die Stadt Zoar. Auf dem Weg dorthin missachtete Lots Frau jedoch Gottes Geheiß, keinesfalls zurückzuschauen, und erstarrte zur Salzsäule. Da er sich auch in Zoar nicht sicher fühlte, suchte Lot mit seinen Töchtern Zuflucht in einer Höhle. Dort lebten sie eine lange Zeit von der Welt abgeschnitten, doch seine Töchter begannen sich um ihre Zukunft zu sorgen. Sie würden so nie Männer finden, heiraten und Kinder haben. Also beschlossen sie, ihren Vater betrunken und willenlos zu machen und zu verführen. So geschah es, und aus dieser Tat gingen zwei Söhne hervor: Moab und Ben-Ammi, die Vorväter der Moabiter und Ammoniter.

Was spricht dafür, dass irgendetwas an dieser Geschichte der Wahrheit entspricht? Tatsächlich finden sich diverse geologische und geografische Besonderheiten im Gebiet des Toten Meeres, die die biblische Erzählung von Sodom und Gomorrha unterstützen könnten. Darüber hinaus haben jüngste archäologische Entdeckungen zu ihrer Glaubwürdigkeit beigetragen.

Waren biblische Phänomene Naturereignisse?

Erdbeben sind ein häufiges Naturereignis im Gebiet des Toten Meeres; sie sind Folge zweier auseinander driftender Landmassen, die allmählich absinken und die tiefste Stelle auf der gesamten Landoberfläche der Erde bilden. Aus geschichtlichen Aufzeichnungen wissen wir von der Zerstörung ganzer Städte durch Erdbeben, die über geologischen Verwerfungen besonders stark sind.

Das Tote Meer, tief eingebettet in diesen Grabenbruch und weit unter dem Meeresspiegel liegend, ist ein extrem salzhaltiges Gewässer, durch Kristallisation entstandene Salzgebilde sind an seinen Ufern zahlreich zu finden. Es entstehen Salzsäulen, die manchmal zufällig menschliche Form haben können. Weiterhin werden alle Gegenstände, die in das Tote Meer fallen, rasch von einer Salzkruste umschlossen. Man kann sich daher unschwer vorstellen, dass die Szene, in der Lots Frau zu einer Salzsäule erstarrt, zwar auf einem ungewöhnlichen, aber dennoch durchaus natürlichen Phänomen beruht.

Eine weitere Besonderheit des Toten Meeres ist sein reiches Vorkommen an Bitumen, das immer wieder in großen Klumpen oder öligem Schlick aufschwimmt. Dies erinnert an die »Erdharzgruben«, in die die Könige von Sodom und Gomorrha fielen, als sie vor ihren Feinden flohen (1. Mose 14,10–11).

Faustgroße Schwefelbrocken sind in den weichen Mergelböden um das Tote Meer leicht zu finden, brennbare Materialklumpen, die den Verfassern der Geschichte von Sodom und Gomorrha bekannt gewesen sein mussten. Diese könnten sie zu ihrer Beschreibung eines Feuerregens, der vom Himmel fiel, inspiriert haben.

Auf der Suche nach Sodom und Gomorrha

Mehr als ein Jahrhundert lang haben Archäologen versucht, Sodom und Gomorrha zu finden, wobei es am Anfang darum ging, ob die Städte im Norden oder Süden des Toten Meeres lagen. 1851 führte De Saulcy im Nordwesten des Toten Meeres Untersuchungen durch und kam zu dem Ergebnis, dass es sich bei den beiden verlorenen Städten um Jericho und Qumran handelte. Bis 1920 hatte

Natürliche Erosion des weichen Mergels im Gebiet des Toten Meeres bringt oft säulenartige Gebilde hervor, die an das Schicksal von Lots Frau erinnern

der Forscher Alexis Mallon bei Ausgrabungen in Teleilat Ghassul eine ausgedehnte Siedlung aus dem Chalkolithikum (Kupferzeit) entdeckt, die dafür eher in Frage kam (ca. 3600 v. Chr.). Das Problem war jedoch, dass diese Siedlung während der anschließenden Bronzezeit (3150–1550 v. Chr.) nicht bewohnt war, der Periode also, der die meisten Wissenschaftler die Geschehnisse um Sodom und Gomorrha zuschreiben.

1896 wurde in Madaba, im heutigen Jordanien, ein einzigartiges Fußbodenmosaik, die so genannte Madaba-Karte, gefunden. Diese Karte zeigt die Stadt Zoar, den ersten Zufluchtsort des aus Sodom entkommenen Lot am südöstlichen Ende des Toten Meeres. Dieses Gebiet war bereits von den klassischen Geschichtsschreibern Diodorus, Strabo, Josephus und Tacitus beschrieben worden und im Mittelalter auch von den arabischen Geografen Yakut, Mas'udi, Mukaddasi und Ibn'Abbas. Im Jahre 1924 erforschten William F. Albright, Pater Melvin G. Kyle, Alexis Mallon und andere die Gegend, in der Hoffnung, dort auf Überreste Zoars zu stoßen. Da man die Stadt im Lande Moab vermutete, fanden die Forschungen in erster Linie südlich des Flusses Mujib statt, den man als den biblischen Arnon identifiziert hatte. Nachdem man die Lisan-Halbinsel und die nahe gelegenen Täler untersucht hatte, kam man zu dem Schluss, dass es sich bei Zoar um die heutige Stadt Safi handeln musste, eine Theorie, die schon viel früher Sir John Mandeville bei seinem Aufenthalt in Safi zwischen 1322 und 1356 aufgestellt hatte.

In die Suche nach Sodom und Gomorrha schalteten sich ab 1930 auch Le P. F. M. Abel, F. Frank und Nelson Glueck ein, die das Becken südlich des Toten Meeres erforschten, eine Salzebene, die dem im Alten Testament beschriebenen Tal Siddim entspricht, das am »Salzmeer« lag (1. Mose 14,3) und am »verbrannten Land« (5. Mose 29,22). Die jüngsten Forschungen von Konstantinos Politis haben Safi als das ehemalige Zoar bestätigt, und der Standort entspricht exakt der Madaba-Karte.

Eine weitere Theorie, nach der die »Städte der Ebene« in den Fluten des Toten Meeres versunken sein sollen, wurde zuerst von dem Pilger Egeria im 4. Jahrhundert erwähnt. Im ausgehenden 19. Jahrhundert hatten William Lynch, Albright und Kyle mehrere kleine Inseln im nördlichen Teil des Meeres entdeckt, die in späterer Zeit jedoch in den Fluten versanken. Heute wird das Tote Meer mit Nasa-Satelliten fotografisch untersucht sowie mit Hilfe von Tauchbooten, die den Meeresboden nach Überresten der versunkenen Städte absuchen. Zwar ist die Theorie, dass Sodom und Gomorrha eher im als am Toten Meer zu finden sind, nicht unbedingt überzeugend, doch klingt sie plausibel genug, um ihr weiter nachzugehen.

Jüngste Ergebnisse

Neueste systematische Forschungen und archäologische Ausgrabungen auf dem alten Küstenstreifen und entlang der geologischen Verwerfung im Gebiet des Toten Meers wurden von den Forschern Paul Lapp, Walter Rast, Tho-

Links: **Detailansicht des aus dem 6. oder 7. Jahrhundert n. Chr. stammenden Fußbodenmosaiks von Madaba, Jordanien, die Lots Anwesen oberhalb der Stadt Zoar zeigt**

Rechts: **Eine Ausgrabungsstätte bei Bab edh-Dhra zeigt Spuren einer Brandkatastrophe aus dem frühen Bronzezeitalter, ca. 3000 v. Chr.**

Gegenüberliegende Seite: **Im Berg Sodom (Jebel Usdum), der ganz aus Salz besteht: Örtlich begrenzte Auswaschungen lassen tiefe Krater entstehen**

mas Shaub und Burton MacDonald durchgeführt. In den 70er- und 80er-Jahren des letzten Jahrhunderts entdeckten sie dort einstmals florierende Siedlungen. Einige davon, wie etwa Bab edh-Dhra, waren im frühen Bronzezeitalter (ca. 3000 v. Chr.) einer Feuerkatastrophe zum Opfer gefallen. Könnte es sich bei diesen Siedlungen um die »Städte der Ebene« handeln? 1976 fand man diese Städte aufgelistet auf Steintafeln aus der frühen Bronzezeit in Ebla, Syrien. Wird dadurch ihre Existenz bestätigt?

In den 1990er-Jahren grub Konstantinos Politis in Deir Ain Abata nahe Safi und entdeckte eine Kirche, die über einer Höhle erbaut war. Dort hatten Christen des frühen Byzanz jenen Ort vermutet, in dem Lot nach dem Untergang von Sodom und Gomorrha Zuflucht gefunden hatte. Weitere Funde aus der römischen Periode bezeugen die Wichtigkeit dieses Ortes. Auch fanden sich Überreste aus der frühen und mittleren Bronzezeit, aus denen man schloss, dass die Höhle bereits zu der Zeit bewohnt war, in der das Geschehen um Sodom und Gomorrha anzunehmen ist. Inzwischen wurden an anderen Ausgrabungsstätten in der Nähe ähnliche Gegenstände aus der mittleren Bronzezeit gefunden.

Sieht man im Alten Testament in erster Linie ein moralisches Regelwerk, ist es doch faszinierend, zu entdecken, wie moderne Archäologie und Geologie das historische und physikalische Landschaftsbild bestätigen, in dem das »unmögliche« Geschehen von Sodom und Gomorrha stattgefunden haben könnte.

Atlantis: Legende oder Tatsache? 5

Zeit: unbekannt (ca. 9600 v. Chr./1520 v. Chr.?/mythisch)
Ort: Mittelmeer?/Atlantik?

Als ich Euch gestern reden hörte, von Eurer Stadt und Euren Bürgern, da fiel mir die Erzählung ein, von der ich gerade Euch berichtet habe, und mit Verwunderung gewahrte ich, als wäre es ein wunderbarer Zufall, welch große Übereinstimmung bestand mit dem, was Solon einst in seiner Mär erzählte.

PLATO, KRITIAS

DIE VORSTELLUNG von einer mächtigen Nation, tief verwurzelt in der Urgeschichte der Menschheit, deren Herrschaft über die Alte Welt infolge einer unvorstellbaren Katastrophe praktisch über Nacht in sich zusammenbrach, fasziniert die Menschen seit zwei Jahrtausenden. Natürlich ist die Rede von Atlantis, der großen Inselnation.

Atlantis: Der Mythos

Obwohl Atlantis seine Blütezeit vor über 11 000 Jahren erlebt haben soll, erscheint es erst vor circa 2350 Jahren – irgendwann zwischen 359 und 347 v. Chr. – in der Literatur. Der Inselstaat wird in zwei Dialogen des griechischen Philosophen Plato erwähnt – *Timaios* und *Kritias* –, die nach den beiden Hauptbeteiligten in zwei fiktiven Diskussionen zwischen Sokrates und dessen Studenten benannt sind.

Eine Marmorbüste Platos (427–347 v. Chr.), des Begründers der Legende um Atlantis. In seinen Werken *Timaios* und *Kritias* beschrieb er detailliert den Inselstaat und seine Gesellschaft

Am Anfang des *Timaios*-Dialogs erwähnt Sokrates das Diskussionsthema des Vortages – die »perfekte« Gesellschaft. Plato bezieht sich hiermit auf seine berühmteste Schrift, *Politeia*, die er einige Jahre zuvor geschrieben hatte. Plato lässt Sokrates die Merkmale einer perfekten Staatsform aufzählen, wie sie bereits in der *Politeia* zu finden sind: Handwerker und Bauern wären vom Militärdienst ausgenommen; Soldaten wären barmherzig, sportlich und musisch gebildet, lebten in Gemeinschaften und würden weder Gold noch Silber noch sonstiges Privateigentum besitzen.

Sokrates, dem abstrakte Diskussionen zuwider sind, gibt dann seinen Studenten eine Lektion in angewandter Philosophie. Er schlägt ihnen vor, den Grad der Perfektion einer Gesellschaft, die nach den Regeln der *Politeia* lebt, daran zu messen, wie sie sich in einem gerechten Krieg bewähren.

Kritias greift den Vorschlag seines Lehrers übereifrig auf und meldet sich zu Wort: »Dann höre Sokrates von der Geschichte, die, wenn sie auch seltsam klingt, so doch die reine Wahrheit ist.« Kritias erzählt, dass er die Geschichte von seinem Großvater kenne (er heißt ebenfalls Kritias), der sie wiederum von seinem Vater Dropides gehört habe. Diesem sei sie von dem griechischen Weisen Solon berichtet worden, der sie seinerseits von ägyptischen Priestern anlässlich eines Aufenthalts in Ägypten im Jahre 600 v. Chr. erfahren habe. Nach Platos eigener Darstellung hören wir also in *Kritias* die indirekte Version einer Geschichte, die mehr als 200 Jahre alt war.

Der perfekte Staat: Athen, *nicht* Atlantis

Die ägyptischen Priester erzählten Solon eine Geschichte über das alte Athen, die »bestregierte aller Städte«. Gemeint ist jenes alte Athen, das 9300 Jahre vor Platos Zeit existiert hatte und diesem als Modell für den perfekten Staat diente. Weiter berichten sie Solon von der heroischsten Tat der alten Athener: ihrem Sieg in der Schlacht gegen »ein mächtiges Heer, das gekommen war, Europa und Asien in seiner Gesamtheit zu unterwerfen«. Über die

Eindringlinge berichten sie, sie seien »gekommen aus einem Land weit jenseits der Säulen des Herakles, im Atlantischen Ozean«, und der Name war Atlantis.

Atlantis hatte ganz Nordafrika unterworfen, bis hin zu den Grenzen Ägyptens. Nach der Niederlage gegen die Athener jedoch, so erzählt Kritias weiter, ließen die Götter Atlantis in Flut und Erdbeben untergehen.

Nachdem er die Geschichte von Atlantis in groben Zügen wiedergegeben hat, wendet sich Kritias an Sokrates: »Als ich Euch gestern reden hörte, von Eurer Stadt und Euren Bürgern, da fiel mir die Erzählung ein, von der ich gerade Euch berichtet habe, und mit Verwunderung gewahrte ich, als wäre es ein wunderbarer Zufall, welch große Übereinstimmung bestand mit dem, was Solon einst in seiner Mär erzählte.« Tatsächlich passte Kritias' Beschreibung der Gesellschaft des alten Athen perfekt auf Platos fiktive »perfekte Nation«, beschrieben in der *Republik*.

Gibt es historische Quellen für Atlantis?

Beruhen Platos Beschreibungen von Atlantis und dem alten Athen auf historischen Tatsachen, oder hat er die ganze Geschichte frei erfunden? Es gab tatsächlich eine bedeutende Zivilisation im Mittelmeer – das minoische Kreta, uralt sogar aus Sicht der Zeitgenossen Platos, das teilweise in einer Naturkatastrophe unterging. Wissenschaftler der Neuzeit haben daher die These aufgestellt, dass Platos Atlantis-Erzählung, obwohl in ihr (möglicherweise aufgrund eines Übersetzungsfehlers) bei Entfernung und Größe erheblich übertrieben werde, letztlich doch vom Ausbruch des Vulkans auf Santorin berichtete, einer Insel östlich von Griechenland und nördlich von Kreta im Ägäischen Meer. Der bei diesem Ausbruch im 16. oder 17. Jahrhundert v.Chr. (das genaue Datum ist noch um-

Oben: **Attisches Grabrelief der im Peloponnesischen Krieg zwischen Athen und Sparta (432–404 v. Chr.) gefallenen Krieger Chairedemos und Lykeas. Einzelheiten dieses zu Platos Zeit ausgetragenen Krieges und Besonderheiten der beteiligten Gesellschaften, zum Beispiel die politische Struktur Spartas, könnten von Plato verwendet worden sein, um den Konflikt zwischen Atlantis und Athen darzustellen**

Rechts: **Kirchers Karte von Atlantis aus dem Jahre 1678, die Platos Vermutung folgt und Atlantis in den Atlantik verlegt: jenseits der Herkulessäulen**

Links: **Der Thronsaal in Knossos auf Kreta: Der Thron ist umgeben von Malereien, die Greifvögel und Pflanzen darstellen. Das minoische Kreta war eine einzigartige Kultur des Mittelmeerraums, die bereits zu Lebzeiten Platos uralt war. War sie Vorbild für Platos Atlantis? Unglücklicherweise bestätigen nicht alle Fakten diese Theorie**

Unten: **Der Palast von Knossos entstand Mitte des 2. Jahrtausends v. Chr. Der komplexe Bau hatte zahlreiche Räume, von denen viele mit kunstvollen Wandmalereien versehen waren**

stritten) entstandene Krater ist doppelt so groß wie der des Krakatau, der bei seinem Ausbruch im Jahre 1883 Zehntausende tötete. Der wesentlich stärkere Ausbruch auf Santorin muss sich noch viel katastrophaler ausgewirkt haben, und man sollte annehmen, dass er in den historischen Quellen der wenn auch nur indirekt betroffenen Ägypter Erwähnung gefunden hätte.

Für einige *ist* das minoische Kreta Atlantis, und dies scheint durch Plato bestätigt zu werden, der in *Kritias* ein leicht verzerrtes Bild des Untergangs als Folge des Ausbruchs auf Santorin zeichnet. Diese Theorie erklärt allerdings nicht, wieso Kreta am falschen Ort liegt, die falsche Größe hat, zu einer anderen Zeit seine Blüte erlebte, nie mit Athen im Krieg stand und nie vollständig zerstört wurde. Wurden auch Kretas Küstengebiete von den dem Vulkanausbruch folgenden Flutwellen teilweise verwüstet, so hat die Archäologie doch Beweise gefunden, dass die minoische Kultur die Katastrophe nicht nur überlebte, sondern sogar noch weitere zwei Jahrhunderte lang prosperierte.

Andere Autoren haben behauptet, dass es sich bei Atlantis um die sagenumwobene minoische Kolonie auf Santorin gehandelt hätte. Mit Sicherheit wurde diese beim Vulkanausbruch zerstört. Genauso sicher ist allerdings auch die Tatsache, dass Plato nicht irgendeinen Außenposten im Sinn hatte, als er von Atlantis sprach, mag dieser auch noch so beeindruckend gewesen sein. Und auch Santorin liegt natürlich am falschen Ort, existierte zur falschen Zeit und hat die falsche Größe, um Atlantis sein zu können.

Atlantis, ein Märchen der Neuzeit

Keine Abhandlung über Atlantis wäre komplett, würde man die wahrhaft fantastischen Behauptungen unerwähnt lassen, die im 19. und 20. Jahrhundert aufgestellt wurden. Dabei hat sich 1881 besonders Ignatius Donnelly hervorgetan, Kongressabgeordneter von Minnesota, zweimal

Eine Vase aus Bergkristall aus dem Palast des Minos in Zakros. Wegen des unverkennbar hohen technischen Stands der Minoer, widergespiegelt in ihrer Kunst und Architektur, stellten manche Forscher eine Verbindung her zwischen dieser und der in Platos Dialogen beschriebenen, hoch entwickelten Gesellschaft von Atlantis

gescheiterter Kandidat für das Amt des US-Vizepräsidenten und nebenbei Amateurhistoriker. Mit seinem Buch *Atlantis: The Antediluvian World* erweckte er den alten Mythos zu neuem Leben. Für Donnelly ist Platos Atlantis die Quelle aller kulturellen Errungenschaften und der Ursprung der Zivilisationen von Ägypten, Mesopotamien, dem Industal und Europa, ebenso wie von Süd- und Nordamerika. Seine These hält einer kritischen Prüfung durch die moderne Archäologie oder Geologie jedoch nicht lange stand. Es gibt keinerlei Hinweis, dass all diese Kulturen aus einer gemeinsamen Quelle geschöpft hätten, geschweige denn von Atlantis beeinflusst worden sind. Im Vergleich mit anderen Denkern des 19. und 20. Jahrhunderts ist Donnelly ein Paradebeispiel für intellektuelle Beschränktheit. Die Theosophen, angeführt von Helena Blavatsky, vermuteten, dass die Atlantier Flugzeuge benutzten und von Außerirdischen erworbene Feldfrüchte

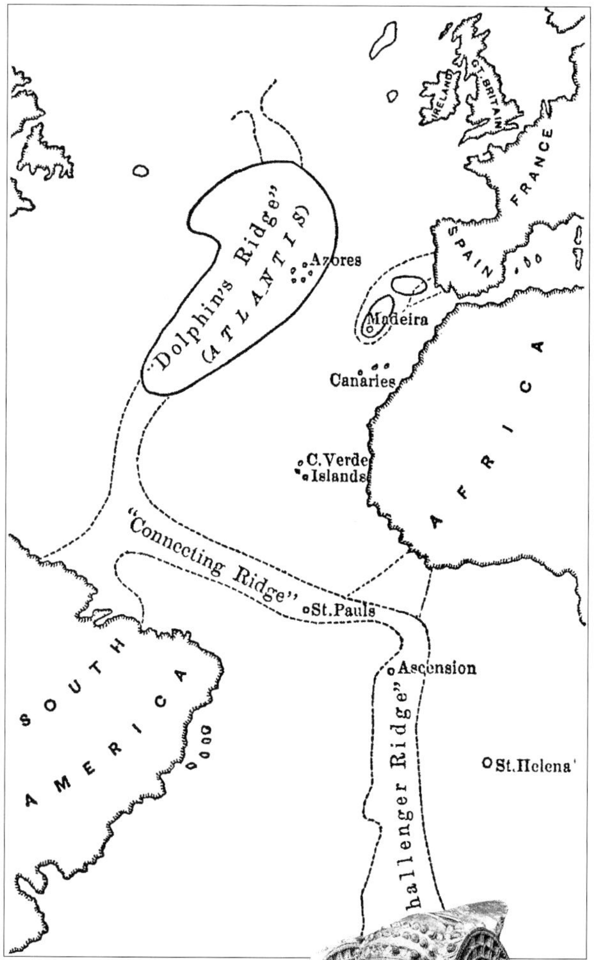

Ganz oben: **Ignatius Donnellys Atlantik-Karte mit dem »Delphinrücken«, in dem er einen versunkenen Überrest des verlorenen Kontinents Atlantis zu erkennen glaubte**
Oben: **Die »Dame von Elche«, gefunden in Spanien, vermutlich aus dem Jahr 450 v. Chr.: Mit viel Fantasie wurde sie oft als »Atlantische Priesterin« identifiziert**

anbauten. In noch späteren Jahren, Ende des 20. Jahrhunderts, behaupteten Leute mit angeblich übernatürlichen Kräften, mit Geistern des verschollenen Kontinents in Kontakt zu stehen, die atlantische Ratschläge für die Bewohner der heutigen Welt bereithielten.

Platos eigentliche Absicht

Zweifellos lagen Plato historische Aufzeichnungen vor, auf deren Grundlage seine Dialoge entstanden. Vielleicht kannte er Überlieferungen von einer Naturkatastrophe, die mehr als 1000 Jahre vor seiner Zeit ein großes Reich zerstört hatte, und nutzte sie für seine Zwecke. Jedoch müssen selbst die Befürworter einer wenn auch nur teilweise wörtlichen Auslegung seines *Kritias* einräumen, dass Plato keine Geschichtsschreibung betrieb, sondern Teile der Erzählung als Metaphern benutzte, um die Botschaft seines Dialogs zu vermitteln. Hier ein Beispiel: Rodney Castleden argumentiert in seinem Buch *Atlantis Destroyed,* dass Platos Atlantis am ehesten einer Kombination aus dem minoischen Kreta und Santorin entspreche, während er gleichzeitig eingesteht, dass ein Teil der Geschichte weitaus jüngere Ereignisse wiedergibt, darunter den Peloponnesischen Krieg zwischen Athen und Sparta. Athen unterlag, und es scheint, dass es das politische System Spartas war, das Eingang in Platos Beschreibung des frühen Athens fand.

Letztlich wäre es am Thema vorbeiargumentiert, würde man Platos *Kritias* verurteilen, weil seine detaillierte Beschreibung der Inselnation Atlantis auch auf andere bekannte Gesellschaften aus seiner Zeit zutrifft. An Atlantis interessierte ihn weniger die untergegangene Kultur als die Tatsache, dass er es als literarischen Kunstgriff einsetzen konnte. Die Aussagen, die er Kritias in den Mund legt, sollen keine geschichtlichen Tatsachen wiedergeben, sondern dienen einem ganz anderen Zweck, schließlich war Plato Philosoph und kein Historiker. Um seinen Standpunkt zu verdeutlichen, musste er Atlantis zu einem schier unüberwindlichen Gegner stilisieren. Die detaillierte Beschreibung des materiellen Reichtums, hoch entwickelter Technologie und militärischer Macht sollte lediglich den Leser beeindrucken. Dass die weniger reichen, weniger technisierten, weniger hoch gerüsteten Athener diesen Gegner dennoch zu schlagen in der Lage waren, birgt die eigentliche Botschaft des *Kritias*: Nicht allein Macht und Reichtum zählen als historische Größen, viel wichtiger ist, wie ein Volk sich selbst regiert. Für Plato ist die intellektuelle Leistung einer perfekten Gesellschaft viel höher zu bewerten, denn sie bleibt siegreich über Macht und Reichtum.

Der Trojanische Krieg

Zeit: 13. Jahrhundert v. Chr.?
Ort: südlich der Dardanellen

Uns erschuf dies Wunder der Macht Zeus' waltende Vorsicht, spät von Dauer, und spät erfüllt, zu ewigem Nachruhm! Gleichwie jener die Jungen verzehrt, und das Weibchen des Sperlings, acht; und die neunte war der Vögelchen brütende Mutter: Also werden wir dort neun Jahr auch kriegen um Troja, doch im zehnten die Stadt voll prächtiger Gassen erobern.

HOMER, ILIAS

DIE LEGENDE VOM TROJANISCHEN KRIEG beginnt mit der Rivalität dreier Schönheiten: Hera, Gattin des Zeus, und ihrer Töchter Aphrodite und Athene. Auf der Hochzeit des sterblichen Königs Peleus und seiner Gattin Thetis, einer Meernymphe, kommt sie zum Ausbruch. Eris, die Göttin der Zwietracht, hat einen goldenen Apfel bei sich und kündigt an, ihn »der Schönsten unter den Frauen« zum Geschenk zu machen.

Alle drei Göttinnen, Hera, Aphrodite und Athene, erheben Anspruch auf diesen Apfel – und natürlich den Titel. Die hinterlistige Eris macht daraufhin den Vorschlag, Zeus möge entscheiden, welche der Frauen aus seiner Familie den Apfel verdiene. Der hält sich aber klug aus der Sache heraus und betraut einen anderen mit der undankbaren Aufgabe: Paris, den Sohn des Priamos, König von Troja.

Hera verspricht nun diesem Paris ungeahnte Macht, sollte er sie erwählen. Athene bietet ihm ewigen Ruhm auf dem Schlachtfeld und Aphrodite die Liebe der schönsten Frau auf Erden. Paris entscheidet sich gegen Macht und Ruhm und überreicht Aphrodite den Apfel – eine Entscheidung, die als »Urteil des Paris« in die Mythologie eingegangen ist.

Gemälde von Peter Paul Rubens, 17. Jahrhundert: Paris, Sohn des Priamos, König von Troja, überreicht Aphrodite, der schönsten der drei Göttinnen, den goldenen Apfel auf der Hochzeit des Peleus. Homers *Ilias* nannte das Ereignis »das Urteil des Paris«

Künstlerische Darstellung von Homers Troja (auf Siedlungsschicht Troja VI basierend) mit der mächtigen Stadtmauer und den Wachttürmen

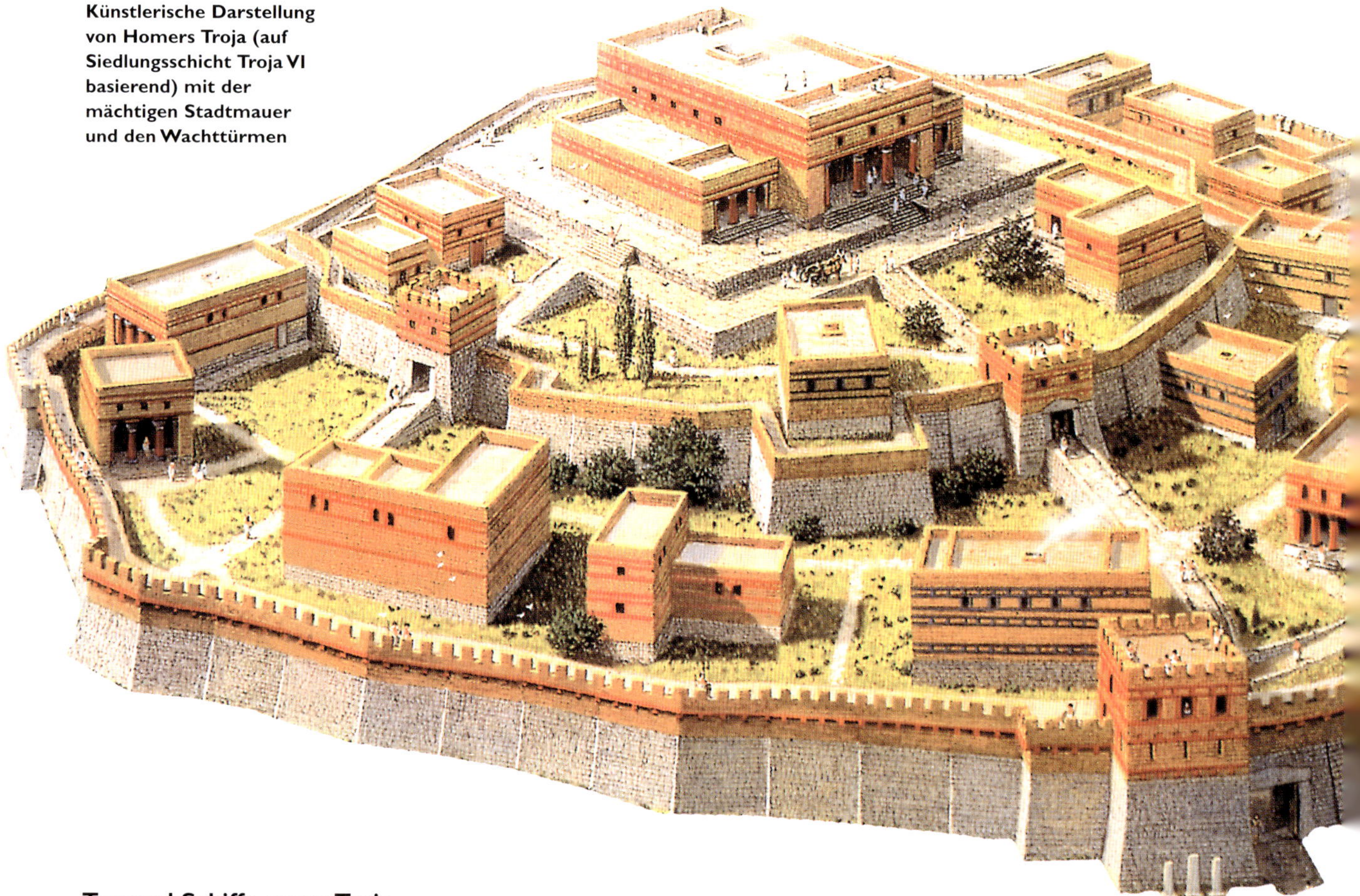

Tausend Schiffe gegen Troja

Die schönste Frau jener Zeit war Helena, die Tochter von Zeus und Leda. Leider war sie schon verheiratet, und zwar mit Menelaos, dem König von Sparta. Was die ganze Angelegenheit noch verschlimmerte, war das Versprechen, das Helenas irdischer Stiefvater Tyndareos aus Angst, ihre Heirat mit einem ihrer vielen Freier könne unter den anderen Zwietracht säen, allen griechischen Herrschern abgerungen hatte: nämlich Helenas Ehe mit Menelaos zu schützen.

Zur gleichen Zeit betrieb Paris in Troja erfolgreich seine Ernennung zum Botschafter seines Landes in Sparta. Als er dort eintraf, erfüllte Aphrodite ihr Versprechen, und Helena verliebte sich unsterblich in den Trojaner. Die beiden Verliebten flohen nach Troja, vergaßen aber keineswegs, den größten Teil des Staatsschatzes mitzunehmen. Somit war das Feld bereitet für einen jahrzehntelangen Krieg der Griechen, die »tausend Schiffe gegen Troja« sandten, um Gattin und Geld des Königs von Sparta zurückzuholen.

Der Trojanische Krieg: Legende, Tatsache oder beides?

Die Geschichte des Trojanischen Krieges, wie sie in Homers *Ilias* erzählt wird, datiert um das Jahr 750 v. Chr. Später übernahmen griechische Geschichtsschreiber, allen voran Herodot und Thukydides, Homers Darstellung, und glaubten, dass Troja am Hellespont (einer Meerenge, heute als Dardanellen bekannt) liege und der Trojanische Krieg mit den unter dem mykenischen König Agamemnon vereinigten Griechen eine historische Tatsache sei.

In der heutigen Zeit sind die Gelehrten eher skeptisch, gibt es doch keinerlei Aufzeichnungen, die Homers Geschichte oder wenigstens die Existenz Trojas bestätigen könnten. Doch der Grundgedanke eines ausgedehnten griechischen Feldzugs nach Vorderasien (um 1250 v. Chr., nach Herodot), eventuell mit dem Ziel, Sklaven und Reichtümer zu erbeuten, ist plausibel.

Das Bronze-Zeitalter und die *Ilias*

Obwohl das 13. Jahrhundert v. Chr. lange vor Homers Zeit liegt, finden sich in der *Ilias* doch einige bemerkenswert genaue Beschreibungen. Der zweite Gesang der Ilias enthält beispielsweise eine Liste, zum Teil sogar mit Beschreibungen, von 164 Städten, die sich mit bewaffneten Einheiten am Kampf gegen Troja beteiligt haben sollen. Viele dieser Orte waren zu Homers Zeit wohl bekannt, doch, wie Michael Wood in seinem Buch *In Search of the*

Trojan War feststellt, waren auch einige darunter, die schon lange aufgegeben und griechischen Geografen unbekannt waren. Neuere archäologische und geschichtliche Forschungen haben ergeben, dass diese Orte tatsächlich existierten und von Homer akkurat beschrieben wurden.

Gab es Troja wirklich? Der archäologische Beweis

Doch wie steht es mit Troja selbst? Wissenschaftler haben lange nach seinen Trümmern gesucht, und zwar südlich der Dardanellen in der Landschaft Troas, die man so nannte, weil hier Troja vermutet wurde. Dabei konzentrierte sich das Interesse auf den Hügel Hisarlik, dessen Lage jener von Troja, wie von Homer beschrieben, am nächsten kam. Darüber hinaus stimmen viele der in der *Ilias* erwähnten äußeren Details weitgehend, wenn auch nicht vollständig, mit dem überein, was die Archäologen hier ausgegraben haben.

Vor allem der deutsche Archäologe Heinrich Schliemann wird mit der Suche nach Troja in Verbindung gebracht. Er unternahm zwischen 1870 und 1890 ganze Serien von Ausgrabungen, wobei er eine Reihe übereinander liegender Städte in diesem Hügel entdeckte und neun Siedlungsschichten (bezeichnet als Troja I–IX) unterschied. Weitere Nachforschungen in Hisarlik in den folgenden Jahren durch Archäologen wie Carl W. Blegen und noch später Manfred Korfmann haben darüber hinaus eine ganze Anzahl von Unterperioden festgestellt. Obwohl weder Schliemann noch andere Archäologen irgendetwas gefunden haben, das diesen Ort als das Troja

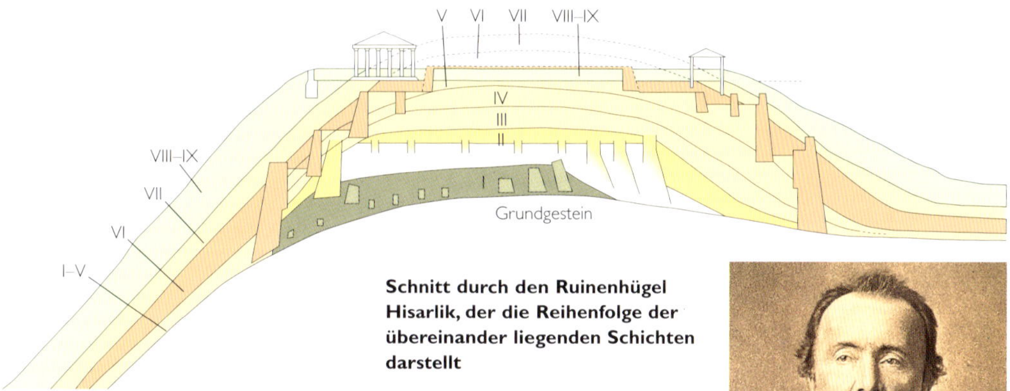

Schnitt durch den Ruinenhügel Hisarlik, der die Reihenfolge der übereinander liegenden Schichten darstellt

Oben: **Heinrich Schliemann: Er nahm an, dass Troja unter dem Hügel Hisarlik in der Türkei liegt**

Links: **Haupttor und Turm von Troja: Homers Beschreibung von einer großen Stadt mit »prächtigen Türmen« passt auf die Stadtmauern von Hisarlik, jedoch nicht ausschließlich auf diese**

Die Arbeiten in Hisarlik gehen auch mehr als ein Jahrhundert nach Schliemann weiter. Hier ein Blick in Richtung Nordwesten auf das Ausgrabungsgebiet aus dem Jahre 1997. Die Stätte ist äußerst vielfältig: Neben den ursprünglich von Schliemann entdeckten neun Siedlungsschichten wurden später noch verschiedene Unterschichten gefunden

Homers bestätigt hätte, passen besonders auf den Ebenen Troja VI und VII (a) gemachte Funde zu den vom griechischen Dichter beschriebenen Besonderheiten.

Homers Schilderung von Troja als einer Stadt mit »prächtigen Türmen« und »stolzen Toren« scheint auf Troja VI zu passen, das groß und eindrucksvoll war, was allerdings nicht nur auf diese Schicht zutrifft. In einer genaueren Beschreibung der Stadtmauern sagt Homer, sie seien eine hervorragend konstruierte Verteidigungsanlage gewesen, stellt aber auch bautechnische Mängel an der Westseite fest. Die Stadtmauer um Troja VI ist tatsächlich über vier Meter dick, an manchen Stellen mehr als neun Meter hoch und weist auf der Westseite Konstruktionsschwächen auf. Homer erwähnt weiterhin einen großen Turm am Haupttor. Archäologen fanden heraus, dass eine mächtige Torkonstruktion den Haupteingang von Troja VI bildete.

Ebenso sicher ist die Verbindung zwischen Hisarlik/Troja und der mykenischen Welt: Artefakte aus der Bronzezeit Griechenlands, speziell mykenische Keramik, wurden gefunden. Schliemann fand auch prächtige Schmuckstücke, die auf die Anwesenheit eines Königshauses schließen lassen. Der »Schatz des Priamos« enthielt Tausende goldener Ringe, Armreifen und zwei atemraubende Diademe, von denen eines als »Das große goldene Diadem der schönen Helena« bekannt ist. Eine Fotografie von Schliemanns Frau Sophia mit den Juwelen ist bezeichnend für Schliemanns Eitelkeit und Geltungssucht. Erst kürzlich wurde der Schatz jedoch der Schicht Troja II zugeschrieben (der zweiten in der Abfolge von neun Städten) und datiert somit 1000 Jahre vor dem Trojanischen Krieg. Der Schatz selbst, unter mysteriösen Umständen am Ende des Zweiten Weltkrieges verschollen, tauchte 1990 in Moskau wieder auf.

Links: **Schliemanns Frau Sophia mit Juwelen aus dem »Schatz des Priamos« – Fotografien dieser Art erweckten enormes Interesse an Schliemanns Entdeckungen, zeigten aber auch seinen Hang zur Übertreibung und seine Egomanie**

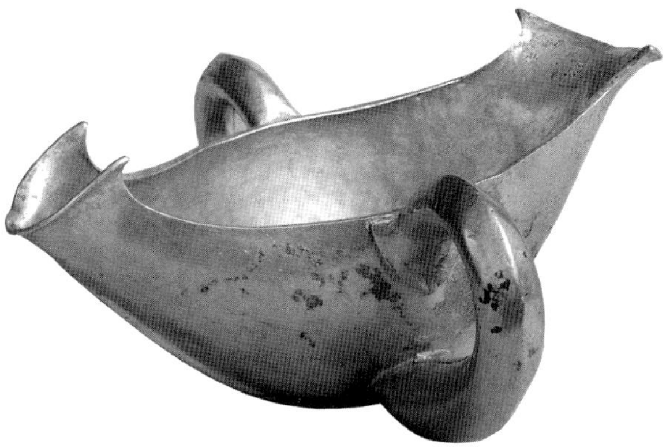

Rechts: **Goldene Sauciere aus dem »Schatz des Priamos«. Der Schatz verschwand Ende des Zweiten Weltkriegs aus Berlin und wurde erst kürzlich in Moskau wieder entdeckt**

Schließlich bezeugen Funde von verkohltem Mauerwerk Brandkatastrophen am Ende der Perioden Troja VI und VII, wobei Troja VI weniger militärischer Einwirkung als einem Erdbeben zum Opfer gefallen zu sein scheint. Troja VII hingegen zeigt deutliche Spuren eines Kampfes, weshalb es von mancher Seite als das eigentliche homerische Troja angesehen wird.

Das Trojanische Pferd

Es finden sich bei Homer mehrere Stellen, die den hohen Stand der Pferdezucht in Troja erwähnen. Archäologische Funde zahlreicher Pferdeknochen und pferdespezifischer Gegenstände passen wiederum in das Bild des homerischen Troja, wenn auch nicht ausschließlich.

Das Pferd, das jedoch am meisten mit Troja in Verbindung gebracht wird, ist natürlich das berühmte Trojanische Pferd, die riesige, hölzerne Nachbildung eines Rosses, von den Griechen gebaut und vor den Toren Trojas angeblich als Gabe an Athene zurückgelassen. Dann zogen die Griechen ab, akzeptierten scheinbar den Verlust Helenas, und die Trojaner, im sicheren Glauben an ihren Sieg, brachten die Beute in die Stadt. Nach Einbruch der Dunkelheit jedoch entstieg eine schwer bewaffnete Einsatztruppe der Griechen dem hohlen Leib des Holztieres, kämpfte die Wachen nieder und öffnete ihrer draußen wartenden Armee die Stadttore. Völlig überrascht fielen die Männer Trojas nach kurzem Kampf, die Frauen wurden gefangen genommen und als Sklavinnen oder Konkubinen nach Griechenland entführt. Auch Helena fiel in die Hände der Griechen und wurde ihrem Mann zurückgegeben.

Überraschenderweise scheint dieses Trojanische Pferd durchaus eine gewisse Glaubwürdigkeit zu haben. Es gibt schriftliche Aufzeichnungen und künstlerische Darstellungen aus dem 13. Jahrhundert v. Chr. von Rammböcken zum Aufsprengen von Stadttoren, die die Form von Pferden hatten. Der Historiker Michael Wood nimmt an, dass das Trojanische Pferd der *Ilias* auf der Fehlinterpretation einer Erzählung von einer derartigen Belagerungsmaschine beruht.

Troja: Mythos oder Tatsache?

Ob der Trojanische Krieg Legende, Tatsache oder eine Mischung aus beidem war, kann mit endgültiger Sicherheit nicht gesagt werden. Zweifellos enthält die Ilias eine ganze Anzahl korrekter Beschreibungen geografischer, politischer und kultureller Gegebenheiten der Bronzezeit, und es steckt fraglos ein Kern Wahrheit in Homers Text. Doch wenn wir den Wahrheitsgehalt seiner Erzählung abwägen, sollten wir das Zitat des amerikanischen Wissenschaftlers Jeremy B. Rutter bedenken: »Ob der Trojanische Krieg nun stattgefunden hat oder nicht, ist letzten Endes eine Frage des Glaubens.«

Das Trojanische Pferd auf einer Amphore aus Mykonos, 7. Jahrhundert v. Chr.

Theseus und der Minotaur

Zeit: mythisch/Bronzezeit
Ort: Athen, Kreta

Schon war erwachsen die Schmach des minoischen Hauses, und schandbar zeigtest der Königin Lust, zweileibige Wundergeburt du. Minos bestimmt, zu entfernen der ehlichen Kammer Beschimpfung, mit vielgängigem Haus und blindem Verschloss sie umhegend. Dädalus, hochgepriesen in schaffender Kunst und Erfindung, gründet das Werk, und verwirret die Merkmal', und in des Irrtums Windungen führt er die Schwelle durch vielfach schlängelnden Umschweif.

OVID

WENN MAN APOLLODORUS VON ATHEN Glauben schenkt, unserer Quelle aus dem 2. Jahrhundert v. Chr. für die Geschichte von Theseus und dem Minotaur (deren Ursprünge bis in das 6. Jahrhundert v. Chr. zurückreichen), so war Theseus König von Athen und angeblich der Sohn des Aigeus, obwohl auch Poseidon, der Gott der Meere, als »biologischer Vater« genannt wird.

Theseus

Nach Theseus' Geburt in der ländlichen Siedlung von Troizen versteckte Aigeus Schwert und Sandalen unter einem nahe gelegenen Felsen und gab seiner Frau Aithra die Anweisung, den Knaben so lange in ihrer Obhut zu behalten, bis er alt und stark genug sei, diesen wegzurollen. Wenn dies geschehen sei, möge er zu seinem Vater nach Athen kommen.

Es dauerte nicht lange, und Theseus war zu einem kräftigen jungen Mann herangewachsen, hob den Felsbrocken an und holte seines Vaters Sachen hervor. Dann machte er sich auf, nach Athen zu ziehen, wie ihm aufgetragen war. Aithra bat ihn, den Seeweg zu nehmen, aber Theseus wählte den gefährlicheren, von Räubern, Dieben und wilden Tieren bedrohten Weg über Land. Wie nicht anders zu erwarten, traf er auf diverse Hindernisse, die er jedoch mit Kraft und Klugheit aus dem Weg räumte. So warf er unter anderem den Straßenräuber Skiron ins Meer, erschlug den Bösewicht Prokrustes und entledigte sich auch der Krommyonischen Sau, eines außerordentlich gefährlichen Untiers.

Der Blutpreis Athens: Opfer für den Minotaur

In Athen angekommen, erfuhr Theseus von der großen Tragödie, die über sein Land gekommen war. Einige Jahre vorher, nach Apollodorus waren es drei Generationen vor dem Trojanischen Krieg, war Androgeos, der Sohn des kretischen Königs Minos, von Athenern hinterlistig erschlagen worden. Um sich zu rächen, war Minos mit einer gewaltigen Armee nach Athen gezogen, hatte die Stadt belagert und schließlich eingenommen. Seit dieser Zeit mussten die Athener in jedem Jahr (manche Quellen sprechen von jedem neunten Jahr) ein Blutopfer darbringen; je sieben Jünglinge und Jungfrauen wurden nach Kreta gebracht und dort dem Minotaur geopfert, einer schrecklichen Schimäre, halb Mensch und halb Stier, die in einem riesigen Labyrinth lebte, wo sie die Opfer tötete.

Die Existenz des Minotaur verdankte man einem Versuch des Minos, die Götter zu betrügen. Minos wollte den vollkommenen Opferstier, schickte entsprechende Gebete gen Himmel, und Poseidon erhörte sie. Der Stier war

Der oft als grausames Ungeheuer dargestellte Minotaur macht auf G. F. Watts Gemälde einen eher nachdenklich-wehmütigen Eindruck

Theseus holt aus zum tödlichen Hieb gegen den Minotaur im Zentrum des Labyrinths, Mosaik aus einer römischen Villa bei Salzburg, 400 n. Chr.

Theseus auf dem Körper des getöteten Minotaur, Statue von Antonio Canova, 1781 bis 1783

jedoch eine derart wunderbare Kreatur, dass Minos beschloss, ihn zu behalten und stattdessen einen anderen, nicht ganz so vollkommenen zu opfern. Darauf fiel Poseidon jedoch nicht herein und ließ zur Strafe Minos' Frau Pasiphaë hoffnungslos dem göttlichen Stier verfallen. Aus dieser Beziehung entstand der Minotaur. Zum Schutz der Bürger Kretas sperrte Minos das Ungeheuer in ein Labyrinth, das der berühmte Architekt Dädalus erbaut hatte.

Theseus erreichte Athen just in dem Moment, als die letzten der ausgewählten Opfer das unter schwarzen Segeln fahrende Schiff betraten, das sie nach Kreta in den Tod bringen sollte. Sofort erbot er sich, als einer der ihren mitzufahren, im unerschütterlichen Vertrauen darauf, den Minotaur erschlagen zu können und dem Schrecken ein Ende zu bereiten. Zuerst versuchte König Aigeus, seinem Sohn diese Idee auszureden, stimmte dann jedoch unter folgender Bedingung zu: Sollte Theseus es schaffen, durch das Labyrinth zu der Bestie vorzudringen und diese zu besiegen, so möge er auf der triumphalen Heimfahrt statt der schwarzen weiße Segel setzen, um als weithin sichtbares Zeichen dem wartenden Vater seinen Sieg zu verkünden.

In Kreta wurden Theseus und seine Gefährten zwar umgehend in das Labyrinth geführt, doch König Minos' kluge Tochter Ariadne hatte sich bereits in den Athener verliebt. So ersann sie eine wirksame Methode der Rettung aus dem Labyrinth: Sie gab ihm ein Knäuel Garn, das Theseus abwickelte, während er den Weg zum Minotaur nahm, den er schlafend antraf. Bald entbrannte ein mörderischer Kampf, doch schließlich gelang es Theseus, das Ungeheuer zu töten. Er verfolgte den Faden zurück, entkam dem Labyrinth und fuhr siegreich der Heimat entgegen. Leider vergaß er jedoch, weiße Segel zu setzen, und als sein Vater das Schiff erkannte und in den schwarzen Segeln die Todesbotschaft las, stürzte er sich vor Gram vom Felsen ins Meer, das von nun an das Ägäische Meer hieß.

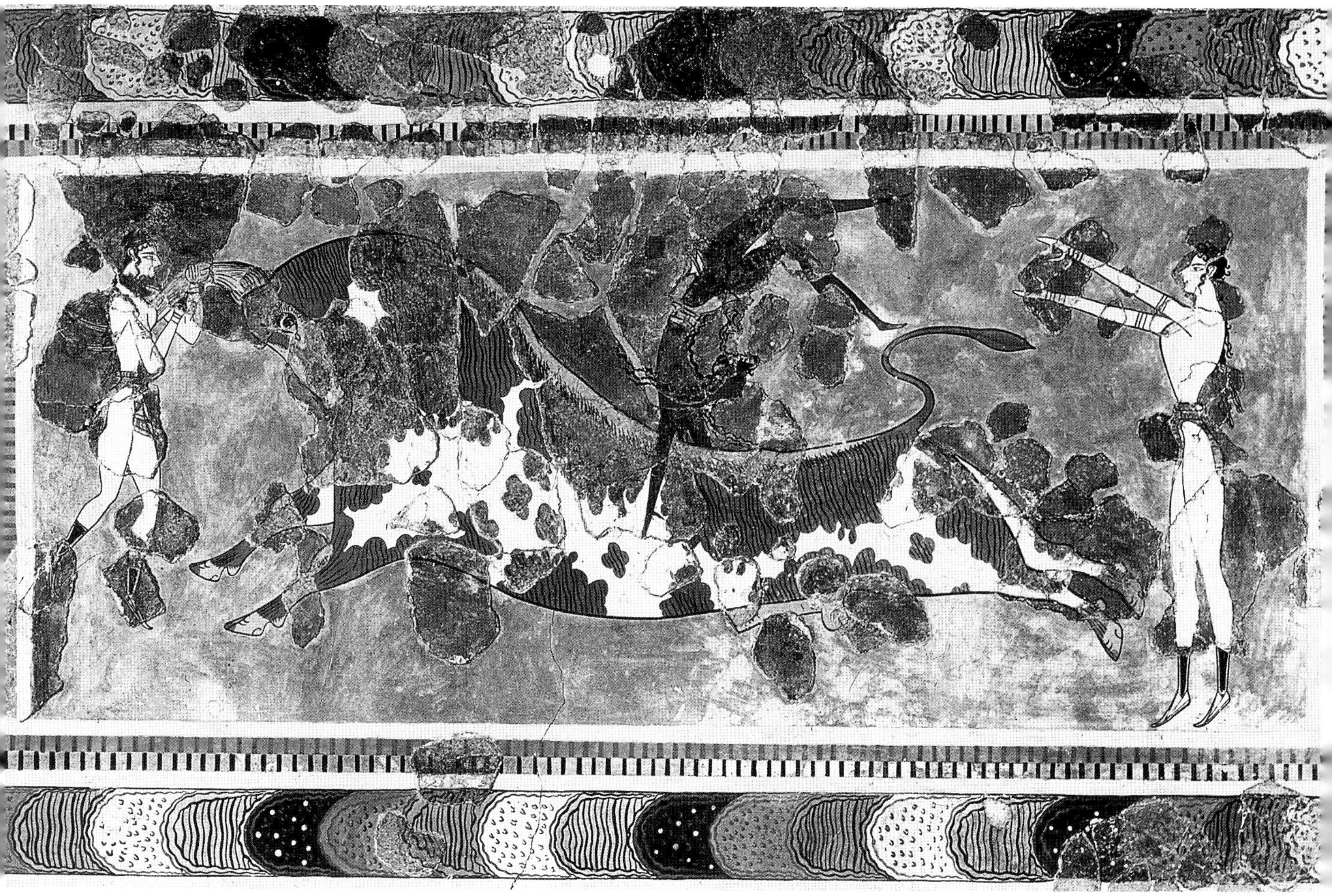

Wandgemälde aus dem Palast von Knossos: Es zeigt Akrobaten auf einem Stier. Könnte aus solchen Ritualen die Geschichte entstanden sein, nach der griechische Jünglinge und Jungfrauen dem Minotaur geopfert wurden?

Theseus und der Minotaur: Eine Spur von Wahrheit?

Im Zentrum der Geschichte steht die aus vielen Abenteuern bestehende Mannwerdung eines Jünglings. Wie oft in der griechischen Mythologie ist dieser Weg zur Reife mit Ironie des Schicksals, Eitelkeit und Leid gepflastert.

Aber steckt eine tiefere geschichtliche Wahrheit in der Erzählung? Obwohl wir die Existenz eines Wesens halb Stier, halb Mensch wohl ausschließen können, ist es aufschlussreich, dass Apollodorus König Minos auf Kreta ansiedelt. Erste archäologische Ausgrabungen, die Sir Arthur Evans im Jahre 1900 durchführte, belegten die Existenz einer bis dahin unbekannten Kultur, die er nach König Minos »minoisch« nannte und die zwischen 1650 und 1420 v. Chr. ihre Blütezeit erlebte. Stiere spielten in ihrer Glaubenspraxis eine große Rolle. Ein bekanntes Fresko aus dem riesigen minoischen Palast von Knossos zeigt Akrobaten, die möglicherweise anlässlich einer religiösen Zeremonie über einen Stier springen. Um das Fresko herum waren die Palastwände mit gigantischen stilisierten Stierhörnern aus Kalkstein geschmückt. Auch im Palast gefundene prächtige Ritualgefäße, Rhyta genannt, hatten die Form von Stierköpfen.

Der Plan des Palastes zeigt eine verwirrende Vielfalt von Hunderten, wenn nicht Tausenden von Räumen und Kammern, verteilt auf eine Grundfläche von über zwei Hektar (20 000 qm). Es ist in der Tat ein wahrer Irrgarten, und es wird seit langem ein Zusammenhang mit dem Labyrinth des Minotaur vermutet. Bereits 500 v. Chr., lange nachdem der Tempel aufgegeben worden war, wurden auf Kreta Münzen mit dem Abbild des Minotaur auf der Vorder- und einem stilisierten Labyrinth auf der Rückseite geprägt.

Ein laufender Minotaur auf der Vorderseite eines Silberstaters aus Knossos, circa 500 bis 413 v. Chr.

Aufsichtsplan des Palastes von Knossos – ein Labyrinth von Räumen und Gängen, angeordnet um einen zentralen Innenhof

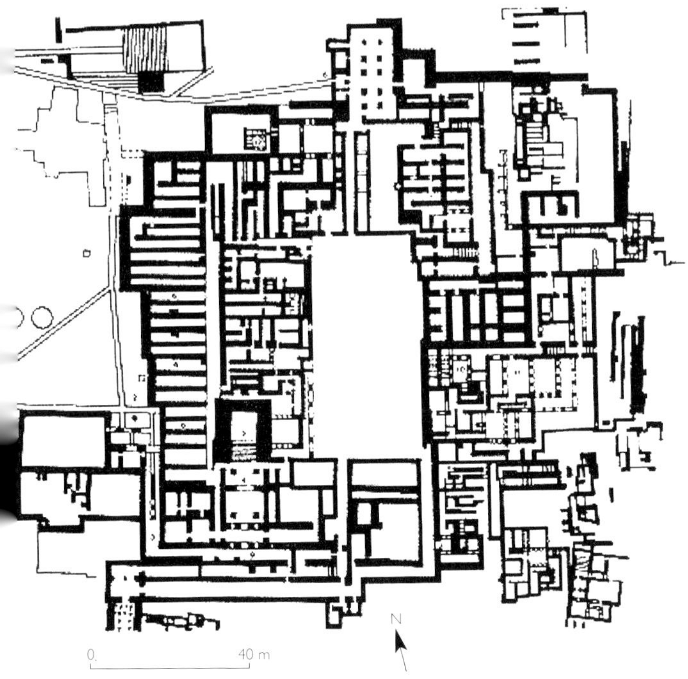

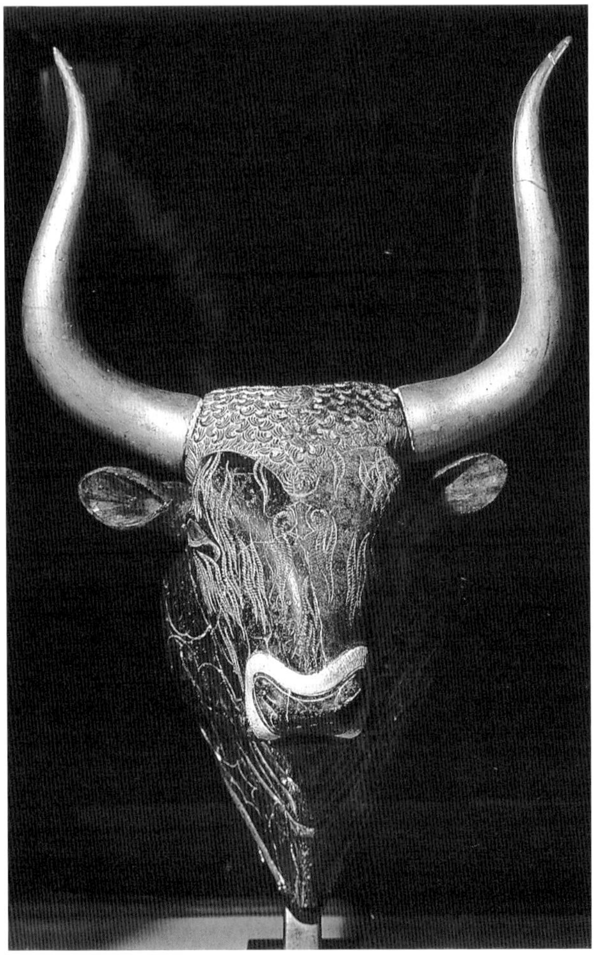

Stierkopf-Rhyton, ein Ritualgefäß aus Knossos – das häufige Vorkommen von Stierdarstellungen in der minoischen Kunst und Architektur hat mit dem religiösen Stellenwert dieses Tieres zu tun und könnte die Quelle für den Mythos von der »Schimäre Minotaur« sein

Die Fabel von Theseus und dem Minotaur scheint also tatsächlich zumindest teilweise auf historischem Geschehen zu beruhen. Sie stammt womöglich aus einer Zeit griechischer Unterwerfung durch Kreta, als der irrgartenähnliche bronzezeitliche Tempelkomplex in Knossos zu einer mythischen Erinnerung an das Labyrinth des Minotaur wurde. Wie die Forscher Rodney Castleden und Lesley Fitton unabhängig voneinander feststellten, könnte die Erschlagung des Minotaur durch Theseus und die Beendigung des schrecklichen Blutzolls, den die Griechen den Minoern zu zahlen hatten, eine Metapher für das Anbrechen der Blütezeit der griechischen Kultur und deren Befreiung von minoischer Dominanz sein.

Jason und die Argonauten

8

Zeit: 8. Jahrhundert v. Chr.?/mythisch
Ort: Gebiet des Schwarzen Meeres

Anbeginnend mit dir, o Phoibos Apollon, will ich besingen ruhmreiche Männer der Vorzeit, die durch die Mündung des Pontos nach dem Goldenen Vlies die Ruder der Argo gerichtet.

APOLLONIOS VON RHODOS, 3. JAHRHUNDERT V. CHR.

DIE LEGENDE VON JASON und den Argonauten, deren Thema die Initiation eines jungen Helden durch eine Reise ist, hat tiefe Wurzeln in der griechischen Mythologie. Sie lässt sich bis zur Fassung des Dichters Pindar aus dem 5. Jahrhundert v. Chr. zurückverfolgen, aber die bekannteste Version dieser Geschichte findet sich zweifellos im Werk *Argonautika* des Apollonios von Rhodos aus dem 3. Jahrhundert v. Chr.

Jasons Erbe

Die Legende beginnt mit Aison, König von Iolcus in Thessalien. Der Regierungsgeschäfte überdrüssig, übergibt er die Macht seinem Bruder Pelias, aber nur so lange, bis der rechtmäßige Erbe, Aisons Sohn Jason, das Mannesalter erreicht haben würde. Pelias war vor einem Mann gewarnt worden, der nur eine Sandale trägt, und tatsächlich, als Jason, inzwischen herangereift, den Thron fordert, hatte er auf der Reise zum Palast eine Sandale verloren. Aus Furcht, die Macht im Staat nun an Jason zu verlieren, ersinnt Pelias eine List, um seinen Neffen endgültig loszuwerden. Er legt Jason nahe, vor seinem Amtsantritt erst das sagenumwobene Goldene Vlies aus dem fernen Kolchis zurückzuholen, da es das rechtmäßige Eigentum seiner Familie sei. Von dieser Idee fasziniert, bereitet Jason die Reise vor. Er lässt ein seetüchtiges Schiff bauen, die *Argo*, und stellt eine schlagkräftige Mannschaft aus Helden und Halbgöttern zusammen, darunter Theseus, Herakles und Orpheus.

Rotfigurige Vase (ca. 470–460 v. Chr.): Sie zeigt Jason, der das Goldene Vlies ergreift, daneben Göttin Athene. Rechts der Ecksteven der *Argo*, dessen menschlicher Kopf andeutet, dass das Schiff sprechen kann

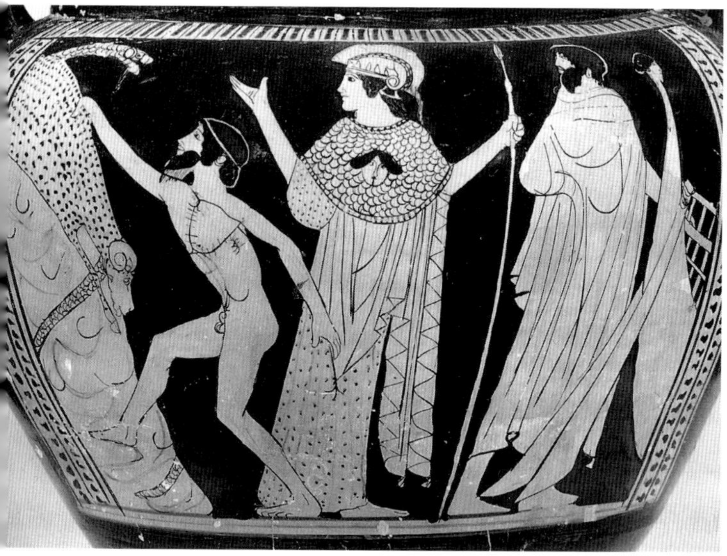

Nach entbehrungsreicher Fahrt durch unbekannte Gewässer kommen Jason und seine »Argonauten« schließlich nach Kolchis, wo König Aietes durchaus bereit ist, das Goldene Vlies herauszugeben, aber erst nachdem Jason eine Reihe von Prüfungen bestanden hätte. Das gelingt Jason, er erhält das Vlies und kehrt nach wiederum ereignisreicher Reise mit seiner Trophäe nach Hause zurück.

Die Bedeutung von Jasons Reise

Wohl niemand wird die fantastischen Elemente dieser Geschichte, Schafe mit goldenem Fell, Götter und Halbgötter, für wahr halten. Vielfach wurde jedoch angemerkt, dass die Erzählung geografische Informationen enthält, die auf frühen Seereisen der alten Griechen zum östlichen Mittelmeer und Schwarzen Meer gesammelt wurden.

Wie in mehreren anderen Fällen, so zum Beispiel der chinesischen Erzählung vom Land Fu-sang oder der Reise des heiligen Brendan in das »gelobte Land der Heiligen«, kann auch für den historischen Gehalt der Reise Jasons kein Beweis geführt werden. Ein solcher Beweis wären beispielsweise archäologische Funde von Gegenständen der Reisenden, zurückgelassen an den von ihnen besuchten Orten (so sollen die Argonauten auf ihrer Reise mehrere Schreine gebaut haben, deren Überreste gefunden werden könnten). Weiterhin kämen Objekte in Frage, die

als Tauschwaren an besuchten Orten zurückblieben, oder solche, die von dort mit nach Hause genommen wurden, um viele Jahre später als Funde im archäologischen Kontext beweiskräftig zu werden.

Stattdessen beruht der Wahrheitsgehalt der Geschichte von Jason und den Argonauten allein auf seiner geografischen Information. Einfacher ausgedrückt, die Beschreibungen von Reiseroute und Örtlichkeiten sind präzise genug, um in ihnen tatsächlich existierende Orte zu erkennen.

Eine Reise zum Schwarzen Meer?

Aufgrund dieser geografischen Informationen sind die meisten Kenner der griechischen Mythologie der Überzeugung, das Land Kolchis liege, wie von Apollonios beschrieben, am Ostrand des Schwarzen Meeres (von den Griechen »Euxine-See« genannt) in der heutigen Republik Georgien. Es existieren geschichtliche und archäologische Beweise dafür, dass die Griechen die Küste des Schwarzen Meeres erkundet und besiedelt hatten. Spuren ihrer Kolonien reichen bis in das 7. Jahrhundert v. Chr. zurück, und die frühesten Anfänge könnten noch ein weiteres Jahrhundert zurückliegen. Aus griechischer Sicht war die Lage Kolchis' von Apollonios perfekt beschrieben worden, als er es an die »entfernteste Grenze von Land und See« verlegte.

Oben: **Der *Argo*-Nachbau des Abenteurers und Reiseschriftstellers Tim Severin unterwegs auf den Spuren Jasons**
Rechts: **Goldener Anhänger mit dem Kopf der Athene aus Kul Oba circa 400 bis 350 v. Chr.: Ein Beispiel griechischer Goldschmiedekunst aus dem Raum des Schwarzen Meeres. Die Kenntnis von dem reichen Goldvorkommen dieser Region und der Wunsch, sie auszubeuten, könnten zur Geschichte vom Goldenen Vlies beigetragen haben**

Apollonios zufolge führte die Reise Jasons von der alten Hafenstadt Iolcus zu den Dardanellen und weiter durch die Enge der »krachenden Felsen« (die Symplegaden), die Torwächter zum Eingang des Schwarzen Meeres am Bosporus. Von da ging es weiter nach Osten, entlang der türkischen Nordküste, bis sie schließlich nach Kolchis kamen.

Obwohl sich die verschiedenen Versionen der Geschichte Jasons widersprechen, nahm er gemäß Apollonios anschließend nicht denselben Weg zurück, sondern wählte eine nördlichere Route, die ihn zu einem großen Fluss führte, von Apollonios Istrus genannt, bei dem es sich mit an Sicherheit grenzender Wahrscheinlichkeit um die Donau handelte. Man fuhr weiter die Donau hinauf, von der Apollonios fälschlicherweise annahm, sie würde in die Adria münden. Als Nächstes schafften es die Argonauten, ihr Schiff zu einem Fluss namens Rhodanus zu verbringen, bei dem es sich wohl um die Rhône in Frankreich handelte, und folgten diesem südwärts, dem Mittelmeer entgegen. Weiter ging die Reise entlang der italienischen Westküste nach Süden, durch die Straße von Messina hindurch, bis die afrikanische Nordküste in Sicht kam, dann wieder nach Norden an der Ostspitze Kretas vorbei und zurück nach Iolcus.

Oben: **Die *Argo* fährt durch die »krachenden Felsen« der Symplegaden, Bernard Picart, 1730/31**

Rechts: **Die möglichen Reisewege Jasons in der Reihenfolge abnehmender Wahrscheinlichkeit: 1. Nach der Darstellung des Apollonios von Rhodos verlief die Route der Hinreise nach Kolchis am Ostufer des Schwarzen Meeres direkt, die Rückreise hingegen weniger. 2. Nach dieser etwas gewagten Vermutung führte der Heimweg der *Argo* durch Nordeuropa, Skandinavien und um Spanien und Frankreich herum. 3. Basierend auf ihrer Interpretation der in verschiedenen Versionen der Legende beschriebenen geografischen Besonderheiten, behauptete Henriette Mertz, dass die Argonauten über den Atlantik bis nach Südamerika gefahren wären**

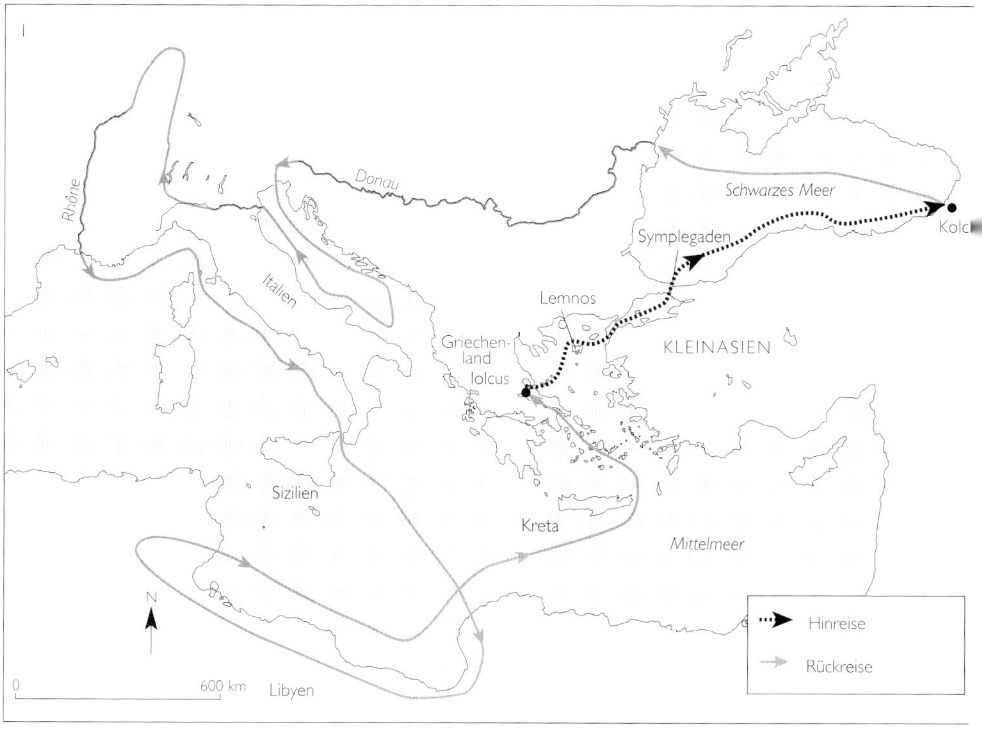

Jasons Nordeuropareise?

Ein anderes Szenario der Heimreise identifiziert den Fluss Istrus nicht als die Donau, sondern den russischen Don, der die Argonauten anschließend in die Wolga und schließlich in die Barentssee führte. Dort folgten die Abenteurer der europäischen Küste nach Westen, passierten die Meerenge von Gibraltar und fuhren zurück nach Iolcus. Diese Reiseroute hätte es erfordert, die *Argo* eine weite Distanz über Land zu transportieren, eine schier übermenschliche Leistung, aber schließlich haben wir es mit Helden und Halbgöttern zu tun. Und selbst in der weniger abenteuerlichen Version des Apollonios wird die *Argo* meilenweit durch die Libysche Wüste geschleppt, bis man wieder auf das Mittelmeer stößt.

Jasons Reise nach Amerika?

Doch selbst diese gewagte Nordroute verblasst völlig neben der Version der amerikanischen Archäologin Henriette Mertz, die sie in ihrem 1964 erschienenen Buch *The Wine Dark Sea* veröffentlichte. Für sie ist Kolchis kein Königreich am Schwarzen Meer, sondern ein Fürstentum südlich des Titicacasees im südamerikanischen Bolivien, und die von Apollonios beschriebenen »krachenden Felsen« hätten mit dem Bosporus nichts zu tun, sondern passten perfekt auf die Meerenge zwischen Kuba und Haiti. Weiter behauptet Mertz, die Argonauten wären anschließend auf nördlichem Kurs bis zur Felsenküste des heutigen US-Bundesstaates Maine gesegelt, von wo aus sie dann gen Osten nach Griechenland zurückfuhren.

Die Legende des Jason: Das Urteil

Natürlich gibt es keinerlei Beweise, um derartige Spekulationen zu unterstützen; weder in Brasilien noch in Maine gibt es entsprechende Funde, und auch in Nordeuropa wurden keine altgriechischen Artefakte entdeckt, genauso wenig sind aus diesen Gebieten stammende Gegenstände in Griechenland aufgetaucht.

Wie in vielen anderen dichterischen Werken, in denen sich Wahrheit und Mythos unauflöslich verwoben haben, mag auch in der Legende von Jason und den Argonauten ein Körnchen Wahrheit stecken. Aber es handelt sich weder um ein Geschichtswerk noch um einen Reisebericht, sondern um die Erzählung von einem jungen Mann auf dem abenteuerlichen Weg zu seinem erwachsenen Selbst. Die Archäologie kann lediglich beweisen, dass die Griechen das Gebiet des Schwarzen Meeres geografisch erschlossen hatten und dass am Rande der ihnen bekannten Welt sogar Kolonien entstanden waren. Darauf könnte die Geschichte von Jason basieren.

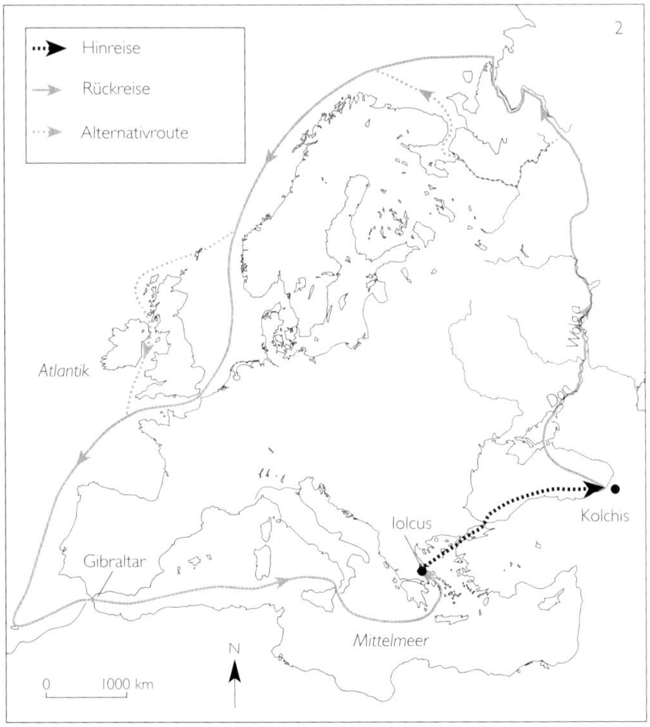

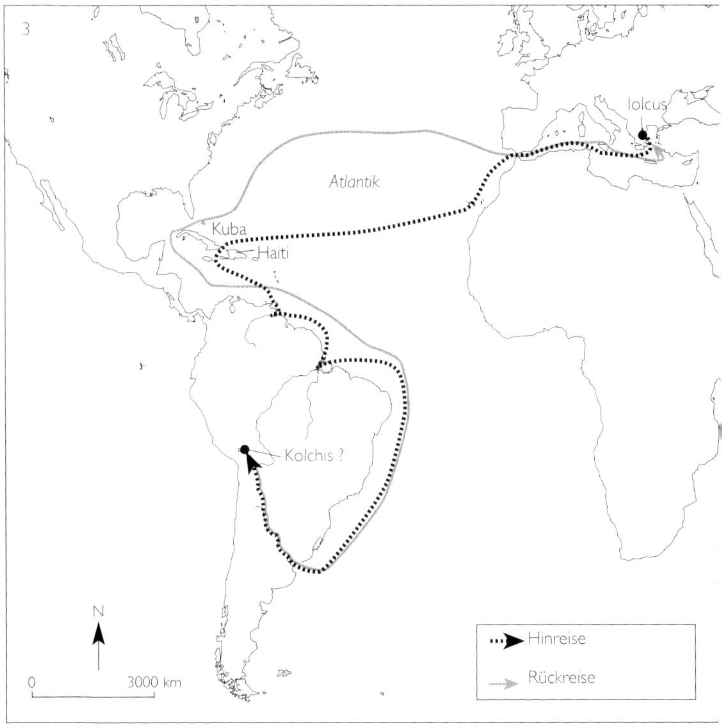

Die Zehn Verlorenen Stämme Israels

9

Zeit: 721 v. Chr.
Ort: Israel

Darum siehe, es kommt die Zeit, spricht der Herr, dass man nicht mehr sagen wird: »So wahr der Herr lebt, der die Israeliten aus Ägyptenland geführt hat«, sondern: »So wahr der Herr lebt, der die Israeliten geführt hat aus dem Lande des Nordens und aus allen Ländern, wohin er sie verstoßen hatte.« Denn ich will sie zurückbringen in das Land, das ich ihren Vätern gegeben habe.

JEREMIA 16,14–15

IM JAHRE 721 v. Chr. zog der assyrische Herrscher Sargon II. mit seinem Heer nach Süden durch Syrien und griff das Königreich Israel an. Nachdem er dessen Hauptstadt Samaria zerstört hatte, verschleppte er die Führer der Nation samt ihren Familien nach Nordsyrien, wo sie neue Existenzen als Bauern, Händler oder Handwerker begründeten. Israel bestand damals aus den Stämmen Ruben, Gad, Ascher, Ephraim, Manasse, Dan, Naftali, Issachar, Simeon und Sebulon, und obwohl die verschleppten Familien nur einen kleinen Teil der Gesamtbevölkerung ausmachten, gingen sie dennoch als die »Zehn Verlorenen Stämme Israels« in die Geschichte ein.

Was geschah nun mit diesen Zehn Verlorenen Stämmen? Es gibt kaum historische Beweise, aber viele Legenden, Geschichten und Überlieferungen aus allen Ecken der Welt. Das Alte Testament gibt nur wenig Auskunft: zum Beispiel (2. Könige 17,6), dass einige Stämme in Syrisch-Kurdistan, im Al-Khabur-Tal bei Gosan (Tel Halaf) und in einer weiteren Stadt namens Halah angesiedelt wurden. Der Rest der Verschleppten wurde nach Osten in die »Städte der Meder« geschickt und hatte sich wahrscheinlich bereits nach wenigen Generationen mit der einheimischen Bevölkerung vermischt.

Als einzige Ausnahme ist jedoch eine Volksgruppe zu nennen, die zumindest ihre Sprache vor der Assimilation bewahren konnte: Die Juden aus Irakisch-Kurdistan sprachen noch eine Art Neoaramäisch, als sie in der ersten Hälfte des 20. Jahrhunderts nach Israel einwanderten. Weitere kurdische Juden kamen aus dem Iran und der Türkei, und heute leben etwa 100 000 von ihnen in Israel. Ihre Sprache, ihre Herkunft aus Nordirak, Syrien und der Osttürkei und nicht zuletzt ihre Traditionen weisen sie überzeugend als echte Abkömmlinge der von den Assyrern verschleppten Familien aus.

Angesichts der Flut von abenteuerlichen Geschichten über die Zehn Verlorenen Stämme fand diese Tatsache

Links: **Die Stämme Israels umlagern in der Wüste den Tabernakel, aus einer Bibel von 1557**
Gegenüberliegende Seite: **Detail eines Reliefs aus dem Palast des Sanherib, circa 700 v. Chr.: Eine Familie wird im Jahre 701 v. Chr. aus Lachisch, Juda, von Assyrern ins Exil geführt. Ein Bild der 20 Jahre früher Verschleppten aus dem Königreich Israel würde nicht anders ausgesehen haben**

jedoch recht wenig Beachtung. Orthodoxe Juden glauben bis heute an die Existenz der zehn Stämme jenseits des mythischen Flusses Sambation und dass Gott sie, gemäß der biblischen Prophezeiung (u. a. Jeremia 31,7–8), in ihre angestammte Heimat zurückführen wird, wenn das Messianische Zeitalter anbricht. Vom Mittelalter bis in das 19. Jahrhundert haben Christen und Juden nach diesem Fabelreich gesucht, das im Osten liegen soll oder in Afrika, wo die verlorenen Stämme geduldig das Tausendjährige Reich erwarten. Es gibt eine Menge Literatur zu diesem Thema und zahlreiche Theorien über die angeblichen Nachfahren der verlorenen Stämme, darunter die Mormonen, die Japaner, die Pathanen Pakistans, die Nepalesen, die nordamerikanischen Indianer und sogar die Briten und Amerikaner, um nur einige zu nennen.

Lian Tual, Sekretär der Beth-Shalom-Gemeinde in Tiddim, Birma, mit seiner Familie, 1987

Die Theorien auf dem Prüfstand

Manche dieser Theorien sind nicht völlig von der Hand zu weisen. Im Jahrhundert nach der Zerstörung Israels durch die Assyrer zogen viele Flüchtlinge in das südlich gelegene, nach wie vor autonome Königreich Juda, speziell in dessen Hauptstadt Jerusalem. Aber da die ernste Bedrohung ihrer Freiheit durch Assyrien, Ägypten und Babylon – die Großmächte der damaligen Zeit – weiterbestand, begannen die Menschen auch aus Juda zu fliehen. In einer Prophezeiung spricht Jesaja, der während der Regierungszeit des Hiskia, König von Juda (727–698 v. Chr.), lebte, von einer Zeit, in der Gott sein in der Diaspora lebendes Volk aus Assyrien, Patros, Nubien, Elam, Schinar und Hamat zurückholen wird (Jesaja 11, 11–12). Die erste nachgewiesene jüdische Überseekolonie lag auf Jeb (dem heutigen Elephantine), einer Insel im Nil nahe den ersten Stromschnellen bei Assuan, wo sich für kurze Zeit während des späten 5. Jahrhunderts v. Chr. ein jüdischer Tempel befand. Wahrscheinlich standen die dort lebenden Juden in Söldnerdiensten des ägyptischen Königs.

Mit hoher Wahrscheinlichkeit begleiteten Juden den letzten babylonischen König Nabonidus (555–539 v. Chr.) auf seiner Reise nach Arabien. Wahrscheinlich sahen sie das Ende Babyloniens durch die Hand der Meder und Perser voraus und entschieden sich, gleich dort zu bleiben. Weiterhin ist aus der Bibel bekannt, dass der persische König Kyros der Große, der Bezwinger Babylons im Jahre 538 v. Chr., eine Reihe von Verordnungen erließ, die den im Exil lebenden Gemeinden die Rückkehr in ihre Heimat ermöglichten. Aber nicht alle wollten nach Juda zurückkehren (Esra 1,4,6), denn viele hatten es zu Wohlstand gebracht und auch schon in anderen Ländern zu siedeln begonnen, darunter Medien und Persien.

So waren bereits im 5. und 6. Jahrhundert v. Chr. jüdische Enklaven außerhalb ihres Heimatlandes zu finden. Während der anschließenden hellenistischen und römischen Perioden erweiterte sich die Diaspora um das gesamte Mittelmeer herum, wie Berichte über die Reisen des Paulus im Neuen Testament verdeutlichen.

Ost und West

Es wäre kaum verwunderlich, wenn Juden nicht nur nach Westen, sondern auch nach Osten gezogen wären. Es ist bekannt, dass sich noch vor verhältnismäßig kurzer Zeit jüdische Gemeinden in Arabien und China befanden und in Indien immer noch befinden. Unter vielen Gruppen, die behaupten, jüdischer Herkunft zu sein, sind auch die

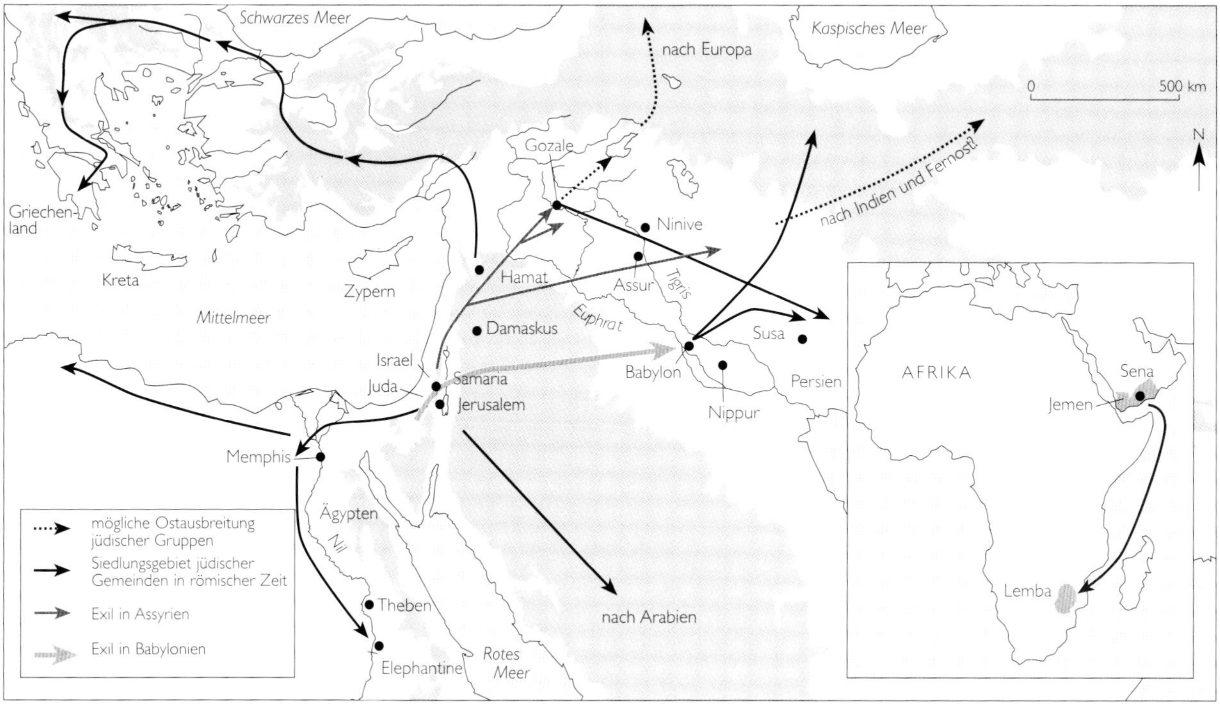

Pathanen, streng gläubige Muslime aus Pakistan, Indien, Afghanistan und dem Iran. Trotz ihres Glaubens nennen sie sich Beni Israel (Söhne Israels) und pflegen noch heute jüdische Bräuche, wie die Feier des Sabbats, der für sie gemäß der jüdischen Vorschrift ein Tag der Ruhe ist. Der Mizo-Stamm und die Beni Menashe (Söhne Manasses) in Birma beten zu Y'wa, ein Name, der dem des Gottes Israels nicht unähnlich ist. Und in Nordwestchina lebt das Volk der Chiang-min, die sich für Abkömmlinge Abrahams halten. Sie haben eine eigene Kaste von Priestern, die Opferungen vornehmen und denen die Reinheit des Rituals heilig ist.

Es gibt zu viele solcher Gruppen, um sie hier alle zu erwähnen, aber von keiner lässt sich ohne weiteres behaupten, dass ihr Anspruch unberechtigt sei. Juden haben in der Tat den gesamten Erdball umrundet und sich an den entferntesten Orten angesiedelt. Über die Jahrhunderte hinweg könnten ihre Nachfahren sich mit den Einheimischen vermischt und damit ihre Identität und Verbindung zu ihrem Stammvolk aufgegeben, sich aber trotzdem eine vage Erinnerung an ihre Herkunft bewahrt haben.

Verlorene Stämme in Afrika

Auch in Afrika finden sich Gruppen vermeintlich jüdischen Ursprungs, von denen die heute meist in Israel lebenden äthiopischen Juden die bekanntesten sind. Es gibt jedoch noch ein weiteres, über ganz Südafrika verstreutes Volk, dessen Behauptung, die »schwarzen Juden Afrikas« zu sein, sich als richtig erweisen könnte. Es handelt sich hierbei um das Volk der Lemba, deren mündlich überlieferte Geschichte erst kürzlich von Tudor Parfitt von der London University dokumentiert wurde. Sie hatten schon immer behauptet, dass ihre Vorfahren aus dem Norden gekommen seien, ursprünglich aus einem Ort namens Sena, von dem sie allerdings nichts Näheres zu berichten wussten. Weiterhin wollen sie mit den Juden Äthiopiens verwandt sein, wenn dies auch nicht belegt werden kann. Die Lemba befolgen das jüdische Kaschrut-Speisegesetz und könnten auch die traditionelle Beschneidung in Südafrika eingeführt haben.

Fasziniert von dem wenigen, das er von ihnen erfahren konnte, machte sich Parfitt auf eigene Faust auf die Suche und gelangte von Südafrika über Simbabwe schließlich in

Viele Gruppen auf der ganzen Welt behaupten von sich, Abkömmlinge der Israeliten zu sein. Diese älteren Bildern entnommene Darstellung von 1877 zeigt die »vermutete Reihenfolge des Zuges der Israeliten nach Japan«

den Jemen im südwestlichen Arabien. Hier fand er die alte Stadt Sena, auf die sich, wie er glaubt, die Überlieferung der Lemba bezieht. Viele weitere Details bestätigten seine Theorie, so beispielsweise die Gleichheit vieler Familiennamen, die in beiden Regionen anzutreffen sind.

Der genetische Beweis

Es gibt jedoch noch einen weiteren Beleg, diesmal aus dem Bereich der Genetik, der die Behauptung der Lemba stützt. Vor kurzem wurde eine genetische Studie an jüdischen Männern aus den USA, Großbritannien und Israel durchgeführt. Es stellte sich heraus, dass mehr als 70 Prozent der Kohanim (Angehörige eines Priestergeschlechts, die sich für direkte Nachkommen von Aaron, dem Bruder von Moses und Inhaber des Hohepriesteramts, halten) ein gemeinsames Muster von DNA-Markern auf dem männlich vererbten Y-Chromosom aufwiesen. Bei normalen jüdischen Männern wurde ein geringerer Prozentsatz festgestellt, und bei nichtjüdischen Männern ist diese Rate nochmals erheblich niedriger. So scheint die Mehrheit der heutigen Kohanim tatsächlich gemeinsame Vorfahren zu haben, die ungefähr vor 3000 Jahren lebten.

Anschließende Untersuchungen von Stammesangehörigen der Lemba ergaben fast die gleiche Häufung dieser genetischen Besonderheit wie bei normalen jüdischen Männern. Mehr noch, bei den Bhuba (Priesterkaste der Lemba) findet sich eine nochmals wesentlich höhere Rate, die diese spezielle Kombination von Markern hat, nämlich 53,8 Prozent, was dem Wert der Kohanim schon recht nahe kommt. Keine nichtjüdische Gruppe hat auch nur annähernd diese Werte.

Obwohl diese Tatsache nicht als endgültiger Beweis gelten kann, gibt er der Behauptung der Lemba doch ein erhebliches Gewicht. Es wäre viel versprechend, wenn dieses Projekt mit anderen Gruppen fortgesetzt werden könnte, die ebenfalls behaupten, jüdischer Herkunft zu sein. Obwohl es unwahrscheinlich ist, wenn auch nicht unmöglich, dass sie Abkömmlinge der so genannten Zehn Verlorenen Stämme Israels sind, würde ein genetischer Test in jedem Fall Aufschluss darüber geben, ob sich unter ihnen Männer befinden, deren Gene eine jüdische, wenn nicht gar priesterlich-jüdische Herkunft vermuten lassen. Vielleicht werden wir nie das Rätsel der Zehn Verlorenen Stämme lösen können, aber vielleicht entdecken wir die Nachkommen einiger Juden, die in den letzten beiden Jahrtausenden verschwunden sind.

Gegenüberliegende Seite, oben: **Die Karte zeigt die Wege der Verschleppung und die anschließenden Züge der 721 v. Chr. aus Israel und 701 v. Chr. aus Juda entführten Familien. Diese erzwungenen und freiwilligen Wanderungen bilden den Hintergrund vieler Spekulationen über den Verbleib der verlorenen Stämme Israels**

Rechts: **Eine Prozession der Lemba im Vendaland, Südafrika. Die Lemba behaupten, die Religion des »Einen Gottes«, Mwali genannt, nach Südafrika gebracht zu haben, ebenso wie die rituelle Beschneidung. Auch bekräftigen sie immer wieder ihre Verbindungen zu der Ruinenstätte von Groß-Simbabwe**

Die Suche nach der Bundeslade

10

Zeit: 13. Jahrhundert v. Chr.?
Ort: Israel

Jedesmal wenn die Lade sich in Bewegung setzte, sprach Mose: »Erhebe dich, Jahwe, dass deine Feinde zerstieben und deine Hasser vor deinem Antlitz fliehen!« Und jedesmal wenn sie haltmachte, sprach er: »Kehre um, Jahwe, zu den Massen der Tausendschaften Israels!«

VIERTES BUCH MOSE (NUMERI) 10,35–36

IN DEN FRÜHEN AUFZEICHNUNGEN Israels ist die Bundeslade ein rätselhaftes Phänomen, das offenbar gleich mehrere Funktionen erfüllte. Gebaut in der Wüste, kurz nachdem die Israeliten Ägypten verlassen hatten, war die Bundeslade ein tragbarer Kasten für die Gebotstafeln, die Moses auf dem Berg Sinai von Gott erhalten hatte. Die Lade und die darin enthaltenen Gebotstafeln bezeugten den Bund Gottes mit Israel. Gemäß seinen ausdrücklichen Anweisungen (2. Mose 25,10) war sie aus Akazienholz gezimmert und innen und außen mit reinem Gold überzogen

Links: **Bei ihrer Eroberung des Gelobten Landes führten die Israeliten die Bundeslade in die Schlacht. Auf diesem Gemälde von Jean Fouquet (ca. 1425–1480) wird sie um Jericho herumgetragen und soll den Israeliten bei der Einnahme der Stadt helfen**

Gegenüberliegende Seite: **Klassische Darstellung der auf einen Wagen gesetzten Bundeslade, Relief in der Synagoge von Kapernaum, Galiläa, aus dem 4. Jahrhundert n. Chr. Sie wird als byzantinischer Schrein in Tonnengewölbeform dargestellt, mit getäfelten Türen, speichengeschmücktem Rundgiebel und Wandsäulen an den Seiten**

worden. Sie hatte einen Deckel aus massivem Gold, auf dem zwei Cherubim platziert waren, deren Flügel sich schützend über der Lade schlossen. Goldüberzogene, durch entsprechende Ringe geführte Tragestangen erleichterten den Transport des schweren Behältnisses. Es sollte vor dem Volk Israel hergetragen werden, wann immer es durch die Wüste zog, und in einem Tabernakel, oder auch Stiftshütte genannten, zeltähnlichen Heiligtum in ihrer Mitte ruhen, wenn sie lagerten.

Im zweiten Buch Mose,25,22 sagt Gott zu Moses: »Dort will ich dir begegnen und mit dir von der Versöhnungsplatte herab zwischen den beiden Keruben, die auf der Gesetzeslade sind, alles reden, was ich dir an die Israeliten auftragen werde.« Aus diesem Grund wird die Bundeslade auch als »Schemel der Füße Gottes« oder »Gnadenstuhl Gottes« bezeichnet. Die Bundeslade führte das Volk Israel nach Kanaan, und sie spielte beim Fall Jerichos eine entscheidende Rolle. Darüber hinaus vermochte sie auch sich selbst zu schützen; so zerstörte sie einmal ein falsches Götzenbild, nachdem sie von den Philistern bei der Schlacht von Eben-Eser geraubt worden war. Sie tötete sogar einen Israeliten, als er sie ohne Erlaubnis berührte. Später wurde sie von König David nach Jerusalem gebracht und in der Folge von Salomon in dem Allerheiligsten seines neuen Tempels aufbewahrt. Die Bundeslade war der wertvollste Besitz der Nation, eine eindringliche Erinnerung an die besondere Natur des Bündnisses, das Gott mit den Vorfahren des Volkes Israel geschlossen hatte.

Fresko aus der Synagoge von Dura-Europos in Syrien aus der Mitte des 3. Jahrhunderts n. Chr.: Es zeigt die Philister bei der Rückgabe der Bundeslade

Das weitere Schicksal der Bundeslade

Dies war jedoch erst der Anfang der rätselhaften Ereignisse um die Bundeslade. Ihr Schicksal beschäftigt seit langer Zeit die Fantasie von Menschen aller Kulturen, und die zahlreichen Legenden, die sich um sie ranken, haben längst eine eigene Dynamik entwickelt.

Relief vom Titusbogen in Rom: Es zeigt, wie die siegreichen Römer Gegenstände aus dem Tempel in Jerusalem tragen, nachdem sie die Stadt im Jahre 70 n. Chr. geplündert haben. Nach einer neueren Theorie wurde die Bundeslade gerettet, bevor die Römer den Tempel niederbrannten, und nach Qumran in Sicherheit gebracht

Viele glauben, dass die Lade zerstört wurde, als die Babylonier 587/586 v. Chr. Jerusalem eroberten und verwüsteten. Doch von rabbinischer Seite wurde dieser Sicht widersprochen, wobei man allerdings die unterschiedlichsten Auffassungen verfocht: Während einige Gelehrte meinten, dass der Prophet Jeremia sie in einer Höhle am Berg Nebo versteckt hatte, glaubten andere, dass die Lade von König Josia (639–609 v. Chr.) lange vor dem Angriff der Babylonier in einem Gewölbe tief im Tempelberg direkt unter dem Allerheiligsten verborgen worden war; wieder andere vermuteten, dass König Jojachin sie in die Verbannung nach Babylon mitgenommen hatte. Eine besonders gewagte Theorie ging davon aus, dass sich die Lade unter dem Holzschuppen befand, wo Brennholz für das Altarfeuer gelagert wurde.

Kleine Elfenbeintafel aus dem 9. bis 8. Jahrhundert v. Chr., die eine Sphinx darstellt. So sahen möglicherweise die Cherubim aus, die die Bundeslade bewachten

Es gibt noch viele andere seltsame Überlieferungen. Zum Beispiel wurde behauptet, die Lade würde ihren Weg zum Tempelberg zurückfinden und in das Allerheiligste eines neuen Tempels einziehen, den man errichten würde, um das anbrechende messianische Zeitalter einzuleiten. Alte arabische Chronisten behaupteten, die Bundeslade sei nach Arabien in Sicherheit gebracht worden; als die Tempelritter Jerusalem während der Kreuzzüge besetzt hatten, suchten sie erfolglos danach. Einer weiteren Version zufolge liegt die Lade versiegelt in den Gewölben des Vatikans. Wiederum andere glauben, sie sei vom ägyptischen Pharao Schischak (945–924 v. Chr., auch bekannt als Scheschonq) erbeutet worden, als er Raubzüge in Kanaan unternahm. Eine neuere Theorie besagt Folgendes: Als die Römer im Jahre 70 n. Chr. den zweiten Tempel niederbrannten, wurde die Bundeslade durch nach Osten führende, unterirdische Gänge über 30 Kilometer in das benachbarte Qumran gebracht, wo sie heute noch verborgen sein soll.

Wieder einer anderen, oft erwähnten These gemäß war die Lade, kurz nachdem sie im Tempel angekommen war, von Menelek, dem Sohn König Salomons und der Königin von Saba, gestohlen und nach Äthiopien gebracht worden. Die aus Äthiopien stammenden Falaschas behaupten, Abkömmlinge jener Juden zu sein, die die Bundeslade auf ihrem Weg nach Äthiopien begleiteten. Einer der traditionellen Titel des äthiopischen Monarchen ist »Löwe von Juda«, und das alte äthiopische Königshaus beruft sich auf seine Abstammung von den Königen David und Salomon.

Welche Rätsel auch immer in den vielen Legenden von der Bundeslade stecken mögen, es ist kaum anzunehmen, dass sie die 3000 Jahre von Moses bis zu unserer Zeit überdauert hat. Das Wahrscheinlichste ist, dass sie tatsächlich vernichtet wurde, als die Babylonier 587 v. Chr. Jerusalem einnahmen und den Tempel zerstörten.

Der Stern von Bethlehem

Zeit: 8 bis 4 v. Chr.
Ort: Israel

Als Jesus geboren war in Bethlehem in Judäa zur Zeit des Königs Herodes, siehe, da kamen Weise aus dem Morgenland nach Jerusalem und sprachen: Wo ist der neugeborene König der Juden? Wir haben seinen Stern gesehen im Morgenland und sind gekommen, ihn anzubeten … Und siehe, der Stern, den sie im Morgenland gesehen hatten, ging vor ihnen her, bis er über dem Ort stand, wo das Kindlein war. Als sie den Stern sahen, wurden sie hocherfreut.

MATTHÄUS 2,1–2, 9–10

NUR WENIGE RÄTSEL DER ANTIKE sind so widersprüchlich wie der Stern von Bethlehem, der nach christlichen Überzeugungen die Geburt von Jesus Christus als dem neuen Messias ankündigte. Die Beschreibung dieses Sterns im Matthäus-Evangelium ist nur kurz. Es wird gesagt, dass ein Stern »im Morgenland« Weise (Astrologen, Sterndeuter) auf den Weg geführt hätte, den Messias in Judäa zu finden. König Herodes schickte sie nach Bethlehem, der angekündigten Geburtsstätte des Messias. So wurde der Stern der Weisen bekannt als der Stern von Bethlehem.

Einige Forscher glauben nicht an einen solchen »Stern«, sondern behaupten vielmehr, es handele sich hier um eine mythische Erzählung, die lediglich vermitteln solle, dass mit Jesus der neue Messias geboren wurde. Nach Meinung vieler anderer hat die Erzählung jedoch einen realen Hintergrund.

Da niemand das genaue Geburtsdatum Jesu kennt, ist es schwer festzustellen, was die drei Weisen tatsächlich bewogen hat, nach Judäa zu ziehen. Bibelgelehrte behaupten, dass der 25. Dezember ursprünglich ein römischer Gedenktag für Sol Invictus, die »unbesiegte Sonne«, war, den die Christen um 354 n. Chr. übernahmen. Darüber hinaus heißt es, dass sich Dionysius Exiguus (ca. 533 n. Chr.), der die christliche Jahreszählung festlegte, bei Jesu Geburtsjahr verrechnet haben soll. Die meisten Bibelforscher halten den Zeitraum zwischen dem Jahr 8 und dem Jahr 4 v. Chr. für am wahrscheinlichsten, hauptsächlich weil Herodes im Jahr 4 v. Chr. starb und Jesus »zur Zeit des Herodes« geboren wurde.

Auf der Suche nach einem Himmelskörper, der in diesen Zeitrahmen passt, haben Wissenschaftler mehrere in Frage kommende Objekte gefunden. Kometen, früher »Haarsterne« genannt, erscheinen plausibel, denn der Stern »ging vor ihnen her, bis er über dem Ort stand, wo das Kindlein war«. Ein Komet bewegt sich relativ langsam vor dem Hintergrund des Sternenhimmels, ähnlich dem »Stern« der Weisen. Doch nach damaliger Überzeugung kündigte das Erscheinen eines Kometen den Tod eines Königs an und nicht dessen Geburt. Weiterhin besagt der Bericht im Matthäus-Evangelium, dass Herodes und das Volk von Jerusalem den Stern nicht gesehen hätten, was nur bedeuten kann, dass sein Erscheinungsbild nicht unbedingt Aufsehen erregend war.

Diese Tatsache widerspricht auch der These von einer Nova, denn das Erscheinen eines solchen »neuen Sterns« wäre für jeden sichtbar gewesen. Es gibt Aufzeichnungen aus China über eine Nova im Jahre 5 v. Chr., aber kein westlicher Astrologe hat sie bestätigt.

»Severa in deo vivas« (lebe in Gott) lautet die Inschrift auf dieser Tafel aus den römischen Katakomben. Daneben die drei Weisen mit Geschenken für das Jesuskind

Links: **Die drei Weisen aus dem Morgenland, geleitet vom Stern von Bethlehem, Mosaik des 6. Jahrhunderts n. Chr. aus der Basilika Sant' Apollinare Nuovo von Ravenna**

Gegenüberliegende Seite: **Der florentinische Maler Giotto di Bondone wusste nichts von der unheilvollen Bedeutung der Kometen, als er *Die Anbetung der Könige* malte (Scrovegni-Kapelle, Padua). Möglicherweise hat ihn der helle Komet des Jahres 1304 zu diesem Fresko inspiriert**

Kaiser Augustus sah in dem rätselhaften Kometen des Jahres 44 v. Chr. die wandelnde Seele des ermordeten Julius Cäsar, der hier zusammen mit dem Kometen auf einer römischen Dinar-Münze abgebildet ist

Die meisten neueren Theorien gehen von auffälligen Planetenkonstellationen aus, aber davon gab es zahllose zur Zeit von Jesu Geburt. Außerdem waren solche optisch erkennbaren Gruppierungen nicht unbedingt dafür bekannt, eine Königsgeburt anzukündigen. Im Gegenteil: Die Konstellationen, die um die Geburt von römischen Kaisern herrschten, waren für heutige Maßstäbe eher unauffällig. Dass die Bedeutung des Sterns für Nichtastrologen kaum zu erkennen war, wird schon dadurch deutlich, dass Herodes und die Bürger von Jerusalem ihn nicht bemerkten, denn die Juden hatten keine Kenntnis der östlichen Sterndeuterkunst.

Hinweis auf einer römischen Münze

Ein neuer Gesichtspunkt, der den astrologischen Stellenwert des Sterns von Bethlehem unterstreicht, trat mit der Entdeckung einer römischen Münze aus Antiochia zu Tage, geprägt um die Zeit von Jesu Geburt. Die Bronzemünze zeigt den astrologischen Widder unter einem Stern. Das Standardwerk der Sterndeuter, das *Tetrabiblos* (Vierbuch) des Claudius Ptolemäus (ca. 150 n. Chr.), berichtet, dass der Widder das Sternzeichen der von Herodes regierten Reiche Judäa, Samaria, Idumäa, Coele-Syrien und Palästina sei und dort alles Geschehen beeinflusse. Vielleicht soll die Münze an die Eingliederung Judäas in

Eine römische Münze, circa 6 v. Chr., zeigt Aries, den Widder, der sich nach dem Stern umdreht. Die Inschrift lautet: »Des Volkes der Stadt Antiochia«

Römisch-Syrien erinnern, dessen Hauptstadt Antiochia war; der Stern über dem Widder würde dann Judäa unter römischer Herrschaft symbolisieren. Wichtiger jedoch ist, dass die Münze darauf hinweist, dass Sterndeuter im Zeichen Widder nach einer Königsgeburt in Judäa Ausschau hielten.

Aber dieser Quelle ist nicht nur zu entnehmen, wo man nach dem neuen König forschte, sondern auch, welcher Stern schließlich seine Geburt ankündigte. Und das war der »Stern des Zeus«, der Jupiter. Den stärksten Einfluss auf das königliche Geschehen hatte Jupiter, wenn er als Morgenstern im Osten aufging, und das war im astrologischen Sinne das Morgenland. Es gab noch weitere Bedingungen für eine solche Wirkung des Jupiters, etwa die enge Konjunktion mit dem Mond, aber keine war so wirkungsvoll wie der Aufgang im Osten.

Wenn man den möglichen Zeitrahmen für die Geburt Jesu überprüft, stößt man auf einen geradezu einzigartigen Tag: Am 17. April des Jahres 6 v. Chr. ging Jupiter im Sternbild Widder am östlichen Himmel auf. Der Mond stand ebenfalls im Widder und bewegte sich direkt auf Jupiter zu (neue Berechnungen ergaben, dass er vor Jupiter durchzog).

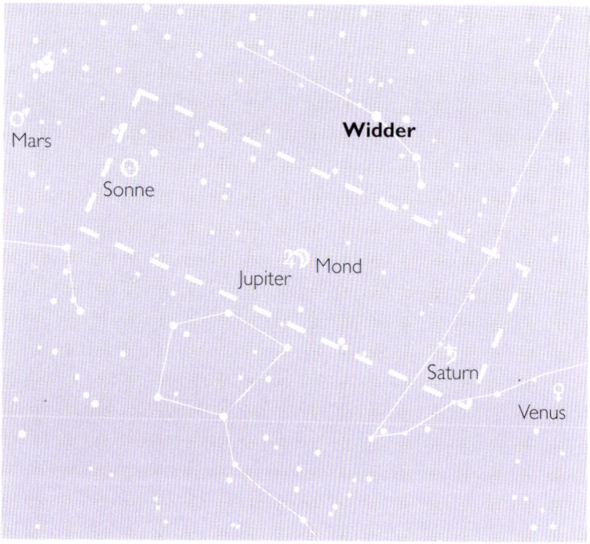

Links: **Am 17. April des Jahres 6 v. Chr. setzten die Planeten im Sternzeichen Widder ein mächtiges Signal für die Geburt des Messias in Judäa (Rechteck). Die Tierkreiszeichen sind imaginäre Zonen am Himmel, die annähernd mit der Position der entsprechenden Sternbilder übereinstimmten**

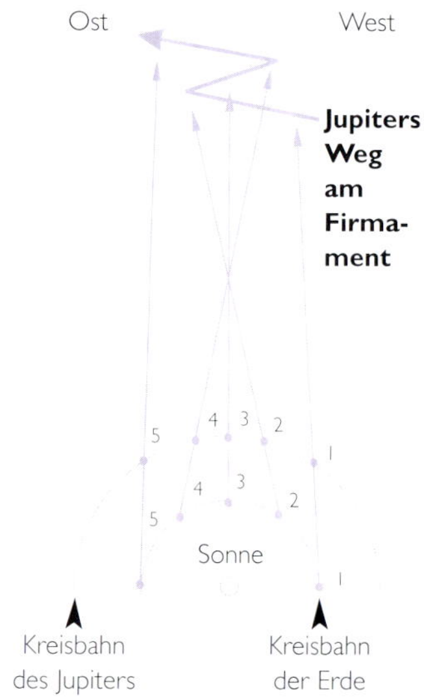

Rechts: **Wahrscheinlich war Jupiter jener »Stern«, der die Geburt Christi ankündigte. Spät im Jahre 6 v. Chr. kehrte sich seine Richtung am Himmel für mehrere Tage scheinbar um**

Und auch die Sonne stand im Widder, dem von ihr selbst regierten Zeichen – eine weitere Idealvoraussetzung für eine Königsgeburt. Und Saturn war ebenfalls da und sorgte für ein weiteres, geradezu unglaubliches Vorzeichen für das Erscheinen eines wahrhaft großen Königs in Judäa. Der römische Astrologe Firmicus Maternus (ca. 334 n. Chr.), ein Christ, erwähnte ebenfalls, dass diese Konstellation im Sternbild Widder die Geburt eines göttlichen, unsterblichen Wesens bedeutete – Gründe genug für Sterndeuter, nach Judäa zu ziehen.

Aber Jupiter hielt noch eine weitere Überraschung für die Astrologen bereit. Zwar schob er sich langsam aus dem Widder heraus (Matthäus-Evangelium: »ging vor ihnen her«), kehrte dann jedoch seine Richtung vor dem Hintergrund des Sternenhimmels wieder um und bewegte sich in den Widder zurück, wo er spät im Jahre 6 v. Chr. mehrere Tage stehen blieb (»über dem Ort stand«). Heute spricht die Astronomie von »retrograder Bewegung«, einer scheinbaren Rückwärtsbewegung des Jupiters, wenn er auf der sonnennäheren Innenbahn von der Erde »überholt« wird. Das Verweilen des Jupiters im Widder war ein weiteres bedeutungsvolles Zeichen, das die drei Weisen jubeln ließ und sie davon überzeugte, dass sie in Bethlehem den Messias finden würden.

Es gibt neben den Aussagen der Bibel keinerlei Beweise dafür, dass die Weisen, oder irgendjemand sonst, den Tag der Geburt Jesu festgestellt hätten. Aber die frühen Christen glaubten, dass Jesus unter einem königlichen Stern geboren wurde, und hielten damit die Prophezeiung der Ankunft des Messias für erfüllt. Doch letztlich wird jeder für sich selbst entscheiden müssen, ob dies der Stern von Bethlehem war.

Die Grotte in Bethlehem wird als Geburtsstätte Jesu verehrt

König Artus und der Heilige Gral

Zeit: 400 bis 600 n. Chr.
Ort: Britannien

Könnten wir genau erkennen, was sich ereignet hat, so fänden wir uns wieder in einem Geschehen, so tiefgründig, so genial und so untrennbar mit dem Erbe der Menschheit verbunden wie die Odyssee und das Alte Testament. Es ist wahr, oder sollte es sein; und wahrer gar und besser noch.

WINSTON CHURCHILL

SIND DIE LEGENDEN um König Artus »wahr«? Spiegeln sie wider, was wirklich geschehen ist? Viele heutige Artus-Anhänger sind mit dem oben zitierten Aphorismus Churchills nicht glücklich. Mit all unserer heutigen archäologischen und historischen Kenntnis sollten wir doch in der Lage sein, Artus' Existenz zu beweisen, denken sie. Aber dieser Ansatz würde das Problem nur unnötig einschränken. Die Lösung des Rätsels liegt nicht nur im Bereich von Geschichtswissenschaft und Archäologie, sondern auch in Mythologie, Volkskunde, Literaturkritik und anderen Fachbereichen. Auf der Suche nach Camelot sollte man darauf gefasst sein, nicht nur auf einen, sondern gleich auf mehrere Könige Artus zu stoßen.

Die Existenz von König Artus ist zwar nicht völlig auszuschließen, doch schlüssig beweisen lässt sie sich auch nicht. Die ersten schriftlichen Aufzeichnungen der Taten Artus', die dürftigen *Annales Cambriae* (Walisische Annalen) und die sagenhafte *Historia Brittonum* (Geschichte der Briten), entstanden im 8. und 9. Jahrhundert n. Chr., mehr als 300 Jahre nach dem angeblichen Todesdatum Artus' (*Annales Cambriae:* 537 n. Chr.). Die eher beiläufige Erwähnung Artus' im walisischen Bardenlied *Y Gododdin* könnte älteren Datums sein (es entstand wahrscheinlich um 600 n. Chr.), erschien aber nicht vor dem 13. Jahrhundert in schriftlicher Form. Es gibt tatsächlich keine einzige zeitgenössische Quelle, die Artus' Existenz belegen könnte. Gildas, ein weiterer britischer Dichter des frühen 6. Jahrhunderts, erwähnt Artus nicht. Gleiches gilt für den Historiker Beda Venerabilis, der seine berühmte Abhandlung zwei Jahrhunderte später verfasste, sich dabei aber auf Gildas und andere bezog. Ohne zeitgenössische Berichte fällt es den Historikern nicht leicht, für König Artus' Existenz eine Lanze zu brechen.

Artus und die Archäologie

Im Jahre 1191 hoben Mönche der Glastonbury-Abtei ihren alten Friedhof aus und entdeckten ein bemerkenswertes Grab. In dem als Sarg dienenden ausgehöhlten Baumstamm fanden sie die Überreste eines großen Mannes und einer Frau, deren goldblondes Haar noch vollständig erhalten war. Ein umgestürztes Bleikreuz, das in der Nähe lag, trug die lateinische Inschrift: *Hic iacet sepultus inclitus rex Arturius in insula Avalonia* (hier liegt begraben der ruhmreiche König Artus auf der Insel Avalon).

Wäre das Ergebnis dieser Ausgrabung unwidersprochen geblieben, gäbe es kein Rätselraten mehr um König Artus und Avalon. Aber den Mönchen von Glastonbury war sehr wohl bekannt, wonach sie suchten, denn ihr Kirchenherr, König Heinrich II., hatte von einem Barden einen entsprechenden Tipp erhalten. Wenn sie die Gebeine Artus' fänden, könnten sie mit regem Pilgertourismus und fetten Einnahmen rechnen, die sie für die Renovierung der Abtei dringend benötigten. Das Buch, dem Artus seine Berühmt-

Der ehemals in einer Moorlandschaft gelegene Glastonbury-Tor galt im Mittelalter als die Insel Avalon

heit in ganz Europa verdankte – Geoffrey of Monmouths *Historia Regum Britanniae* (ca. 1139) –, wurde damals schon von zeitgenössischen Gelehrten scharf kritisiert. Darüber hinaus haben neuzeitliche Wissenschaftler festgestellt, dass der Schriftstil auf dem Bleikreuz (das zusammen mit den Gebeinen spurlos verschwand) zu jung ist, um in Artus' Zeit (5. und 6. Jahrhundert) zu passen, und folgerichtig beschuldigte man die Mönche einer unverfrorenen Geschichtsverfälschung.

Ob sie nun Fälscher waren oder nicht, die Mönche von Glastonbury waren jedenfalls die Ersten, die nach direkten Beweisen für die Existenz König Artus' suchten. Die Altertumsforschung vergangener Jahre war fasziniert von der Suche nach Camelot und stellte bald Verbindungen zwischen Artus und Ausgrabungsstätten wie South Cadbury her. Die Entwicklung der Archäologie des 20. Jahrhunderts förderte jedoch neue, zwingende Indizien zu Artus' Zeitalter zu Tage. Die erste Entdeckung fand auf Tintagel in Cornwall statt, nach Geoffrey der Geburtsort von König Artus. Ralegh Radford fand bei Ausgrabungen unter einer jüngeren normannischen Festung die Überreste mehrerer kleiner Gebäude aus Stein und Schiefer sowie Tausende von Tonscherben. So wenig aufschluss-

Rechts: **Luftaufnahme der Felshalbinsel Tintagel in Cornwall**
Unten: **Ein Team der Glasgow University bei Ausgrabungen an der Stätte C auf Tintagel**

reich die Gebäudegrundrisse auch sein mochten, so stammten die Scherben eindeutig von feinem Tafelgeschirr und Amphoren für Öl und Wein, die zwischen dem 5. und 7. Jahrhundert aus Nordafrika und dem östlichen Mittelmeerraum importiert worden waren.

Radford glaubte auf Tintagel ein keltisches Kloster zu erkennen, dessen Mönche aktiven Handel mit den Völkern des Mittelmeerraumes trieben, mehr als 100 Jahre nach der Beendigung der römischen Provinzialherrschaft über Britannien. Jüngere Theorien sehen Tintagel als Sitz eines mächtigen Stammesfürsten, für den die Halbinsel eine Art Huldigungsstätte war, wo er Ehrungen empfing und Gaben an seine Untertanen verteilte. Könnte es sich dabei um Artus gehandelt haben? Die neuesten Ausgrabungen auf Tintagel förderten mehrere kleine Gebäude zu Tage sowie die als Abdeckung eines Entwässerungsgrabens benutzte, Aufsehen erregende Schieferplatte, in die das Wort ARTOGNOV eingeritzt war, was dem wali-

Oben: **Im Jahre 1998 auf Tintagel gefundenes Bruchstück einer Schiefertafel, in die das Wort *Artognov* eingeritzt ist**
Unten: **Die Rundtafel von Winchester: Diese Tischplatte aus massivem Eichenholz aus dem 13. oder 14. Jahrhundert wurde während der Regierungszeit Heinrichs VIII. ausgestaltet. Den Tudor-König soll eine gewisse Ähnlichkeit mit Artus verbinden**

sischen Namen *Arthnou* entspricht. Wenn dies auch nicht Artus heißt, so bezeugt der Fund doch das Vorhandensein lateinischer Sprachkenntnisse und technischer Fertigkeiten in Tintagel im 6. Jahrhundert.

Eine weitere viel beachtete Entdeckung verdanken wir der Ausgrabung von Leslie Alcock in South Cadbury in den späten 60er-Jahren des 20. Jahrhunderts. An einer in dieser Gegend seit Jahrhunderten als »Camelot« bekannten Stätte legte Alcock eine Hügelfestung aus der Eisenzeit frei, die von der Jungsteinzeit bis in die angelsächsische Periode besiedelt war. Während der Zeit von König Artus war die Festungsanlage erheblich verstärkt worden, und auf dem umfriedeten Plateau entstanden neue Gebäude, darunter eine »Festhalle«. Dutzende von Scherben importierten Geschirrs vom gleichen Typ wie das von Tintagel bewiesen, dass South Cadbury im 5. und 6. Jahrhundert ebenfalls am Handel mit Luxusgütern beteiligt war. Schon allein die für Aufbau und Erhaltung der Wallanlage benötigte Menge an Arbeitskräften weist auf die Anwesenheit eines bedeutenden Königs hin.

Der Heilige Gral

Wie bei den Legenden von Merlin und von Tristan und Isolde könnte es sich bei jener vom Heiligen Gral um eine eigenständige Überlieferung gehandelt haben, die erst später der Artus-Sage angegliedert wurde. Bei der ersten Erwähnung des Grals im französischen Gedicht *Perceval* von Chrétien de Troyes ca. 1190 handelt es sich um eine kostbare Schale (altfranzösisch: *graal*), die als Sakralgefäß im Schloss des verkrüppelten Fischerkönigs diente. Da das Gedicht unvollendet blieb, hatten nachfolgende Dichter ausgiebig Gelegenheit, den Gral auf ihre eigene Art darzustellen. Einige machten ihn zum Zauberkessel in einer vorchristlich-keltischen Abenteuergeschichte. Am populärsten war jedoch jene Version, in der der Gral zum *san graal* oder »Heiligen Graal« wurde, zum Trinkbecher Jesu beim Letzten Abendmahl. Einer mittelalterlichen Erzählung gemäß kam die Reliquie in den Besitz des Joseph von Arimathäa, dessen Familie sie anlässlich der Gründung des ersten englischen Klosters nach Glastonbury brachte.

Der prächtige Kelch von Ardagh aus dem 8. Jahrhundert diente vielen als Vorbild für den Heiligen Gral

Sicherlich werden die Mönche von Glastonbury ihren Teil zu dieser Legende beigetragen haben. Die Archäologen interessierten sich dennoch lebhaft für die Frage, ob an der Geschichte über eine frühchristliche Ordensgemeinschaft in Glastonbury etwas dran ist. Ralegh Radford fand bei Ausgrabungen in den 1950er-Jahren Teile des Klosters. Unter neueren, angelsächsischen Gebäudetrümmern entdeckte er Flechtwerkstrukturen, die er als Überreste der Gründungskirche und des klösterlichen Oratoriums zu interpretieren wusste. Weiterhin fand er den Beweis, dass die Mönche entsprechend ihren Berichten tatsächlich im alten Klosterfriedhof frühe Gräber ausgehoben hatten. Knapp zehn Jahre später machte Philip Rahtz am nahe gelegenen Glastonbury-Tor Ausgrabungen, wobei er Überreste von Holzgebäuden, Metallkonstruktionen und Scherben importierten Geschirrs zu Tage förderte und die Entstehung seiner Funde in die Zeit Artus' datierte.

Der zeitlose König

Trotz dieser umfangreichen archäologischen Aktivitäten wurde nichts gefunden, das definitiv die Existenz eines historischen Königs Artus beweisen könnte. Gleichzeitig überschwemmte eine Flut von Neuerscheinungen zur Artus-Legende den Buchmarkt in England und Amerika. In Geschichten, die sich wie Kriminalromane lesen, wurde die Historie nach Kandidaten für die Rolle des echten Artus abgesucht, und man wurde fündig. Genannt wurden der römische General Lucius Artorius Castus aus dem 2. Jahrhundert, der bretonische Kriegsfürst Riothamus, der undurchsichtige walisische König von Gwynedd sowie ein gewisser Prinz Artuir, ältester Sohn des Königs Aidan von Dalriada. Inzwischen sind Reiseveranstalter aus allen Teilen des Landes begierig zu erfahren, ob König Artus' Herkunft nun Cornwall, Wales oder Schottland zugesprochen wird.

Der Wunsch, einen Teil von König Artus zu besitzen, ist nicht neu. Richard Löwenherz schenkte einem seiner Kreuzzugsmitstreiter das vermeintliche Excalibur-Schwert, und Heinrich VIII. zeigte Kaiser Karl V. den »echten« Tisch der Tafelrunde in seinem Schloss in Winchester (obschon auf diesem sein eigenes Abbild prangte). Englische und walisische Herrscher setzten gleichermaßen die Prophezeiungen Merlins über Artus für ihre politischen Ziele ein, und »Barden der Neuzeit«, wie Edmund Spenser und Alfred Tennyson, schrieben ihre eigenen Versionen der Sage, um den Ruhm ihrer Herrscher zu mehren. Da sich in den meisten Artus-Legenden das Schicksal des Fürsten in den Nebeln mittelalterlicher Mystik verliert, ist er der perfekte zeitlose König, den jede Generation aufs Neue ausgraben, diskutieren und interpretieren kann.

Das Grabtuch von Turin

Zeit: 33 n. Chr., 1260 bis 1390 n. Chr.
Ort: Turin, Italien

Nachdem der Herr das Tuch einem Diener des Priesters gegeben hatte, ging er zu Jakobus und erschien ihm.

APOKRYPHEN

EINFACH AUSGEDRÜCKT ist das Grabtuch von Turin ein großes Leinentuch, 4,30 Meter lang und 1,10 Meter breit, auf dem Vorder- und Rückseite eines Mannes abgebildet sind, der offensichtlich durch Kreuzigung ums Leben kam. Diese Tatsache allein wäre schon interessant genug, aber die (allerdings nicht von kirchlicher Seite aufgestellte) Behauptung, es sei das Leichentuch Jesu Christi, hat intensive Diskussionen ausgelöst, in deren Folge wissenschaftliche Untersuchungen und internationale Konferenzen stattfanden. 1978 zog eine Ausstellung des Tuchs in Turin nicht weniger als drei Millionen Menschen an, eine Zahl, die bei ähnlichen Veranstaltungen zukünftig noch bei weitem übertroffen werden dürfte.

Es wird angenommen, dass die Geschichte des Tuchs im Jahre 1357 begann, als Ritter Gottfried II. von Charney es in der Kirche des nordfranzösischen Lirey der dortigen Gemeinde vorführte. Jedoch schon vor dieser Zeit waren Abbilder Jesu erwähnt worden. So berichtet eine Quelle aus dem 4. Jahrhundert, dass ein gewisser Thaddäus, auch Addai genannt, in der syrischen Stadt Edessa unter Verwendung erlesener Pigmente ein Bild Jesu gemalt hätte. Eine weitere Quelle aus dem 6. Jahrhundert besagt, Jesus hätte sein Gesicht in ein Tuch gepresst, um darauf sein Abbild zu hinterlassen. Dieses Tuch sandte er dem schwer erkrankten König Abgar zur Heilung. Berichte von einem Abbild Christi in Edessa hielten sich bis ins Jahr 944 n. Chr., als die byzantinische Armee die Reliquie nach Konstantinopel (Istanbul) brachte. Dort blieb es, bis die Ritter des vierten Kreuzzuges im Jahre 1204 die Stadt plünderten und ihrer Schätze beraubten, so auch jenes Abbilds. Auf diese Weise könnte es in den Besitz des Ritters

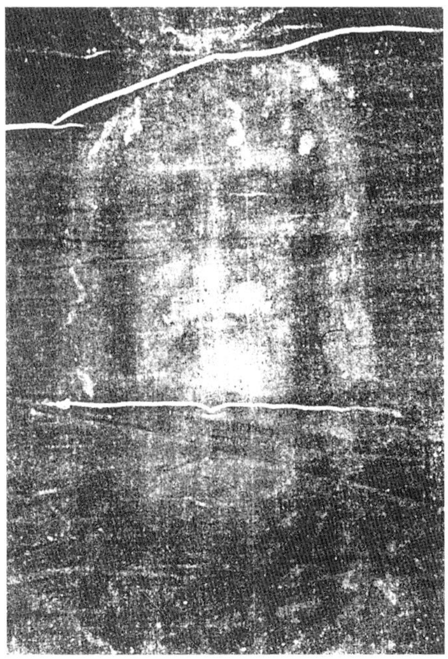

Oben: **Goldmünze Justinians II., geprägt zwischen 692 und 695 n. Chr. in Konstantinopel: Die ersten Münzen, die ein Bild Jesu zeigten, und es ist dem des Grabtuchs sehr ähnlich**
Rechts: **Ikone aus dem 6. Jahrhundert mit dem Bild Jesu aus dem Katharinenkloster am Berg Sinai**
Ganz rechts: **Das Negativ des ersten Fotos, das vom Grabtuch gemacht wurde, 1898**

13

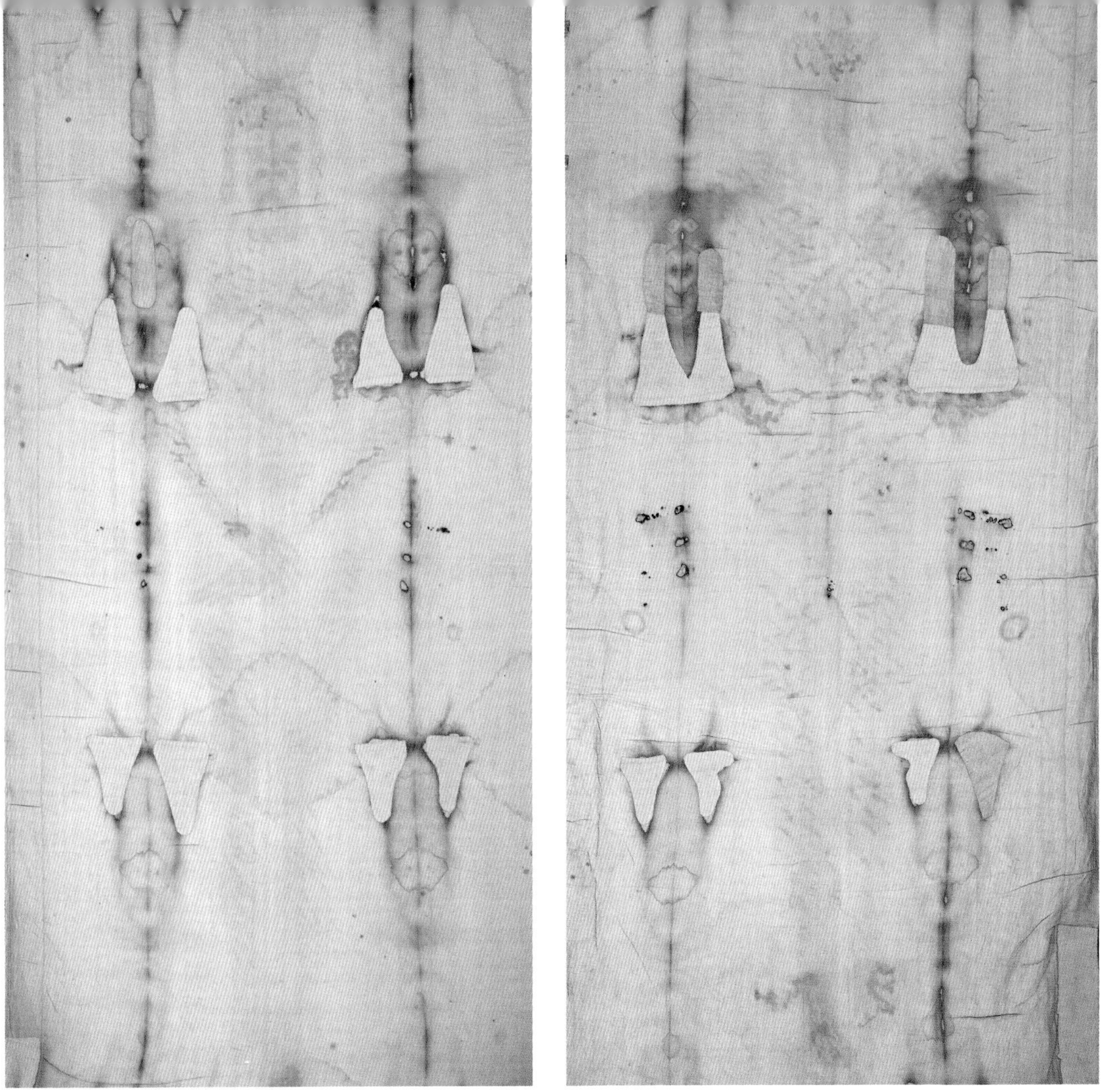

Gottfried II. gekommen sein, der es im 14. Jahrhundert in Frankreich ausstellte.

Die Datierung des Grabtuchs

Da eine ganze Reihe von »Grabtüchern Jesu« im Mittelalter auftauchten, stellt sich die Frage, worin das Besondere gerade des Turiner Tuchs liegt.

Beim Betrachten fällt auf, dass das Bild auf dem Tuch von verblichenem Gelb ist, das vom weißen Hintergrund absticht. Doch man sollte es eher als *Negativbild* der Vorder- und Rückseite eines gekreuzigten Mannes betrachten, das zusätzlich dreidimensionale Informationen enthält. Weiterhin fällt die beachtliche Detailzeichnung auf, speziell anatomische Einzelheiten sind mit hoher Genauigkeit abgebildet, samt den Geißelungsmalen, Blutungen aus den Nagelwunden an Händen und Füßen, Blut am Oberkopf sowie Details von Haupt- und Barthaar. Zusätzlich glaubte man, einen Bruch des Nasenbeins zu erkennen und sogar Münzen, die auf die Augen gelegt worden seien. Die DNA der Blutflecken wurde untersucht und als menschlich bestätigt, und zwar als das Blut eines Mannes mit Blutgruppe AB.

Weiterhin wurden mikroskopische Spuren von Erde und Staub sowie Pollen von zahlreichen Pflanzen gefunden. Experten haben 19 verschiedene Spezies bestimmt, die ausschließlich im Raume Jerusalem und Jericho vorkommen.

1988 wurden Radiokarbonuntersuchungen des Tuchs in Zürich, Oxford und Tucson unter Anwendung der Methode der Beschleunigermassenspektrometrie vorgenommen, einer Technik, die es ermöglicht, zuverlässige Radiokarbonmessungen schon an geringen Materialmengen durchzuführen. Ein Stück des Tuchs von 10 mal 57 Millimeter Seitenlänge wurde unter den drei Laboratorien aufgeteilt. Die Ergebnisse datierten das Tuchgewebe auf 1260 bis 1390 n. Chr. War damit nicht die Frage nach dem Alter geklärt?

Für viele, speziell für die Presse, war es tatsächlich so, und auch für viele Wissenschaftler waren die Radiokarbonuntersuchungen des Jahres 1988 eindeutig. Von an-

Gegenüberliegende Seite: **Die Vorder- und Rückseite (links bzw. rechts) des Grabtuchs von Turin: Die beiden vertikalen Brandspuren und die dreieckigen Flicken sind die Folge eines Feuers im Jahre 1532**

Rechts: **Die vergrößerte Teilansicht des Grabtuchs zeigt Fremdmaterial im Leinengewebe, das als Blut und Wundsekret identifiziert wurde**

Unten: **Dreidimensionale Abbildung des Turiner Grabtuchs mit Hilfe eines Bildanalysegerätes in Frontalansicht**

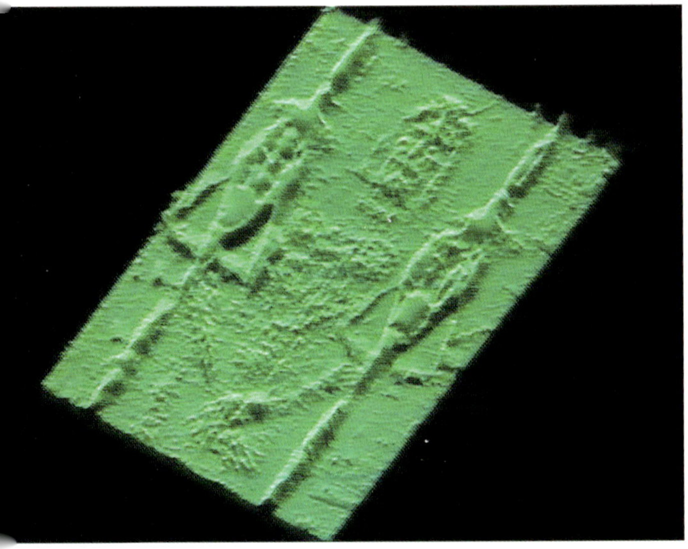

derer Seite wurde jedoch moniert, dass das zur Messung benutzte Stück von einer Stelle des Tuchs stamme, die seit der ersten Ausstellung besonders stark Berührungen und möglicherweise Verschmutzungen durch menschliche Hände ausgesetzt gewesen sei. Zusätzlich war das Grabtuch bei einem Brand Turins 1532 versengt worden, und Feuerschäden sind erhebliche Kontaminationsfaktoren, wie bei Versuchen mit ähnlichen Materialien bestätigt wurde. Außerdem wurde angemerkt, dass altes Leinengewebe Pilz- und Bakterienbefall ausgesetzt sei, der die Messungen hätte verfälschen können. Schließlich wurde argumentiert, dass eine Fälschung aus dem 13. oder 14. Jahrhundert, sollte es eine sein, dem Kunststil des Mittelalters entsprechen müsse, was aber nicht der Fall ist.

Erklärungsansätze

Welche Schlüsse wurden nun aus alldem gezogen? Ist Betrug im Spiel oder Zufall oder gar ein Wunder? Alle drei Möglichkeiten sind irgendwann als Erklärung genannt worden. Obwohl zum Beispiel keine Pinselstriche zu erkennen sind, könnte das Bild durch Kontaktfärbung trotzdem künstlich entstanden sein. Einer anderen Theorie zufolge soll das Tuch um eine erhitzte Statue drapiert und von deren Konturen angesengt worden sein. Wiederum andere sprachen von einer »Vaporgrafie«, einem »Verdunstungsbild«, das durch Gase erzeugt worden sei, die aus einem verwesenden Körper austreten. Und man versuchte auch nachzuweisen, dass es sich um einen natürlichen Körperabdruck handelt, ein Ergebnis des so genannten Volkringer-Effekts, bei dem das Leinengewebe an Druckstellen austrocknet. Auch von Strahlungstheorien war die Rede, vom körpereigenen elektromagnetischen Feld in Wechselwirkung mit dem Leinen. Es gab sogar Argumente für eine übernatürliche Freisetzung elektromagnetischer Strahlung als Verursacher der Bilderscheinung oder gar spiritueller Energie anlässlich der Wiederauferstehung Christi.

Wie soll man nun dieses geheimnisvolle Tuch erklären? Sollte es wirklich auf einem Wunder beruhen? Noch immer gibt es genügend Gründe weiterzuforschen. Eine der überzeugendsten Theorien besagt, dass das Abbild ein Ergebnis komplexer und subtiler natürlicher Prozesse ist, die wir noch nicht vollständig verstehen. Experimente mit einer Versuchspuppe in einem Grabgewölbe in Jerusalem haben ergeben, dass eine Kombination aus Verwesungswärme, säurehaltigem Schweiß und der alkalischen Feuchte einer Kalksteinhöhle auf ungebleichtem Leinen ein schwaches Abbild entstehen lässt.

Wie immer es auch entstanden sein mag, das Grabtuch von Turin ist eine wissenschaftliche Rarität, die bis heute allen Versuchen, sie zu analysieren und einzuordnen, widerstanden hat.

Reproduktionsversuch des Grabtuchs im Jahr 1999 unter Verwendung eines mit Myrrhe und Aloe behandelten Tuchs

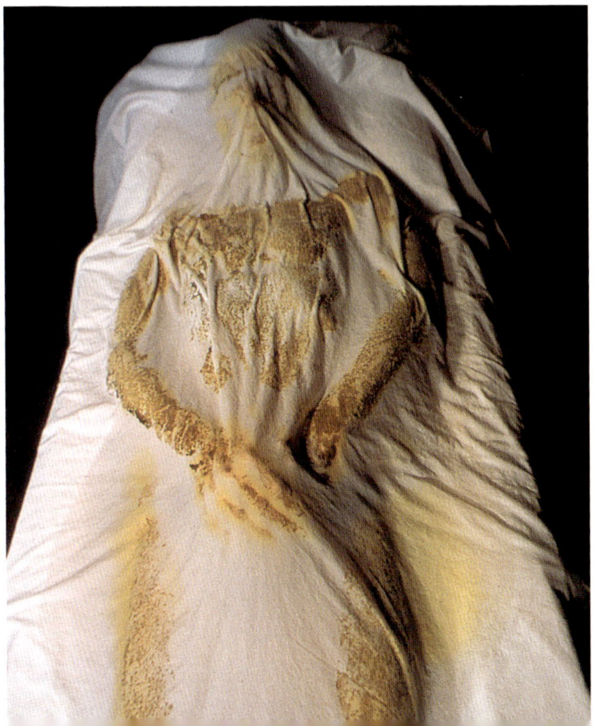

Das Geheimnis der Maya: Weltuntergang 2012?

Zeit: 250 bis 909 n. Chr.
Ort: Mittelamerika

Das Herz des Himmels erdachte eine Flut … und so wurden sie alle vernichtet und ertranken. Es kam ein großer Col vom Himmel; Xecotcovach ist sein Name, er höhlte ihnen die Augen aus. Es kam Camalotz, der schnitt ihnen den Kopf ab. Es kam Cotzbalam, der fraß ihr Fleisch. Es kam Cucumbalam, der zerbrach und zerwühlte ihre Knochen und ihre Adern. Zerstückt und zerstäubt wurden ihre Gebeine, das war die Vernichtung ihres Wesens.

DAS POPOL VUH, 16. JAHRHUNDERT

IM DEZEMBER DES JAHRES 2012 wird die Menschheit durch eine verheerende Katastrophe vom Angesicht der Erde getilgt, ein schreckliches Ende, geht man vom letzten Ereignis dieser Art aus, das von Feuer, Sintflut und Dämoneneinfall gekennzeichnet war. Zumindest ist dies das Szenario, das uns erwartet, wenn wir in die Endphase der Maya-Zeitrechnung eintreten. Um den 23. jenes schicksalhaften Monats werden 13 Bak'tuns des Langzählungskalenders vollendet sein und wieder wird eine Zeitrunde von 1872 000 Tagen zu Ende gehen, wie dies zum letzten Mal im Jahre 3114 v. Chr. geschah. Aber was wissen wir tatsächlich von diesem ausgeklügelten System, und was, dachten die Maya, würde 2012 geschehen?

Die Maya, die höchstentwickelte und belesenste der mittelamerikanischen Kulturen, glaubten an ein zyklisches Universum, das wieder und wieder den Kreislauf von Schöpfung und Vernichtung durchlebt. Die ergiebigste Quelle für diese Vorstellung ist das Popol Vuh, das »Buch des Rates«, ein mythologisches Epos der Quiché-Maya aus dem Hochland Guatemalas, vermutlich aus dem späten 16. Jahrhundert (basiert wahrscheinlich auf einer in Hieroglyphen geschriebenen Urfassung). Es beginnt mit der Trennung von Himmel und dem ersten Licht, das in die Welt strömt. Dann beschreibt es die Versuche der Schöpfungsgötter, sie mit Menschen zu bevölkern. Ihr erster Versuch bringt die Tiere hervor, aber da sie nicht sprechen können, um ihre Schöpfer zu preisen, werden sie zum Fehlschlag erklärt und in die Wälder verbannt. Beim zweiten Versuch entstehen Menschen aus Lehm, doch sie schwatzen nur sinnlos daher, und ihre Körper zerbröckeln. Ärgerlich zerschlagen die Götter sie wieder. Im dritten Versuch machen sie Menschen aus Holz, doch es fehlt ihnen die Seele, und sie erkennen ihre Schöpfer nicht. Um sie zu zerstören, schicken die Götter nicht nur Sintflut, Feuer und Dämonen – wie oben beschrieben –, sondern sie sorgen sogar dafür, dass sich ihre Hausratsgegenstände gegen sie erheben und ihnen die Köpfe einschlagen. Zuletzt machen die Götter noch einen Versuch mit Maisteig, und die heutige Menschenrasse entsteht.

Diese bemalte Vase zeigt den Zigarre rauchenden Fürsten der Unterwelt, den Gott L, der am Vorabend der letzten Zeitenwende ein wichtiges Ritual durchführt. Der schwarze Hintergrund deutet wahrscheinlich eine Art Urwelt vor dem Erscheinen des Lichts an

Viele Einzelheiten des Popol-Vuh-Mythos finden sich in der Kunst der klassischen Periode (250–909 n. Chr.) wieder, der Blütezeit der Maya-Kultur, doch steht außer Frage, dass sie Elemente enthält, die noch viel weiter zurückreichen. Wenn die Maya der klassischen Periode an ein zyklisches Universum glaubten, dann sollte dessen Zeittakt, die genaue Abfolge von Schöpfung und Untergang, im Langzählungskalender erwähnt sein. Niemand weiß genau, wo und wann dieses Zeitsystem entstanden ist, aber als frühestes bekanntes Datum wurde das Jahr 36 v. Chr. festgestellt. Die Langzählung benutzt für Zeitangaben ein fünfstelliges Zahlensystem, das auf der Grundzahl 20 basiert, entsprechend unserer 10. Der höchste Wert ist normalerweise der so genannte Bak'tun – eine Einheit von 144 000 Tagen –, aber darüber hinaus gibt es noch 19 höhere, die alle, wie selten erwähnt wird, den Koeffizienten 13 haben. Die gesamte Langzählung umfasste daher die unvorstellbare Zeit von vielen Billionen Jahren, weitaus länger als unser Universum existiert hat.

Ein Monolith, Stele C genannt, *(ganz rechts)* **in der Stadt Quirigua: Auf ihm befindet sich die beste Beschreibung des Schöpfungsakts von 3114 v. Chr. Eine der Seiten erwähnt die Vollendung von 13 Bak'tuns (siehe Ausschnitt). Man beachte die aus drei Punkten und zwei Linien bestehende Zahl 13, bei der ein Punkt die Zahl 1, eine Linie die 5 repräsentiert**

Fortschritte beim Entschlüsseln der Maya-Schrift ermöglichten Einblicke in das Geschehen am Ende des 13. Bak'tuns im Jahre 3114 v. Chr. Dabei steht nicht der Weltuntergang im Mittelpunkt, sondern vielmehr die Neuschöpfung. Es ist daher die Rede von einer »Aufstellung« der Götter, der »Bildung« eines Zentralfeuers und einem »Setzen« von Steinen (möglicherweise als Träger des Himmels). Da dies kein wirkliches Jahr null war, wird auch von mythischen Ereignissen lange davor berichtet. Ebenso machten die Maya Zeitangaben zu weit in der Zukunft liegenden Geschehnissen, speziell zu einem Großereignis im Jahre 4772 n. Chr. Die 2012 anstehende Katastrophe kann also nicht das »Ende aller Zeit« bedeuten.

Diese Szene aus dem so genannten Kodex Dresden, einer späten Hieroglyphenschrift, scheint den Untergang der Welt durch eine Sintflut darzustellen. Ein Himmels-Kaiman und eine alte Göttin gießen Wasser auf den bewaffneten Gott L

Nur eine einzige Inschrift in Tortuguero beschreibt prophetisch das Ende der nächsten 13 Bak'tuns im Jahre 2012. Leider ist die Schrift beschädigt und nur teilweise lesbar. Sie bezieht sich auf einen *B'olon okte'*, einen bekannten Maya-Gott, hier mit der Vorsilbe *yem* versehen, was »herabsteigend« bedeutet. Dabei könnte eine Verbindung zu dem in der Maya-Kunst der Spätperiode (909–1697) so häufigen Bild eines »Diving God« (herniederfahrender Gott) bestehen.

Wie wir wissen, hat die Maya-Kultur nicht lange genug überdauert, um auch nur einen Bruchteil ihrer Zeitrechnung zu erleben. Das letzte Datum dieses Systems wurde im Jahre 909 n. Chr. in Tonina, Mexiko, geschrieben. Im Jahrhundert zuvor hatte eine soziale und ökologische Krise das Land heimgesucht und die klassische Periode beendet. Doch dieses Desaster verblasst im Vergleich zu den Geschehnissen im 16. Jahrhundert. Die Invasion aus Europa wurde zum Todesurteil für unzählige Maya, ebenso wie für andere Urvölker in beiden Teilen Amerikas. Von neuen Krankheiten dahingerafft, unter dem bei Folter und Todesstrafe durchgesetzten Diktat einer neuen Religion, ihrer Traditionen so gut wie beraubt, erlebten die Maya eine Katastrophe, die den uralten Prophezeiungen wahrhaftig angemessen war.

Aztlán und der Mythos der Aztekenwanderung

15

Zeit: 15. Jahrhundert n. Chr.
Ort: Tal von Mexiko

Dieses Volk wie auch die anderen, die hier lebten, macht sich auf den Weg, die Sieben Höhlen des Landes ihrer Vorfahren zu verlassen, Aztlán genannt, was bedeutet »Das Weiße« oder »Land der Reiher«.

BRUDER DIEGO DURAN, 16. JAHRHUNDERT N. CHR.

IM 15. UND 16. JAHRHUNDERT N. CHR., kaum 100 Jahre bevor sie dem Raubzug des Hernando Cortez zum Opfer fielen, gründeten die Azteken und ihrer Verbündeten in Zentral- und Südmexiko ihr Reich. In der Mythologie des heutigen Mexiko werden sie nicht nur wegen ihrer großartigen Geschichte, sondern auch wegen der Tragödie ihres Untergangs verherrlicht. Die Umwandlung der Azteken-Hauptstadt Tenochtitlán in die *Ciudad de México* der spanischen Kolonie und deren Fortbestehen als Hauptstadt des heutigen Staates trug in hohem Maße dazu bei, die Azteken als maßgebliche Vertreter des 3000 Jahre alten vorspanischen Kulturerbes über andere indianische Völker dieser Region zu erheben.

Die Wurzeln des Mythos

Woher kamen die Azteken? Frühe Aufzeichnungen aus der Kolonialzeit, aus aztekischen Quellen stammende bildhafte Darstellungen sowie archäologische Funde verfolgen ihre Spuren mit historischer Sicherheit nur bis ins Tal von Mexiko im 13. Jahrhundert, ihr eigentlicher Ursprung bleibt ein Rätsel. Sie traten erstmals als einer von mehreren Stämmen nomadisierender Jäger und Sammler sowie Gelegenheitsbauern in Erscheinung, die im 13. Jahrhundert aus den nördlichen Wüsten ins Kernland Mexikos zogen. Ihre Mythen und Legenden berichteten von Aztlán, dem »Land der Reiher«, ihrem Stammland weit im Norden, das als Insel beschrieben wird, die sich aus einem See erhebt. Dort entstiegen die Azteken im Zeitalter der Schöpfung aus Höhlen dem Bauch der Erde. Schließlich entschlossen sie sich jedoch wegzuziehen. Nachdem sie in Kanus das Festland erreicht hatten, begann ihre lange Wanderung. Bald schon stießen die Mexica (»Mond-Volk«) zu ihnen (daher die häufig verwendete Namenskombination Mexica-Azteken). Ihr Stammesführer Huitzilopochtli (»Kolibri links«) wies ihnen den Weg, indem er orakelartige Richtungsangaben machte, die von Priestern verkündet wurden, auf deren Schultern er getragen wurde. Der Sage nach war er da schon tot. Transportiert wurde das »Heilige Bündel« aus Knochen und Bildern.

Ansichten aus dem Kodex Boturini: Sie zeigen den Auszug der Azteken aus Aztlán, einer Insel inmitten eines Sees

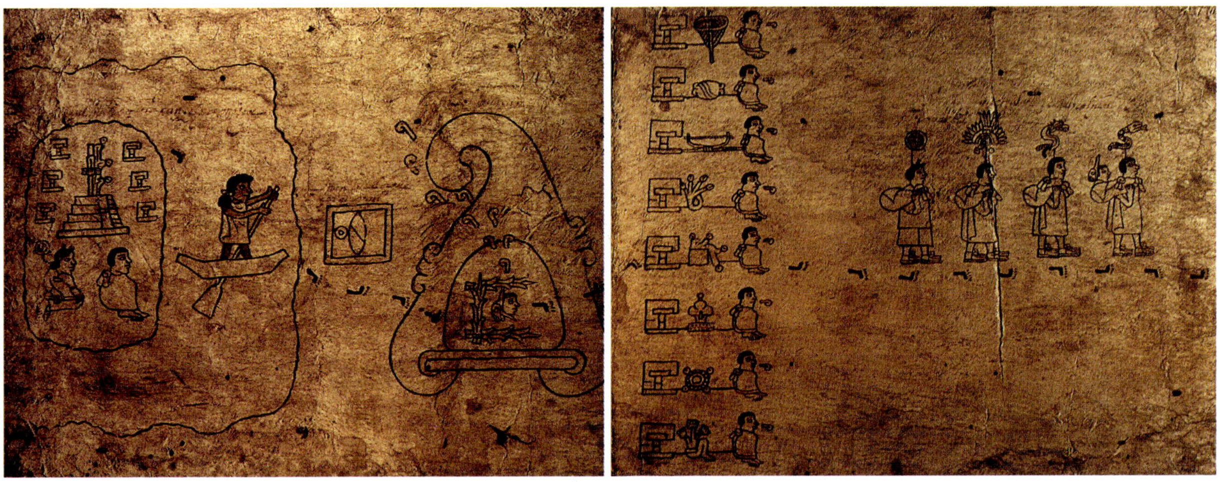

Über die wundersame Geburt des Huitzilopochtli berichtet die Sage von einer alten Priesterin, Coatlicue, deren Aufgabe es war, regelmäßig den Tempel auf dem Coatepetl (Schlangenberg) zu fegen. Plötzlich schwebte ein Federbündel vom Himmel herab, von dem sie geschwängert wurde, um später Huitzilopochtli auf die Welt zu bringen. Als Coatlicues Söhne, die Centzonhuitznaua (»Die Vierhundert«, was bedeuten soll: viele) und ihre Tochter Coyolxauhqui von der Schwangerschaft erfuhren, waren sie sehr verärgert und planten, ihre Mutter zu töten. Als sie schwer bewaffnet den Berg hinaufstiegen, wurde Huitzilopochtli geboren, ein Furcht einflößender, übermächtiger, kampfbereiter Krieger. Augenblicklich griff er an: Mit einer Feuerschlange schlug er Coyolxauhqui den Kopf ab, warf ihren Körper den Berg hinab, verfolgte und erschlug seine Brüder.

Auf seiner Wanderschaft zog der Stamm durchs ganze Land, manchmal blieb er jahrelang an einem Ort, einmal verließ auch eine Gruppe Abtrünniger die Gemeinschaft. Man rastete an einem Berg, dem Culhuacan-Chicomoztoc, der in der früheren Wanderungsgeschichte der Tolteca-Chichimeca im 10. Jahrhundert seinen Namen erhalten hatte. Als die Azteken im Tal von Mexiko ankamen, versuchten sie nahe den Quellen von Chapultepec zu siedeln. Dort, so die Legende, kam es zu einer Schlacht, bei der Huitzilopochtli den gegnerischen Anführer tötete und dessen Herz in die Ufersümpfe schleuderte. Es landete an einer Stelle, wo die Azteken später ihre große Pyramide und Hauptstadt Tenochtitlán gründeten. Der Ort wurde als ein Feld von weißem Wacholder, Rohrkolben und Weiden beschrieben. Weiße Schlangen, Frösche und Fische schwammen in einem Quellteich. Eine andere Version erzählt von einer Doppelquelle von dunkelblauem und gelbem Wasser, Bilder, die tatsächlich einer früheren Erzählung entlehnt sind, denn sie werden ebenfalls in der *Historia Tolteca-Chichimeca* beschrieben.

Schließlich gewahrten die Azteken ein lang ersehntes Zeichen: Auf felsigem Untergrund war ein Kaktus gewachsen, auf dem ein Adler saß. Es war das von Huitzilopochtli prophezeite mystische Symbol für den Ort, an dem der Stamm sich niederlassen sollte. Dies geschah im Jahr »2 Haus«, das im christlichen Kalender 1325 entspricht.

Die Trennung von Wahrheit und Mythos

Was können wir mit diesem sagenhaften Geschehen anfangen? Die ersten Jahre der Azteken im Tal von Mexiko zeigen nicht das übliche Bild. Als Barbaren verschrien und ohne aristokratische Führung, mussten sie ständig Demütigungen und Niederlagen durch die dort ansässigen

Links: **Skulptur aus dem Großen Tempel von Tenochtitlán: Die besiegte Coyolxauhqui**
Unten: **Das Zeichen, das die Azteken veranlasste, ihre Hauptstadt Tenochtitlán zu gründen: Ein auf einem Kaktus sitzender Adler; aus dem Kodex Mendoza**

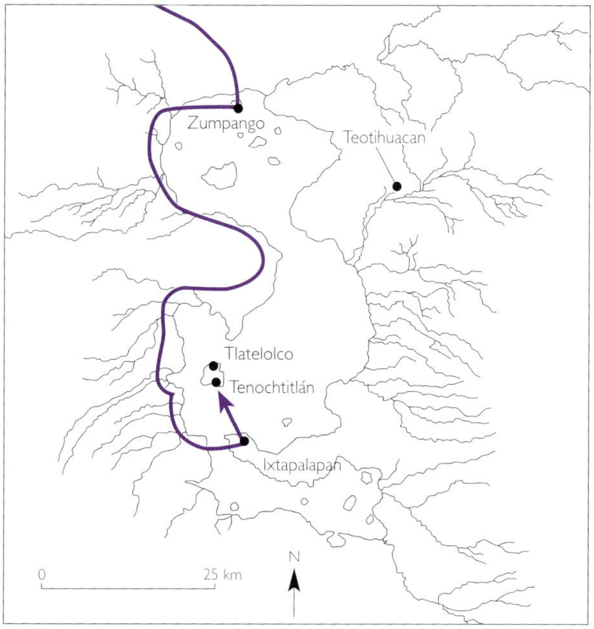

Der Weg der Azteken auf ihrer Wanderung nach Tenochtitlán

Nachbarn hinnehmen. Zwar waren sie gezwungen, zeitweilig in den Ufersümpfen Schutz zu suchen, doch erwiesen sie sich als widerstandsfähig und unternehmungslustig. Bis zum Jahre 1428 hatten sie eine urbane Lebensweise angenommen und ein Bündnis mit den Tetzcoco und Tlacopan geschlossen. Es gelang ihnen, die Machtverhältnisse zu ihren Gunsten zu verändern und jene Entwicklung einzuleiten, die Tenochtitlán schließlich zur gefürchtetsten und reichsten Stadt Mexikos werden ließ. Als ihrem Anführer Itzcóatl klar wurde, dass den Azteken jegliche historische Identität fehlte, rief er einen Rat zusammen. Die ungewisse Herkunft, der jahrelange Irrweg, die erlittenen Demütigungen und das Nichtvorhandensein vergangener Ruhmestaten waren alle nicht geeignet, um den neuen, großmächtigen Anspruch des Stammes zu rechtfertigen. Die alten Geschichtsaufzeichnungen wurden verbrannt und eine neue, offizielle Geschichte verkündet, die sich bekannter mythischer Elemente bediente und Huitzilopochtli zu Leitfigur und Gott der Azteken erhob.

Wissenschaftliche Analysen dieser »offiziellen« Geschichtsschreibung stellten fest, dass die in Aztlán beginnende Erzählung einer ganzen Reihe ähnlicher Wanderungslegenden entspricht, die im südlichen Guatemala ebenso zu finden waren wie in Zentralmexiko, im nordwestlich gelegenen Mitchoacán und auch weit im Norden im heutigen New Mexico. Jedes Mal beginnen die Ereignisse mit dem Anbruch einer neuen Ära in einem fernen nördlichen Land oder einem See, und oft entsteigt ein Volk dem Schoß der Erde oder dem Wasser. Die anschließende Reise ist meist gottbefohlen und Folge von Streit oder Krieg. Andere Gruppen stoßen hinzu, und ein gottähnlicher Führer weist den Weg.

So hielt sich die offizielle Geschichtsversion der Azteken an tradierte Muster, und sogar sie selbst sahen in Aztlán eher einen mythischen als einen realen geografischen Ort, weshalb alle neuzeitlichen Versuche, diesen zu finden, in Spekulationen enden mussten. Huitzilopochtlis »vaterlose« Zeugung und die Zerschlagung seiner Feinde könnten die Antwort der aztekischen Geschichtsschreibung auf das Fehlen einer »rechtmäßigen« aristokratischen Ahnenreihe sein. Zur Feier des Sieges Huitzilopochtlis wurde die Große Pyramide von Tenochtitlán gebaut, ein Symbol für den mythischen Berg Coatepetl. Darauf stand Huitzilopochtlis Heiligtum neben jenem von Tlaloc, dem traditionellen Regengott der mesoamerikanischen Antike, und unten am Fuß des Tempels lag eine gewaltige Steinscheibe mit dem Relief der zerstückelten Mondgöttin Coyolxauhqui. Mit diesen Bauwerken schufen die Azteken eine Stätte, die von Stolz, Heldenmut und Zerstörungskraft ihrer kriegerischen Vergangenheit kündete.

Tatsache bleibt jedoch, dass es in der mexikanischen Geschichte seit dem ersten vorchristlichen Jahrtausend ein Muster periodischer Kontakte zwischen den Bewohnern urbaner Regionen des zentralen Hochlandbeckens und den Stämmen des ariden Nordens gab. Wahrscheinlich stammen auch die Azteken aus diesem riesigen Gebiet, und es ist unwahrscheinlich, dass sie ihre Herkunft total vergaßen, sosehr sie sich auch der neuen, städtischen Lebensweise anpassten.

Die Suche nach Aztlán ist deshalb eine Forschungsreise in die Kultur vieler Völker, die zwischen den südwestlichen Wüsten der heutigen USA und dem zentralen Hochland Mexikos gelebt und die Geschichte des antiken wie des modernen Mexiko geprägt haben.

Die Große Pyramide von Tenochtitlán mit den Doppelheiligtümern darauf

Traumzeit-Erinnerungen

Zeit: ewig
Ort: Australien

Die Kunst der australischen Aborigines ist eine der letzten großen lebendigen Kunsttraditionen, die der Welt erhalten geblieben sind.

WALLY CARAUNA, 1993

ALS DIE EUROPÄER mit der Landung der britischen Ersten Flotte in Botany Bay 1788 Australien in Besitz nahmen, begannen sie das Land nach ihren eigenen Richtlinien umzugestalten. Es wurde vermessen und kartografiert, es wurde in Felder und Farmen eingeteilt, und seine Landschaften erhielten englische Namen – als wäre es ein unbewohntes Land. Auch die westlichen Archäologen standen ganz in der Tradition des Bestimmens und Vermessens, und das einzige Interesse, das sie den Ureinwohnern Australiens, dem Volk der Aborigines, entgegenbrachten, galt der exakten Datierung ihrer Besiedlung des Kontinents. Die letzte Schätzung liegt bei circa 70000 Jahren vor unserer Zeit.

Die Aborigines sehen das anders: »Wir waren schon immer hier«, sagen sie, »seit der Traumzeit, als das Land erschaffen wurde, als die Bäche und Berge entstanden, als den Menschen ihr Land gegeben wurde.« »Traumzeit« – der heute für diese Vorstellungswelt der Aborigines verwendete Begriff – ist eine schlechte Übersetzung. »Traum« ist nicht das richtige Wort für jene gegenstandslose, irrationale Welt, aus der wir einst in eine andere, wahre Realität erwachen werden. Auch »Zeit« ist nicht korrekt, denn damit beschreibt man eine definierte Periode, die in der Vergangenheit liegt und von der Gegenwart abgetrennt ist. Ein wichtiger Aspekt des »Träumens«, des Immerwährenden unseres Hierseins, ist, dass die Dinge sind, wie sie sind und sein müssen. Zeit, messbare chronologische Zeit, Veränderung mit der Zeit – diese Grundfesten der Archäologie und der empirischen Wissenschaft des Westens haben mit Traumzeit nichts zu tun.

Die Kunst des Träumens

In alten Felsmalereien und -gravierungen haben die Aborigines ihre Geschichte aufgezeichnet. Viele der dargestellten Tiere gibt es noch heute, darunter Kranich und Krokodil, Gelbhaubenkakadu und Python, Tiere, die auch in den Traumzeit-Erzählungen eine Rolle spielen. Ein häufiges Motiv ist die Vogelspur, ob klein wie die eines Buschhuhns oder groß wie die eines Emus und manchmal gar noch größer als diese. Handelt es sich dabei nur um zu groß geratene Darstellungen von Emu-Spuren, oder zeigen sie tatsächlich Spuren eines noch größeren Vogels? Es finden sich auch Abbildungen übergroßer Menschenfüße.

Die Felsmalereien im Kakadu-Nationalpark und Umgebung in Nordaustralien sind wahrscheinlich mehr als 4000 Jahre alt. Man findet darunter viele Darstellungen

Oft, jedoch nicht immer ist ein Traumort eine landschaftlich markante Stelle, so wie dieser natürlich entstandene Stapel aus Sandsteinen

Oben: **Felsmalerei ist eine lebendige Kunstform in Australien. Dieses großartige Werk aus dem Jahre 1960 wurde im Kakadu-Nationalpark über Spuren älterer Werke gemalt**
Unten: **Diese in einen Fels in Nordaustralien geritzten Fußabdrücke sind im Laufe der Zeit stark verwittert; einige wurden später mit weißer Farbe nachgezeichnet. Die moderne australische »Punkt-Malerei« bezieht ihre Motive aus der uralten Felskunst**

des Beutelwolfs, eines hundeähnlichen Raubbeutlers, der sich nur auf der Insel Tasmanien ins 20. Jahrhundert hinüberretten konnte, dort aber inzwischen auch ausgestorben ist. Auf dem australischen Kontinent ist er ausgestorben, seit Einwanderer aus Südostasien Hunde ins Land brachen. Diese entwickelten sich zu wild lebenden Dingos, die als wesentlich effizientere Raubtiere mittlerer Größe den Beutelwolf zum Aussterben verdammten. Er überlebte in Tasmanien, weil es beim Auftauchen des Dingos vor 4000 Jahren vom Hauptland bereits durch den mit Ende der Eiszeit gestiegenen Meeresspiegel getrennt war.

Dokumente der Vergangenheit

Eine einzigartige Felszeichnung, hoch oben im entlegenen »Stone Country«, noch jenseits der Grenzen des Kakadu-Nationalparks, verweist auf weitere ausgestorbene Tierarten. Die kunstvolle, gut erhaltene Darstellung zeigt offenbar Muttertier und Junges einer einzigartigen Spezies, bei der es sich weder um den Beutelwolf handelt noch um irgendeine Känguruart oder sonst ein heute lebendes Beuteltier. Das Muttertier hat kleine Vorderbeine mit handartigen Pfoten (wie bei Beuteltieren üblich), kräftige Hinterbeine und einen breiten Schwanz (ebenfalls bei Beuteltieren üblich). Der Rumpf weist eigenartige Wülste auf, augenscheinlich große, spitze Euter oder Zitzen, die unter dem Körper hängen (anders als bei

Beuteltieren, deren Milchdrüsen sich innerhalb der Beutel befinden, wo die Jungen heranwachsen). Ähnliche Details zeigt auch das Jungtier. Gehört diese Kreatur zur so genannten Megafauna, den ausgestorbenen Großtieren Australiens? Könnte es sich um die nur durch Knochenfunde bekannte Spezies »Palorchestes« handeln?

Leider ist nur dieses eine Gemälde bekannt, doch es könnten noch viele weitere im »Stone Country« verborgen sein, wo zahllose Höhlen und Felsnischen mit Malereien versehen wurden, die noch ihrer Entdeckung harren.

Eine Zentralfigur in den Traumzeit-Erzählungen ist die Regenbogenschlange, jenes riesige Wesen, das sich durch das Land bewegte, dabei die Landschaft formte und eindrucksvolle Spuren ihrer (manchmal »seiner«) Anwesenheit hinterließ, indem sie Seen und Wasserlöcher, Bäche und Felsen erschuf. Ist sie vielleicht eine Erinnerung an die Riesenschlangen der Vergangenheit, die viel größer waren als die heutigen Pythons? Sind die Geschichten der Aborigines von Fluten und Überschwemmungen vielleicht auch uralte Erinnerungen an das Ende der Eiszeit, als der steigende Meeresspiegel die Menschen von der Küste vertrieben haben muss?

Im Kakadu-Nationalpark, wo die Veränderung der Meereshöhe, die sich erst relativ spät auswirkt, exakt datiert werden kann, gibt eine zeitlich gut einzuordnende Serie von Felsmalereien Auskunft: Genau zur Zeit der Küstenüberflutung ist eine bemerkenswerte Zunahme von Motiven zu verzeichnen, die Menschen im Kampf darstellen. Die Vorstellung, dass landeinwärts flüchtende »Menschen der Küste« irgendwann auf ehemals tief im Landesinnern lebende »Menschen der Berge« treffen mussten, würde die vermehrte Darstellung von Kampfszenen erklären.

Oben links: **Eine *churinga* aus Zentralaustralien. Es heißt, dass die Ahnen der Traumzeit sich in diese heiligen Objekte verwandelten**
Oben: **Bei diesem seltsamen Wesen mit dem nach rechts oben gereckten Kopf und dem Jungtier auf der rechten Seite könnte es sich durchaus um ein ausgestorbenes Großtier handeln.**
Unten: **Bruce Nabegeyo, *Ngalyod-Rainbow Serpent*, 1995: Die Regenbogenschlange ist eine Zentralfigur in den Traumzeit-Erzählungen. In dieser neuzeitlichen Darstellung hat die Regenbogenschlange den Kopf eines Salzwasserkrokodils, dem mächtigsten aller Geschöpfe**

Rätsel der Steinzeit

DIE FARBIGEN WISENTE VON ALTAMIRA, die riesigen Rinder von Lascaux, die Nashörner der Chauvet-Höhle: Seit man vor einem Jahrhundert Kunstwerke des Cro-Magnon-Menschen entdeckte, üben die Steinzeitvölker der späten Eiszeit eine ungebrochen starke Faszination auf uns aus. Die alten Vorstellungen vom Keulen schwingenden, Säbelzahntiger jagenden wilden Neandertaler, der in Fell gehüllt durch zugefrorene Eiszeitlandschaften trottet, liegen weit hinter uns. Dank archäologischer, genetischer und einer breiten Palette anderer wissenschaftlicher Erkenntnisse können wir uns mittlerweile von vielen Steinzeitgesellschaften ein erstaunlich genaues Bild machen: Wir kennen ihre Lebensweise, ihre Technologie, ihre saisonbedingten Migrationen und Aufenthaltsorte, zum Teil sogar ihre religiösen Riten. Doch je mehr wir wissen, desto größer erscheinen die Widersprüche.

Eine der heftigsten Debatten entstand um die Frage der Herkunft des *Homo sapiens sapiens* – das sind wir. Haben die Genetiker Recht, wenn sie behaupten, wir stammten aus dem tropischen Afrika und hätten uns dann während der späten Eiszeit über die gesamte Alte Welt ausgebreitet, bis nach Amerika? Oder entwickelte sich die heutige Menschheit an vielen Orten gleichzeitig, wie einige Wissenschaftler behaupten?

Wo immer sich unsere Wurzeln befinden, wir gehen meist davon aus, dass wir die ersten mit Vernunft begabten, sprachfähigen Hominiden waren. Als Beweis dafür ziehen wir das plötzliche Auftreten künstlerischer Aktivitäten vor 30000 Jahren heran ebenso wie die Neuentwicklung intelligenter Methoden oder Anpassung an arktische Lebensbedingungen. Die Neandertaler und andere archaische Menschengruppen werden hingegen oft als primitiv und zurückgeblieben dargestellt, doch es häufen sich die Indizien, dass sie intelligent und widerstandsfähig waren und sogar eine Art Sprache entwickelt haben könnten. Auch ist nicht bekannt, welches Schicksal ihnen wi-

Die stehenden Steine von Ballochroy mit den Bergen der Insel Jura im Hintergrund. Wozu wurden solche Megalithen aufgestellt?

derfuhr, als unsere Vorfahren begannen, ihr Gebiet zu besiedeln. Neueste archäologische Funde geben keinen Anlass zu der Annahme, dass sie plötzlich ausgestorben seien.

Als die Vorfahren der heutigen Menschen sich über die Welt zu verbreiten begannen, sahen sie sich bald einigen mächtigen Hindernissen gegenüber. Jüngste Entdeckungen werfen die Frage auf, wann es steinzeitlichen Menschengruppen gelang, die offene See von Südostasien nach Neuguinea, Australien und den Salomonen zu überqueren. Wie schon bei der Geschichte Amerikas ging es hier in erster Linie um den Zeitpunkt der Landnahme, also wann Menschen zum ersten Mal jungfräulichen Boden betraten. Diese Frage ist besonders in Nordamerika umstritten, wo die Entdeckung des von einigen Wissenschaftlern als kaukasoid eingestuften Kennewick-Mannes eine Welle von Diskussionen über die Identität des ersten Amerikaners ausgelöst hat; darüber hinaus wird debattiert, ob es ethisch zu vertreten sei, die Grabstätten indianischer Ureinwohner zu untersuchen. Ein anderes Thema der Neuzeit ist der Einfluss menschlicher Aktivitäten auf die Umwelt. Eine ganze Palette von Großtieren, die so genannte Megafauna, starb weltweit genau zu der Zeit aus, als die ersten Menschen in ihrem Gebiet auftauchten. War es die Schuld unserer Vorfahren, oder gab es dafür andere Gründe?

Vor ungefähr 12000 Jahren entstanden während einer großen Trockenperiode die ersten Bauerngesellschaften in Südostasien, und diese Tatsache stellt uns vor ein weiteres großes Rätsel der Steinzeit: Was veranlasste die Menschen, ihr Dasein als Jäger und Sammler aufzugeben und Bauern zu werden? Unterschiedlichste Faktoren werden diskutiert, darunter die Möglichkeit plötzlicher Klimaveränderungen, eines starken Bevölkerungswachstums und der Entwicklung neuer Technologien, die eine sesshafte Lebensweise erforderten. Über eines ist man sich in Expertenkreisen jedoch einig: Das Aufkommen von Tierhaltung und Landwirtschaft veränderte das Zusammenleben der Menschen und ihr Verhältnis zur Umwelt radikal. Der ewige Kreislauf von Aussaat und Ernte, Leben und Tod schmiedete eine neue feste Verbindung zwischen den Menschen und ihrem Land.

Einige der faszinierendsten Rätsel der Steinzeit drehen sich um Ahnenkult und Muttergottheit. Zu den Megalithbauten Westeuropas gehören Steinkreise und Gemeinschaftsgräber, deren genaue Zweckbestimmung noch ein heikles Thema ist, speziell ihre astronomische Funktion bei der Bestimmung von Winter- und Sommersonnenwende sowie anderer zyklischer Ereignisse. Stonehenge in Südengland, manchmal mit einer prähistorischen Kathedrale verglichen, ist ein komplexes Monument, das sich über die Jahrhunderte verändert und entwickelt hat. Seine gewaltigen Trilithen geben immer noch Anlass zu Debatten über bautechnische und organisatorische Probleme bei der Konstruktion dieser großartigen Kultstätte.

Die meisten Europäer und große Teile der west- und südostasiatischen Bevölkerung waren Angehörige einer einzigen großen Sprachfamilie, die sich in der Jungsteinzeit und frühen Bronzezeit über Eurasien auszubreiten begann. Wo entstand diese Sprache? Die Suche nach der Heimat der Indoeuropäer reduziert sich auf die Frage, inwieweit sprachgeschichtliche Theorien durch archäologische Erkenntnisse bestätigt werden können. Die Archäologie beschäftigt sich normalerweise mit anonymen Gruppen, nicht mit Einzelpersonen. Nur selten hat sie so viel Glück wie bei der Entdeckung von Ötzi, der voll bekleideten, konservierten Leiche eines Mannes aus den italienischen Hochalpen, der vor circa 5000 Jahren wahrscheinlich erfroren ist. Die moderne Medizin kann uns mehr über den Gesundheitszustand dieses »Mannes aus dem Eis« berichten, als ihm selbst bekannt war, aber die interessanteste Frage bleibt unbeantwortet: Was hatte er dort oben in den Alpen zu schaffen? Die Lösung dieses und so mancher anderer Rätsel der Vergangenheit liegt im Reich des Unfassbaren und ist archäologischen Erkenntnissen nicht mehr zugänglich.

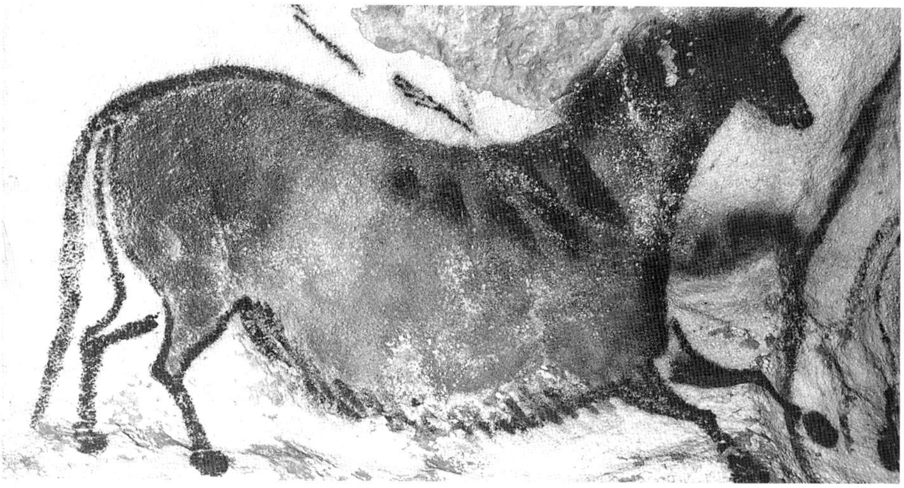

Ein herumtollendes Wildpferd an der Wand der Lascaux-Höhle in Frankreich. Die Bedeutung dieser Malereinen ist umstritten

Die Herkunft der Menschheit

Zeit: 5 Millionen bis 100 000 vor unserer Zeit
Ort: Afrika

Wir sind extrem nahe Verwandte anderer Spezies. Und doch haben wir uns Lichtjahre weit von ihnen entfernt.

RICHARD DAWKINS, 1992

IN DER RAUEN, TROCKENEN LANDSCHAFT von Äthiopien und Kenia liegen die Fossilien unserer frühesten Ahnen, der Australopithecinen. Nicht weniger als 4,5 Millionen Jahre alt sind Zähne, Schädelreste und manchmal Teile von Arm- und Beinknochen, die in uralten Sedimentschichten gefunden werden. Sorgfältig freigelegt und zusammengesetzt, zeigen sie das Bild unseres affenähnlichen Vorfahren von circa einem Meter Körpergröße und mit einem Gehirn, das mit 450 Kubikzentimetern so groß ist wie das eines Schimpansen. Er lief zeitweilig auf zwei Beinen, ernährte sich vorwiegend vegetarisch und hatte mächtige Backenzähne entwickelt, um trockene Körner und Halme zu zermahlen.

Ebenfalls aus Äthiopien stammt ein auf nur 130 000 Jahre datierter fossiler Schädelknochen, der im Omo-Becken gefunden wurde. Das zugehörige Gehirnvolumen beträgt 1400 Kubikzentimeter, was bereits der heutigen Größenordnung entspricht. Der Schädel stammt von dem frühesten neuzeitlichen Menschen, der bis jetzt entdeckt wurde, dem *Homo sapiens*, und wahrscheinlich verfügte er über dieselbe sprachliche und symbolische

Dieser circa 130 000 Jahre alte rekonstruierte Schädelknochen aus Omo Kibish, Äthiopien, ist das älteste, dem *Homo sapiens* zugeschriebene Fossil

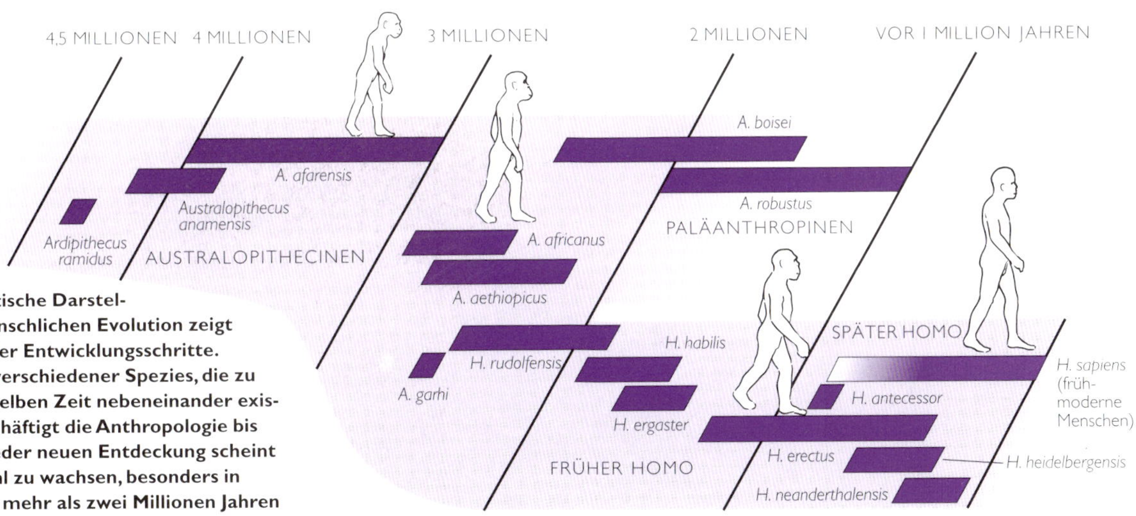

Die schematische Darstellung der menschlichen Evolution zeigt die Vielfalt der Entwicklungsschritte. Die Anzahl verschiedener Spezies, die zu ein und derselben Zeit nebeneinander existierten, beschäftigt die Anthropologie bis heute. Mit jeder neuen Entdeckung scheint deren Anzahl zu wachsen, besonders in der Zeit vor mehr als zwei Millionen Jahren

Ausdrucksfähigkeit wie wir. Seine aufrechte Gangart beweisen die wenigen anderen Knochen, die neben dem Schädel gefunden wurden. Doch was bewirkte die Entwicklung von jenem affenähnlichen Wesen vor 4,5 Millionen Jahren zu Statur, Anatomie, Intelligenz und Kultur des modernen Menschen? Genau dies ist das Rätsel unserer Herkunft.

Die Antwort kann aus einem Wort bestehen: Evolution. Ebenso wie alle anderen Spezies haben auch wir uns unter dem Einfluss natürlicher Selektion entwickelt. Eine zufällige genetische Mutation, die zum Beispiel den aufrechten Gang ermöglichte, der sich vorteilhaft bei Nahrungssuche und Feinderkennung auswirkte, übertrug sich durch Vererbung allmählich auf die gesamte Gemeinschaft und änderte mit der Zeit Erscheinungsbild, Verhalten und Intelligenz des Menschen, bis er zu dem wurde, was wir heute sind. Aber während die Evolutionstheorie Charles Darwins die Frage nach der Herkunft des Menschen durchaus beantworten kann, haben die meisten von uns auf eine andere Antwort gehofft. Wir suchen eine wesentlich detailliertere Lösung dieses Rätsels, eine, die uns Auskunft darüber gibt, wann und warum diese oder jene Änderung von äußerer Erscheinung, Verhalten oder Intelligenz eingetreten ist.

Wissenschaften Hand in Hand

Dies erweist sich als erheblich schwieriger, verlangt es doch nach dem Einsatz einer ganzen Armee von Wissenschaftlern unterschiedlicher Fachgebiete. So kann die Anatomie lediglich aus Struktur und Form von Knochen Rückschlüsse auf die Lebensweise unserer Vorfahren ziehen. Weitere Hinweise liefern jedoch Steinwerkzeuge, Abfälle, Feuerstellen und andere von unseren Urahnen hinterlassene Materialien, deren Untersuchung in das Gebiet der Archäologie fällt. Geologen und Ökologen beschäftigen sich wiederum mit Lebensraum und Umweltbedingungen, während Physiker und Chemiker mit einer Vielzahl von Untersuchungsmethoden dem fossilen Material weitere Antworten entlocken und es zeitlich einordnen. Aber es sind nicht nur die Informationen aus der Vergangenheit, die zum Verständnis beitragen. So ist es unverzichtbar, die genetische Vielfalt heutiger Menschen zu studieren, um Aussagen darüber machen zu können, wann und wo die Verzweigungen der humanen Entwicklung stattfanden, also die Abspaltung unserer eigenen genetischen Linie von der, die zum heutigen Schimpansen führte; ebenso wichtig ist es, die letzten Phasen der Entwicklung zum modernen Menschen zu untersuchen.

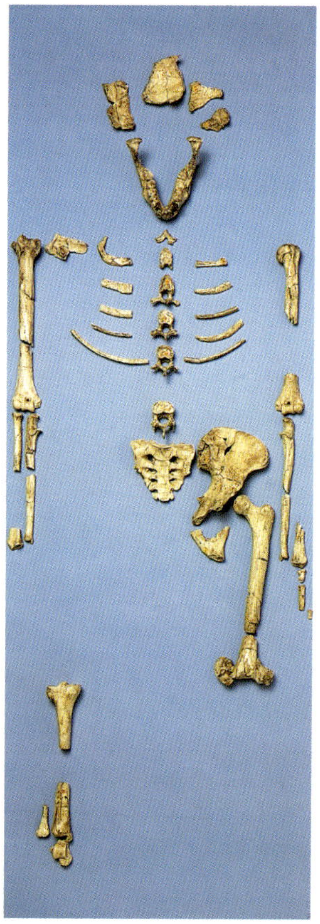

Links: **Die fossilen Überreste von »Lucy«, *Australopithecus afarensis,* circa 3,5 Millionen Jahre alt, aus Hadar, Äthiopien: Ungefähr 50 Prozent des Skeletts blieben erhalten und lassen erkennen, dass diese Spezies zwar schon aufrecht ging, sich aber auch anatomische Voraussetzungen bewahrt hatte, die ihr erlauben, auf Bäume zu klettern**

Rechts: **Das Becken des Omo im südwestlichen Äthiopien enthält besonders lange Schichten pliozäner und pleistozäner Sedimente. Zu den hier gefundenen Fossilien gehören drei Millionen Jahre alte Skelette menschlicher Vorfahren**

Ein Baum, keine Leiter

Fossilienfunde und archäologische Entdeckungen der letzten Jahrzehnte haben die Lösung des Rätsels unserer Herkunft nicht unbedingt erleichtert, dafür aber wesentlich interessanter gemacht. Früher glaubte man, unsere Evolution wäre, einer Leiter vergleichbar, schrittweise geschehen und eine Spezies hätte sich direkt aus einer anderen entwickelt, bis schließlich die Menschen am Ende dieser Reihe standen. Die neuen Entdeckungen zeigen, dass dies nicht der Fall ist. Unsere Entwicklung entspricht eher einem Baum mit vielen Ästen, von denen jeder unsere Vorfahren und Verwandten in eine andere Richtung führte. Und alle, bis auf eine, erwiesen sich als evolutionäre Sackgassen. Es ist daher ein schwieriges Unterfangen festzustellen, welche Spezies Ahne einer anderen ist und wie viele Spezies von unseren Fossilien tatsächlich repräsentiert werden.

Wir haben ebenfalls gelernt, dass wir die einzelnen Elemente, die sich zum Gesamtpaket der Merkmale unserer Spezies summieren, nicht unbedingt exklusiv besaßen oder besitzen. Viele davon teilten auch andere Spezies, bevor sie ausstarben. Das Merkmal »aufrechter Gang« zum Beispiel hatten gleich mehrere Arten der Gattung Australopithecus, die wahrscheinlich auch in der Lage waren, Steinwerkzeuge herzustellen, eine Fähigkeit, die man früher allein der Gattung *Homo* zugeschrieben hatte. In einer späteren Phase menschlicher Evolution hatten Neandertaler Gehirne von gleicher Größe wie unsere Vorfahren, jagten Großwild wie sie und hatten wahrscheinlich ebenfalls eine komplexe Sprache entwickelt. Und trotzdem erwiesen auch sie sich als »evolutionäre Sackgasse«.

Homo ergaster

Die Fossilienfunde halfen uns, das naive Konzept einer leiterartigen Entwicklung abzulegen; stattdessen messen wir nun der Verhaltensökologie unserer Ahnen und Verwandten mehr Bedeutung bei und lernen die unterschiedlichen Erscheinungsformen des Selektionsdrucks zu berücksichtigen, der auf sie einwirkte. Oft entstand ein solcher Druck durch drama-

Der auf ein Alter von 1,6 Millionen Jahren geschätzte Fund WT-1500, auch als Narikotome-Junge bekannt, ist das besterhaltene Skelett unserer frühen Evolutionsgeschichte. Es wurde als *Homo ergaster* bestimmt und zeigt bereits die Merkmale »aufrechte Körperhaltung« und »zweibeiniger Gang«, auch wenn die Hirngröße mit 1000 Kubikzentimetern noch wesentlich kleiner war als die des heutigen Menschen

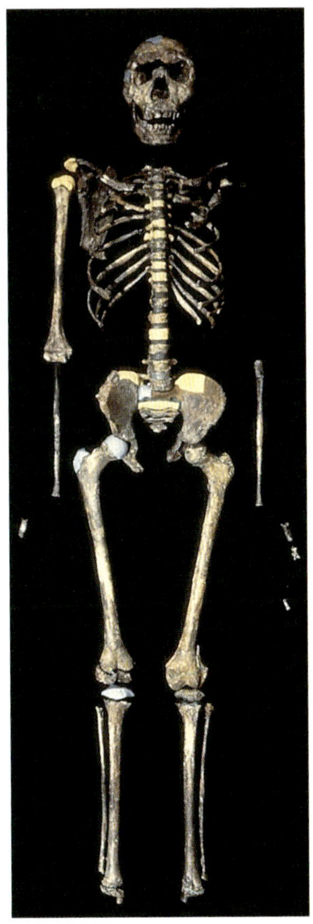

Die von Mary Leakey entdeckten 3,5 Millionen Jahre alten Fußabdrücke von Australopithecinen bei Laetoli, Tansania, lieferten einen wichtigen Beweis für frühen Bipedalismus

tische Umweltveränderungen während der letzten Jahrmillionen, die erdrutschartige Entwicklungsserien auslösten, bei denen ein Schritt den nächsten nach sich zog. So hatte *Homo ergaster* spätestens vor 1,8 Millionen Jahren die Entwicklungsschritte zu aufrechter Gangart, fleischlicher Nahrung, 900 Kubikzentimeter Gehirnvolumen und zu der Fähigkeit, mit Feuerstein zu arbeiten, vollzogen.

Der Wechsel zum voll entwickelten Bipedalismus scheint vor rund zwei Millionen Jahren stattgefunden zu haben und muss in hohem Maße mit dem Ortswechsel in Savannengebiete verbunden gewesen sein, der als Folge stark nachlassender Regenfälle in Äquatorialafrika anzusehen ist. In aufrechter Haltung waren unsere Vorfahren weniger Sonneneinstrahlung ausgesetzt, konnten ihre Körpertemperatur niedriger halten und daher ihre Nahrungssuche fortsetzen, während andere Spezies schon schattige Plätze aufsuchen mussten, um der Mittagshitze zu entgehen. Das Leben im offenen Gelände verstärkte die Notwendigkeit der Gruppenbildung zum Schutz vor Raubtieren. Da soziale Interaktion eine der größten intellektuellen Herausforderungen ist, könnte sie genau jenen Selektionsdruck geliefert haben, der das Gehirnvolumen wachsen ließ. Dies wiederum war nur durch eine Steigerung der Nahrungsqualität möglich: Der Verzehr von Fleisch konnte die Darmlänge schrumpfen lassen und führte genug Energie zu, um auch ein großes Gehirn zu versorgen. Zur Vorbereitung der Mahlzeit war die Benutzung scharfer Steine nötig, mit denen Tierkörper zerteilt werden konnten. Die Beute im Gelände aufzuspüren erforderte wiederum die Fähigkeit, in der Tagesmitte auf Nahrungssuche zu gehen, wenn Löwen und Hyänen die Hitze flohen. Mit den größeren Gehirnen kam auch die intellektuelle Kapazität, effektivere Werkzeuge zu erfinden, die Nahrungssuche zu planen und in noch größeren Gruppen zusammenzuleben. Die Wechselwirkung zwischen den einzelnen Schritten war eine absolute Vorbereitung für die Entwicklung des *Homo ergaster,* einer Spezies von zentraler Bedeutung in der menschlichen Evolutionsgeschichte und wahrscheinlich nicht nur unser Vorfahr, sondern auch der des Neandertalers.

Der Aufstieg des modernen Menschen

Dieses Beispiel evolutionärere Entwicklung von vor zwei Millionen Jahren zeigt, dass die Lösung des Rätsels unserer Herkunft nicht einfach darin bestehen kann, alle Teile des Puzzles zu finden und korrekt zusammenzusetzen, sondern vielmehr darin, zu verstehen, wie sie einander bedingen. Exakt das Gleiche gilt, wenn wir uns mit der Entstehung des modernen Menschen befassen. Hierbei gehören zu unseren Puzzleteilen: der Schädel vom Omo-Fluss, die Erkenntnis, dass alle Menschen, egal, wo sie leben und wie verschieden ihre Lebensweisen auch sein mögen, untereinander genetisch viel enger verwandt sind als andere Spezies und schließlich die Abwesenheit jeglicher anderen menschlichen Spezies. Der letzte Fakt besteht erst seit ungefähr 28 000 Jahren, in der gesamten Menschheitsgeschichte davor gab es immer mehrere Arten der Gattung Mensch gleichzeitig.

Die wissenschaftlichen Debatten kreisen immer wieder um die Frage, wie der moderne Mensch in Afrika entstand und wie er von dort aus die Welt eroberte. Lange sind Anthropologen von einer einmaligen Abwanderung aus Afrika ausgegangen, die vor circa zwei Millionen Jahren stattgefunden haben soll. Danach soll sich der *Homo sapiens* aus den verschiedenen Spezies seiner Ahnen entwickelt haben, die es in der Alten Welt gab – dem Neandertaler in Europa und dem *Homo erectus* in Asien. Diese Theorie wurde als »Regionale Kontinuität« bezeichnet, doch es gibt nicht mehr viele, die ihr anhängen. Die meisten Anthropologen, Genetiker und Archäologen stimmen nun darin überein, dass sich der heutige Mensch vor 130 000 Jahren in Ostafrika entwickelte, und zwar während einer Phase besonders harter Umweltbedingungen, die einen erheblichen Selektionsdruck für eine anatomische und vor allem eine kognitive Anpassung bewirkten. Die Population unserer Ahnen muss seinerzeit auf etwa 10 000 geschrumpft sein, so dass »wir« beinahe ausgestorben wären und die Welt dem Neandertaler Europas und dem *Homo erectus* Asiens hätten überlassen müssen. Doch wir überlebten: Nach einer komplexen Folge von Abwanderungsphasen aus Afrika, vor 50 000 bis 100 000 Jahren, eroberten wir die Welt und verdrängten alle anderen Menschenarten von diesem Planeten. Wie wir das genau anstellten, ist ein anderes Rätsel der Steinzeit.

Die Entwicklung der Sprache

Zeit: 500 000 bis 100 000 vor unserer Zeit
Ort: Afrika

Sprache ist nicht kulturell … sie ist ein ausgeprägter Bestandteil der Biologie unseres Gehirns.

STEPHEN PINKER, 1994

MITEINANDER ZU REDEN ist sowohl eines der einfachsten als auch der schwierigsten Dinge, die wir tun können. Es mag ein harmloses Vergnügen sein, aber es ist unabdingbare Voraussetzung für das Leben als funktionierendes Mitglied unserer Gesellschaft. Als Angehörige unserer Spezies sind wir zur Kommunikation gezwungen, um Gefühle auszudrücken, Erkenntnisse zu vermitteln und Informationen weiterzugeben, aber oft auch nur die Trivialitäten unseres Alltagslebens. Dabei bedienen wir uns einer der bemerkenswertesten Errungenschaften der Evolution: der Sprache. Jede einzelne unserer Äußerungen baut auf einem grammatikalischen Regelsystem auf, von dem wir nicht einmal wissen, dass es uns zur Verfügung steht, und schöpft aus einem Fundus von 60 000 Wörtern, der einem Durchschnittsmitglied der Gesellschaft normalerweise zur Verfügung steht. Ein Leben ohne Sprache ist kaum vorstellbar: Verwehrt man Menschen das Sprechen, benutzen sie eine Zeichensprache, die in jeder Hinsicht genauso komplex sein kann wie die gesprochene.

Für jemanden, der sich mit der Evolution beschäftigt, ist die einzelne Sprache weniger wichtig als die Fähigkeit zur Sprache an sich. Ein in China geborenes Kind, das in Deutschland aufwächst, wird fließend Deutsch lernen. Wird in seiner Familie noch Chinesisch gesprochen, wächst es zweisprachig auf. Dies ist nur möglich, weil alle Sprachen grundsätzliche Gemeinsamkeiten besitzen. Kommt ein Säugling auf die Welt, so ist sein Gehirn programmiert für das Erlernen von Sprache, egal, welche ihm während seiner ersten Lebensjahre angeboten wird. Vom Ende des zweiten Lebensjahrs an nimmt ein Kind mindestens zehn neue Wörter pro Tag auf und bildet daraus strukturierte Sätze, deren Form und Inhalt seine Eltern oft zum Erstaunen bringen.

Kein anderes Kommunikationssystem der belebten Natur kommt auch nur im Entferntesten der menschlichen Sprache gleich. Vogelgesang, Affenlaute und die Pheromone der Ameisen mögen hoch entwickelt sein, können jedoch weder Vergangenes vermitteln noch Ereignisse, die in der Zukunft liegen, ob diese auf tatsächlichen Erfahrungen beruhen oder nur in der Fantasie stattfinden. Schimpansen, unsere nächsten noch lebenden Verwandten, kommunizieren mit Lauten und Gesten und können in einer Laborumgebung lernen, mit Symbolen umzugehen. Jahrelang haben Wissenschaftler Experimente durchgeführt, um bei ihnen erste Ansätze einer menschenähnlichen Sprachentwicklung festzustellen; die meisten kamen jedoch zu dem Ergebnis, dass diese nicht vorhanden sind. Schimpansen scheinen unfähig zu sein, mehr als ein paar hundert »Wörter« zu erlernen, und ihre »Grammatik« kommt über einfachstes Ordnen ihrer Sprache nicht hinaus.

Unsere menschlichen Vorfahren aus den Wäldern Ostafrikas von vor fünf Millionen Jahren hatten ähnliche »Sprachfähigkeiten« wie die heutigen Schimpansen; näm-

Sue Savage-Rumbaugh und Panbanisha, ein Bonobo mit beträchtlichem Sprachverständnis

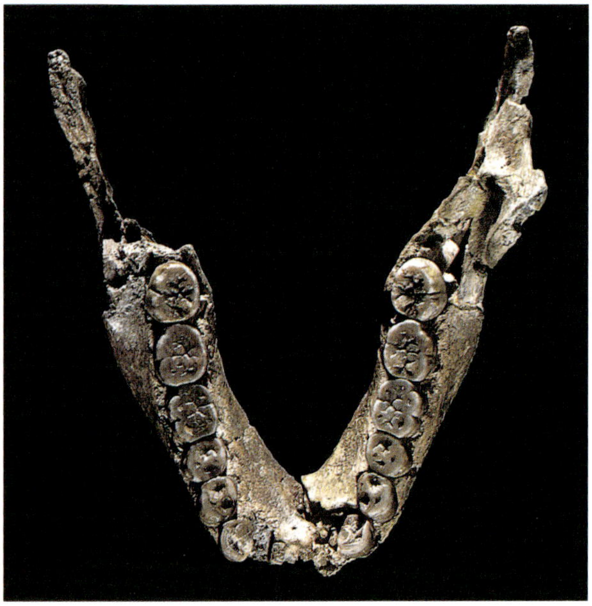

Unterkiefer des *Homo ergaster:* Die Backenzähne sind kleiner als die seiner Vorfahren. Die neue Gebissform war eine Folge geänderter Ernährungsweisen und erbrachte als Nebenprodukt eine größere Lautvielfalt

lich so gut wie keine. Ihre Kommunikation war auf Ruflaute und Gesten reduziert. Der Übergang zur menschlichen Sprache geschah ganz allmählich. Er umfasste wahrscheinlich mehrere Stufen von »Proto-Sprache« mit vielen kleinen Zwischenschritten auf dem Weg zur voll entwickelten modernen Sprache des *Homo sapiens* vor ungefähr 130 000 Jahren.

Vorbedingungen für Sprache

Die Entwicklung von Sprache war abhängig von einem ausreichend großen Gehirn, das in der Lage war, den neuralen Arbeitsaufwand zu bewältigen, der für Verstehen und Erzeugung strukturierter Laute nötig ist. Wie groß es genau sein musste, bleibt unklar. Die 450 Kubikzentimeter des Schimpansen und der Australopithecinen waren zu wenig, doch schon *Homo ergaster* vor 1,5 Millionen Jahren könnte bei einem Gehirnvolumen von 900 Kubikzentimetern über genügend Zerebralleistung verfügt haben, auch wenn die notwendigen Neuralverbindungen vielleicht noch nicht vorhanden waren. *Homo ergaster* besaß auch noch zwei weitere wichtige Vorbedingungen für die Sprachentwicklung: Er war sowohl habitueller Zweibeiner als auch Fleischesser. Die Anstrengungen beim Gehen und Laufen auf zwei Beinen erforderten ein hoch entwickeltes Atmungssystem, ohne das auch keine Lautvielfalt erzeugt werden könnte, wie sie für Sprache charakteristisch ist. Die Energiegewinnung durch hochkalorische Fleischnahrung an Stelle von großen Mengen Körnern, Zweigen und Wurzeln, der Ernährungsgrundlage seiner Vorfahren, gestattete dem *Homo ergaster* mit wesentlich kleineren Zähnen auszukommen. Diese neue Situation eröffnete ihm die Möglichkeit, zahlreiche Orallaute zu erzeugen, da Zunge, Lippen und Wangen nun wesentlich mehr Spielraum hatten.

Das große Hirn des *Homo ergaster*, Bipedalismus und die schwächere Bezahnung waren das Ergebnis von Vorgängen, die mit der Entwicklung von Sprache wenig zu tun hatten, ohne die sie sich aber nicht hätte entwickeln können. Einmal vorhanden, konnte sich die Komplexität und Häufigkeit kommunikativer Kontakte allmählich intensivieren, mit ständig wachsendem Vokabular und verfeinerter Grammatik. Man kann sich leicht vorstellen, dass Individuen, die Information etwa über Jagdziele und Werkzeugherstellung effektiver weitergeben konnten, einen großen Vorteil hatten, wie auch diejenigen, die in der Lage waren, die Äußerungen ihrer Gruppenmitglieder besser zu verstehen und zu interpretieren. Doch diese frühe Sprache wurde wahrscheinlich ebenso verwendet, um Emotionen auszudrücken und soziale Bindungen aufzubauen. Tatsächlich nehmen einige Anthropologen heute an, der Ursprung von Sprache liege im »Schwatzen«; Sprache sei der »Leim« gewesen, der immer größer werdende Sozialgemeinschaften vor dem Auseinanderbrechen bewahrte. Andere glauben, Sprache habe dem Individuum dazu gedient, seine Intelligenz zu demonstrieren. Ähnlich wie Pfauenhähne ihr Federrad schlagen, um Pfauenhennen zu imponieren, könnten Gruppenmitglieder aus ähnlichen Gründen ein ständig anwachsendes, oft redundantes Vokabular entwickelt und benutzt haben. Gewiss kam der Redekunst erhebliche Bedeutung zu, konnte man damit doch andere beeinflussen und für sich gewinnen.

Die Entwicklung der Sprache

Wann genau dieser Selektionsdruck für unsere Evolution am wichtigsten war, ist unklar. Die anatomischen Schlüsselstellen, von denen man auf das Vorhandensein von Sprachfähigkeit schließen könnte, bestehen leider zum größten Teil aus Weichgewebe, das keine fossilen Spuren hinterlässt. Wann sich also der Kehlkopf senkte und damit den Vokaltrakt des Menschen von dem des Schimpansen unterschied oder wann wir lernten, kurze, schnelle Lautfolgen zu erkennen und einen vokalen Dauerton in Einzelworte aufzuteilen, ist ungewiss. Es ist sehr gut möglich, dass die Vergrößerung des Hirnvolumens auf das heute übliche Maß von 1200 bis 1500 Kubikzentimetern zwischen den Jahren 600 000 und 200 000 vor unserer Zeit einzig dem Zweck diente, durch neue zerebrale Netzwerkstrukturen Sprache zu ermöglichen. Trotzdem ist es unwahrscheinlich, dass der Erwerb der Sprachfähigkeit von anderen kognitiven Errungenschaften losgelöst stattfand. So zum Beispiel jenen des Bewusstseins und der kreativen Intelligenz, die durchaus die Rolle des »Trittbrettfahrers« gespielt haben könnten, denn schließlich liegt wenig Sinn in der Fähigkeit zu sagen, was einem »auf der Seele liegt«, wenn man keine Seele hat.

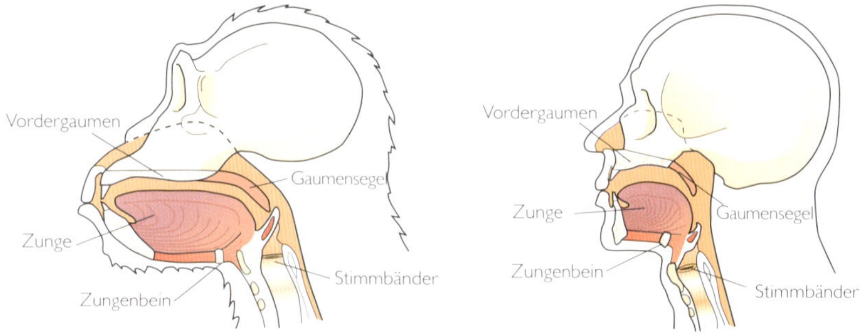

Der menschliche Kehlkopf oder Larynx sitzt erheblich tiefer als der des Schimpansen, wodurch die Lautbildungsfähigkeit des Primaten eingeschränkt ist. Die Absenkung des Kehlkopfes war ein wichtiger Schritt auf dem Weg zur Sprache

Links: **1963 wurde in der Kebara-Höhle in Israel ein gut erhaltenes Neandertalerskelett samt intaktem Zungenbein gefunden – eine hufeisenförmige Knochenspange, an der Weichgewebeteile des Sprachapparates befestigt sind**

Im Licht zweier Funde bleibt wenig Zweifel an der Sprachfähigkeit des *Homo sapiens:* Dabei handelt es sich um auf ein Alter von 90 000 Jahren datierte knöcherne Speerspitzen sowie 120 000 Jahre alten roten Ocker aus südafrikanischen Höhlen. Man kann sich nur schwerlich vorstellen, dass mit Körperbemalung und der Herstellung von komplexen Jagdwerkzeugen beschäftigte Menschen nicht auch gesprochen hätten, schon allein, um auszudrücken, was sie da machten und warum. Aber auch andere Menschenarten hatten wahrscheinlich schon Sprachfähigkeit entwickelt. Anatomische Indizien der Neandertaler beweisen, dass auch sie eifrige Sprecher gewesen sein müssen, speziell ein circa 63 000 Jahre altes Zungenbein aus der Kebara-Höhle, das auf einen Sprachapparat schließen lässt, der sich von unserem kaum unterschied. Ob ihr Wortschatz und ihre Grammatik jedoch denen ihrer Zeitgenossen, der Spezies *Homo sapiens,* gleichkamen, bleibt umstritten.

Die Evolution der Sprache war also ein langwieriger und allmählicher Prozess, und ihre Wurzeln liegen in jenem Kommunikationssystem, das Menschenaffen heute noch benutzen. Einige Bedingungen mussten erfüllt sein, um ihr auf die Sprünge zu helfen, Entwicklungen, die vorderhand nicht auf Spracherwerb abzielten; und später dann, ein neuer Selektionsdruck, der jene Individuen bevorteilte, die Laute äußern und verstehen konnten. Dieser Druck stand wahrscheinlich in Beziehung mit dem Leben in großen Gemeinschaften, mit Problemen der Nahrungsbeschaffung und der Kommunikation bei der Herstellung von Werkzeugen. Man kommt der Wahrheit sicherlich ziemlich nah, wenn man sich unsere Vorfahren vor 250 000 Jahren einerseits als geübte Jäger und Sammler vorstellt, andererseits aber auch als eifrige Schwatzer.

Was geschah mit den Neandertalern?

19

Zeit: 280 000 bis 250 000 vor unserer Zeit
Ort: Europa und Westasien

Sie waren weder eine neue, »verbesserte« Version des Homo erectus noch primitive Prototypen des Homo sapiens. *Sie waren nur sie selbst, sie waren Neandertaler – eine der auffälligsten, erfolgreichsten und faszinierendsten Menschengruppen, die je unsere Familienchronik bereichert haben.*

ERICK TRINKAUS UND PAT SHIPMAN, 1992

DEN NEANDERTALERN ist nichts anderes zugestoßen als den meisten anderen Spezies auch, die auf der Erde gelebt haben: Sie starben aus. Daran ist nichts Ungewöhnliches, und indem wir mehr über die Evolution der Menschheit erfahren, erkennen wir, dass die Neandertaler nur die letzte einer ganzen Reihe von Menschenarten waren, die das gleiche Schicksal erleiden mussten. Wirklich ungewöhnlich und daher auch so faszinierend an ihrem Schicksal ist allein die Tatsache, dass ihr Ende vor gerade einmal 30 000 Jahren datiert und sie damit ihre Schwesterspezies *Homo sapiens*, nämlich uns, als einzige Vertreter der Gattung Mensch auf diesem Planeten allein zurückließen. Dies ist auch deshalb ungewöhnlich, weil von allen Tieren, inklusive unserer nächsten Verwandten, Schimpanse und Gorilla, mindestens zwei, meistens jedoch noch mehr Arten erhalten sind. Dabei schienen die Neandertaler alle Vorteile auf ihrer Seite zu haben: Sie hatten Gehirne, die so groß waren wie unsere, eine Physiologie, die dem Leben in der Eiszeit hervorragend angepasst war, sie konnten spezialisierte Steinwerkzeuge herstellen und waren geschickte Großwildjäger. Und dennoch, nach 200 000 Jahren hoffnungsvollen Daseins in Europa und Westasien, nahm ihre Anzahl plötzlich ab, und sie starben aus. Was genau mit ihnen geschah, ist ein zentrales Problem der Archäologen und Anthropologen.

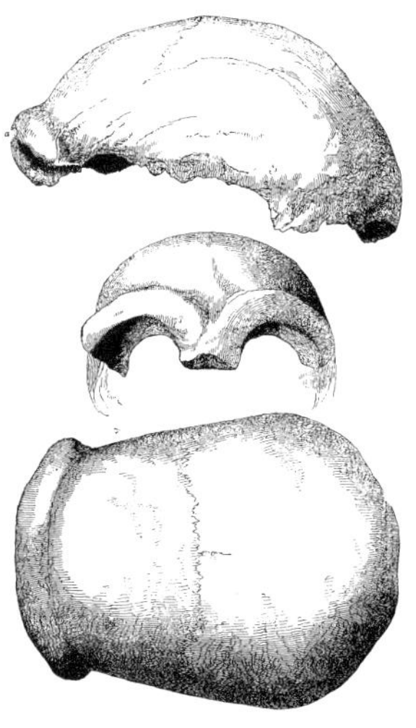

Eine Zeichnung des ersten Neandertalerschädels, gefunden im Jahr 1856 im Neandertal bei Düsseldorf

Die klassischen Neandertaler

Homo neandertalensis entwickelte sich aus der Spezies *Homo heidelbergensis*, die vor knapp einer Million Jahren Europa bevölkerte. Es mag anthropologische Debatten darüber geben, welche fossilen Funde welcher der beiden Arten zuzuordnen sind, doch man ist sich einig, dass vor 150 000 Jahren alle typischen Neandertalermerkmale entwickelt waren. Dazu gehörte ein Gesicht mit ziemlich großer, vorstehender Nase und großen Augenbrauenwülsten sowie eine Schädeldecke, die im Gegensatz zu unserer hohen und gewölbten eher flach und stark fliehend war. Der Körperbau der Neandertaler war stämmig und robust, mit breitem, gewölbtem Brustkasten und muskulösen Gliedmaßen. Sie hatten dicke, schwere Knochen, die auf ein anstrengendes, stark körperbetontes Leben deuten lassen. Aus den Überresten, die man in ihren Höhlen fand, lässt sich schließen, dass sie geschickte Großwildjäger waren und Pferd, Hirsch und Wisent mit einem Speer erlegten, der mit einer steinernen Spitze versehen war. Oft fand die Jagd in der rauen Umgebung der eiszeitlichen Gletscherlandschaften statt – offene, baumlose Tundren. Das Überleben war eine Frage von Teilen und Zusammenhalten, aber oft auch von nackter Gewalt. Es gab erhebliche Umweltveränderungen während der Zeit der Neandertaler. Vor 125 000 Jahren begannen sich über ganz Europa große Wälder auszubreiten; aber die Neandertaler wussten sich anzupassen, neue Pflanzen zu essen, neue Tiere zu jagen, neues Material zu nutzen, um Behausungen zu bauen und Kleidung und Werkzeug herzustellen. Alles in allem waren sie eine höchst erfolgreiche Spezies in einem der lebensfeindlichsten Gebiete, die Menschen je gekannt haben, flexibel und stark, scheinbar bereit, den Schritt in die Moderne zu schaffen. Was ist schief gelaufen?

Rechts: **Zwischen *Homo sapiens* und Neandertaler bestehen anatomische und physiologische Unterschiede, die deren jeweiligen Lebensweisen und Umweltbedingungen entsprechen. Generell waren Neandertaler stämmiger und robuster, mit einem Körper, der für das Leben in nördlichen Breiten bestens gerüstet war. Der Körperbau des frühmodernen Menschen war graziler und entsprach seiner Herkunft aus wärmeren Gebieten. Beide Arten lassen jedoch Spielraum für erhebliche Variationen, und mancher Neandertaler würde heute kaum auffallen**

Unten: **Die Welt des Neandertalers: Während langer Perioden seiner Existenz war der hohe Nordwesten von Eis bedeckt**

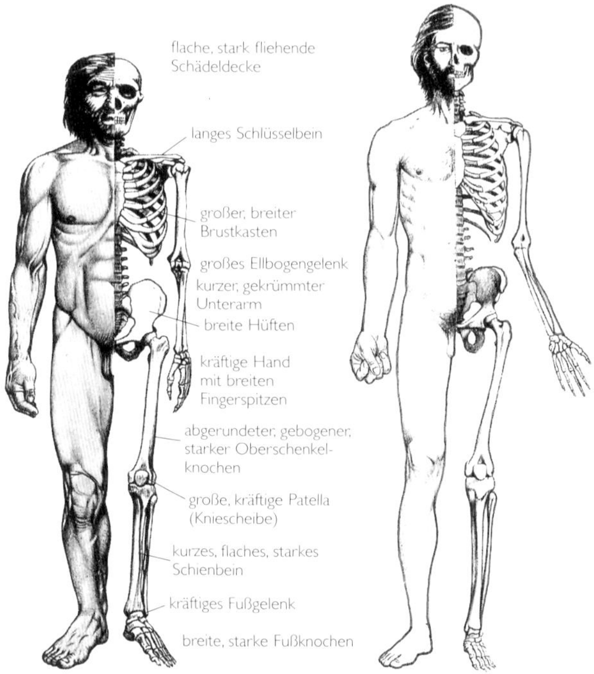

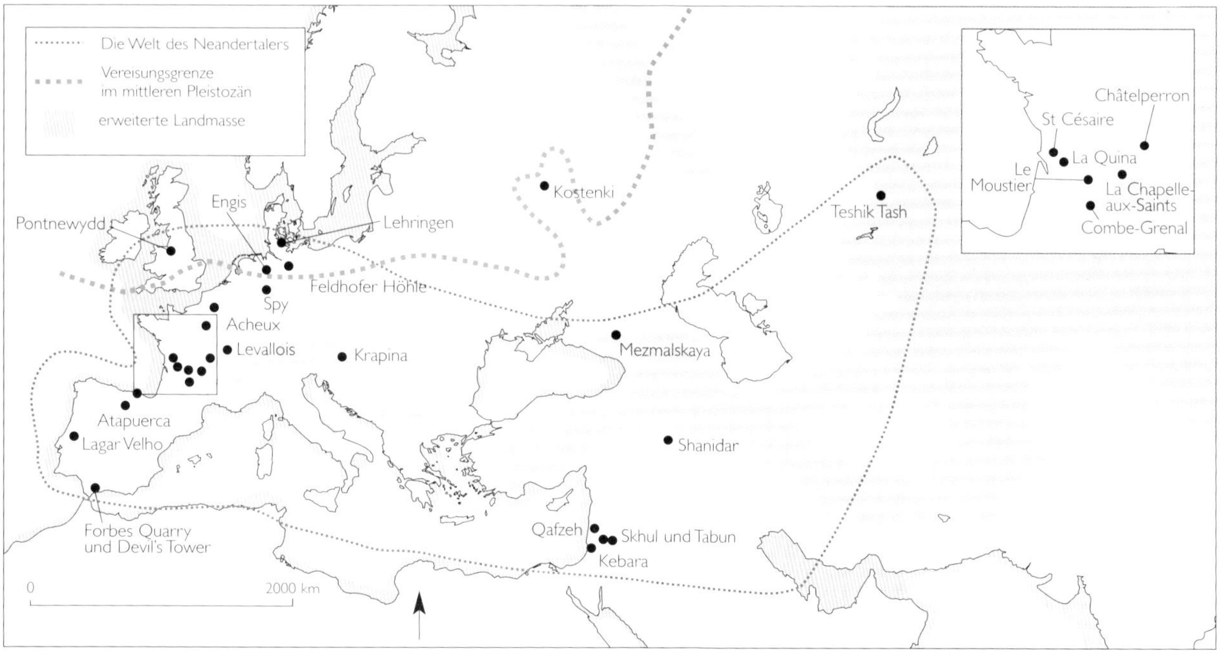

Aus evolutionärer Sicht lief gar nichts schief. Es erschien lediglich eine neue Spezies im Lebensraum des Neandertalers, die ihm erfolgreich Höhlen, Nahrungs- und Materialressourcen streitig machte. Ein Gesetz der Ökologie besagt, dass sich zwei Spezies nicht dieselbe ökologische »Nische« teilen können. Und genau das geschah in Westasien vor ungefähr 100 000 und in Europa vor 40 000 Jahren. Die neue Spezies, das war *Homo sapiens*.

Neandertaler und frühmoderner Mensch – ein Vergleich

Vor 130 000 Jahren begannen Gruppen von *Homo sapiens* ihre angestammte Heimat Afrika zu verlassen und nach Europa und Asien zu wandern. Was genau sie dazu trieb, ist noch nicht geklärt, aber offensichtlich hatten sie sich vor 60 000 Jahren über ganz Südwestasien verteilt und waren bis nach Australien vorgedrungen. Andere erreichten

Vor 33000 bis 30000 Jahren haben die letzten Neandertaler begonnen, Schmuck aus Tierknochen und -zähnen anzufertigen, so wie diese Halskette aus der Höhle von Arcy sur Cure

um 100 000 Israel. Sie begruben ihre Toten in den Höhlen von Qafzeh und Skhul und könnten dort vielleicht auch Neandertalern begegnet sein, was aber ungewiss ist. Obwohl Neandertaler um die Jahre 125 000 und 63 000 vor unserer Zeit in genau demselben Gebiet lebten, ist nicht nachgewiesen, ob sie zu der Zeit der Ankunft von *Homo sapiens* noch dort oder schon wieder in Europa waren.

Es kann jedoch kein Zweifel daran bestehen, dass unsere Vorfahren vor 40 000 Jahren Osteuropa eroberten, sich Richtung Westen verbreiteten und dass die beiden Spezies voneinander wussten. Das einzige Indiz für einen direkten Kontakt sind ein paar Schmuckgegenstände aus Knochen und Geweih, die Neandertaler vor etwa 33 000 Jahren in Südwestfrankreich angefertigt hatten. Dies war für sie eine völlig neue Beschäftigung, für unsere Ahnen jedoch bereits eine alte Gewohnheit. Es scheint, als hätten die Neandertaler die frühmodernen Menschen nachzuahmen begonnen, zwar mit eigenen Materialien und Techniken, aber inspiriert durch Dinge, die sie frühmoderne Menschen hatten tragen sehen.

Nicht lange danach verliert sich jede Spur der Neandertaler in Europa, mit Ausnahme der Iberischen Halbinsel. Es gibt kein Zeichen irgendeiner Art von Gewaltanwendung, schon gar nicht von Mord und Genozid, wie geschehen, als Europäer auf die Ureinwohner Amerikas und Australiens stießen. Die Archäologie kann aus ihren Funden ersehen, dass die Neandertaler fast den gleichen Lebensstil wie die frühmodernen Menschen hatten. Auch sie jagten Wild, nutzten Stein als Rohmaterial und suchten Schutz in Höhlen; der klassische Fall von Doppelbesetzung einer ökologischen Nische: Einer musste weichen. Dass es ausgerechnet die Neandertaler traf, ist vielleicht verwunderlich, hatten sie doch schon viele Jahrtausende in Europa gelebt und sich im Gegensatz zu ihren Konkurrenten, deren Körperbau eher für die wärmeren Äquatorialgebiete geeignet war, perfekt dem harten Klima angepasst. Trotzdem müssen die frühmodernen Menschen über einen entscheidenden Vorteil verfügt haben, und dieser scheint in ihrer Kultur gelegen haben, die wiederum die Folge ihrer anderen geistigen und intellektuellen Fähigkeiten war.

Der eklatanteste Unterschied zwischen Neandertaler und frühmodernem Menschen war, dass *Homo sapiens* künstlerisch tätig war, er schuf Schnitzfiguren und Höhlenmalereien. Auch daraus mag er einen Überlebensvorteil gezogen haben, Kunst könnte die Anpassung an raue Landschaften erleichtert haben. So kann sie enzyklopädisch genutzt worden sein, als eine Art »Stammes-Datenbank«, die Angaben über Tierverhalten enthielt; und bei Festlichkeiten, die mit diesem künstlerischen Schaffen einhergingen, könnte es zu verstärktem Informationsaustausch gekommen sein, zu einer intensiven Art der Kommunikation, die in den Höhlen der Neandertaler niemals stattgefunden hatte. Diese Kunst, auch wenn der größte Teil davon erst nach dem Verschwinden des Neandertalers aus dem europäischen Lebensraum geschaffen worden ist, zeigt die überlegene Kreativität und Erfindungsgabe des *Homo sapiens*, der so viel geschickter war beim Erlegen von Wild und beim Sammeln von Pflanzen, so viel intelligenter beim Entwickeln und Benutzen von Werkzeugen, der immer mehr Ressourcen auszubeuten verstand und das Land in einem Maße nutzte, das der Neandertaler nie erreichen konnte. Und daher schwand mit wachsender

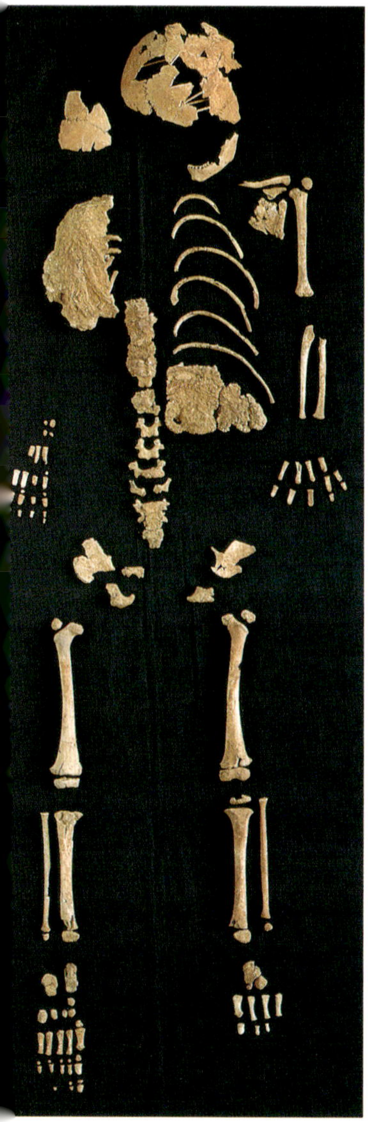

Links: **Das Skelett des Jungen von Lagar Velho datiert auf 4000 Jahre nach dem letzten Neandertalerfund. Mit seinen kurzen, stämmigen Gliedmaßen hätte das Kind eine Kreuzung aus Neandertaler und *Homo sapiens* sein können, was eine Vermischung der beiden Arten voraussetzen würde. Es könnte sich aber auch nur um ein besonders breit gebautes Kind handeln**

Oben: **Seit den ersten Funden von Fossilien der Neandertaler haben Künstler wie Wissenschaftler darzustellen versucht, wie diese wohl ausgesehen haben mögen. Vieles wie Kleidung und Haartracht bleibt der Fantasie überlassen. Dieses Bild aus einer Fernsehdokumentation erscheint vielen zu gewöhnlich**

Gegenüberliegende Seite, unten: **Beim Gibraltar-Mann handelt es sich um einen der ersten Neandertalerfunde; wie wir heute wissen, war er einer der Letzten dieser Spezies. Als der frühmoderne Mensch sich über Europa ausgebreitet hatte, flüchteten die Neandertaler zur Südspitze der Iberischen Halbinsel**

Population des frühmodernen Menschen die Zahl der Neandertaler, und sie zogen sich in die Regionen zurück, die *Homo sapiens* noch nicht erreicht hatte.

Das Ende

Nun gehört die Iberische Halbinsel nicht gerade zu den hintersten Winkeln Europas, aber sie scheint das Rückzugsgebiet der Neandertaler gewesen zu sein während ihrer letzten paar tausend Jahre auf dieser Welt. Wundersamerweise scheint der *Homo sapiens* auf seinem erbarmungslosen Zug um die Welt vor dieser Region Halt gemacht zu haben. Erst etwa 28000 Jahre vor unserer Zeit drang auch er nach Iberien vor. Ein 24000 Jahre altes, im portugiesischen Lagar Velho gefundenes Skelett verleitete einige Anthropologen zu der Annahme, es hätte eine Vermischung der beiden Arten stattgefunden, da es dem Neandertaler ähnliche Gliedmaßen und einen *Homo sapiens*-artigen Schädel hatte. Neuere Indizien scheinen diese Theorie jedoch zu entkräften und zeigen, dass die Gebeine lediglich zu einem besonders kräftig gebauten jungen Mann der frühmodernen Menschen gehörte. Trotzdem sind Mischpaarungen zumindest theoretisch möglich, und ein paar Neandertalergene könnten durchaus heute in uns stecken.

Die allerletzten Neandertaler fanden sich tief im Süden Iberiens, hauptsächlich auf Gibraltar, wo sie Tiere jagten und Muscheln sammelten. Die dort gefundenen archäologischen Spuren könnten von einer Restgruppe stammen, die sich angesichts der Dominanz des *Homo sapiens* in der gesamten Region nicht weiter vergrößerte. Und als ihr letztes Mitglied für immer die Augen schloss, starb eine ganze Spezies mit ihm aus. Nur eine weitere unter den Millionen, die im Lauf der Erdgeschichte schon ausgelöscht worden waren.

Das Rätsel der paläolithischen Höhlenmalerei

Zeit: 40 000 bis 10 000 vor unserer Zeit
Ort: Westeuropa

Du Stille, die uns aus dem Denken schreckt
Wie Ewigkeit ...

JOHN KEATS

IM DEZEMBER 1994 ERFORSCHTE Jean-Marie Chauvet mit zwei Freunden einige Felsenhöhlen in den Schluchten der Ardèche-Region in Südostfrankreich. Sie suchten nach uralten Kunstwerken prähistorischer Höhlenbewohner, doch bisher hatten sie kein Glück gehabt. Natürlich wussten sie von der Existenz der großartigen unterirdischen Bilder aus dem Jungpaläolithikum (vor 40 000–10 000 Jahren); sie kannten die Kunstwerke von Lascaux, Niaux und anderen berühmten Stätten. Aber nicht im Traum hätten sie mit dem gerechnet, was sie hier finden sollten, tief im Fels oberhalb der Ardèche.

Nachdem sie eine Schräge hinaufgeklettert waren, erreichten sie eine Felsnische, an deren Rückwand ein Geröllhaufen lag. Vorsichtig suchten sie zwischen den Steinen nach Luftbewegung – und tatsächlich, es gab einen Zug. Schnell räumten sie die Steine aus dem Weg und entdeckten einen schmalen Tunnel, der tief ins Innere des Berges führte. So stiegen sie schließlich hinab und erreichten eine großräumige, feucht glänzende Höhle. Dann entdeckten sie einen roten Handabdruck an der Wand: Jemand war schon hier gewesen, vor langer, langer Zeit.

Ein Stück weiter fanden sie detaillierte Malereien von Pferden, Löwen, Büffeln und Nashörnern und sogar ein Bild des ausgestorbenen Wollmammuts. Einige der Abbildungen waren gemalt, andere in die Wände eingeritzt. Der Lichtschein ihrer Helmlampen durchdrang die Dunkelheit der Höhle und fiel auf die Knochen von Höhlenbären, auf Feuerstellen und Rußspuren, dort, wo Höhlenbewoh-

ner ihre Fackeln in die Wand gesteckt hatten. Dies war ein Heiligtum, so schien es ihnen, und sie fühlten sich wie Eindringlinge.

Bohrende Fragen

Die Entdeckung der Chauvet-Höhle war zweifellos eine der größten archäologischen Leistungen des 20. Jahrhunderts. Doch wie schon viele andere wirft sie mehr Fragen auf, als sie beantworten kann.

Dieser aus Mammut-Elfenbein geschnitzte Frauenkopf ist nur daumengroß. Er stammt von der Ausgrabungsstätte in Brassempouy (Département Landes, Frankreich) Anfang des 20. Jahrhunderts, als archäologische Regeln noch nicht so strikt gehandhabt wurden wie heute. So ist der genaue Ursprung dieses Kunstwerkes nicht mehr zu ermitteln, und seine Echtheit wird in Frage gestellt

Wie lange ist es her, dass Menschen diese dunkle Höhle betraten und hier die immer noch sichtbaren Abdrücke ihrer nackten Füße hinterließen? Warum stiegen sie so tief hinab, um ihre Bilder zu malen? War diese seltsame unterirdische Beschäftigung der Ursprung dessen, was wir als Kunst bezeichnen? Gibt es einen Zusammenhang zwischen den Darstellungen in Höhlen und jenen Knochen-, Geweih- und Elfenbeinschnitzereien sowie den kleinen Statuetten aus jungpaläolithischen Fundstätten? Diese schon früher gestellten Fragen schienen nun umso dringlicher zu sein.

Das Alter der Chauvet-Bilder war schnell gefunden: Radiokarbonuntersuchungen von Kohlenstoffproben der schwarzen Farbe ergaben zur allgemeinen Überraschung, dass die ältesten Bilder 23 410 (± 720) Jahre alt waren. Trotz ihrer meisterhaften Ausführung sind sie damit die ältesten jemals gefundenen Werke der bildenden Kunst. Sie entstanden ziemlich genau zum Zeitpunkt der Ankunft von *Homo sapiens* in Westeuropa, dem Nachfolger des Neandertalers, was eine neue, immer noch unbeantwortete Frage aufwarf: Kam Kunst als fertige Ausdrucksform in die Welt, ohne dass sie eine lange Entwicklungsphase benötigt hätte? Und davon einmal abgesehen – warum ging man »unter Tage«, um Kunst zu machen?

Das große »Warum?«

Vor kaum einem Jahrhundert nahm die Wissenschaft an, dass die wenigen damals bekannten Malereien aus dem Jungpaläolithikum *l'art pour l'art* seien, Kunst um ihrer selbst willen, und dass sich das Anfertigen von Bildern aus sinnlosem Herumkratzen auf Höhlenwänden entwickelt

Gegenüberliegende Seite: **Aus der Höhle von Pech-Merle (Département Lot, Frankreich): Die Form des Felsens am rechten Bildrand lud regelrecht dazu ein, einen Pferdekopf darauf zu malen. Um beide Pferde herum finden sich negative Handabdrücke, die durch Anblasen der Hände mit Farbe entstanden. Eine Radiokarbonmessung datiert das rechte Pferd auf ein Alter von 24 600 Jahren**

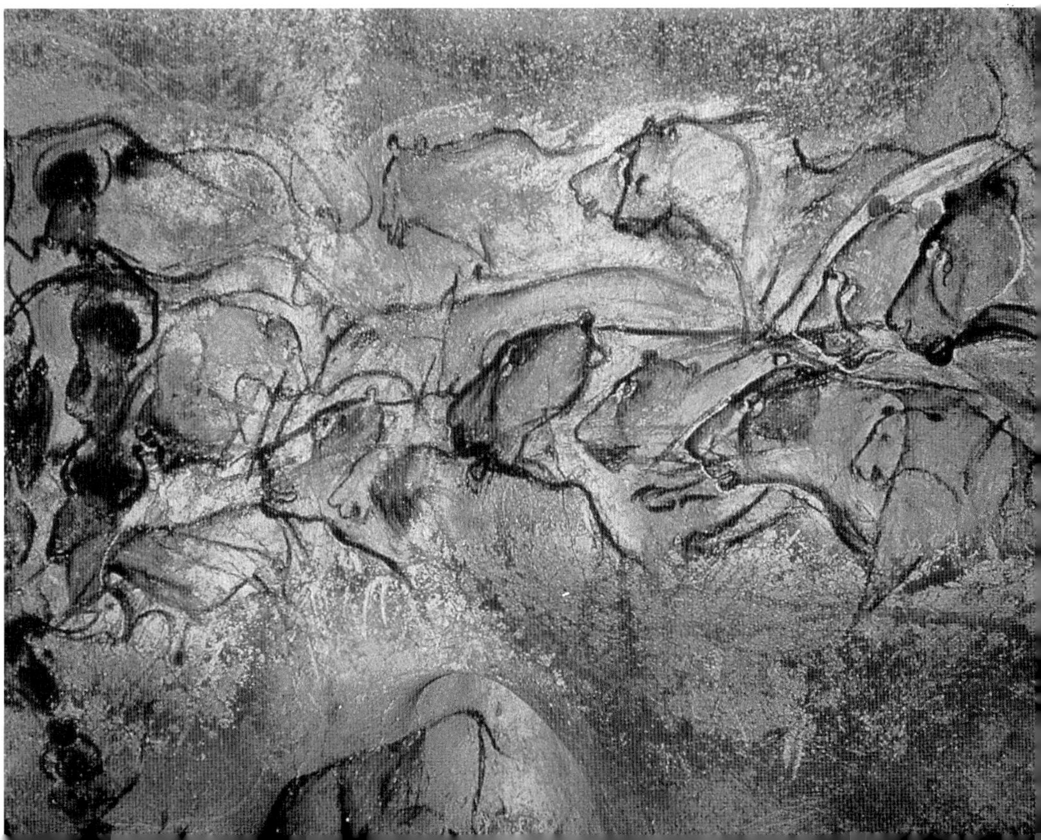

Rechts: **Die »Löwenwand« aus der 1994 entdeckten Chauvet-Höhle (Département Ardèche, Frankreich), deren Bilder auf ein Alter von über 30 000 Jahren datieren. Das weiche Material der Höhlenwände war vor der Bemalung flach geschabt worden. Ebenso wurden Umrisslinien durch Abmeißeln der umliegenden Fläche reliefartig hervorgehoben**

20

habe. Aber warum sollten Menschen durch enge Felsgänge kriechen und in unterirdische Höhlen hinabsteigen, um dort Bilder von Tieren anzufertigen, die sie oben in der Landschaft gesehen hatten? Schon damals wurde die Theorie von *l'art pour l'art* als zu einfach kritisiert, und mancher Kunsthistoriker bezweifelt generell, dass etwas Derartiges existiert. Kunst entsteht immer aus einem sozialen Kontext heraus und ist nie ohne Sinn.

Eine Erklärung für die unbequemen Wege unter die Erde ließ nicht lange auf sich warten. Der französische Forscher Salomon Reinach glaubte darin ein heutigen Voodoo-Praktiken ähnliches Ritual zu erkennen: Man habe Tiere dargestellt, um Macht über sie zu gewinnen; und dass solche Handlungen geheim gehalten wurden und fern jeder Öffentlichkeit stattfanden, verstehe sich von selbst. Als später Abbildungen von Löwen gefunden wurden, sah der damals führende Prähistoriker Frankreichs, Abbé Henri Breuil, darin den Versuch des Künstlers, die Kraft des Raubtiers auf sich selbst zu übertragen.

Allmählich machte sich jedoch der Gedanke breit, dass diese Analogiezauber-Theorie zu undifferenziert war. Sie ließ die Vielfalt der Darstellungen unberücksichtigt, und der Vergleich mit Menschen und deren Praktiken aus völlig anderen Kulturen stand auf wackligen Beinen. Genauso wenig konnte sie erklären, was erst allmählich Beachtung fand: dass die prähistorischen Künstler ihre Malereien oft den vorhandenen Felsstrukturen anpassten.

1960 trat dann ein gewisser André Leroi-Gourhan, ein Schüler von Abbé Breul, mit einer völlig neuen Erklärung auf. Sie basierte auf dem Strukturalismus, einer Philosophie, die der Anthropologe Claude Lévi-Strauss entwickelt hat und die besagt, dass unser Denken immer bipolar strukturiert ist, weil das Gehirn nun einmal so »verdrahtet« sei. Allem Denken lägen binäre Gegensatzpaare zugrunde wie Kultur/Natur, heiß/kalt, hell/dunkel, göttlich/weltlich, roh/gekocht, wild/zahm, wir/sie und männlich/weiblich.

Dem letztgenannten dieser Paare maß Leroi-Gourhan besondere Bedeutung bei. Mit einfachen Worten ausgedrückt: Er glaubte, dass während der gesamten 20000 Jahre des Jungpaläolithikums die Höhlen nach dem Prinzip des Gegensatzpaares männlich/weiblich strukturierte Kultstätten gewesen seien. Eine Gruppe von Tieren, der beispielsweise das Pferd angehörte, hätte das männliche Prinzip repräsentiert, eine andere, darunter Wisent und Auerochse, das weibliche. Die »weiblichen« Tiere, so Leroi-Gourhan weiter, seien in der Höhlenmitte versammelt, während sich die »männlichen« über die gesamte Höhle verteilten. Gefährliche Kreaturen, beziehungsweise deren Bilder, wären hingegen in die tieferen Regionen des Höhlensystems verbannt gewesen.

Leider sehen Wissenschaftler nach dem heutigen Stand der Forschung die geniale Theorie des André Leroi-Gourhan nicht bestätigt: Die Bilder sind eher zufällig verteilt. Er hat sich geirrt.

Oben links: **Dieser Pferdekopf aus der Höhle von Rouffignac (Département Dordogne, Frankreich) ist auf ein aus der Höhlenwand hervorspringendes Feuersteinnest gemalt. Der imaginäre Körper des Tieres scheint in oder hinter der Wand zu stecken**

Rechts: **Teil der Höhlendecke von Rouffignac: Im Zentrum ist ein Mammut abgebildet, ein Tier, das während der Eiszeit in Westeuropa lebte. Ebenfalls dargestellt ist ein Ibex, eine Steinbockart mit langen, säbelartigen Hörnern**
Gegenüberliegende Seite: **Der so genannte Hexer, der am Ende der Tunnelhöhle von Gabillou (Département Dordogne, Frankreich) in den Stein geritzt ist: Die Figur besitzt Hörner und einen Schwanz und scheint zu tanzen. Eine Linie führt vom Mund zu zwei rechteckigen Gitterstrukturen, wie sie auch in der Lascaux-Höhle gefunden wurden**

Eine Welt der Geister

Heute wird eine weitere These heftig diskutiert, die auch darauf basiert, wie das Gehirn »verdrahtet« ist, aber auf binäre Oppositionspaare verzichtet. Stattdessen stützt sie sich auf die Beobachtung, dass die meisten Jäger-Sammler-Gesellschaften quer durch die Geschichte ein Glaubenssystem hatten, das man trotz seiner Erscheinungsvielfalt einheitlich als Schamanismus bezeichnen kann. Die meisten schamanistischen Religionsformen gehen von einem dreigeteilten Kosmos aus: einer Ebene, auf der unser Leben stattfindet, und jeweils einer spirituellen Ebene darüber und darunter. Die Aufgabe der Schamanen besteht unter anderem darin, diese Ebenen zu transzendieren, um mit Geistern zu sprechen, Kranke zu heilen, Tierwanderungen zu lenken und das Wetter zu beeinflussen. Zu diesem Zweck versetzen sie sich in einen Zustand veränderten Bewusstseins. Diese Art von Trance kann zwischen leichtem Entrücktsein und starken Halluzinationen oder tiefen Träumen variieren. In einem solchen Zustand stehen ihnen gelegentlich Tierhelfer zur Seite, die ihnen Kraft spenden und sie durch die Geisterwelt führen.

Gemäß der Schamanismus-Theorie wurden die Höhlen des Jungpaläolithikums als Zugänge zur Unterwelt gesehen: Möglicherweise ging mit dem Abstieg in sie »automatisch« der Eintritt der Psyche in einen veränderten Bewusstseinszustand einher. Dort im Jenseits angekommen, suchten Schamanen oder solche, die es werden wollten, nach Tierhelfern und anderen Wesenheiten. Im flackernden Schein ihrer Fackeln tasteten sie mit Augen und Händen die Wände ab, die sie, einer Membran gleich, von der Ehrfurcht gebietenden Welt der Geister trennten. Hatten sie dann ihren Tiergeist gefunden, hielten sie ihn so lange in Bann, bis sie sein Abbild auf dem Stein »fixiert« hatten. Diese innige Beziehung zwischen Modell und »Leinwand« erklärt, warum so manches Bild aus dem Stein »herauszukommen« oder ein Teil davon zu sein scheint.

Andererseits sind einige Bilder so groß, dass sie wohl eher von einer Gruppe als von einem Einzelkünstler angefertigt worden sind. Angesichts dieser beeindruckenden Bildtafeln ist anzunehmen, dass sich die Gruppe gemeinsam auf das Werk vorbereitet hatte, das sie in der Tiefe der Höhle erwartete.

Der Schamanismus ist ein flexibles Glaubenssystem, eine Ideologie, die entsprechend den sozialen Umständen ihrer Anhänger manipuliert und verändert werden kann. Einige der zentralen Vorstellungen, beispielsweise die des

Der prächtig bemalte Längsgang der Lascaux-Höhle (Département Dordogne, Frankreich): Pferde, Auerochse sowie gitterartige Muster und andere Zeichnungen zieren die gesamte Gewölbedecke und scheinen den Betrachter zu umschließen

Betretens der Unterwelt, blieben wahrscheinlich während des gesamten Jungpaläolithikums erhalten, während andere sich im Laufe der Jahrtausende zweifellos geändert haben.

Einige der dringendsten Fragen, vor die uns die Chauvet-Höhle und andere unterirdische »Kunstgalerien« stellten, dürften mit der Schamanismus-Theorie beantwortet sein. Andere bleiben bestehen. Hatte die Abbildung eines Büffels eine andere Bedeutung als die eines Pferdes? Symbolisierte ein auf eine Höhlenwand gemaltes Pferd etwas anderes als das in einen Knochen geritzte? Wir wissen es nicht. Die stummen Bilder »schrecken uns aus dem Denken wie Ewigkeit«, wie jene aus der »Ode auf eine griechische Urne« des englischen Dichters John Keats. Doch in der Chauvet-Höhle und an ähnlichen Stätten können wir die Hand ausstrecken und sie fast berühren, die verlorene Welt der ersten »echten« Menschen.

Wer waren die ersten Australier?

Zeit: 40000, 60000 Jahre vor unserer Zeit?
Ort: Australien

Vor langer Zeit
Vor Captain Cook
Wir sehen Macassaner
Mit Bärra kommen (Nordwestwind)
Mit Bulunu gehen (Südostwind)

JAMES BARRIPANG, 1994

NACH TRADITIONELLEN VORSTELLUNGEN der eingeborenen Australier wurden ihre Vorfahren während des »Träumens« erschaffen, in der Zeit, als Land und Menschen entstanden. Daher ist für sie ihre Herkunft kein Rätsel. Sie waren schon immer da, wo sie sind. Auch wann sie entstanden, ist ohne Bedeutung. Das »Träumen« umfasst Vergangenheit, Gegenwart und Zukunft in einer Weise, die unsere Zeitrechnung zu einem belanglosen Konzept verblassen lässt.

Für die Wissenschaft jedoch ist die Frage nach Zeit und Ort der Ankunft der ersten Australier seit 200 Jahren immer noch ein ungelöstes Problem. Wer waren diese ersten Australier? Wo kamen sie her? Wie kamen sie ins Land? Wann kamen sie an? Welchen Platz nehmen sie ein in der großen Geschichte der Evolution des Menschen? Diese Fragen bleiben offen, weil jede Theorie angesichts neuer Indizien und Datierungsmethoden bald schon wieder verworfen werden musste.

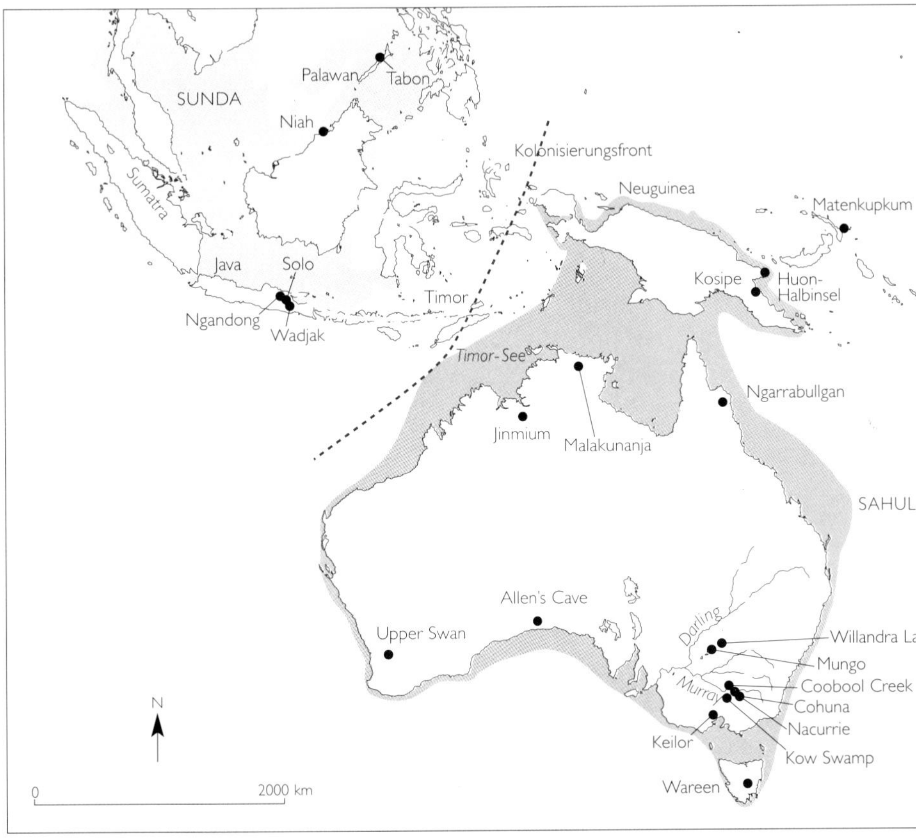

Karte von Australien, Indonesien und Südostasien mit den früheren Landmassen von Sahul und Sunda sowie den möglichen Routen, auf denen Australien erreicht wurde. Bei niedrigem Meeresspiegel entsteht eine breite Front zwischen den Landmassen von Südostasien und Australien

Woher kamen die ersten Australier?

Australien wurde vom Norden aus besiedelt, von der Landmasse Südostasiens, den heutigen Staaten Malaysia und Indonesien. Im 19. Jahrhundert fand Eugene Dubois in Java Fossilien vom *Homo erectus*, der als möglicher Vorfahr der ersten Australier genannt wurde. Forschungen bestätigten seine dortige Anwesenheit vor 1,74 Millionen Jahren. Nur selten findet man in Südostasien Skelette, die jünger als 100 000 Jahre sind: Der Wadjak-Mensch aus Java, der Niah-Mensch aus Sarawak und der Tabon-Mensch aus Palawan sind alle circa 10 000 Jahre alt.

Mit dem Kommen und Gehen der verschiedenen Eiszeiten fiel und stieg der Meeresspiegel, und Australien war

Die Geschichte der Aborigines ist nicht unbedingt eine der Isolation. James Barripang deutet auf das Bild einer indonesischen *prau* (Boot)

mehrmals mit Tasmanien und Neuguinea zu einer Landmasse vereinigt, die man Sahul nennt. Doch auch bei niedrigstem Wasserstand war Sahul noch von Südostasien getrennt. Daher führte der einzige Weg nach Australien über Wasser. Es fällt nicht schwer, sich vorzustellen, wie frühmoderne, in Körperbau, Intelligenz und handwerklichen Fähigkeiten uns durchaus ebenbürtige Menschen Bambusflöße bauten und darauf aus Blattfasern gewebte Segel setzten. Die Winde und Meeresströmungen dieser Gegend garantierten ein schnelles Erreichen jenes Landes knapp hinter dem Horizont, dessen Existenz durch Vogelflug und aufsteigende Rauchsäulen von Buschbränden längst bekannt war.

Die Erstbesiedelung Australiens war höchstwahrscheinlich das Ergebnis geplanter Expeditionen von ganzen Gruppen, vielleicht von Fischerstämmen, die sich schließlich an der Nordküste des neuen Kontinents dauerhaft niederließen. Bei der Länge der zur Verfügung stehenden Küste könnten Dutzende von Siedlungen gleichzeitig gegründet worden sein, ohne dass man sich gegenseitig in die Quere gekommen wäre. Wenn dem so war, kann die Zahl der ersten Australier schnell in die Tausende gestiegen sein. Und das letzte Wiederansteigen des Meeresspiegels vor 10 000 Jahren muss auch nicht zwangsläufig zur totalen Isolation der Neusiedler geführt haben, wenn auch die Europäer bei ihrer Ankunft im Land keine seefahrerischen Aktivitäten der Ureinwohner festzustellen vermochten. Fischzüge der Macassaner in den letzten Jahrhunderten sind gut dokumentiert, und das Auftauchen des Dingos, einer südostasiatischen Hunderasse, in Australien vor etwa 4000 Jahren ist ein weiteres Indiz für regelmäßigen Kontakt zwischen den Völkern.

Wie kamen die ersten Menschen nach Australien?

Bis zur Mitte des letzten Jahrhunderts gingen Archäologen davon aus, dass die Besiedlung Australiens während der letzten Eiszeit zwischen 25 000 und 13 000 Jahren vor unserer Zeit stattgefunden habe, als sich der Meeresspiegel auf seinem letzten Tiefstand befand. Seit den frühen 1970er-Jahren steht allerdings fest, dass die ersten Australier lange vor dieser Zeit angekommen sein müssen. Mitentscheidend für die neuen Erkenntnisse über die australische Besiedlungsgeschichte war eine ständige Verbesserung der Zeitbestimmungsmethoden. Lagen die durch Radiokarbonmessungen ermittelten Daten 1961 noch bei 9000 Jahren, wurde der Zeitpunkt der Erstbesiedlung in den folgenden Jahren immer weiter nach hinten geschoben und lag 1981 schon bei 38 000 Jahren vor unserer Zeit. Neue Indizien aus Fundorten wie Malakunanja, Jinmium und Mungo lassen einige Archäologen heute sogar von 60 000 und mehr Jahren ausgehen.

Es besteht jedoch erhebliche Uneinigkeit sowohl über die Datierungsmethoden als auch die Interpretation der Resultate. Während die einen keinerlei Belege dafür erkennen können, dass die ersten Australier vor mehr als 45 000 Jahren angekommen sind, halten andere die er-

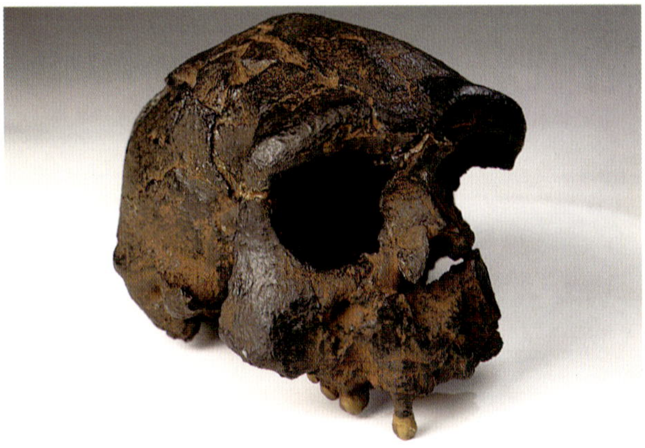

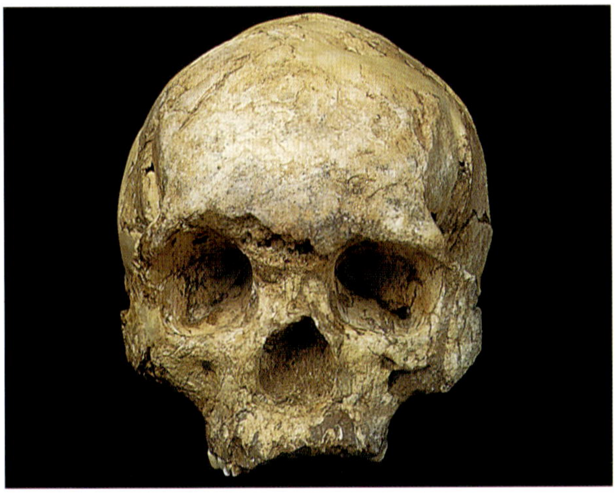

Links oben: **Der *Homo erectus* aus Südostasien hat wesentliche Gemeinsamkeiten mit frühen Australiern**
Links unten: **Der Schädel von Wadjak: Dieser Fund bildet das Verbindungsglied zwischen den Aborigines im Süden und den Asiaten im Norden**

Rechts: **Der Fund »Lake Mungo 3«: ein am Rand des Mungosees in Südostaustralien vor möglicherweise 60000 Jahren beerdigter Mann. Er war Träger eines rein australischen Typs mitochondrialer DNA (über die weibliche Linie vererbt), der sich von der afrikanischen Familie deutlich unterschied**

wähnten 60000 Jahre noch für eine eher konservative Schätzung. Die Debatten nehmen weiter an Schärfe zu, da Ausgrabungsstrategien, Archivierungsmethoden und Datierungstechniken in Frage gestellt werden. Ein weiteres Problem besteht darin, dass mit dem Anstieg des Meeresspiegels in den letzten 10000 Jahren ausgerechnet die ältesten Beweisstücke heute 100 Meter tief unter dem Meer liegen dürften.

Wie dem auch sei, es steht außer Frage, dass vor 40000 Jahren Menschen in alle Teile des Kontinents vordrangen. Eine Besiedlung vor mehr als 35000 Jahren wurde festgestellt in Warreen in Tasmanien, Allen's Cave auf der Nullarbor-Ebene, Upper Swan im südwestlichen Westaustralien, im Willandra-Lakes-Gebiet nahe den Flüssen Murray und Darling, in Ngarrabullgan in Cape York, auf der Huon-Halbinsel in Neuguinea und in Matenkupkum in Neuirland. Spätestens vor 22000 Jahren machten Aborigines die Wüste zu ihrer Heimat.

Diese ersten Australier wurden Zeugen erheblicher Klima- und Umweltveränderungen. Zu Zeiten eines niedrigen Wasserstandes in den Weltmeeren, als Tasmanien und Neuguinea mit Australien verbunden waren, krönten Eiskappen die Ostaustralische Kordillere (Great Dividing Range) und die höheren Gipfel Tasmaniens. Im Frühjahr füllten Schmelzwasser die Flüsse, die ein bis zu neunmal größeres Volumen hatten als heute, darunter der Willandra Creek. Sie flossen durch Landschaften, die wesentlich trockener, kälter und windiger waren als heute. Dort, im so genannten Willandra-Lakes-Gebiet, wurde ein Mann begraben, der später als »Lake Mungo 3« bekannt wurde. Wie später noch viele andere wurde er mit den Füßen nach Osten und dem Gesicht zum Mungosee gewandt bestattet. Erst vor kurzem wurde er auf 60000 Jahre geschätzt, und obwohl diese Zahl von verschiedenen Seiten in Frage gestellt wird, bleibt er auf jeden Fall der älteste bekannte Australier.

Wer waren die ersten Australier?

Die heutigen eingeborenen Australier zeigen von Region zu Region unterschiedliche Körpermerkmale, genau wie Europäer oder Volksgruppen anderer Kontinente. Dafür gibt es im Allgemeinen zwei Erklärungen: Die Migrationstheorie geht von mehreren Ursprüngen und verschiedenen Ahnengruppen aus, während die Evolutionstheorie die verschiedenen Erscheinungsbilder als Ergebnis von Anpassungsprozessen an unterschiedliche Umweltbedin-

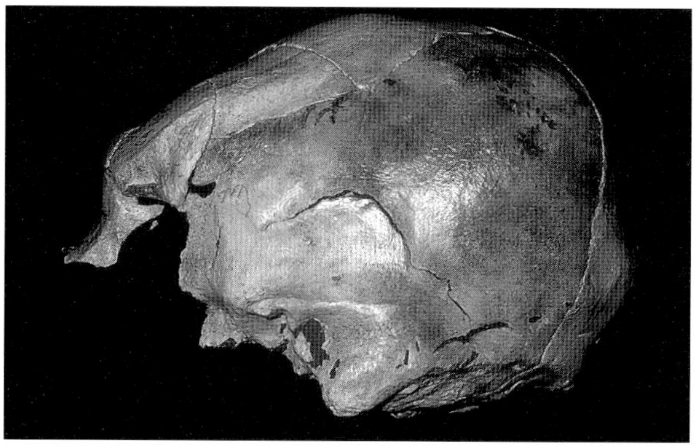

Ein Schädelknochen aus Nacurrie: Mit ihrer hochgewölbten Stirn und dem schweren Körperbau waren die Menschen aus dem Kow-Swamp- und Coobool-Gebiet des Murray die kräftigsten Australier

gungen und Eheschließungen über soziale und geografische Grenzen hinweg ansieht. Ist die hier festgestellte biologische Vielfalt also der Anpassung an ökologische Gegebenheiten des neuen Landes geschuldet oder der Erbgutvermischung mit neu ankommenden Siedlergruppen?

Bis ins späte 20. Jahrhundert wurde die Migrationstheorie zur Erklärung der vielfältigen körperlichen Ausprägungen herangezogen. 1941, also noch vor der Erfindung der Radiokarbontechnik, nahm Joseph Birdsell drei Einwanderungswellen aus jeweils verschiedenen Volksgruppen an. Bis 1970 hatte Alan Thorne ein neues Modell entwickelt, das von nur zwei Wellen ausging. Seine Entdeckungen im so genannten Kow Swamp lieferten Belege für eine körperlich kräftige, breit gebaute Menschengruppe, die an den Ufern des Murray in Südostaustralien lebte. Die viel älteren Überreste vom Mungosee zeigten einen grazileren Körperbau. In seiner Erklärung stellt Thorne Verbindungen zu alten Fossilien aus dem Norden her: Die größeren, kräftigeren Menschen seien letztlich Abkömmlinge des *Homo erectus* in Java, die leichter gebauten stammten hingegen aus weiter entfernten Gebieten in China.

Mit der zeitlichen Vorverlegung der Erstbesiedelung Australiens wurde jedoch die Evolutionstheorie immer überzeugender. Menschen, die über Zehntausende von Jahren in Wüstengebieten leben, zeigen die Tendenz zu einem schlankeren, gestreckten Körperbau und langen Gliedmaßen. Die Menschen aus dem Willandra-Lakes-Gebiet waren während der Eiszeit Wüstenbewohner. Ebenso kann die Evolutionstheorie zur Erklärung der stämmigen Körperform herangezogen werden, die der am Murray mit seinem reichen Nahrungsangebot lebenden Menschengruppe zu Eigen war.

Ungefähr 90 Skelette wurden in Australien gefunden, die man für älter als 10 000 Jahre hielt, die meisten davon sind nur unvollständig erhalten. Sie stammen hauptsächlich aus den Gebieten Willandra Lakes, Coobool Creek und Kow Swamp. Die beiden letztgenannten liegen etwa 50 Kilometer auseinander am Murray, beide im historischen Baraparapa-Stammesgebiet.

Forschungen haben ergeben, dass die meisten dieser mehr als 10 000 Jahre alten Skelette breiteren, schwereren Menschen gehörten. Die bekanntesten Überreste, nach ihren Fundorten Cohuna, Nacurrie, Kow Swamp und Coobool Creek genannt, stammen aus einem begrenzten Gebiet am Murray. Sie weisen die größten je bei Menschen gefundenen Zähne auf, haben eine geschwungene Stirn und stark entwickelte Augenbrauenwülste. Andere, darunter »Kyler« und viele der Skelette aus dem Willandra-Lakes-Gebiet, sind weniger grobschlächtig und den heutigen Aborigines ähnlicher.

Wer waren die Vorfahren der ersten Australier?

Neuere Forschungen über die Ursprünge frühmoderner Menschen und deren Verbreitung über den Erdball haben zu zwei unterschiedlichen Theorien geführt: »Regionale Kontinuität« und »Out of Africa«. Nach der ersten breitete sich *Homos erectus* von Afrika kommend über Eurasien aus und kam spätestens vor 1,74 Millionen Jahren in Java an. Schauplatz seiner Evolution war die gesamte Alte Welt, wobei alle Volksgruppen durch Mischehen miteinander verbunden waren. Der frühmoderne Mensch erschien dann vor 130 000 Jahren. Nach dieser Theorie sind die Individuen der Spezies *Homo erectus*, deren Fossilien bei Ngandong und am Fluss Solo (Java) gefunden wurden, die direkten Vorfahren der eingeborenen Australier. Viele Forscher haben Ähnlichkeiten zwischen den 10 000 Jahre alten Australiern und diesen javanesischen Fossilien festgestellt, was auf eine direkte Abstammung hinweist.

Nach der »Out of Africa«-Theorie jedoch hat sich der frühmoderne Mensch bereits vor 130 000 Jahren in Afrika entwickelt. Er zog dann in, weltgeschichtlich gesehen, kürzester Zeit durch Asien, segelte möglicherweise die Küste Indiens und Südostasiens entlang, um vor spätestens 60 000 Jahren nach Australien zu gelangen. Nachdem er auf dem Weg dorthin alle Volksgruppen des *Homo erectus* vernichtet hatte, schaffte er gleich im ersten Anlauf den Sprung nach Australien, der den Menschen, die 1,5 Millionen Jahre dem unbewohnten Kontinent so nahe gelebt hatten, immer verwehrt geblieben war. So könnte der »Blitzkrieg« der Evolution verlaufen sein.

Nach dieser Theorie hatte der javanesische *Homo erectus*, wie er am Solo und bei Ngandong nachgewiesen wurde, auf der Stelle sein Ende gefunden, und die ersten Australier wären Nachfahren des vor 130 000 Jahren in Afrika entstandenen *Homo sapiens*. Nach wie vor besteht die Theorie der regionalen Kontinuität, die den *Homo erectus* als Vorfahr der ersten Australier sieht. Und die sich daraus ergebende Frage kann nur lauten: Warum hat er denn den kurzen Sprung nach Australien nicht unternommen? Oder hat er vielleicht doch? Sollte sich die Theorie der regionalen Kontinuität bestätigen, werden wir uns darauf vorbereiten müssen, demnächst auf über 100 000 Jahre alte menschliche Überreste zu stoßen. Unwahrscheinlich ist es zwar, aber nicht unmöglich.

Die ersten Amerikaner und der Kennewick-Mann

Zeit: vor 15 000 bis 9300 Jahren
Ort: Nord- und Südamerika

Ich glaube, dass das Bild, das hier zu Tage tritt, uns eines der verworrensten, spannendsten und mitreißendsten Kapitel im Abenteuerroman vom Menschen auf der Erde erzählen wird.

TOM DILLEHAY, 2000

IM JAHRE 1493 FÜHRTE KOLUMBUS, »Admiral des Ozeans«, eine kleine Gruppe amerikanischer Eingeborener am spanischen Hof vor. Fast augenblicklich begannen die Diskussionen: Wer waren diese seltsamen Menschen? Wie waren sie in ihr Land gekommen? Von Asien über Land oder über See? Oder hatte ein unbekannter Seefahrer lange vor Kolumbus vom Mittelmeer aus den Atlantik überquert? Waren diese Indianer die Nachfahren des versunkenen Kontinents Atlantis oder gar der Zehn Verlorenen Stämme Israels? Mehr als fünf Jahrhunderte lang haben Dichter und Wissenschaftler über die ersten Amerikaner gestritten. Es war eine der langwierigsten Debatten über die Geschichte der Menschheit.

Schon 1590 vermutete Jesuitenpater und Missionar José de Acosta, dass die ersten Amerikaner »nach nur kurzer Seefahrt« von Asien aus die beiden Teile des Doppelkontinents erreicht haben mussten, wohlgemerkt: zwei Jahrhunderte vor der Entdeckung der Bering-Straße im Jahre 1743. Außer den Verfechtern einiger hanebüchener Theorien über eiszeitliche Atlantiküberquerungen oder Kanureisen von Australien nach Südamerika zweifelt heute kaum noch ein Wissenschaftler daran, dass die amerikanischen Ureinwohner asiatische Vorfahren haben. Die Diskussionen drehen sich nur noch um Einzelheiten der Besiedlung sowie um die schwierige Frage nach deren genauer Datierung.

Folsom, Clovis und Prä-Clovis

Bis in die 20er-Jahre des vergangenen Jahrhunderts ging die Mehrzahl der Experten davon aus, dass die ersten Amerikaner innerhalb der letzten 4000 Jahre angekommen wären. Dann jedoch bewiesen steinerne Speerspitzen, die neben erlegten Bisons in Folsom, New Mexico, entdeckt wurden, ein für alle Mal, dass es schon seit mindestens 10 000 Jahren Menschen in der Neuen Welt gab. Dank Willard Libbys Entwicklung der Radiokarbondatierung im Jahre 1949 konnte die zeitliche Zuordnung sowohl der paläoindianischen Kultur von Folsom als auch der noch älteren von Clovis bestätigt werden. Bis heute haben Dutzende solcher Messungen den Zeitpunkt der Besiedlung Nordamerikas durch die Clovis-Kultur auf zwischen 13 500 und 13 350 Jahre vor unserer Zeit festgelegt, was bedeutet, dass sich Steinzeitvölker innerhalb weniger Jahrhunderte nach dem Ende der Eiszeit in der Neuen Welt niedergelassen haben, möglicherweise sogar noch früher. Die Frage aller Fragen lautet heute demgemäß: Wie viel früher?

Alle sind sich darin einig, dass allein der frühmoderne Mensch *Homo sapiens sapiens* nach Amerika gekommen ist. Mehr als ein Jahrhundert eifriger Suche hat keinerlei Spuren anderer Hominiden, zum Beispiel von Neandertalern, erbracht. Über mehr war jedoch keine Einigkeit zu

Ausgrabungen am Meadowcroft Rockshelter in Pennsylvania, einer möglicherweise schon vor 15 000 Jahren bewohnten Höhle

Links: **Eine Speerspitze zwischen den Knochen einer inzwischen ausgestorbenen Bisonart bei Folsom, New Mexico. Funde wie dieser aus dem Jahr 1920, die einen direkten Zusammenhang von menschlichen Werkzeugen und den Knochen ausgestorbener Tiere herstellen, beweisen die Besiedlung Amerikas innerhalb weniger Jahrhunderte nach dem Ende der Eiszeit, wenn nicht früher**

Rechts: **Stein-Projektilspitzen der Clovis-Kultur sind hervorragende Beispiele der Handwerkskunst der Ureinwohner Amerikas. Das Clovis-Volk siedelte in Nordamerika bereits vor mindestens 13 000 Jahren und übertrifft damit noch die Folsom-Kultur, die vormals für die älteste paläoindianische Gruppe gehalten wurde**

erzielen, und die Wissenschaft spaltete sich in zwei Lager: Die kleinere Gruppe behauptet, dass die ersten Menschen bereits vor 40 000 Jahren den Weg von Asien nach Alaska gefunden hätten, und dabei verweisen sie auf höchst umstrittene Funde im Norden Brasiliens als Beweis für solche frühen Siedlungen. Außer dieser fragwürdigen Fundstätte – Boqueirão da Pedra Furada – gibt es keinerlei Indizien für eine Besiedlung vor 40 000 Jahren. Die meisten Experten favorisieren dagegen einen viel späteren Zeitpunkt für die Erstbesiedlung, nämlich etwa vor 13 500 Jahren, also während der letzten Eiszeit, als der Meeresspiegel um bis zu 90 Meter tiefer war als heute und eine Landbrücke Sibirien mit Alaska verband – der versunkene Kontinent von Beringia.

Es gibt nur sehr wenige Spuren für menschliches Leben in der Zeit des Prä-Clovis in Amerika. Die bekannteste archäologische Fundstelle ist Monte Verde in Chile, wo ein paar einfache Holzhütten und Steinwerkzeuge auf ein Entstehungsdatum zwischen 14 000 und 13 600 vor unserer Zeit geschätzt werden und damit etwas älter als Clovis wären. Eine Anzahl weniger bekannter Fundorte, darunter Cactus Hill im Südosten Virginias, könnte diesen Zeitpunkt noch etwas weiter nach hinten verschieben, aber da enden dann auch die archäologisch eindeutigen Erkenntnisse. Trotzdem kann die Erstbesiedlung schon erheblich früher stattgefunden haben, allerdings waren die in Frage kommenden Siedlergruppen zu klein und die von ihnen hinterlassenen Spuren archäologisch zu unbedeutend, um sie heute ohne weiteres zu erkennen.

Welche Route?

Auch die Routen, auf denen Menschen die Neue Welt erreichten, sind umstritten. Bis vor kurzem herrschte Einigkeit darüber, dass die Neusiedler nur trockenen Fußes über die windgepeitschte, bitterkalte Bering-Landbrücke nach Alaska eingewandert sein können. Gegen Ende der letzten Eiszeit sollen sie dann von Alaska aus durch einen

Fundamente hölzerner Gebäude, gefunden in Monte Verde, Chile: In dieser unter Wasser liegenden Fundstätte erhielten sich die Überreste kleiner, nebeneinander gebauter Hütten sowie der ältesten Holz- und Steingegenstände Amerikas

schmalen, eisfreien Korridor zwischen den beiden Eisdecken, die Kanada und den Norden der heutigen USA bedeckten, gezogen sein, um in das Kernland des Kontinents vorzustoßen. Die meisten paläoindianischen Funde wurden dort, in den Great Plains, gemacht, weshalb man meint, dass die ersten Amerikaner Großwildjäger waren, mit einer Vorliebe für Bison, Mammut und Mastodon.

In den letzten Jahren wurde dieses Modell jedoch infolge neuer Ausgrabungen in Frage gestellt, die die Paläoindianer als vielseitige Jäger und Sammler mit einem breiten Nahrungsspektrum auswiesen. Zur gleichen Zeit fanden Geologen heraus, dass der eisfreie Korridor zwischen Alaska und den großen Ebenen mangels Pflanzenbewuchs keineswegs Mensch oder Tier zu ernähren vermochte. Damit wäre der Weg nach Süden versperrt gewesen, es sei denn, man hätte eine Route entlang der Küste gewählt. Sollte dieses Szenario zutreffen, wären die zukünftigen Amerikaner entlang der sibirischen Küste, der Südküste Beringias und anschließend dem alaskischen Kontinentalschelf zuerst nach Osten, später nach Süden gewandert. Leider liegen alle potenziellen Quellen archäologischer Beweise für diese These viele Meter unter Wasser. Aber es gibt keinen Grund, zumindest theoretisch, warum Menschen gegen Ende der letzten Eiszeit, ausgerüstet mit fellbespannten Booten, in denen sie auf Fische und Meeressäugetiere Jagd machten, nicht entlang der Küste nach Süden gezogen sein sollen, zumal das Wasser in den Weltmeeren weit niedriger stand als heute. Die Debatte über die Wanderrouten geht weiter.

Vorhang auf für den Kennewick-Mann

Die ungelöste Frage nach den ersten Amerikanern gehört zu jenen Mysterien, die leidenschaftliche Diskussionen unter Fachleuten wie Laien auslösen. Besonders hoch schlugen die Wellen nach der Entdeckung des Kennewick-Mannes 1996 in Benton County im Staat Washington: ein aus dem Ufer des Columbia freigespültes menschliches Skelett, bestehend aus Schädel- und Gliederknochen, die ihrer Form nach kaukasoid waren und offensichtlich einem 40 bis 45 Jahre alten Mann von 1,73 Meter Körpergröße mit abgenutztem Gebiss gehörten. Zuerst rechnete der Archäologe James Chatters damit, auf einen neuzeitlichen Europäer gestoßen zu sein, bis eine genauere Untersuchung eine Art Pfeilspitze aus einer verheilten Hüftwunde zu Tage förderte. Daraufhin wurden die Knochen radiokarbontechnisch untersucht und es wurde ein Alter von 9330 bis 9380 Jahren festgestellt, was sie zu einem der ältesten Knochenfunde Amerikas machte. Eine Computertomographie identifizierte die steinerne Projektilspitze als blattförmigen Cascade-Typ.

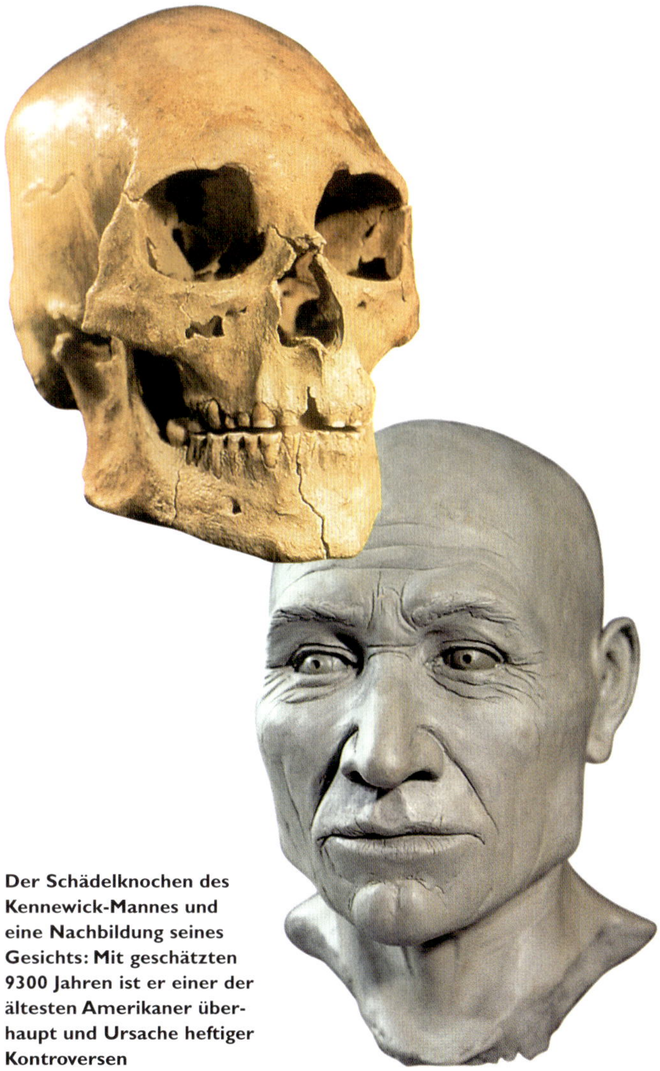

Der Schädelknochen des Kennewick-Mannes und eine Nachbildung seines Gesichts: Mit geschätzten 9300 Jahren ist er einer der ältesten Amerikaner überhaupt und Ursache heftiger Kontroversen

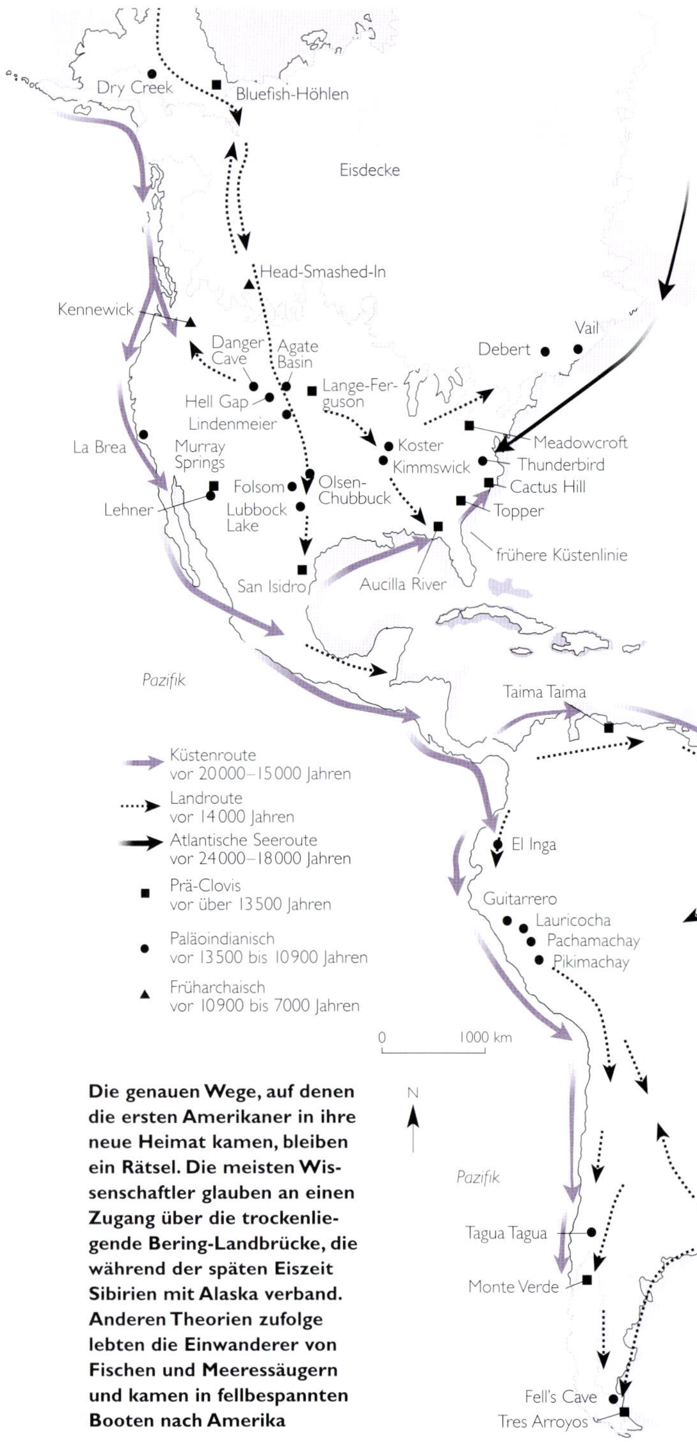

Die genauen Wege, auf denen die ersten Amerikaner in ihre neue Heimat kamen, bleiben ein Rätsel. Die meisten Wissenschaftler glauben an einen Zugang über die trockenliegende Bering-Landbrücke, die während der späten Eiszeit Sibirien mit Alaska verband. Anderen Theorien zufolge lebten die Einwanderer von Fischen und Meeressäugern und kamen in fellbespannten Booten nach Amerika

Sofort ließ das Bureau of Land Management, ein dem Innenministerium unterstelltes Bundesamt, als Eigentümer des Landes, auf dem die Fundstelle lag, alle Arbeiten einstellen und kündigte an, die Gebeine gemäß bestehenden Gesetzen an die fünf ortsansässigen Indianerstämme auszuhändigen. Daraufhin verklagte eine Gruppe von Archäologen das Bundesamt, und es begann ein Gerichtsverfahren, bei dem sich Wissenschaftler auf der einen und Regierung sowie Indianer auf der anderen Seite gegenüberstanden. Während diese Zeilen geschrieben werden, ist der Prozess noch im Gange.

Wissenschaftlich betrachtet, ist der Kennewick-Mann von hohem Interesse, sowohl wegen seines extremen Alters als auch wegen seiner ungewöhnlichen Anatomie. Auf den ersten Blick ähnelt er einem Eurasier wesentlich mehr als neuzeitlichen amerikanischen Indianern. Als man die frühe Datierung bekannt gab und den Verdacht auf eine europäische Herkunft äußerte, brach ein Sturm der Begeisterung los, weil man darin den Beweis einer nichtindianischen Besiedlung in frühester Zeit sah. Während die Schlagzeilen um die Welt gingen, blieben die Gebeine unter Verschluss, obwohl sie in der Zwischenzeit näher untersucht werden konnten. In einem neuen wissenschaftlichen Bericht bestätigt James Chatters, dass die Kennewick-Gebeine erheblich von denen neuzeitlicher Indianer abweichen, speziell von jenen aus dem Nordwesten Nordamerikas. Doch fand er diverse Gemeinsamkeiten mit den sechs anderen bekannten paläoindianischen Männern aus derselben Periode. Alle haben eine recht lange Schädelform, breite bis mittelbreite Gesichter und schmale bis mittelbreite Nasen. Die Knochen zeigen Spuren tropentypischer Merkmale, nicht die langen, geraden Gesichter und kürzeren Gliedmaßen der Menschen aus dem hohen Norden. Der Kennewick-Mann ist größer und hat ein weiter vorgewölbtes Gesicht, aber generell sind seine Merkmale nicht außergewöhnlich. Auch sein Todesalter ist nicht ungewöhnlich für paläoindianische Männer, die typischerweise 32 bis 45 Jahre alt wurden.

Der Kennewick-Mann lässt vermuten, dass die Besiedlung Nordamerikas eine wesentlich komplexere Angelegenheit war, als bisher angenommen wurde, und dass über einen längeren Zeitraum während oder direkt nach der Eiszeit ständig kleinere Gruppen von Siedlern ins Land gekommen sein müssen. Das Rätsel der ersten Amerikaner bleibt als eines der großen Mysterien der Vergangenheit bestehen, da ihre Gruppen zu klein und ihre Lagerstätten zu kurzlebig waren. Die Faszination liegt nicht in wilden Theorien über frühe europäische Einwanderungen und eiszeitliche Nordatlantik-Überquerungen, sondern in der Herausforderung des Lesens auch der flüchtigsten Spuren und des Auffindens der weit verstreuten Indizien, mögen diese archäologischer, biologischer oder linguistischer Natur sein.

Wie starben die Großtiere der Eiszeit aus?

Zeit: ausgehende Eiszeit
Ort: Amerika, Eurasien, Australien

... die Jäger brachen über Amerika herein wie eine Welle von Blut, die den Reichtum des Landes davonspülte.

PAUL MARTIN, 1999

WIR LEBEN in einer entsetzlich verarmten Welt, verglichen mit der unserer Vorfahren vor nur 13000 Jahren, am Ende der letzten Eiszeit. Ob die Heimat dieser Jäger und Sammler nun Afrika, Europa, Asien oder Amerika war, um sie herum lebte die Megafauna – große Wildtiere von mehr als 40 Kilogramm Gewicht. Heute ist Afrika praktisch das letzte Refugium für Spezies wie Elefant, Giraffe, Nashorn und Flusspferd.

Die Jäger und Sammler der Eiszeit konnten das Mammut in ganz Europa, Nordasien und Nordamerika beobachten, und wahrscheinlich jagten sie es auch. Riesenhirsch, Wollnashorn und Höhlenbär gehörten ebenfalls der europäischen Fauna an, und auch in Amerika waren

Paläolithische Felsmalereien in der Höhle von Pech-Merle im südlichen Zentralfrankreich: Das Wollmammut beherrscht die Tiermotive

Tiere zu finden, für deren Entstehung die Natur Millionen von Jahren benötigt hatte und die nun, gemessen mit dem Zeitmaß der Evolution, praktisch über Nacht verschwanden. So gab es in Nordamerika nicht nur gleich zwei Mammutarten, sondern auch mehrere Spezies des Riesenfaultiers, ein niedrig gebauter, plumper Pflanzenfresser, der bis zu sechs Meter groß und drei Tonnen schwer wurde. Sie teilten sich das Land mit Castorides (ein bärengroßer Riesenbiber), Glyptodon (ein panzerbewehrter Riesenarmadillo), Camelops (das »Kamel der Urzeit«) und einer ganzen Reihe von Raubtieren, darunter Smilodon, eine Säbelzahn-Großkatze mit gezackten Reißzähnen von 20 Zentimeter Länge. Ähnlich sah es in Australien aus, wo es neben anderen Beuteltieren, die Nashörnern und Großkatzen ähnelten, eine beachtliche Vielfalt an Riesenkängurus und -wombats gab.

Das plötzliche Verschwinden dieser Großtiere von allen Kontinenten am Ende der letzten Eiszeit ist eines der großen Rätsel, denen sich die Vergangenheitsforschung gegenübersieht. Allein Afrika blieb weitgehend vom großen Aussterben verschont; warum das so war, ist ungeklärt und macht die Lösung des Problems nicht gerade leichter. Wieder gibt es zwei Haupttheorien: Die eine besagt, dass die Großtierwelt durch dramatische Klimaveränderungen, die mit dem Ende der globalen Vergletscherung einhergingen, ihrer Lebensgrundlagen beraubt wurde, die andere, dass das weltweite Erscheinen eines neuen, tödlichen Räubers verantwortlich war: des *Homo sapiens.*

Das Aussterben des Mammuts

Hauptsächlich ist es ein Tier, das im Zentrum der Debatten um das große Artensterben steht: das Mammut. Davon gab es zwei Spezies, das Wollmammut *(Mammuthus primigenius)*, das im gesamten nördlichen Teil Eurasiens und in Nordamerika lebte, sowie das Präriemammut *(Mammuthus columbi)*, das nur in Nordamerika bis hinunter nach Mexiko vorkam. Wie andere Spezies der Megafauna starb auch das Mammut vor 11 500 bis 13 000 Jahren aus, abgesehen von einer isolierten Restpopulation von Wollmammuts, die auf der Wrangelinsel in der Ostsibirischen See weitere 6000 Jahre überlebte. Warum dies gerade dort geschah, ist ein weiterer Aspekt des großen Rätsels, ebenso wie die Tatsache, dass diese vormaligen Riesen auf die »Zwergengröße« von 1,80 Meter Schulterhöhe schrumpften, verglichen mit den 3,60 Metern eines ausgewachsenen Wollmammuts.

Die Klima-Hypothese

Die Mammuts der Wrangelinsel mögen überlebt haben, weil allein dort die Vegetation aus Gräsern und Sträuchern erhalten geblieben war, die während der gesamten Eiszeit auf dem Festland ihre Nahrungsgrundlage gebildet hatte. Diese auch als Mammutsteppe bezeichnete Vegetation, die einmal ganz Nordeurasien und Nordamerika überzog, wurde mit zunehmendem Temperaturanstieg der

Vor 15 000 Jahren: Präriemammuts weiden auf dem Colorado-Plateau im Südwesten der heutigen USA

Atmosphäre durch einen Bewuchs ersetzt, der von dem wärmeren, feuchten Klima profitierte. In den nördlichsten Gebieten wurde die Steppe von einer moorigen Tundra abgelöst, mit langsam wachsender, nährstoffarmer Vegetation, die nur für hoch spezialisierte Nahrungsverwerter wie das Flechten fressende Rentier in Frage kam. Weiter südlich musste die ergiebige Nahrungsmischung aus Gräsern, Kräutern und Sträuchern, von denen das Mammut gelebt hatte, dichtem Wald, Prärie oder wüstenartigen Gebieten weichen. Diese Veränderung der Flora, die letztlich eine Folge der wärmer und feuchter werdenden Umweltbedingungen war, bedeutete einen schwer wiegenden Verlust an Lebensraum für das Mammut, dessen Zahl allmählich abnahm, bis es ganz verschwunden war.

Diese Theorie vom Klima- und Vegetationswechsel als Ursache für das Aussterben des Mammuts klingt zwar recht überzeugend, ist aber in letzter Zeit auf Kritik gestoßen. Der zentrale Einwand gegen diese Theorie lautet, dass Mammuts vor ihrem Aussterben schon mehrere klimatische Veränderungen unbeschadet überstanden hatten, die meisten davon denen sehr ähnlich, die vor 20 000 Jahren begannen. Die letzte Eiszeit war nur eine von vielen während der letzten Million Jahre, und zwischen diesen Kälteperioden gab es regelmäßig Interglazialphasen mit vorherrschend warmer, feuchter Witterung, ähnlich unserem heutigen Klima, das Wald, Steppe und Tundra entstehen ließ. Und die Mammuts hatten alle Perioden überlebt. Wahrscheinlich hatten Restbestände ihrer Art in Gebieten Zuflucht gefunden, in denen die Mammutsteppe erhalten geblieben war, um sich wieder zu vermehren, sobald Klima und Vegetation dies zuließen. Es ist kein Grund bekannt, warum sie dies nicht auch am Ende der letzten Eiszeit vermocht haben sollten. Ein weiteres Argument gegen die Theorie des klimabedingten Aussterbens ist, dass auch viele andere Arten ausstarben, Tiere aus ganz anderen Lebensräumen, deren Hauptnahrungsquellen sich mit erwärmender Atmosphäre sogar noch vergrößert haben könnten, statt zu schrumpfen.

Oben: **Der mumifizierte Körper eines 40 000 Jahre alten Mammutkalbs, Dima genannt, das 1977 in Sibirien gefunden wurde**

Der Overkill

Diese Widersprüchlichkeiten führten dazu, dass sich viele Wissenschaftler einer anderen Erklärung zuwandten, nämlich der, dass Mammuts und andere Großtiere wegen zu extensiver Bejagung ausstarben. Paul Martin von der Arizona University, der diese Theorie bereits vor 30 Jahren vertrat, konnte mit schwer wiegenden Argumenten aufwarten. Er beschäftigte sich vor allem mit Nordamerika und sah dort einen Zusammenhang zwischen dem Ankommen des Menschen und dem Untergang der Megafauna. Nach seiner Vorstellung zogen die Neuankömmlinge, nachdem sie über die nun wieder unter Wasser liegende Bering-Landbrücke nach Alaska gekommen waren, in südlicher Richtung über den Kontinent und löschten dabei die Megafauna aus.

Diese Volksgruppe wurde bekannt als Clovis-Kultur, benannt nach dem Ort, wo man zuerst auf sie gestoßen war. Sie unterscheidet sich von anderen durch die großen steinernen Speerspitzen, die einen Teil ihres tödlichen Jagdarsenals bildeten. Die Clovis waren über ganz Nordamerika verbreitet und erlebten ihre Blüte vor 13 500 bis 12 900 Jahren vor unserer Zeit. Noch nie hatten Camelops, Riesenfaultier und Mammut einem solchen Raubtier gegenübergestanden, das tödliche Waffen mit überlegener Jagdstrategie verband, das es verstand, Fallen zu stellen und Hinterhalte zu legen. Die Situation hier war voll-

Diese Ausgrabungsstätte bei Dent, Colorado, im Jahre 1932 lieferte den ersten Beweis für einen Zusammenhang zwischen Projektilspitzen und Mammutknochen in Nordamerika

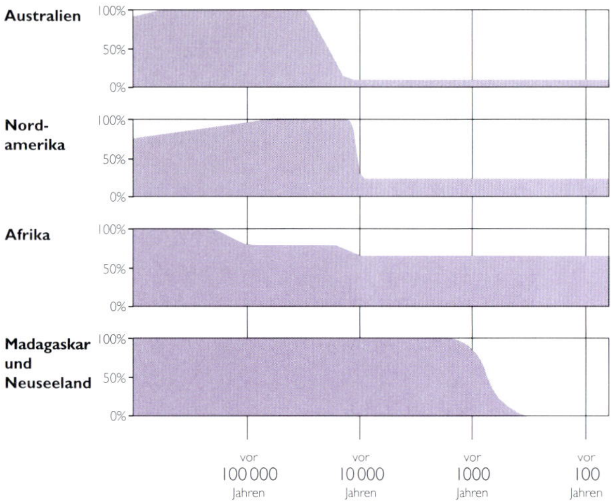

Die Überlebensraten großer Tierarten nach Kontinenten

kommen anders als in Afrika, wo die Evolution der Großtiere zur gleichen Zeit wie die ihrer menschlichen Jäger stattgefunden hatte, was ihnen ausgiebig Gelegenheit gab, Verhaltensschemata zu entwickeln, die ein Überleben ermöglichten. Dies könnte die geringe Aussterbensrate innerhalb des afrikanischen Kontinents erklären.

Es gibt direkte Beweise dafür, dass Mammuts von den Clovis bejagt wurden. An mehreren archäologischen Stätten wurden Mammutknochen gemeinsam mit Speerspitzen gefunden – eine Entdeckung, die man erstmals 1932 bei Ausgrabungen in Dent, Colorado, machte. Bei Lehner Ranch im Tal des Flusses San Pedro in Arizona wurden die Überreste von 13 Mammuts, Steinspitzen und Feuerstellen gefunden. Hier scheint eine komplette Mammutfamilie abgeschlachtet worden zu sein, die sich am Wasserlauf versammelt hatte.

Aber auch die Overkill-Theorie hatte ihre Schwachstellen. Zwar sind genug Orte entdeckt worden, an denen Mammuts in großer Zahl getötet wurden, doch finden sich keine Belege dafür, dass mit anderen Großtierarten das Gleiche geschehen ist, mit der seltenen Ausnahme von Knochenfunden des Mastodon (ein Verwandter von Mammut und Elefant) in Kimmswick, Missouri. Das Riesenfaultier beispielsweise muss es in großer Zahl gegeben haben, geht man von der Menge seines in Höhlen gefundenen Kots aus. Es wäre fürwahr eine leichtere Beute gewesen als das wehrhafte Mammut. Neuere Forschungsergebnisse lassen überdies das Clovis-Volk in einem weniger blutrünstigen Licht erscheinen: als Jäger kleinerer Tiere und sogar als Sammler von Pflanzen.

Weiterhin ist inzwischen klar geworden, dass die Clovis nicht die ersten Siedler in Amerika waren. 14 000 Jahre alte Funde aus einer Siedlung bei Monte Verde in Südchile beweisen, dass Menschen schon einige Tausend Jahre vor dem Aussterben der Großtiere in beiden Teilen Amerikas gelebt haben. Für Australien gilt ein ähnliches Argument: Auch hier hätte mit der Ankunft des Menschen der Tierwelt ein neuer schrecklicher Feind entstanden sein können, doch es gab keine Funde von Tierknochen, die mit menschlichen Aktivitäten in Verbindung gebracht werden konnten.

War nun Klimawechsel oder Overkill für das Aussterben der Großtiere verantwortlich? Die Meinungen der Wissenschaftler blieben gespalten. Und weitere Theorien tauchten auf, so zum Beispiel von einer tödlichen Seuche, deren Erreger vom Menschen eingeschleppt wurde und nur bei Tieren zum Krankheitsausbruch führte. Möglicherweise gibt es jedoch überhaupt keine Einzelerklärung, und alle Möglichkeiten treffen zu: dass einige Spezies bis zum Aussterben bejagt wurden, während andere ihren Lebensraum verloren und am neuen Klima zugrunde

Jede Theorie, die das weltweite Aussterben der Großtierarten zu erklären versucht, muss eine schlüssige Antwort auf die Frage liefern, warum Afrika davon ausgenommen war

gingen. Wir dürfen nicht vergessen, dass alle in einer Region lebenden Arten Teil eines ökologischen Systems sind. Geht eine zugrunde, verändert dies das Gleichgewicht zwischen Raub- und Beutetieren. Dieser Mechanismus könnte einen Schneeballeffekt von aufeinander folgenden Bevölkerungsexplosionen und -vernichtungen ausgelöst haben, wobei dem Mammut eine Schlüsselrolle zukäme. Doch da weder Klimawechsel noch intensive Bejagung allein ausgereicht hätten, war es möglicherweise die Kombination von beiden, die eine derart verheerende Wirkung auf die Tierwelt hatte.

In jedem Fall brachte das Ende der Eiszeit für das Mammut eine drastische Verschlechterung seiner Lebensbedingungen mit sich, speziell im Südwesten Nordamerikas, wo während der Zeit der Clovis-Kultur eine große Trockenperiode herrschte, gefolgt von einer Phase erneuten Kälteeinbruchs, dem »Jüngeren Dryas« (vor 12600–11500 Jahren), und einer anschließenden globalen Erwärmung. In diesen Zeiten mögen sich die schwächeren Tiere, ähnlich wie es die heutigen Elefanten Afrikas während Dürreperioden tun, in Gruppen an Wasserlöchern zusammengefunden haben – um zur sicheren Beute der Clovis-Jäger zu werden. Es könnte buchstäblich nur an einer Hand voll Tieren gelegen haben, ob die Spezies unter günstigeren Umweltbedingungen wieder auflebte oder endgültig ausstarb.

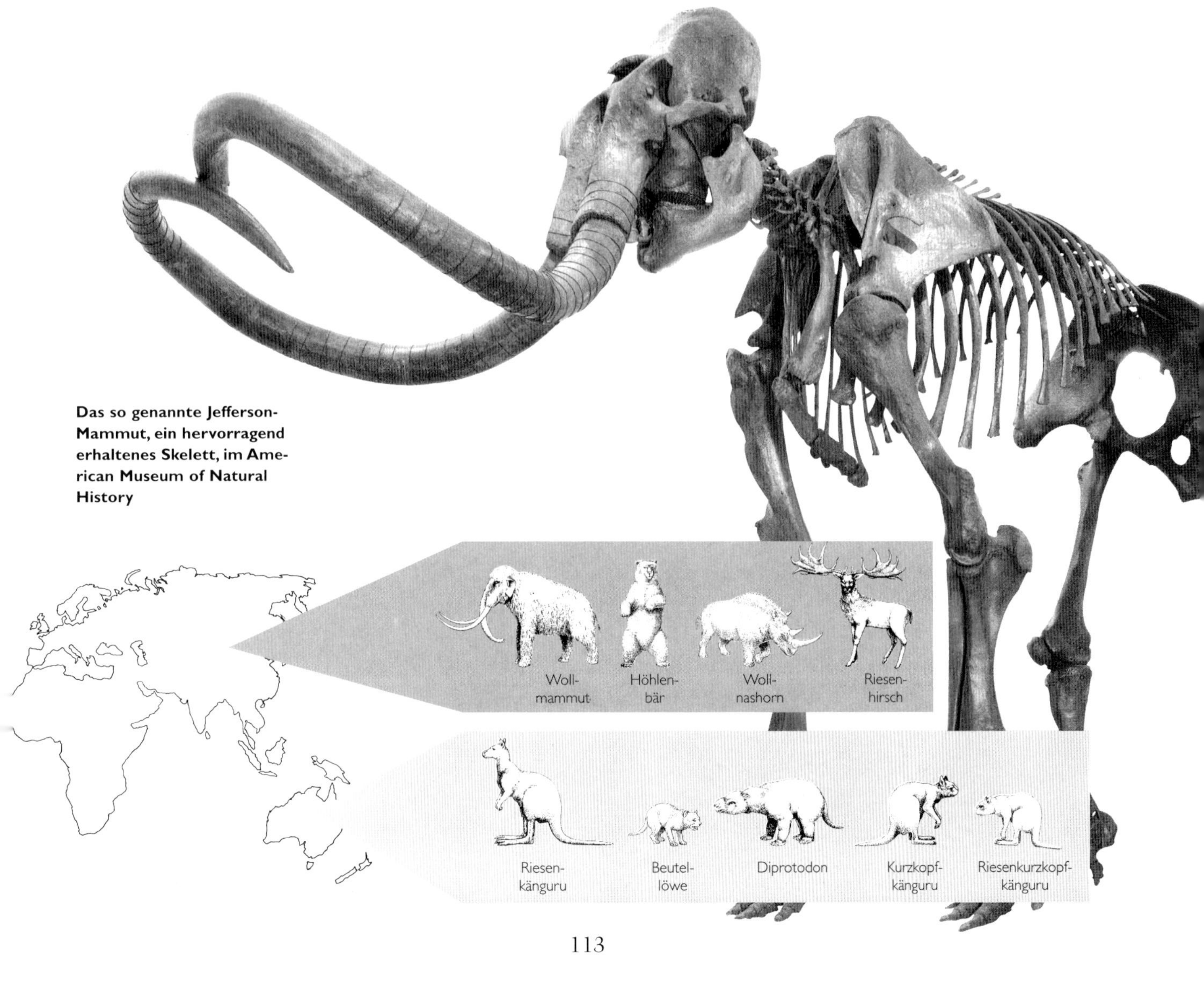

Das so genannte Jefferson-Mammut, ein hervorragend erhaltenes Skelett, im American Museum of Natural History

Wie begann die Landwirtschaft?

24

Zeit: ausgehende Eiszeit
Ort: Naher Osten, Mexiko, China, Anden, östliches Nordamerika, Subsahara-Afrika

Es war eine neolithische Revolution.
V. GORDON CHILDE, 1936

WÄHREND DES WEITAUS GRÖSSTEN TEILS ihrer Geschichte lebten die Menschen vom Sammeln und Jagen. Erst ziemlich spät begannen unsere Urahnen in dauerhaften Siedlungen von Ackerbau und Viehwirtschaft zu leben. Die Landwirtschaft ist eine Neuentwicklung, und Archäologen fragen sich, wie es zu dieser radikalen Veränderung des Lebensstils gekommen sein mag. Die Anfänge liegen etwas mehr als 12 000 Jahre zurück und sind im Gebiet des so genannten Fruchtbaren Halbmonds im Nahen Osten anzusiedeln; doch kurz darauf wurde auch in sechs weiteren Regionen der Welt die Landwirtschaft eingeführt: in Zentralmexiko vor 9000 Jahren, kurz darauf sowohl in Nord- als auch in Südchina, in den Zentralanden vor 7000 Jahren und schließlich im Osten Nordamerikas und in dem südlich der Sahara gelegenen Teil Afrikas vor 4500 Jahren.

Ein gemeinsamer Faktor dieser voneinander unabhängigen Entwicklungen ist, dass sie erst nach dem Ende der

Jungsteinzeitliche Gipsbüste aus Jericho

abhängig von den dort vorhandenen anbaufähigen Pflanzen und zuchtfähigen Weidetieren: Gerste, Weizen, Schafe und Ziegen im Nahen Osten, Mais in Mexiko, Reis in China, Hirse und Rinder im subsaharischen Afrika. Zusätzlich scheint es in jedem Gebiet ganz eigene Faktoren gegeben zu haben, die die Menschen dazu veranlassten, ihre traditionelle Lebensweise als Jäger und Sammler aufzugeben.

Der Nahe Osten – eine Fallstudie

Die Forschung über den Ursprung der Landwirtschaft im Nahen Osten blickt bereits auf eine lange Geschichte

letzten Eiszeit begannen und in direktem Zusammenhang mit den Veränderungen der Umwelt, speziell der globalen Erwärmung, sowie einem kräftigen Anwachsen der Bevölkerungszahl zu stehen scheinen. Lediglich die Art der Landwirtschaft war von Region zu Region verschieden,

Gegenüberliegende Seite: **Am Fuß des Hügels der Ausgrabungsstätte von Jericho fand man die Reste einer bäuerlichen Siedlung, deren Bewohner in kleinen Rundbauten lebten, daneben aber auch diesen Turm errichteten**

Rechts: **Diese Jäger-Sammler-Ansiedlung von Abu Hureyra, Syrien, fand sich unter den Lehmziegelbauten der im unteren Bild dargestellten landwirtschaftlichen Siedlung, in der sowohl Ackerbau als auch Viehzucht betrieben wurde**

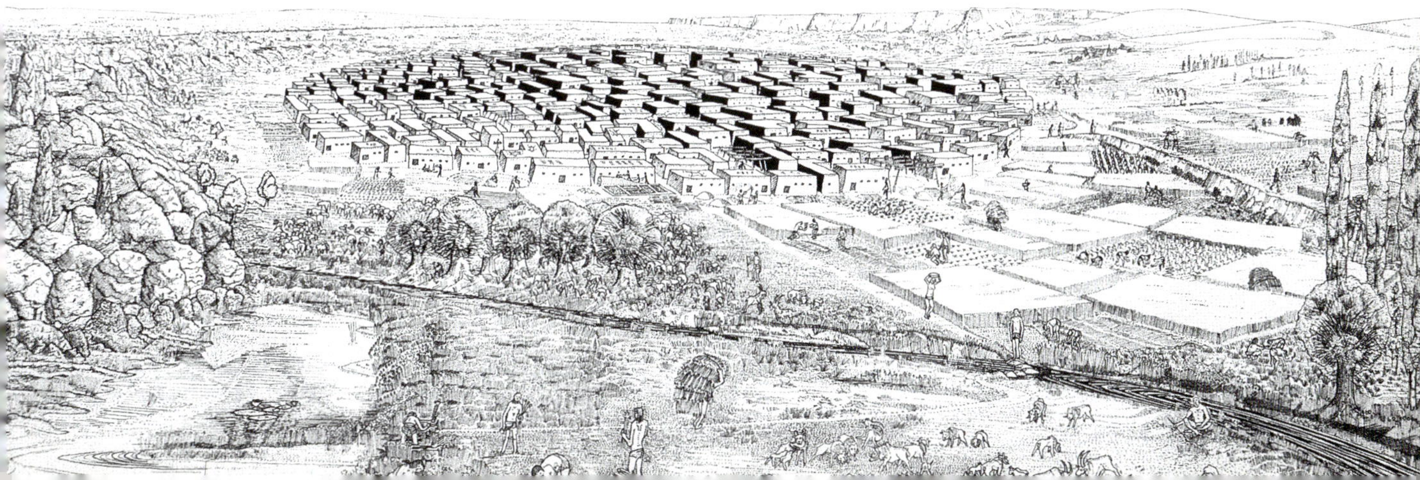

zurück. Schon in den 40er-Jahren des letzten Jahrhunderts leistete Robert Braidwood im Chemchemal-Tal im nordöstlichen Irak Pionierarbeit, gefolgt von der Archäologin Kathleen Kenyon mit ihren Ausgrabungen in Jericho im Jordantal in den 1950er-Jahren. Diese frühen Studien konzentrieren sich auf die ersten jungsteinzeitlichen Bauerngemeinden im Nahen Osten, die noch ohne keramische Erzeugnisse auskommen mussten. In letzter Zeit haben Archäologen wie Ofer Bar-Yosef gezeigt, dass wir noch viel weiter zurückgehen müssen, um die Anfänge der Landwirtschaft zu verstehen; und der Archäobotaniker Gordon Hillman hat wichtige Erkenntnisse aus der Erforschung von heute noch existierenden Wildpflanzen des Nahen Ostens gewonnen, die er mit Pflanzenresten verglich, die bei Ausgrabungen zu Tage gefördert wurden.

Heute ist klar, dass wir unser Augenmerk auch auf die vielen Klimaschwankungen während der letzten Jahrtausende der Eiszeit richten müssen, statt nur auf die dramatische Erwärmung vor 11600 Jahren zu blicken. Vor 14500 Jahren waren Küstenstreifen und Flusstäler des Nahen Ostens von einem dichten Eichenmischwald bewachsen, während die restlichen Gebiete von einer fruchtbaren Steppenvegetation mit einem reichen Angebot essbarer Pflanzen bedeckt waren. Darunter befanden sich die wild wachsenden Vorgänger von Gerste und Weizen, deren Saat offensichtlich in großen Mengen von den Angehörigen der Natufien-Kultur geerntet wurde, einem Jäger-Sammler-Volk, das begonnen hatte, in dauerhaften Siedlungen wie Ain Mallaha in Israel und Abu Hureyra in Syrien zu leben. Dieser für unsere Vorfahren beispiellose Schritt wurde ihnen durch die vorhandenen Herden jagbarer Gazellen allerdings etwas erleichtert.

Während der nächsten 2000 Jahre blühten die Siedlungen auf und entwickelten viele der kulturellen Attribute, die normalerweise mit bäuerlichem Leben in Verbindung stehen – Steingebäude, Beerdigungszeremonien und eine fortschrittliche Mühlentechnologie. Doch um 12500 setzte eine Klimaverschlechterung ein, und statt warmer Temperaturen mit ausgiebigem Niederschlag schien plötzlich für 1000 Jahre die Eiszeit zurückzukommen, begleitet von Trockenheit, Kälte und Mangel an Wildpflanzen und Jagdtieren. Diese kurze Klimaperiode des »Jüngeren Dryas« setzte ausgerechnet zu einer Zeit ein, als die Bevölkerungszahl der Jäger-Sammler-Gesellschaft ein noch nie da gewesenes Niveau erreicht hatte, und traf sie damit umso härter.

Eine sesshafte Lebensweise konnte nicht länger aufrechterhalten werden; wieder musste man auf Nahrungssuche durch das Land ziehen, wobei die einzelnen Gruppen kaum länger als einige Monate am selben Ort blieben. Doch der ehemalige Lebensstil wurde nicht ganz aufgegeben. Verlassene Siedlungen funktionierte man zu Friedhöfen um, wo regelmäßig Begräbnisfeiern stattfanden: In einigen Fällen brachte man nur Gebeine in Säcken oder einzelne Schädelknochen mit, die man während der langen Wanderungen auf Nahrungssuche in provisorischen Gräbern beigesetzt hatte. Es ist anzunehmen, dass die kulturellen Errungenschaften der Periode der Sesshaftigkeit zwischen 14500 und 12500 vor unserer Zeit während des Jüngeren Dryas im Wesentlichen erhalten blieben und bei der anschließenden Entwicklung der landwirtschaftlich orientierten Zivilisation von zentraler Bedeutung waren.

Um während der Trockenzeit des Jüngeren Dryas genügend Nahrung zu haben, fingen die Menschen an, den

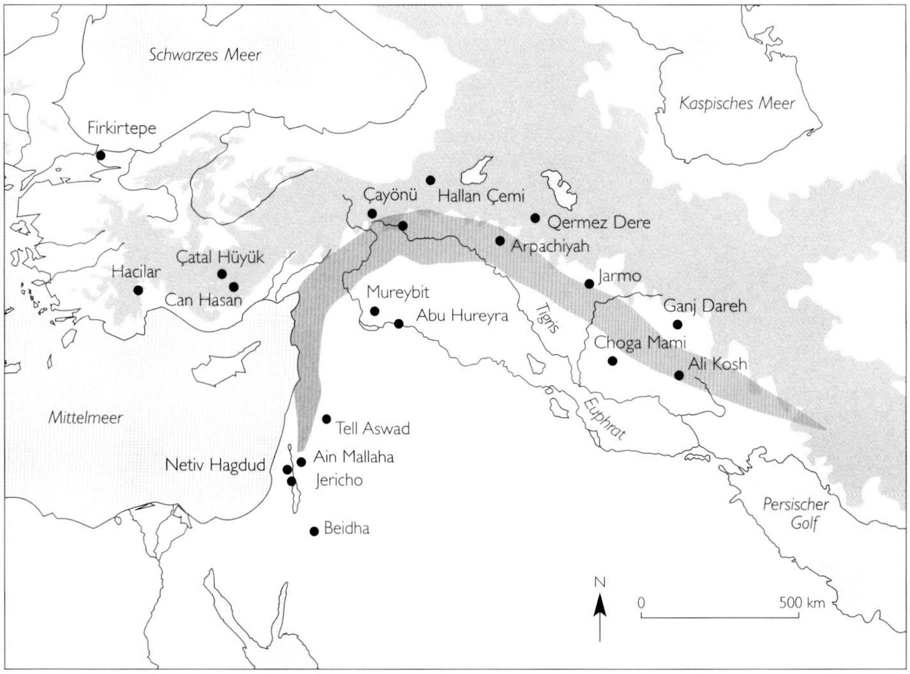

Der »Fruchtbare Halbmond«: In diesem bogenförmigen Gebiet der wichtigsten Flusstäler des Nahen Ostens entstanden die ersten landwirtschaftlichen Zivilisationen. Eines der Hauptprobleme bildeten die nach wie vor existierenden wilden Vorfahren der für die Viehwirtschaft domestizierten Tierarten, die über Jahrtausende von Jäger-Sammler-Gesellschaften bejagt worden waren

Pflanzenwuchs nicht mehr sich selbst zu überlassen, sondern durch gezielte Maßnahmen wie Jäten, Umpflanzen und Wässern zu kontrollieren. Möglicherweise hatten sie damit schon viele Jahre vorher begonnen, als sie noch sesshaft in Siedlungen lebten, denn solche Aktivitäten sind für viele Jäger-Sammler-Gruppen archäologisch nachgewiesen. Der kontrollierte Anbau von Pflanzen erhöhte den Ernteertrag und gestattete eine gewisse Zukunftsplanung. Unbewusst hatte man damit auch die Vorbedingungen für die Entwicklung reiner Kulturpflanzen geschaffen.

Eines der wichtigsten Merkmale einer domestizierten Getreidepflanze ist, dass die Saat während ihrer Reifung am Stängel bleibt und nicht zur Selbstaussaat abfällt. So kann der Bauer das Saatgut einsammeln und entweder verwenden oder aussäen. Nach dem gleichen Schema bleiben kultivierte Erbsen in ihren Hülsen und »erwarten dort die Ernte«, wie es Daniel Zohary, der bekannte Spezialist für Pflanzenkultivierung, ausdrückte. Unter den zahllosen Ähren wild wachsender Getreidesorten fanden sich immer wieder ein paar mutierte Exemplare, die ihre Saat bei sich behielten. Diese waren natürlich bevorzugtes Ziel der Sammler, da deren Abernten wesentlich leichter war als das Auflesen des auf dem Boden verstreuten Saatguts der anderen Ähren. Da die solchermaßen erlangten Samen wieder zur Aussaat kamen, konnte sich die mutierte Form der Pflanze unverhältnismäßig stark vermehren.

Bald scheinen diese frühen Bauern herausgefunden zu haben, dass ihr Wildgetreide auf dem Schwemmland des Jordantals besonders gut gedieh, speziell in der Nähe von natürlichen Quellen. Und als vor 11600 Jahren wärmeres Klima und Regenfälle zurückkehrten, nahmen die Menschen genau in diesem Tal ihr sesshaftes Siedlerleben wieder auf. Auch wurden erstmals Lehmziegel zum Hausbau verwendet, speziell in Jericho, wo ein großer Turm und eine Mauer errichtet wurden, die wohl eher dem Schutz vor Überschwemmung und Schlammfluten dienten als der Verteidigung gegen Feinde. Einige Kilometer weiter im Norden war das Dorf Netiv Hagdud entstanden, in dem man Spuren von Gerste fand, wobei es sich allerdings auch um deren Wildform gehandelt haben könnte. In Netiv Hagdud wie auch in Jericho ist eine Fortsetzung und Verfeinerung der Begräbnisrituale festzustellen, vor allem was die Exhumierung und Neubestattung menschlicher Schädel betrifft – eine Tradition, die von den umherziehenden Jäger-Sammler-Gesellschaften des Jüngeren Dryas gepflegt worden war. Es wurde auch ein großer Teil der alten Werkzeuge weiterverwendet, was darauf hindeutet, dass die Wildtierjagd und das Sammeln von Pflanzen beibehalten wurden. Ähnliche Entwicklungen sind im gesamten Gebiet des Fruchtbaren Halbmonds zu beobachten. Einige der höchstentwickelten frühneolithischen Dörfer entstanden im Süden der Türkei und im nordöstlichen Irak, wo Funde von Lehmfigurinen das Aufkommen einer völlig neuen Weltanschauung erkennen ließen. Der französische Archäologe Jacques Cauvin geht davon aus, dass sich in ihr eine neue Beziehung zum Boden ausdrückte, die für eine konsequente Entwicklung der Landwirtschaft unverzichtbar war.

Ein Mahlstein aus Abu Hureyra: Die Anfänge der Landwirtschaft waren mit harter Arbeit verbunden

Nachdem sich diese Siedlungen einmal etabliert hatten und der Weg zur Landwirtschaft so weit beschritten war, gab es kein Zurück mehr. Wie wir heute wissen, waren die Dörfer durch Handelswege miteinander verbunden, auf denen Materialien wie Obsidian (vulkanisches Gesteinsglas) und Muschelschalen sowie wahrscheinlich auch schon Saatgut aus voll kultivierten Getreidepflanzen transportiert wurden. Und so entstanden um diese Dörfer bald große Felder mit Getreide, Erbsen und Linsen, Nahrungsgrundlage für die rasch anwachsende Bevölkerung.

Innerhalb von 1000 Jahren war die Ziege domestiziert worden, gefolgt vom Rind. Aus den Dörfern wurden Städte mit großen, zweistöckigen Gebäuden, Straßen, Höfen und Lagerhäusern. Sie stellten den vorläufigen Höhepunkt der landwirtschaftlichen Entwicklung dar, die mit dem Sesshaftwerden der ersten Jäger und Sammler vor 14500 Jahren begonnen hatte, einen vorübergehenden Rückschlag während des Jüngeren Dryas überstand und schließlich den Weg bereitete für die ersten Hochkulturen der Menschheit.

Das Rätsel der Felsmalerei

25

Zeit: ausgehende Eiszeit
Ort: weltweit

Schnitzen und Zeichnen begann fast gleichzeitig, und die hervorragendsten Stücke erreichten einen Grad der Perfektion, der begeisterte Betrachter zu der Aussage verleitete, dass sie in mancher Hinsicht der Kunst der Griechen überlegen wären.

W. J. SOLLAS, 1911

ES IST NICHT GOLD UND SILBER, was die Archäologie hauptsächlich zu Tage fördert, sondern Müll, Übriggebliebenes, Verlorenes oder Weggeworfenes. Wissenschaftler verfassen ganze Bücher über Funde von Tonscherben, ohne die von ihnen beschriebenen Gefäße je intakt gesehen zu haben, und versuchen anschließend das Leben der Töpfer zu rekonstruieren. Dagegen ist die Felsmalerei eine direkte Quelle der Vergangenheit: In uralten Bildern ist festgehalten, wie Urvölker ihre Welt erfuhren. »Erfahren« ist ein wesentlich passenderer Begriff als »sehen«, denn Erfahrung prägt unsere Wahrnehmung und entscheidet, was wir erkennen und was wir übersehen.

Obwohl die eiszeitlichen Kunstwerke in spanischen und französischen Höhlen am bekanntesten sind, ist der größte Teil der über die gesamte Erde verteilten Felsmalerei jüngeren Datums und findet sich eher an offenen oder nur leicht geschützten Stellen als in tiefen Höhlen. Viele der großen Felskunstgebiete der Welt – Skandinavien, der Westen der USA, das australische Hinterland, die Bergketten der Zentralsahara – sind, wie nicht anders zu erwarten, raue Landschaften mit freiliegendem Fels.

Gleichzeitig scheint die Verteilung der Malereien innerhalb dieser Gebiete uralten Schemata zu folgen: So konzentrieren sich ein bis zwei Millionen Motive der alpinen Felsmalerei in gerade einmal zwei Tälern Oberitaliens, dem Val Camonica und dem Veltlin (Valtellina), und ein einziger französischer Berg, der Mont Bego, beherbergt 30 000 Bilder, während im ganzen übrigen Teil der französischen Seealpen nur ein paar tausend weitere Exemplare gefunden wurden.

Links: **Auf den Sandsteinfelsen Australiens finden sich einige der größten Schätze der Felsmalerei – hier das archaische Bild eines Kängurus, mit rotem Ocker gemalt, Kakadu-Nationalpark, Nordaustralien**

Gegenüberliegende Seite: **Die Felsmalerei Südafrikas ist berühmt für ihre elegante Linienführung und Farbgebung. Im Vordergrund sieht man eine Reihe von Elenantilopen, dahinter große, mit Umhängen bekleidete menschliche Figuren, über denen man sich bewegende Strichfiguren erkennt, Game Pass Shelter, Drakensberge, Südafrika**

Neben der Technik des Farbauftragens entstanden Bilder auch durch Wegpicken der obersten Felsschicht, wie bei diesem Bären aus Alta, Norwegen

Die Felskunst der Jäger

Wie sah die Welt aus, die die Felskunst abbildet? Unterschiedlich natürlich – Bilder von Känguru und Schnabeligel (Echidna) in Australien, Elenantilope und Springbock in Südafrika, Bär und Rentier in Norwegen. Doch es ist auch eine bemerkenswerte Übereinstimmung festzustellen: Fast immer sind Tiermotive vorherrschend, und sie wurden mit Bedacht ausgewählt. Es sind gerade nicht die Arten, die in den entsprechenden Regionen am häufigsten vorkamen oder deren Knochen man in archäologischen Fundstätten der gleichen Periode entdeckte. Den abgebildeten Tieren muss also eine andere Bedeutung zugekommen sein. Flora wurde nur selten dargestellt, obwohl sie die Hauptnahrungsquelle von Jäger-Sammler-Gesellschaften bildete, aber Pflanzen haben auch bei weitem nicht so ein charakteristisches Erscheinungsbild wie Tiere. Landschaftsdarstellungen sind praktisch unbekannt. Was war der Grund dafür?

Erfahrungen mit heutigen Jäger-Sammler-Völkern und solchen, die bis in historische Zeit überlebten, geben wichtige Aufschlüsse. Vielen Jäger-Sammler-Gemeinschaften stand das eine oder andere Tier besonders nahe – der Bär den Völkern im Norden Eurasiens, die Elenantilope dem Volk der San in den Drakensbergen Südafrikas, das Bighorn-Schaf den Menschen der Trockengebiete Südostkaliforniens – und genau diese Tiere sind abgebildet. Einige wurden mit visionären Erfahrungen in Verbindung gebracht, und manchmal können wir erkennen, was dahinter steckt: Dem Bighorn-Schaf Kaliforniens kam eine zentrale Bedeutung bei Regenbeschwörungen zu, und so kann es

Bighorn-Schafe in eine Basaltfläche gepickt, Cosco Range bei Death Valley, Kalifornien

kaum verwundern, dass es ausgerechnet im trockensten Gebiet Nordamerikas, in den Gebirgsketten um das Death Valley, lebte.

Visionäre Einsicht verbunden mit Trancezuständen und dem Zauber des Schamanen oder Medizinmannes ist in heutigen Jäger-Sammler-Gesellschaften allgegenwärtig, so dass es nicht zu weit hergeholt sein dürfte, dies auch bei vergleichbaren Menschengruppen in ferner Vergangenheit zu erwarten. Ein solches Glaubenssystem wird in der immer wiederkehrenden Verknüpfung mit einem heiligen Tier erkennbar, ebenso wie in der Darstellung anderer Symbole, die für Trance, Schwerelosigkeit, Schweben, Fließen und für das Jenseitige des Todes stehen; vielleicht können so auch die »bewegten Figuren« Nordaustraliens erklärt werden. Die Wahl schwer zugänglicher Höhlen für die Malereien im Jungpaläolithikum sowohl in Europa als auch im Siedlungsgebiet der Maya wird hierdurch ebenfalls verständlich, denn solche unterirdischen Orte, abgeschieden vom Tageslicht, konnten leicht als Zugang zu anderen Welten angesehen werden.

Die »bewegte Figur« eines Menschen. Sie hält zwei Bumerangs in der Hand, trägt Kopfschmuck und eine Art Schweif oder Turnüre, Western Arnhem Land, Nordaustralien

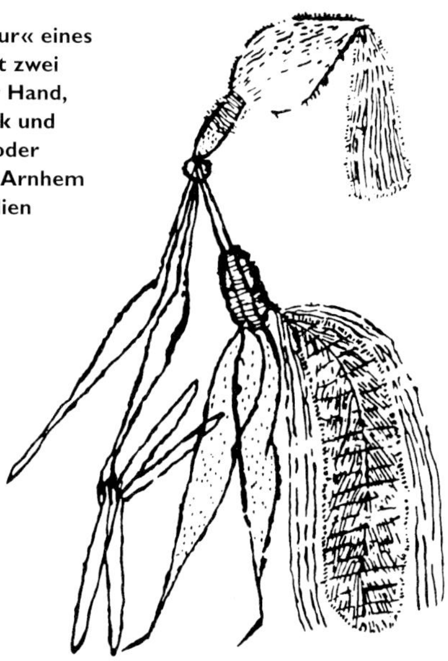

In der heutigen westlichen Welt ist der spirituelle Teil unseres Daseins auf ein Minimum reduziert: Wir glauben nicht mehr an Geister oder menschenähnliche Wesenheiten, die unter uns leben. Aber die Erkenntnisse über die Felskunst lassen uns sehen, dass hinter den Bildern von Tieren und Vögeln mehr steckt, als oberflächlich auszumachen ist. Eine Figur mag einen Hirsch darstellen, aber es ist ein Wesen aus einer anderen Welt, aus der Geisterwelt. Daher sollten wir zweigleisig denken, wenn wir Bilder aus der prähistorischen Vergangenheit betrachten. Einerseits können wir die dargestellten Motive mit dem Auge des Wissenschaftlers zu analysieren versuchen, sie klassifizieren nach Gattung und Art, nach Bär, Wal und Känguru, und sie als Teil der Alltagswelt des Künstlers erkennen. Andererseits war der Wal aber mehr als nur ein biologisches Wesen, in seinem Bild könnte eine tiefere Bedeutung verborgen sein.

Gleiches gilt für die von uns als »anthropomorph« erkannten Figuren. Äußerlich von menschlicher Gestalt, könnten sie Wesenheiten der Geisterwelt repräsentieren. Vielleicht sind sie auch nicht nur einer Kategorie zuzuordnen, so wie christliche Darstellungen der Jungfrau Maria oberflächlich betrachtet nur eine junge Frau zeigen.

Wenn eine Figur nur teilweise menschliche Gestalt hat, können wir mit Sicherheit davon ausgehen, dass hinter dem Abbild eine tiefere Bedeutung steckt. In diese Kategorie fällt die »Wassergeist-Frau«, die Sterbliche ergreift und in den nassen Tod zieht. Sie ist Teil der Felskunst des Bighorn-Beckens in Wyoming. Ein charakteristisches und eindeutiges Felskunstmotiv der Geisterwelt ist der »Therianthrop«, eine Figur, die menschliche und tierische Elemente vereinigt. Die südafrikanische Version besteht aus einem Menschenleib mit dem Kopf und den Hufen einer Elenantilope. In Australien sitzt auf dem Menschenkörper ein Flugfuchskopf (eine Fledermausart). Oft sind Therianthropen gemeinsam mit »normalen« Menschen abgebildet und interagieren mit ihnen. Dabei könnte es sich um Personen handeln, die mit Tiergeistern in Verbindung stehen, oder um tatsächliche Geister – wohltätig oder bösartig, gleichgültig, gefährlich oder heilig oder alles zusammen –, die menschliche Gestalt angenommen haben.

Zwei »bewegte Figuren« in Interaktion, auf der rechten Seite ein Mensch, daneben ein tierköpfiges Wesen, Djuwarr, Northern Territory, Australien

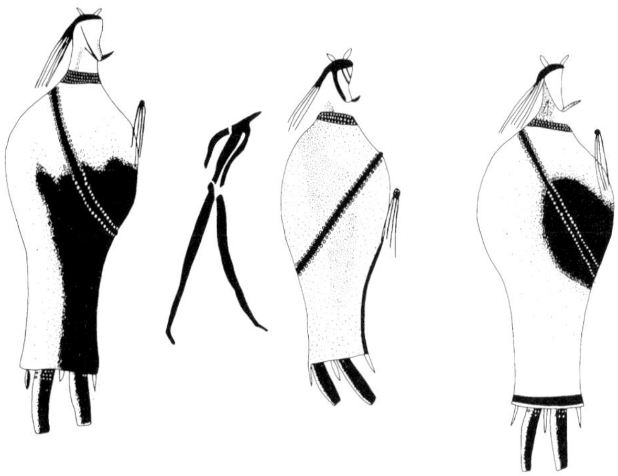

Die Felskunst der ersten Bauern

Betrachtet man ihre Felskunst, so unterschied sich die Welt – und damit die Welterfahrung – der ersten Bauernvölker erheblich von der ihrer Vorläufer. So wurde im Europa der ausgehenden Eiszeit die Felskunst der Jäger und Sammler von ganz anderen jungsteinzeitlichen und bronzezeitlichen Darstellungen abgelöst, viele davon mit der so genannten Picktechnik in freiliegende Felsoberflächen gestochen und nicht mehr auf tief in Höhlen verborgene Felswände gemalt. Sowohl der neue Darstellungsstil als auch die gezeigten Gegenstände sind bemerkenswert: Pflüge mit davor gespannten Ochsen, Dolche und Hellebarden aus Metall, Boote und Häuser aus Holz. Aber auch hier wurde bewusst ausgewählt. So ist ein charakteristisches, oftmals verwendetes Motiv der Alpen-

Oben: **Therianthrope Figuren vereinigen Tierköpfe und Menschenkörper, Drakensberge, Südafrika**

Rechts: **Ein vierrädriger Wagen, gezogen von zwei Pferden, Val Camonica bei Brescia, Oberitalien**

region die Hellebarde, eine Art Axt, die bei Ausgrabungen allerdings nur recht selten gefunden wurde. Wir können annehmen, dass ihr eine besondere Bedeutung zukam, auch wenn wir diese nicht kennen. In den meisten Fällen stehen Dolche und Hellebarden mit Figuren in Beziehung, die klar als männlich zu erkennen sind, so dass hier typisch männliche Aktivitäten dargestellt worden sein dürften.

Die Ursprünge der Felskunst

Das eigentliche Rätsel der Felskunst steckt in ihren Ursprüngen. Anders als kunsthandwerkliche Arbeiten wie Töpferei und Steinbearbeitung, bei denen über Jahrtausende eine beständige Weiterentwicklung zu verfolgen ist, waren schon die frühesten Werke der Felsmalerei Kunst in höchster Vollendung. Zwei großartige neue entdeckte Höhlen in Frankreich, die Cosquer-Höhle und die Chauvet-Höhle, enthalten Malereien, die an Pracht der berühmten Höhle von Lascaux in nichts nachstehen, aber erheblich früher entstanden sind. Die ständig wachsende Zahl ähnlicher Funde außerhalb Europas zeigt das gleiche Bild: exzellente Kunst schon in frühester Zeit. Wie kann Kunst von solcher Größe gleich einem Blitz in diese Welt gefahren sein, ohne je die Phasen zäher Entwicklung aus primitiven Ursprüngen durchgemacht zu haben? Aber wir könnten uns auch täuschen, denn vielleicht gab es diese Phase ja, und die Werke entstanden auf Holz oder anderem vergänglichen Material, oder zwar auf Fels, aber an Stellen, wo sie, der Witterung ausgesetzt, nicht überdauern konnten. Trotzdem sprechen alle Indizien für ein plötzliches Aufflammen von Kunst in höchster Vollendung.

Obwohl aus der Zeit der Bauernvölker stammend, gehört die späte Felskunst des prähistorischen Europa einer Epoche an, in der »alles noch ganz anders« war. Das Land unterhalb dieser Felsschnitzerei bei Massleberg, Bohuslän, in Schweden, nun fruchtbares Ackerland, war einst der flache Strand einer Bucht

Die Bedeutung der Megalithen

Zeit: seit 5000 v. Chr.
Ort: Europa

26

Ich kann nur schwerlich sagen, Sir, was man mehr bewundern soll: die Würde und Erscheinung dieser wunderbaren Überreste oder das Seltsame an ihrem Schicksal, das sie hierher geführt hat, ohne uns zu sagen, woher sie kamen und wozu sie dienten.

REVD GROVER, 1847

IN DIESEN ÜBERLEGUNGEN Pfarrer Grovers drückt sich die Faszination aus, die Megalithen seit Jahrhunderten in uns auslösen: wunderbare, eindrucksvolle Stätten, doch auch geheimnisvoll und eigenartig, da wir so gut wie nichts über sie wissen. Das Wort Megalith stammt von den griechischen Begriffen für »groß« und »Stein«, und genau darum handelt es sich auch: um große Steine. Eine Megalithanlage besteht aus einer ganzen Anzahl solcher Steine, so wie Stonehenge. So wird durch den Begriff selbst noch keine Einschränkung gemacht; theoretisch könnten Megalithen in jeder Region und jedem Zeitalter zum Bauen verwendet worden sein. Besonders interessant für uns sind Gebiete wie die Khasiberge in Indien, wo man noch bis vor einigen Jahrhunderten Megalithen verbaute, und Äthiopien und Madagaskar, wo sie sogar noch bis vor wenigen Jahren verwendet wurden; dort können wir die größten Aufschlüsse über ihre Funktion erhalten. Ein Madegasse, der mit Megalithbauten bestens vertraut ist, hielt anlässlich eines Besuches in Stonehenge spontan einen Vortrag über den Zweck der Anlage, sein zentraler Gedanke war, dass die Steine Vorfahren repräsentieren. Diese neuzeitliche These könnte durchaus erklären, was in ferner Vergangenheit geschah.

Als Baustrukturen werden Megalithen wie Balken oder Bretter verwendet, nicht wie Mauersteine, obgleich es auch eine »zyklopisch« genannte Mauertechnik gibt, die zwar Riesenquader verwendet, darüber hinaus aber der normalen Technik gleicht. Es gibt Indizien für die Verwendung von Holz in Verbindung mit Megalithbauten – und sehr selten auch direkte Beweise in Form von Fundstücken. In manchen englischen Anlagen sind Holzstrukturen später durch steinerne ersetzt worden. Andere Übereinstimmungen lassen erkennen, dass Bauwerke aus Holz,

In Carnac in der südlichen Bretagne stehen diese schnurgerade ausgerichteten Reihen von Megalithen

Oben: **Der Monolith von Rudston in Yorkshire, England, steht auf einem Kirchhof. Dieser heute im christlichen Sinn heilige Ort war wahrscheinlich auch schon in prähistorischer Zeit eine geweihte Stätte**

Erde und Stein gleichberechtigt nebeneinander existierten, jedes in der seinem Baumaterial entsprechenden Ausprägung.

Die Megalithen des alten Europa

Die bekanntesten Megalithen der Vorzeit stehen in Europa. Darunter befinden sich Einzelstücke von beachtlicher Höhe. Der Monolith von Rudston in England misst 7,80 Meter. Der größte in Frankreich, Le Grand Menhir Brisé (»Der große zerbrochene Menhir«), wiegt ungefähr 250 Tonnen. Würde er nicht in vier Teile zerbrochen am Boden liegen, hätte er eine Höhe von 20 Metern, aber es ist nicht bekannt, ob es jemals gelungen ist, ihn aufzurichten. Ebenso gibt es Megalithanlagen, die aus Zweier- und Dreiergruppen bestehen oder aus in langen parallelen Reihen aufgestellten Steinen. In Ménec an der bretonischen Südküste erstreckt sich über eine Fläche von 1100 Metern eine Anlage aus elf Reihen mit insgesamt 1099 Granitmegalithen.

Steinkreise

Eine Besonderheit der Britischen Inseln sind ihre Steinkreise, deren Megalithen in perfekter Ring-, Oval- oder Eiform arrangiert wurden. Stonehenge ist hierfür das berühmteste Beispiel. Der größte englische Steinkreis von Avebury besteht aus mehr als 100 Megalithen, die zu einem Ring von über 400 Meter Durchmesser aufgestellt wurden, aus dem eine lange, geschwungene Allee aus paarweise aufgestellten Steinen herausführt. Zwei vereinzelte Steine wurden als Überbleibsel einer weiteren solchen Allee identifiziert. Nach eingehender Erforschung stellte sich heraus, dass sich innerhalb der Kreisflächen weitere, sorgfältig angelegte geometrische Strukturen befunden haben müssen, deren Maße oft das Vielfache einer Grundeinheit waren, des »megalithischen Yards«. Doch ist die ihr zugrunde liegende Systematik noch sehr umstritten, und die Zusammenhänge von Grundmaß und Geometrie könnten durchaus nur unserem Wunschdenken von vorzeitlicher Präzision entsprungen sein. Einige Steinkreise in Schottland, die aus einer Kombination von hohen und niedrigen Steinen bestehen, scheinen in Zusammenhang mit horizontnahen Mondpositionen zu stehen. Auch den Bewegungen der Sonne, des anderen der beiden wichtigsten Himmelskörper, wird an einigen Stätten durch entsprechende Ausrichtung der Steine Rechnung getragen.

Rechts: **Neuzeitliche Vorstellung von der Entstehung der Megalithbauten: Riesen legen Hand an. Der holländische Druck aus dem 17. Jahrhundert zeigt ein solches niederländisches *hunebed*, so die alte holländische Bezeichnung für derartige Bauwerke**

Megalithische Kammern

Der zweite bekannte Typ megalithischer Bauwerke hat eine gebäudeähnliche Struktur. Aufrecht stehende Steine bilden Stützen für quer darüber liegende Deckenträger, so dass eine lang gestreckte, rechteckige Kammer oder sogar nur ein enger Korridor entsteht. Oft findet man Stein- oder Erdhügel, die über einer solchen Kammer aufgehäuft wurden; und man nimmt an, dass auch die heute freiliegenden Megalithkammern ursprünglich unter einem solchen Hügel gelegen haben.

Einige Steine, die berühmtesten davon befinden sich in Newgrange und Knowth in Ostirland, zeigen Werke megalithischer Kunst in Form von sorgfältig in ihre Oberflächen eingeritzten geometrischen Mustern. Newgrange ist mit Bedacht so angelegt, dass exakt am Tag der Wintersonnenwende die ersten Strahlen der aufgehenden Sonne in die Kammer fallen. Stonehenge hingegen ist nach dem Sonnenaufgang am Tag des Sommeranfangs ausgerichtet. Knowth, die prächtigste der irischen Megalithstätten, besteht aus zwei hintereinander liegenden gangähnlichen Kammern, die unter einem riesigen, runden Hügel verborgen sind. Auf Steinen am Fuß des Hügels sowie innerhalb der Kammern finden sich Verzierungen, und eine ganze Reihe kleinerer Hügel liegt im Umkreis des großen.

In volkstümlichen Erzählungen wurden diese Megalithkammern immer wieder mit Riesen in Verbindung gebracht. So gibt es ein »Riesengrab« und eine »Riesenlast« (Giant's Load) in Irland, auf Sardinien lautet die Be-

Gegenüberliegende Seite: **Einzigartig unter den großen Megalithbauten – und nur im ostirischen Boyne-Tal zu finden – sind kunstvoll in die Steinoberfläche geritzte Muster, wie dieses aus Knowth stammende Beispiel**

Rechts: **Ein Typ der europäischen Megalithkammern hat die Form eines lang gestreckten Rechtecks: das Galeriegrab. Diese ursprünglich von einem Erdhügel bedeckte Anlage befindet sich in Mougou Vihan, Finistère, Frankreich**

Links: **Wo die Art des Felsens es erlaubt, ihn in lange flache Platten zu zerteilen, können Megalithen besonders schmal und hoch werden, wie diese in Callanish auf der schottischen Insel Lewis**

Gegenüberliegende Seite: **Avebury, der größte aller englischen Steinkreise, hatte ehemals eine komplexe Geometrie, die im Mittelalter erheblich beschädigt wurde. Archäologen haben viele der Steine, die jetzt den großen Umkreis bilden, im 20. Jahrhundert aus Bestattungsgruben im Umland geborgen**

zeichnung »tomba di giganti« (Riesengrab), und das holländische *hunebed* bedeutet Hünengrab. Oftmals wurden sie als Beerdigungsstätten genutzt und daher als Kammergräber bezeichnet. Manche enthalten jedoch keine Gebeine, und andere sind unverhältnismäßig groß im Vergleich mit der Menge der darin befindlichen menschlichen Überreste. Oft kann man noch erkennen, dass damit Seltsames geschehen sein muss: Knochen lagen sortiert nach Typen, die Schädel von den anderen getrennt, ebenso die langen Gliederknochen. Man fand sogar Überreste von Tieren in den Megalithkammern. Die größte steht heute in Bagneux in Nordwestfrankreich. Sie hat eine Grundfläche von 20 Metern mal 7 Meter und ist 3 Meter hoch – ein wahrer Tanzsaal. Wie viele andere ist auch sie schon vor langer Zeit entdeckt worden, doch was darin gefunden wurde, ist nicht bekannt.

Auch in unserer Kultur finden in Kirchen Beerdigungen statt, aber deren eigentlicher Zweck ist nicht, Grabstätte zu sein. Vielmehr sind sie der zentrale Ort einer sozialen Gruppe in einem klar abgegrenzten Gebiet: der Pfarrgemeinde. In einigen Gebieten, in denen die meisten, wenn nicht alle Megalithgräber noch erhalten sind, weisen sie eine Verteilung auf, die den Eindruck erweckt, als hätte jedes Dorf, jeder Weiler sein Gemeindegebiet mit Hilfe eines Megalithbaus markiert.

Verborgene Bedeutungen

Die meisten europäischen Megalithbauten gehen auf die Jungsteinzeit zurück, die Zeit der bäuerlichen Anfänge vor ungefähr 5000 Jahren. Die lang gestreckte Version der Kammern erinnert an die Form der Häuser, wie sie von den ersten Bauern Mitteleuropas errichtet wurden. Ähnlich wie die Megalithbauten hatten viele ihrer »Ritualmonumente« eine eigentümliche Form und eine rätselhafte Funktion: ringförmige Einfriedungen mit Gräben, die keinem militärischen Zweck zu dienen scheinen, Parallelgräben, die sich kilometerweit durch die Landschaft ziehen, und Reihen von Eichenpfosten.

Indem es den Bauern gelang, Überschüsse zu produzieren und kleine Vorräte anzulegen, gewannen sie Zeit und Arbeitskraft, um Megalithbauten zu errichten. Einige davon sind jedoch zu alt, um in einer Art »Freizeitaktion« entstanden zu sein; aber auch der rein funktionelle Zweck einer Begräbnisstätte kann nicht die ganze Antwort sein.

Auch deuten Megalithgrabstätten darauf hin, dass die Leichen dort nicht einfach begraben wurden. Ein aus zwei Stufen bestehendes Ritual ist erkennbar: Zuerst wurde der Tote aufgebahrt, vielleicht auf einer Holzplattform, wie bis vor kurzem noch in Australien, später wurden dann nur die größeren Knochen in die Kammer gelegt, da die kleineren wahrscheinlich mit dem restlichen Körpergewebe verloren gingen. Die Gebeine wurden bewegt. Ältere Knochen wurden zur Seite geräumt, um für neue Platz zu schaffen. Man nimmt heute an, dass die Gemeinschaften der Jungsteinzeit in hohem Maß mit ihrer Vergangenheit beschäftigt waren, dass ihre Toten als durchaus lebendig angesehen wurden und den Ahnen eine aktive Rolle im sozialen Leben zukam. Wenn Megalithkammern Gräber waren, dann waren sie Gräber für die Lebenden.

Die zu den bemerkenswertesten und geheimnisvollsten Stätten des Altertums zählenden Megalithanlagen erregen erhebliches Interesse. An Stätten wie West Kennet, einem Kammergrab in der Nähe der großen Kreise und Alleen von Avebury, kann man immer wieder Räucherstäbchen und Opfergaben in Form von Brot und Blumen finden. Denn so sieht man sie heute: als von Naturkräften durchdrungene heilige Orte, wo die Verehrung der Mutter Erde durch den Menschen ihre Weihestätten gefunden hat. Dies scheint den Archäologen zwar nicht ganz der richtige Weg zu sein, um antike Formen mit neuem Inhalt zu füllen. Doch ist es allemal zu begrüßen, wenn diese alten Stätten wieder aktiv der Gemeinschaft dienen.

Gab es einen Kult der Muttergöttin?

27

Zeit: 7000 bis 5000 v. Chr.
Ort: Anatolien, Europa und Mittelmeerraum

Die Göttin ist Natur und Erde in einem; pulsierend im Wandel der Jahreszeiten bringt sie Leben im Frühling und Tod im Herbst.

MARIJA GIMBUTAS, 1999

IN DIESER GESCHLECHTSBEWUSSTEN ZEIT, in der die männliche Darstellung des christlichen Gottes zunehmend in Frage gestellt wird, hat die Vorstellung von einem vorgeschichtlichen Muttergöttinnenkult viele Anhänger gefunden. Die Idee selbst geht auf Theorien aus dem 19. Jahrhundert zurück, die besagen, dass die menschliche Gesellschaft ursprünglich matriarchalisch organisiert war und sich das bis in neueste Zeit dominante Patriarchat erst später entwickelte. Vertreter dieser Theorie stützen sich unter anderem auf Analysen der Mythologie des Nahen Ostens und der Ägäis. Anthropologen bemühten sich, eine frühe Universalreligion nachzuweisen, die von einer »Großen Göttin« beherrscht wurde, an deren Seite ein »sterbender Gott« wirkte, dessen Entstehen und Vergehen den jährlichen Zyklus der Jahreszeiten repräsentierte. Besonders zwingende Argumente für diese These

Gegen Ende der 60-er Jahre des 20. Jahrhunderts wurde diese Interpretation von Archäologen zunehmend in Frage gestellt. Verallgemeinerungen über vorgeschichtliche Religionen sollten Stichhaltigeres vorweisen können als weibliche Bilder und Figuren. Gräbern beigegebene Figurinen, so wurde weiter ausgeführt, müssen nicht unbedingt Gottheiten repräsentieren, außerdem seien es auch nicht nur weibliche Darstellungen gewesen. Einige dieser geschlechtslosen Figuren hätten genauso gut männlich sein können; in anderen Fällen mag das Geschlecht nicht wichtig gewesen sein. Die füllige »Dame« aus dem Tempel von Tarxien auf Malta, von dem nur noch die Grundmauern erhalten sind, könnte ebenso gut männlich wie weiblich sein. Die wenigen eindeutig weiblichen Formen, die sich unter den Felsschnitzereien in Westeuropa fanden, waren ebenfalls keine ausreichende Basis, um in den viel zahlreicheren abstrakten Bildern dieser Grabstätten »Muttergöttinnen« erkennen zu können.

Figurine der »Muttergöttin« aus dem 7. Jahrtausend v. Chr., Çatal Hüyük, Türkei. Neuere Forschungen zeigen, dass Figurinen aus Çatal Hüyük nicht in Schreinen innerhalb der Siedlungen aufbewahrt wurden, sondern auf offenen Plätzen und in Höfen aufgestellt waren. Es gibt zwar keinen Hinweis darauf, dass sie Gottheiten repräsentierten, doch sie können mit dem Tod in Verbindung gebracht worden sein

Gegenüberliegende Seite: **Diese Skulptur einer schlafenden Frauenfigur aus Tarxien, Malta, 3. Jahrtausend v. Chr., beflügelte die Theorie von einer vorgeschichtlichen »Göttinnen«-Religion**

Fayence-Figurine aus dem minoischen Palast von Knossos, Kreta, 2. Jahrtausend v. Chr.: Sie stellt eine barbusige Frau dar, die mit jeder Hand eine kleine Schlange packt. Schlangen wurden in der ägäischen Mythologie mit dem Göttlichen in Verbindung gebracht; doch es ist unklar, ob hier eine Göttin gezeigt wird oder eine Priesterin bei einer rituellen Handlung

fand Sir James Frazer in seinem Werk *Der Goldene Zweig*, eine vergleichende Studie über Religionen und Mythen der Welt, die zwischen 1911 und 1915 in zwölf Bänden veröffentlicht wurde.

Vor diesem Hintergrund verschrieb sich der Archäologe Sir Arthur Evans bereitwillig der Theorie, dass die minoische Religion Kretas auf einem Kult der »Großen Göttin« basierte, einer weiblichen Figur, die in Fresken und Figurinen auf Knossos dargestellt wurde. Ebenso erkannte Themistokles Zammit in der Bildersymbolik von Tarxien und Hal Saflieni auf Malta den Beweis für eine prähistorische »Göttinnen«-Religion, und bald wurde dieses Konzept auf die ebenso vagen wie rätselhaften Darstellungen in den jungsteinzeitlichen Grabstätten Nordwesteuropas ausgeweitet.

Sockel einer riesigen Kalksteinstatue aus dem prähistorischen Tempel von Tarxien auf Malta, 3. Jahrtausend v. Chr.: Da die obere Hälfte fehlt, könnte die Statue genauso gut eine männliche Führergestalt dargestellt haben wie eine füllige Muttergöttin

Die Theorie von Marija Gimbutas

Diesem ketzerischen Trend wurde von der litauisch-amerikanischen Archäologin Marija Gimbutas mit einer ganzen Bücherserie frontal begegnet, die 1974 mit *The Gods and Goddesses of Old Europe* begann und mit dem posthum erschienenen *The Living Goddesses* 1999 endete. Gimbutas bediente sich der neolithischen Figurinen Südosteuropas, um ihr Modell einer friedlichen frühen Agrargesellschaft zu entwerfen, die Göttinnen verehrte und matriarchalisch organisiert war. Diese Sozialordnung zog sich vom Nahen Osten (Fresken und Figurinen aus Çatal Hüyük in der Südtürkei) bis nach Westeuropa, wo sie zwar nicht von Figurinen repräsentiert wurde, dafür aber von spiralförmigen Motiven der Megalithkunst, von den »mutterleibähnlichen« Formen jungsteinzeitlicher Korridorgräber und vom kreisförmigen Grundriss wichtiger Ritualmonumente. Diese die Göttin verehrenden Matriarchate, so Gimbutas, wurden schließlich von patriarchalisch organisierten, kriegerischen Reitervölkern verdrängt, die in mehreren Wellen im 4. und 3. Jahrtausend v. Chr. aus den eurasischen Steppen eindrangen.

Die Archäologie erkennt ohne weiteres an, dass sich prähistorische Gesellschaften wahrscheinlich erheblich von denen der jüngeren Vergangenheit unterschieden haben. Ihr Hauptargument gegen Gimbutas' Theorie sind jedoch die vielen von ihr übergangenen Funde. Anthropomorphe Darstellungen des weiblichen Geschlechts finden sich in großer Menge an prähistorischen und frühhistorischen Stätten. Die Figur mit Kragen und Brüsten, die in die Wand des Hypogäums im nordwestfranzösischen Coizard geritzt wurde, und die »Schlangengöttin« aus dem Palast von Knossos auf Kreta sind nur zwei der vielen Beispiele. Doch waren auch männliche Abbildungen und Symbole (Phallussymbole beispielsweise) in den vorgeschichtlichen Darstellungen Europas durchaus nicht ungewöhnlich, und oftmals waren sie Produkte derselben Gesellschaften, die auch die weiblichen Figurinen hergestellt hatten.

Es besteht weiterhin kein Anlass anzunehmen, dass all diese Darstellungen einen Bezug zum Göttlichen gehabt hätten. Dies gilt für männliche und weibliche Figurinen gleichermaßen. Genauso gut könnte es sich um Abbilder von Vorfahren oder gerade Verstorbenen gehandelt haben, die dem Andenken an die Toten während der Trauerzeit dienten.

Die »mutterleibähnliche« Form der Korridorgräber Westeuropas, wie dieses auf der Ile Longue in der Bretagne, wurde von Marija Gimbutas als ein weiteres Argument für ihre Interpretation der frühen europäischen Gesellschaften gewertet

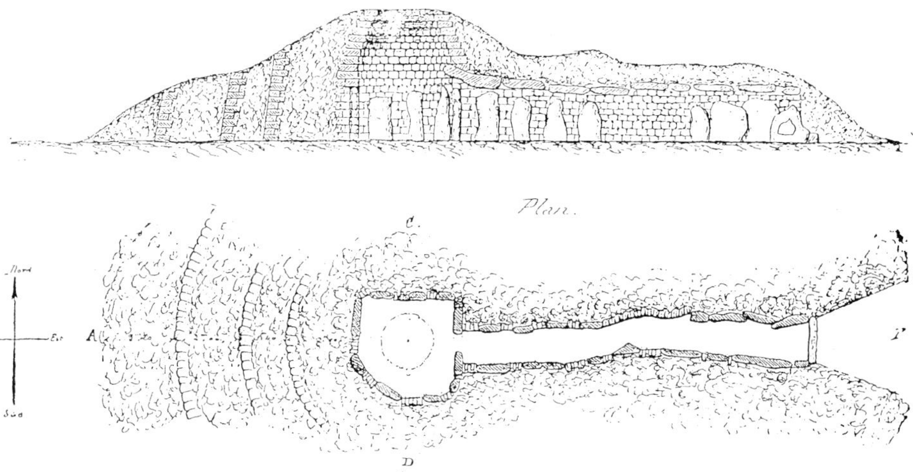

In diesen Spiralen im Kammergrab von Newgrange in Irland, circa 3100 v. Chr., erkannte Marija Gimbutas einen weiteren Beweis für eine matriarchalische Gesellschaft

Da es viele verschiedene Möglichkeiten für die Entstehung dieser Figurinen zu geben scheint, ist jeglicher simplifizierenden »Patentlösung« mit großer Vorsicht zu begegnen, sei diese nun religiös oder sozial begründet. Einer der wichtigsten Aspekte, aber gleichzeitig auch der größte Schwachpunkt von Gimbutas' Beweisführung ist die Vielfalt der von ihr dokumentierten Indizien: Figurinen aus Häusern, Grabstätten und »Tempeln« sowie Spiralgravuren aus Megalithgräbern. Die sorgfältige Überprüfung jedes einzelnen Falles hat ergeben, dass von einer einzigen Universalreligion keine Rede sein kann, dass es sich vielmehr um unterschiedliche Bekenntnisse und Bräuche handelt.

Schließlich bricht ihre Hypothese, dass im vorgeschichtlichen Europa friedliche Matriarchate die Gesellschaftsordnung bestimmt hätten, bis Krieg und zerstörerisches Konkurrenzdenken von patriarchalisch orientierten Reitervölkern eingeführt wurden, vollends zusammen. Gimbutas' »Altes Europa« war alles andere als friedlich. Die Gebeine der mit Axthieben abgeschlachteten Opfer im Massengrab von Talheim in Bayern erzählen eine andere Geschichte. Auch sind Invasionen durch Steppenvölker archäologisch nicht bewiesen, und es gibt keine Anzeichen dafür, dass im 4. und 3. Jahrtausend v. Chr. neue Völker nach Europa gezogen wären; ganz im Gegenteil, alles weist darauf hin, dass die seit langem dort ansässigen Gesellschaften sich ungestört weiterentwickeln konnten.

Daher muss die Hypothese von einer »Muttergöttin«, so wie sie von Marija Gimbutas und anderen propagiert wurde, im Licht heutigen archäologischen Wissens verworfen werden. Sie liefert im Gegenteil sogar ein Paradebeispiel dafür, wie Wunschdenken archäologische Erkenntnisse beeinflussen kann. Damit soll natürlich nicht behauptet werden, dass Frauen und weibliche Gottheiten in der Vergangenheit keine gesellschaftliche Rolle gespielt hätten. Die Ablehnung der Idee von einem weit verbreiteten Matriarchat in der Vorgeschichte soll keineswegs dem Patriarchat als naturgegebene oder wünschenswerte Gesellschaftsordnung das Wort reden.

Der Mann aus dem Eis: Schäfer, Schamane?

28

Zeit: 3300 bis 3200 v. Chr.
Ort: Italienische Alpen

Bergunfall: Leiche am Hauslabjoch gefunden – Die Identität des Mannes konnte noch nicht festgestellt werden. Neben der Leiche gefundene Gegenstände lassen darauf schließen, dass sich der Unfall bereits im 19. Jahrhundert ereignet hat.

POLIZEIBERICHT, 1994

AM 19. SEPTEMBER 1991 fanden zwei deutsche Bergtouristen die älteste erhaltene Leiche, die der Wissenschaft bekannt ist. Der Ort des Fundes liegt im italienischen Südtirol nahe dem Alpenhauptkamm im Gebiet der Ötztaler Alpen und kaum weiter als 90 Meter von der österreichischen Grenze entfernt. Bekannt wurde der Tote in der Folgezeit unter dem Spitznamen »Ötzi«, den ein österreichischer Journalist aus den Worten »Ötztal« und »Yeti« gebildet hatte. Sein wissenschaftlich korrekter Name ist jedoch »Der Mann vom Hauslabjoch«.

Der trostlose, weit abgelegene Ort des Leichenfundes hat zahlreiche Mutmaßungen über die Todesart Ötzis ent-

stehen lassen. Wissenschaftliche Analysen erbrachten eine Fülle von Details über seinen Gesundheitszustand sowie die in seinem Besitz befindlichen Gegenstände, die neben der Leiche gefunden wurden. Mit diesen Informationen ausgerüstet, können Archäologen zu klären versuchen, was er dort oben in den Alpen zu tun hatte.

Körper, Kleidung und Ausrüstung

Ötzis Körper lässt auf ein Alter zwischen 25 und 45 Jahren schließen, er ist in derart gutem Zustand, dass sogar die Molekularstruktur seines Körpergewebes noch intakt ist. Der außergewöhnlich hohe Erhaltungsgrad erklärt sich durch die Abfolge der Ereignisse kurz vor und nach seinem Tod. Es wird angenommen, dass er einem plötzlich hereinbrechenden frühherbstlichen Schneesturm zum Opfer fiel. Eine dünne Schneeschicht schützte den Körper vor Larvenfraß, während er vom Herbstwind allmählich getrocknet wurde; ein Vorgang, den man als natürliche Gefriertrocknung bezeichnen kann. Als die starken Winterschneefälle schließlich einsetzten, hatte die Leiche bereits einen weitgehend stabilen Zustand erreicht. Radiokarbontechnische Untersuchungen des Körpergewebes – der Verlässlichkeit wegen in vier unabhängigen Labors vorgenommen – datieren dieses Geschehen auf eine Zeit zwischen 3300 und 3200 v. Chr. Daher muss die Leiche mehr als 5000 Jahre im Eis gelegen haben, bevor sie von warmen Saharawinden 1991 freigelegt wurde.

Der Erhaltungsgrad des Mannes vom Hauslabjoch ist somit zwar beachtenswert, aber nicht unerklärlich, und nur die eigentliche Todesursache sowie die bei der Leiche gefundenen Gegenstände werfen Fragen auf. Man fand ein

Gegenüberliegende Seite: **»Der Mann vom Hauslabjoch« im September 1991, noch halb im Eis steckend, aber bis zu den Hüften schon freigelegt. Erst im Gerichtsmedizinischen Institut von Innsbruck wurde klar, um was es sich bei diesem Fund handelte**

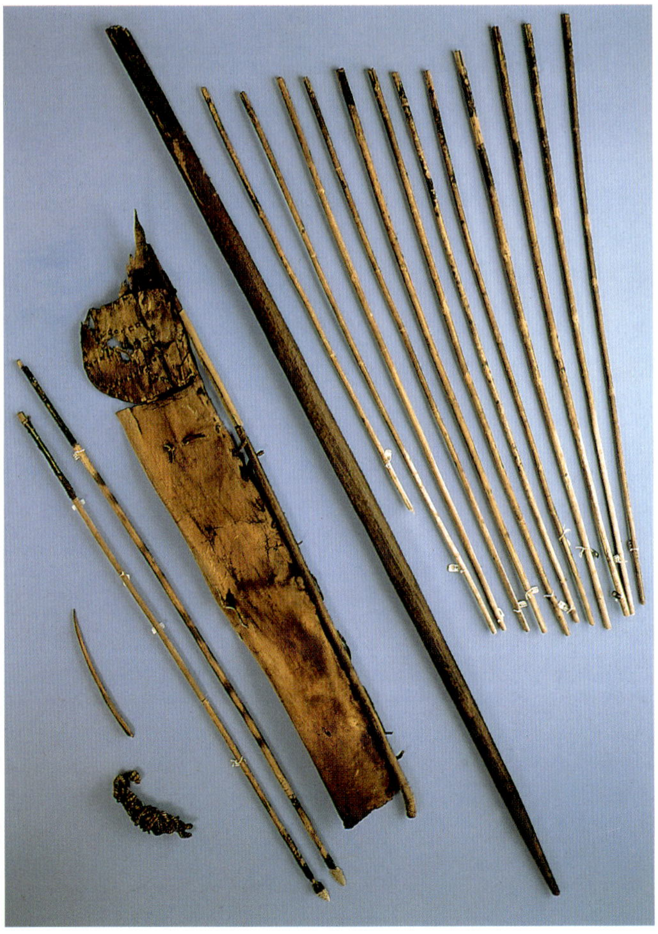

Rechts: **Rekonstruktion des Manns aus dem Eis, komplett mit Bekleidung und Ausrüstung. Schilf- oder Strohumhänge wurden noch im 18. Jahrhundert in einigen Teilen Europas getragen**

Links: **Die noch unfertigen Ausrüstungsgegenstände Ötzis: Bogen, Pfeilschäfte und Lederköcher. So ausgestattet hätte er kaum auf Jagd gehen können**

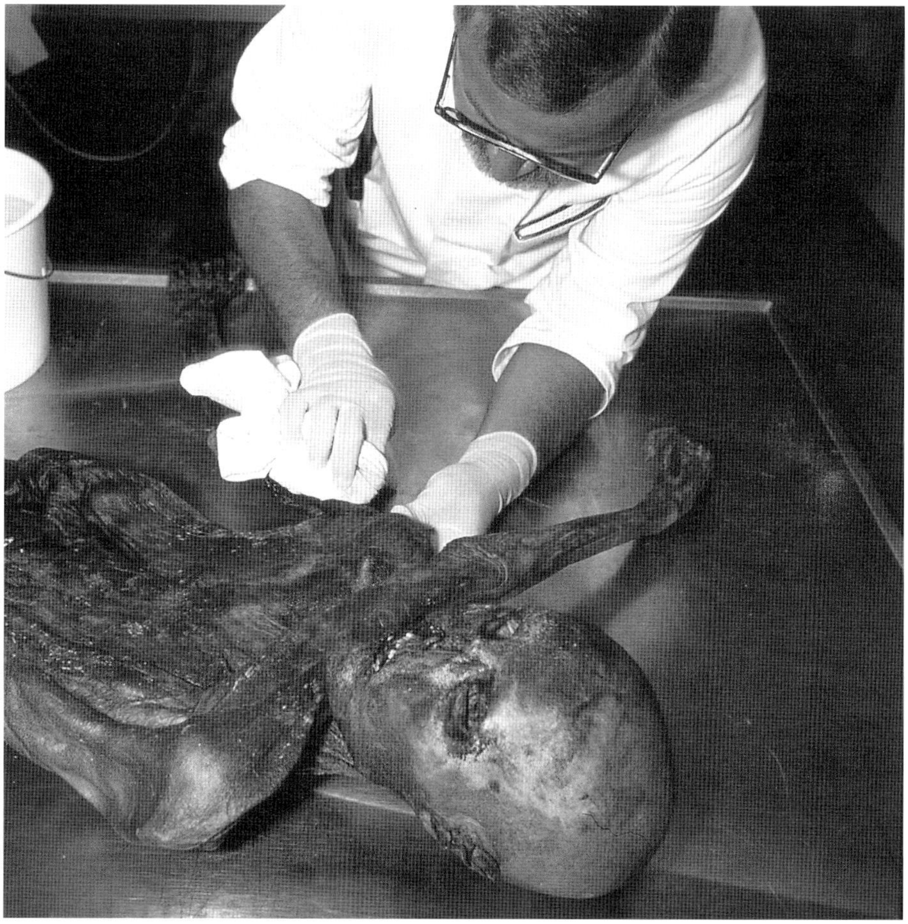

Oben: **Diese polierte Perle aus weißem Marmor mit der daran befestigten Lederquaste verleitete dazu, in Ötzi einen Schamanen zu sehen**

Gegenüberliegende Seite: **Die Leiche vom Ötztal mit Teilen ihrer Ausrüstung: Eine neben dem Körper gefundene Axt, deren kupferne Schneide am Holzschaft festgebunden war, gab erste Anhaltspunkte für das Alter des Fundes**

Links: **Ein internationales Team von Fachwissenschaftlern nahm ausgiebige Untersuchungen vor, um Alter, Gesundheitszustand und Todesursache des Eismannes festzustellen**

Beil mit einer Kupferklinge und einem Eibenholzstiel, die mit einem Lederband zusammengebunden waren, einen halb fertigen Bogen, ebenfalls aus Eibenholz, sowie ein Rückentragegestell aus Lärchenholz und Tierhaut. Weiterhin ein Flintmesser samt Scheide, einen hirschledernen Köcher, zwei Pfeile mit Flintspitze, zwölf unfertige Pfeilschäfte sowie einen Kalbslederbeutel, der am Gürtel getragen wurde. Neben diesen Ausrüstungsteilen blieben von seiner Kleidung erhalten: Leggins, Mütze und ein ponchoähnlicher Überwurf aus Fell, Lederschuhe, die zur Wärmeisolation mit Gras ausgestopft waren, und ein Cape aus Gras, das auch als Schlafdecke oder -unterlage gedient haben könnte. Zwar kann man diese Stücke mit warmer, trockener Wetterschutzkleidung moderner Fertigung nicht vergleichen, doch waren sie für das raue Alpenklima recht gut geeignet, zumindest in der Übergangszeit.

Gleiches kann man jedoch von Ötzis Ausrüstungsgegenständen nicht behaupten, die halb fertigen Pfeile und Bogen deuten an, dass er für seine Reise nur unzureichend ausgestattet war. Auch gesundheitlich kann es mit ihm nicht zum Besten gestanden haben: Unterbrechungen im Wachstum der Fingernägel zeigen, dass er während seiner letzten sechs Lebensmonate dreimal ernsthaft erkrankt war. Er trug Tätowierungen am unteren Rücken, linken Bein sowie am rechten Sprunggelenk und Knie, die wohl eher therapeutischen als dekorativen Zwecken dienten, denn Ötzi litt an Arthritis. Proben seines Darminhalts ergaben weiterhin, dass er an einer Infektion des Gastrointestinal-Trakts und als Folge wahrscheinlich unter chronischem Durchfall gelitten haben muss. Am schwersten dürfte jedoch eine nicht lang zurückliegende Brustverletzung gewogen haben, bei der acht Rippen gebrochen worden waren. Diese Diagnose führte zu Spekulationen, der Eismann könnte gewaltsam aus seinem Dorf vertrieben worden und mit eilig zusammengeklaubter Ausrüstung auf der Flucht über die Alpen von einem unerwartet frühen Schneesturm überrascht worden sein.

Schäfer oder Schamane?

Doch es gibt auch noch andere Erklärungen, von denen eine in Ötzi nur einen einfachen Hirten sieht. Moosreste an der Leiche stammen von der Südseite der Alpen, und sein Heimatdorf könnte Vinschgau gewesen sein, das etwa 20 Kilometer südlich seiner Fundstelle liegt. Spuren von Pollen legen ein frühherbstliches Szenario für sein tragi-

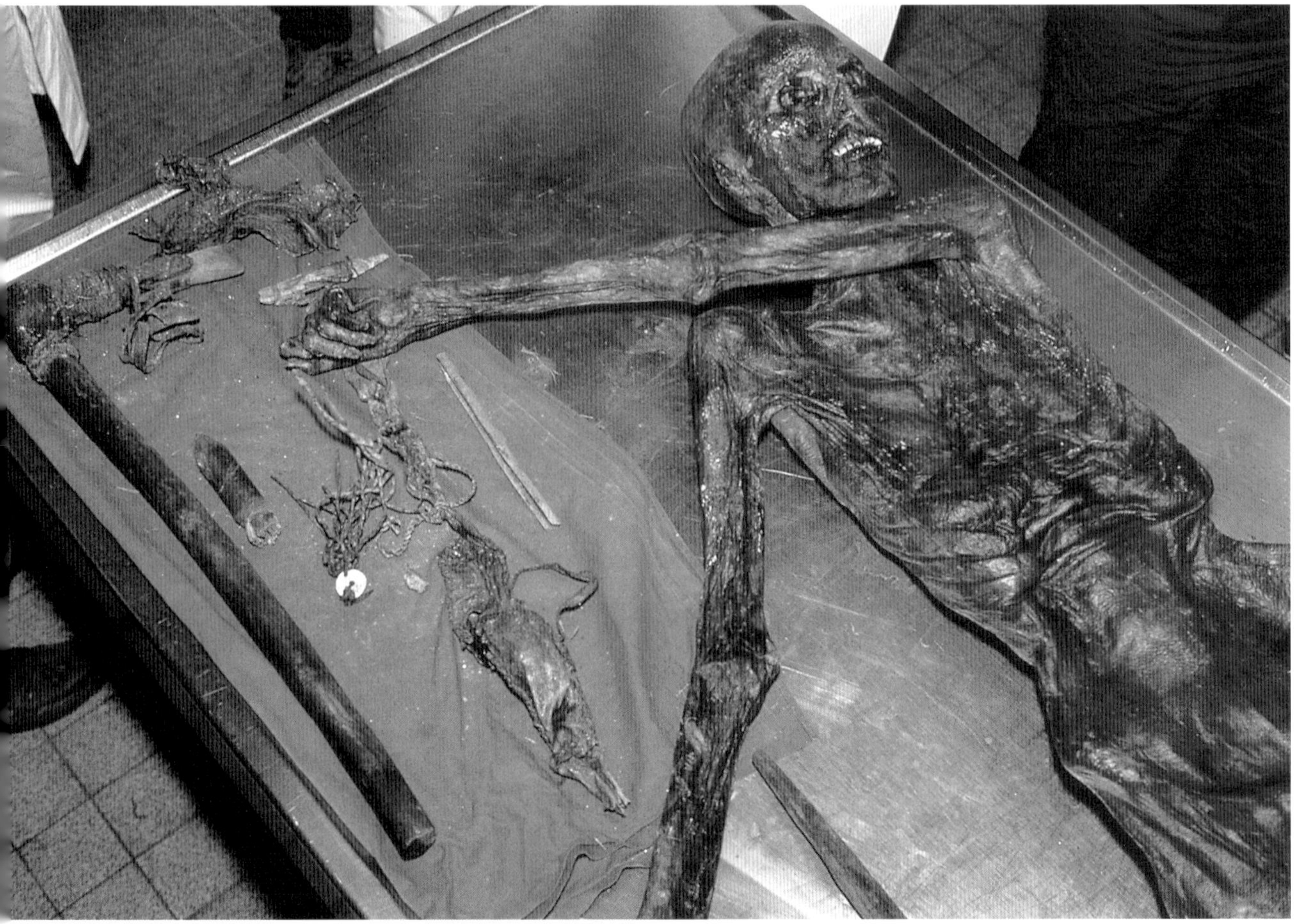

sches Ende nahe: Während er in angeschlagenem Gesundheitszustand im Hochland seine Tiere hütete, könnte er von einem Temperatursturz überrascht worden und in der flachen Mulde erfroren sein, die er zu seinem Schutz aufgesucht hatte und in der man ihn dann fand.

Diese Erklärung war jedoch manchen nicht romantisch genug, und so kam die Idee auf, Ötzi müsse eine Art Schamane gewesen sein. Die unvollständige Jagdausrüstung, die Tätowierungen und der Anhänger aus weißem Marmor mit der Lederquaste daran wurden zur Unterstützung dieser These herangezogen. Schamanen kommunizieren mit der Welt der Geister, und oft suchen sie dazu einsame Orte auf, womit sein Weg in die Hochalpen erklärt wäre. Ethnografische Beispiele belegen, dass man hellen, polierten Steinen eine spirituelle Kraft zuschrieb, wenn auch meistens Quarze verwendet wurden. Wenn man diese Schamanenthese auch nicht völlig von der Hand weisen kann, so hat sie doch keine allzu große Überzeugungskraft. Auch fehlt der Wissenschaft wegen der Einzigartigkeit des Fundes und seines hervorragenden Erhaltungszustands jegliche Vergleichsmöglichkeit. Wäre diese vorhanden, könnte man wahrscheinlich problemlos alle Theorien verwerfen, die dem Eismann religiöse oder rituelle Funktionen andichten wollen, und würde ihn trotz manch erstaunlichen Gegenstandes in seinem Besitz als das erkennen, was er eigentlich war: ein normales Mitglied einer alpenländischen Siedlungsgemeinschaft aus dem 4. Jahrtausend v. Chr., dessen Besonderheit sich weniger aus seiner gesellschaftlichen Rolle als seinem ungewöhnlichen Schicksal ergibt.

Wie wurde Stonehenge gebaut?

29

Zeit: ca. 2950 bis 1600 v. Chr.
Ort: Südengland

Als stumme Vision von vergangenen Tagen
Steht ein Tempel aus Steinen so ernst und still
Der von uralten Wundern berichten will
Die vor vielen Äonen sich zugetragen.

EDWARD G. ALDRIDGE,
MITTE DES 19. JAHRHUNDERTS

WIE WURDE STONEHENGE GEBAUT? Die einfache Antwort lautet: unter einigen Schwierigkeiten. Die korrekte Antwort: unter weniger Schwierigkeiten als bisher angenommen.

Stonehenge ist einzigartig, und gerade diese Einzigartigkeit gibt uns den ersten Hinweis. Alle anderen Steinkreise in Großbritannien – es gibt mehrere Hundert, einige davon mit erheblich größerem Durchmesser – bestehen aus Megalithen, die in natürlichem Zustand belassen wurden. Nur in Stonehenge wurden die großen Steine sorgfältig zu

Gegenüberliegende Seite: **Stonehenge heute: Ruinen, fehlende Steine und wahrscheinlich niemals plangemäß fertig gestellt**
Oben: **Die meisten hölzernen Monumente aus der Zeit von Stonehenge sind verschwunden, nur ihre Spuren bleiben als dunkle Flecken auf dem Boden zurück. Dies ist eine der wenigen Ausnahmen: ein seltsames Gebilde an der Küste Norfolks, »Seahenge« genannt**

rechteckigen Formen behauen. Die wie Türstürze über den senkrechten Steinen liegenden Decksteine sind mit diesen verzapft, als wären es Holzbalken; und die an sie anschließenden Horizontalelemente, die die waagrechte Linie fortsetzen, sind ebenfalls durch die aus dem Holzbau bekannte Nut-und-Feder-Technik mit ihnen verbunden. Der früheste Bericht aus dem 11. Jahrhundert bezeichnet Stonehenge als »wie aus Türen gebaut«.

Woodhenge und Seahenge

Obwohl aus Stein, wurde Stonehenge also gebaut, als wäre es aus Holz. Anfang des 20. Jahrhunderts entdeckten Pioniere der Luftbildfotografie nur wenige Kilometer neben dem berühmten Monument eine Ansammlung von Flecken im Gras, die wie Stonehenge konzentrische Kreise bildeten und ähnlich angeordnet waren. Offensichtlich handelte es sich um etwas sehr Ähnliches, das jedoch aus Holz bestanden hatte und deshalb »Woodhenge« genannt wurde. Wie bei Stonehenge war die Achse dieses Monuments ebenfalls nach dem Sonnenaufgang am Sommeranfang ausgerichtet.

Erst 1998/99 entdeckte man ein ähnliches, noch recht gut erhaltenes Monument, das nicht nur aus Flecken am Boden bestand, wo das Holz einstmals verfault war. Konserviert im Schlick der Küste bei Norfolk in Ostengland und mit Hilfe der Dendrochronologie (Jahrringdatierung) auf exakt 2050 v. Chr. datiert, dauerte es nicht lange, bis ein passender Name gefunden war: Seahenge. Es besteht aus einem Ring von Holzpfählen, in dessen Zentrum eine einzelne kräftige Eiche vertikal in den Boden gesetzt worden war, und was zuerst für deren Äste gehalten wurde, stellte sich als Wurzeln heraus: Der Baum war kopfüber in den Grund gesteckt geworden.

Die Erbauer von Stonehenge müssen daher mit einer Technologie vertraut gewesen sein, die sie nicht nur befähigte, große Steine zu bewegen und aufzustellen, sondern das Gleiche auch mit entsprechend großen Baumstämmen zu tun und sie – wie wir später noch erfahren werden – zu spalten. Diese Fähigkeiten ermöglichten Stonehenge. Es ist nicht bekannt, wie diese Holzstrukturen aussahen. Es könnten sowohl mit Dächern versehene Gebäude gewesen sein als auch nur aufgerichtete Baumstämme, unbearbeitet oder ähnlich den nordamerikanischen Totempfählen mit Schnitzereien versehen. Von Seahenge, dem ersten uns bekannten Beispiel einer erhaltenen Holzkonstruktion, hätte man vielleicht erwartet, dass es bis auf das unterschiedliche Baumaterial Stonehenge gleicht, es unterscheidet sich jedoch erheblich. Interessanterweise gibt es in Stonehenge Steine, ursprünglich acht an der Zahl, die wesentlich älter sind als die im Zentrum des Monuments und die oft übersehen werden: Sie waren nicht nach dem Vorbild einer Holzkonstruktion bearbeitet.

Der Transport

Die erste Voraussetzung zum Bau von Stonehenge war das Finden geeigneter Steine. Unter den diversen verwendeten Typen kommen Doleritsteine (Blausteine) am häufigsten vor, die aus dem über 240 Kilometer entfernten Wales stammen. Sie haben ungefähr die Größe eines Sarges und wiegen an die vier Tonnen. Es kann nicht allzu schwer gewesen sein, sie über Land zu ziehen und mit Booten entlang der Küste und auf Flüssen nach Stonehenge zu transportieren. Aber leicht war es auch nicht: Als man im Jahr 2000 beschloss, in einem Experiment einen Dolerit von entsprechender Größe nach Stonehenge zu ziehen, fehlte es zunächst an genügend Freiwilligen. Beim anschließenden Wassertransport rutschte er dann ab und versank in den Fluten. Erst nachdem er wieder gehoben worden war, konnte der Versuch fortgesetzt werden.

Die großen Sandsteinblöcke (Sarsens) waren zwar viel schwerer, kamen dafür jedoch aus der näheren Umgebung und mussten nur wenig mehr als 30 Kilometer transportiert werden. Das größte Problem der Baumeister dürfte gewesen sein, genügend Blöcke mit geeigneten Maßen zu finden – wäre Stonehenge planungsgemäß fertig gestellt worden, hätte man neunundsiebzig davon benötigt, und Hunderte waren schon in den älteren Megalithkreisen und -alleen des nahe gelegenen Avebury verbaut worden. Auch dass viele Blöcke von Stonehenge kaum in den Boden versenkt wurden, wodurch sie an Stabilität gewonnen hätten, deutet darauf hin, dass die gesamte Anlage wohl nie zu Ende gebaut worden ist. Sind ihnen vielleicht einfach die Steine ausgegangen?

Gegenüberliegende Seite: **Der klassische Blick von Stonehenge nach Nordwesten auf den »Peilstein«, über dem am ersten Tag des Sommers die Sonne aufgeht**
Oben: **Neuzeitlicher Versuch, einen walisischen Doleritstein auf einem Schlitten nach Stonehenge zu ziehen**

Doch erst mal ging es darum, die bis zu 40 Tonnen schweren Sandsteinblöcke zu bewegen. Experimente mit einem Stein ähnlicher Größe, durchgeführt von dem Archäologen Julian Richards und dem Ingenieur Mark Whitby im Jahre 1994, geben Aufschluss darüber, wie dies bewerkstelligt worden sein kann. Der Stein wurde auf ein mit Seilen gezogenes Holzgestell gehebelt, von dessen steinzeitlichem Vorgänger man ursprünglich annahm, es sei auf quer liegenden Stämmen gerollt worden, doch der am Test beteiligte Ingenieur fand eine bessere Lösung: eingefettete Holzschienen, auf denen das Gestell entlangrutschte. Von 130 Freiwilligen an Seilen gezogen, musste nur die anfängliche Haftreibung mit einem Ruck überwunden werden, dann lief das Ganze »wie geschmiert«. Aus Sicherheitsgründen wurden bei diesem Versuch moderne Seile verwendet, doch wir wissen, dass man auch schon in vorgeschichtlicher Zeit stabile Zugseile aus der Innenrinde von Bäumen herzustellen wusste. Man schätzte, dass eine Tagesleistung von einem Kilometer auf leicht bergauf führender Strecke und bis zu zehn Kilometern in der Ebene oder bergab im Bereich des Möglichen lagen. Und man weiß, dass die Menschen der Jungsteinzeit großes Geschick darin hatten, Holz zu spalten, um es für den Bau der Gleitschienen zu verwenden. Zwischen den Marlborough Downs, wo die Sandsteinblöcke gewonnen wurden, und Stonehenge liegt das Vale of Pewsey. Die Steine mussten den steilen Nordrand dieses Tals hinabgelassen, über den feuchten Talboden gezogen und auf der anderen Seite die Böschung hochgeschleppt werden, bis die Ebene erreicht war, wo Stonehenge gebaut wurde.

Bearbeiten und Aufstellen der Steine

Die Sandsteinblöcke konnten mit Werkzeug aus demselben Material zurechtgehämmert werden – ein langwieriger Prozess, da der Stein extrem hart ist und nicht in großen Stücken wegzubrechen pflegt, sondern buchstäblich zu Steinmehl zerfällt. So fand man viele Richt- und Schlagwerkzeuge in allen Größen in Stonehenge, die, nachdem sie ausgedient hatten, zum Unterkeilen und Stabilisieren der großen Vertikalsteine benutzt wurden. Parallel zu einigen der Blöcke finden sich Spurrinnen – von den Füßen der vielen Steinhauer.

Auch das Aufstellen der Blöcke wurde 1994 probiert: Man platzierte einen flach liegenden großen Block mit einem Ende über eine vorbereitete Grube, zog dann einen kleineren Stein auf ihm entlang, bis er unter dessen Gewicht in das Loch abkippte. Auch die jungsteinzeitliche Technologie wäre dazu ohne weiteres in der Lage gewesen, aber hätten jungsteinzeitliche Köpfe sich dies auch auszudenken vermocht? Anschließend wurde der Block mit einem System aus Hebeln und Seilen in die Senkrechte gezogen, das von 130 Arbeitern bedient wurde, Männer und Frauen aller Altersstufen und unterschiedlicher Körperkraft. Nachdem die Vertikalblöcke mit kleineren Steinen in ihren Betten verkeilt und gesichert worden waren, blieb als letzte Herausforderung das Auflegen der Decksteine. Dazu standen zwei verschiedene Methoden zur Verfügung. Man hätte eine lange Rampe hinaufziehen oder ein Gerüst unter ihnen aufbauen können, indem man abwechselnd an beiden Enden Hebel ansetzte und schichtweise Holzlagen unterschob. Nachdem man schließlich die Decksteine auf die gewünschte Höhe gebracht hatte, mussten sie nur noch zurechtgehauen und in ihre endgültige Lage gerückt werden. Da man keine Spuren einer Rampenkonstruktion gefunden hat, dürfte das Schichtsystem zur Anwendung gekommen sein.

Mit einer Mannschaft von 130 Arbeitern und den bekannten Fertigkeiten jungsteinzeitlicher »Ingenieure« erscheint der Bau von Stonehenge plötzlich gar nicht mehr so schwer, wie man bisher annahm. Gerade die so an Maschinenkraft gewöhnte westliche Welt scheint vergessen zu haben, was Geschick und Muskelkraft bewirken können. Daher liegt der Kern der Frage »Wie wurde Stonehenge gebaut?« vielleicht eher in unserem Unverständnis für das Machbare, und wir sollten uns vielmehr fragen: Warum sind wir darüber so erstaunt?

Abschließend sei noch eine interessante Anekdote im Zusammenhang mit dem oben beschriebenen Rekonstruktionsversuch erwähnt: Obwohl die Blöcke ursprünglich wieder entfernt werden sollten, fand der Anblick der Anlage in einem Feld in North Wiltshire einen solchen Anklang, dass die Idee geboren wurde, sie zum Monument zu erklären und einfach dort zu belassen. Nachdem jedoch das Gerücht durchgesickert war, sie solle als Mittelpunkt einer nicht genehmigten »Rave«-Veranstaltung dienen, wurde sie schließlich doch abgebaut. Angeblich sollen die Teile eingelagert worden sein und jedem zur Verfügung gestellt werden, der Stonehenge nachbauen möchte, sei es auf steinzeitliche oder moderne Art.

Rechts: **Beim Versuch des Nachbaus von Stonehenge wurde mit Hilfe einer solchen Doppelhebel-Konstruktion die Kraft zum Ausrichten der großen Steine verstärkt**

Unten: **Zum Anheben eines Decksteins setzten die modernen Ingenieure Muskelkraft ein, aber auch Gerüste und Schutzhelme**

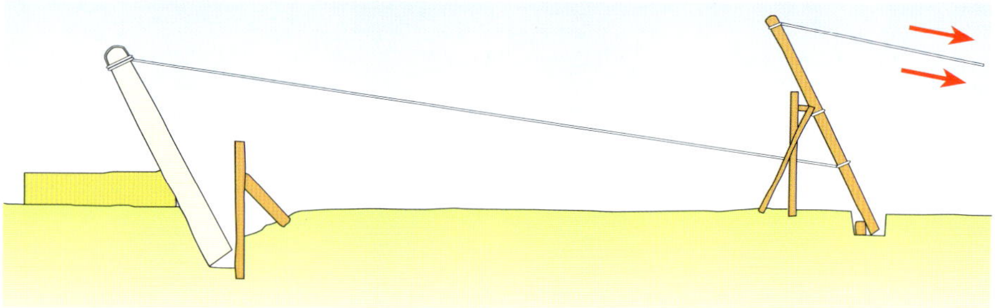

Woher kamen die Indoeuropäer?

30

Zeit: ca. 7000 bis 3000 v. Chr.
Ort: Eurasien?

Schon seit einer ganzen Weile beschäftigte ich mich in meiner Freizeit mit den verblüffenden Ähnlichkeiten der Sprachen Europas; und das Neue und Erstaunliche, auf das ich jeden Tag stieß, ließ in mir allmählich den Wunsch entstehen, der Spur bis zum Anfang nachzugehen.

JAMES PARSONS, 1767

OBWOHL IN EUROPA UND WESTASIEN viele Kulturen und Völker gelebt haben, benutzten die meisten Europäer und ein erheblicher Teil der West- und Südasiaten Sprachen, die miteinander verwandt waren. Sie schienen alle derselben Sprachfamilie zu entstammen, die sich irgendwann während der Jungsteinzeit oder frühen Bronzezeit über Eurasien ausgebreitet hatte. Eine Vorstellung von dieser linguistischen Verbindung erhalten wir, indem wir einige Wörter wählen, die in allen indoeuropäischen Sprachen vorkommen, und sie von Irland im Westen bis zu den Oasen der Tocharier entlang der Seidenstraße im Westen Chinas verfolgen.

Die Ähnlichkeiten dieser Wörter erklären sich aus der Tatsache, dass sie von einer gemeinsamen Ursprache abstammen, dem Proto-Indoeuropäischen, vergleichbar mit dem vom Spätlateinischen abstammenden Französisch, Spanisch und Italienisch. Die Frage, wann und wo genau dieses Proto-Indoeuropäisch gesprochen wurde, beschäftigt die Sprachwissenschaft seit 200 Jahren. Die Übereinstimmungen zwischen verschiedenen Vokabeln aus den indoeuropäischen Sprachen ermöglichen Linguisten, die grobe Struktur des Proto-Indoeuropäischen und zumindest Teile ihres Bedeutungsgehalts zu rekonstruieren. Darunter finden sich die Namen von Bäumen (Birke, Eiche, Weide, Esche usw.), Wildtieren (Bär, Fuchs, Elch, Luchs usw.) und , was noch weit wichtiger ist, Nutztieren (Kuh, Schaf, Ziege, Schwein) und Geräten (Topf, Sichel, Pflug), die mit Landwirtschaft (Korn, Mahlstein) und Transport (Rad, Wagen, Joch) verknüpft sind. Daraus geht hervor, dass die Proto-Sprache mindestens so lange Bestand gehabt haben muss, bis die erwähnten technischen Geräte eingeführt waren.

Viele haben versucht, anhand ihrer Erkenntnisse über diese Proto-Sprache – besonders der rekonstruierten Wörter, die sich auf die konkrete Umgebung der Sprecher beziehen – zu schließen, wo diese Sprache gesprochen wurde. Leider scheint es aber eine generelle Regel zu

Versilberte thrakische Tafel aus Letniza, die eine »heilige Hochzeit« darstellt, ca. 400–350 v. Chr.

Drei Wörter in verschiedenen indoeuropäischen Sprachen – vom Irischen im Westen zum Tocharischen im Osten

	Keltisch *Altirisch*	*Germanisch* *Altenglisch*	*Italisch* *Lateinisch*	*Baltisch* *Litauisch*	*Slawisch* *Russisch*	*Griechisch* *Griechisch*	*Indisch* *Sanskrit*	*Tocharisch* *Tocharisch B*
drei	tri	thrie	tres	trys	trije	treis	trí	trai
Mutter	máthair	modor	mater	móte	mat'	meter	matár	macer
Tür	dorus	dor	foris	durys	dver	thúra	dváras-	twere

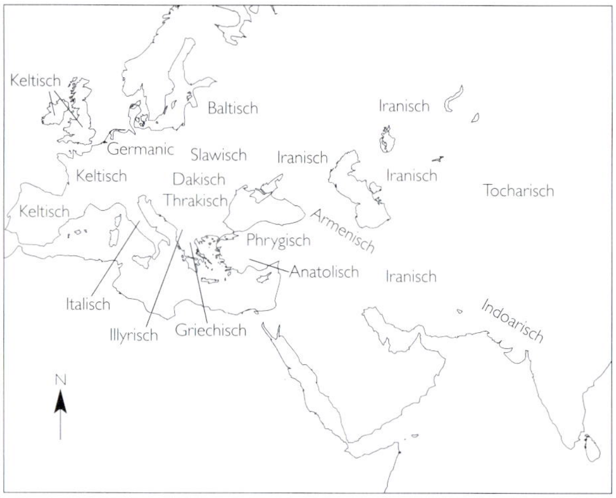

Verteilung der Hauptgruppen der indoeuropäischen Sprachfamilie

geben. Je charakteristischer die Bedeutung eines Worts ist, desto mehr Unsicherheit besteht über die Richtigkeit seiner Rekonstruktion. Daher hat es nie zu überzeugenden Ergebnissen geführt, nur das Vokabular heranzuziehen, um die Herkunft der Indoeuropäer zu bestimmen.

Warum müssen wir die Proto-Indoeuropäer in einem abgegrenzten Gebiet suchen? Das Problem hierbei ist sowohl empirischer als auch theoretischer Natur. Erstens wissen wir, dass in einigen Teilen Europas nichtindoeuropäische Sprachen existierten: Iberisch im heutigen Spanien, Etruskisch im heutigen Italien und Hattisch im heutigen Anatolien. Weiterhin ist bekannt, dass einige indoeuropäische Gruppen in die Gebiete nicht Indoeuropäisch sprechender Völker eindrangen. So assimilierten sich die im Süden des Iran lebenden Elamiter, und die Indoarier verbreiteten sich im Gebiet der Munda-Sprache und des Drawidischen. Und schließlich hat sogar eine nichtindoeuropäische Sprache in Europa bis heute überlebt: Baskisch, das in Nordspanien und Südfrankreich gesprochen wird.

Das theoretische Problem betrifft den gesamten Komplex des Sprachwandels. In prähistorischer Zeit hätte keine Einzelsprache in einem Gebiet, das sich von Irland bis Westchina erstreckt, ihre sprachliche Kohärenz erhalten können. Sprachen entwickeln sich ständig, wenn auch nicht immer in konstantem Tempo, und es wäre absurd anzunehmen, dass eine Sprachfamilie, die über Tausende von Kilometern verbreitet war, über Tausende von Jahren eine gemeinsame Sprache hätte bewahren können.

Die Urheimat

Die Spannweite der Vorschläge für die Urheimat der Indoeuropäer reicht vom Nord- bis zum Südpol und vom Atlantik bis zum Pazifik. Gegenwärtig werden drei Grundmodelle indoeuropäischer Herkunft diskutiert. Das erste geht davon aus, das die Proto-Indoeuropäer noch vor Beginn der Jungsteinzeit, während der Alt- oder Mittelsteinzeit, in weiten Gebieten Eurasiens anzutreffen waren. Indem man ihre Ursprünge geschichtlich so weit nach hinten schiebt und in ein derart großes Gebiet verlegt – immerhin fast ganz Europa –, erspart man sich die Begründungen für spätere Wanderungsbewegungen zur Erklärung der Verbreitung der Sprache. Dies ist das unwahrscheinlichste Modell, denn es trägt dem spätneolithischen Vokabular, das wir in der rekonstruierten Proto-Sprache antreffen, keinerlei Rechnung.

Das zweite Modell lässt die indoeuropäische Expansion mit der Ausbreitung der Landwirtschaft beginnen und ist auch auf andere Sprachfamilien angewendet worden. Dies würde bedeuten, dass sich die indoeuropäische(n) Sprache(n) mit einer neuen, sehr produktiven Ökonomie verbreitete(n) und dass Indoeuropäisch sprechende Bauern Europa besiedelten und die vorher dort ansässigen Jäger-Sammler-Völker verdrängten. Manche sehen diese Expansion nicht als einen Vorgang der Vermischung mit der Urbevölkerung, sondern als deren komplette Verdrängung, während andere keinen bäuerlichen Zustrom am Rande Europas erkennen, sondern vielmehr an eine Sprachverschiebung glauben. All diese Modelle legen sich auf Ana-

1) **Manche halten ein indoeuropäisches Mutterland in der Alt- oder Mittelsteinzeit für möglich, das weite Teile Europas umfasste**
2) **Das anatolische Modell verknüpft die Erweiterung des indoeuropäischen Lebensraums mit der Ausbreitung der Landwirtschaft vom Nahen Osten nach Europa**
3) **Die Kurgan-Theorie nimmt eine Expansion der Indoeuropäer aus den Steppengebieten Europas am Ende des Neolithikums an**

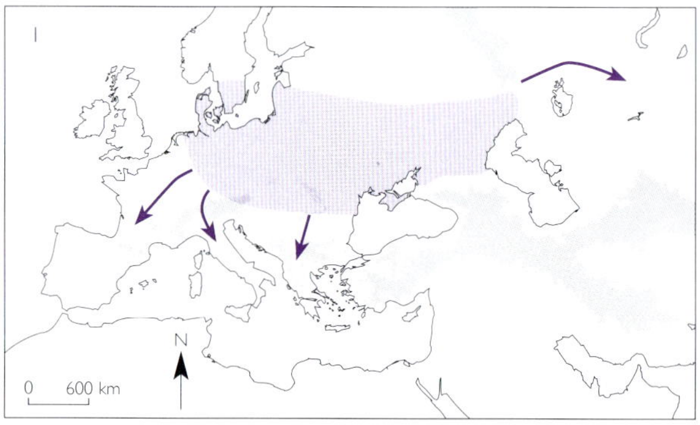

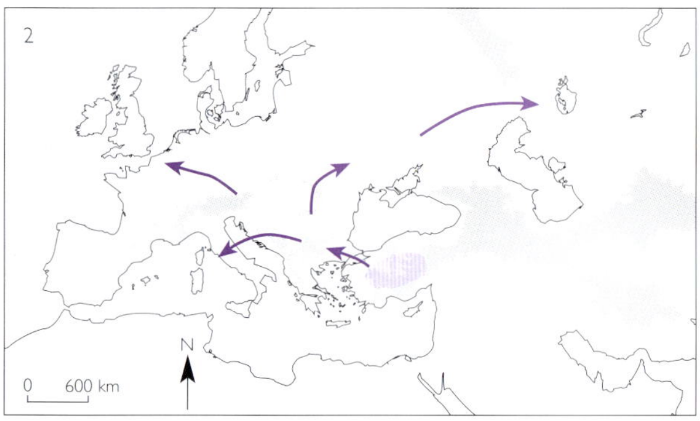

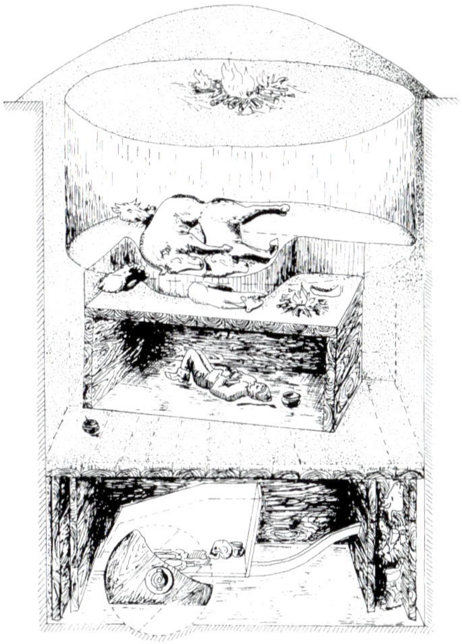

Bronzezeitliche Wagenbestattungen wie hier in Sintashta, Südural, werden häufig als Beweis für eine frühe indoiranische Ausbreitung angesehen

tolien im 7. Jahrtausend v. Chr. als Ursprung der Indoeuropäer fest, von wo aus sie sich zuerst im heutigen Griechenland und im Balkan und später nach Westen bis zum Atlantik ausbreiteten. Was jedoch die großen indoeuropäischen Sprachen Asiens betrifft, folgen sie im Allgemeinen der dritten Hypothese.

Dieses dritte Modell nimmt eine umfassende Sprachverschiebung unter den meisten Gruppen der neolithisch-bronzezeitlichen Bevölkerung Europas und Westasiens an. Ihm zufolge bewohnten die ersten Indoeuropäer die Steppen und Waldsteppen nördlich des Schwarzen und des Kaspischen Meeres, und mit diesen halbnomadischen oder zumindest hochmobilen Gruppen, die mit Pferd und Wagen umzugehen wussten, setzte dann die erste indoeuropäische Wanderungsbewegung ein. Da sie bekanntlich ihre Toten unter Hügeln begruben – russisch: *kurgan* –, spricht man von der Kurgan-Theorie. Sie besagt, dass vom 5. bis zum 3. Jahrtausend v. Chr. mobile Volksgruppen aus der Steppe nach Südost- und Mitteleuropa auszuwandern begannen und die Urbevölkerung ihre Sprache in zunehmendem Maß deren Indoeuropäisch anpasste.

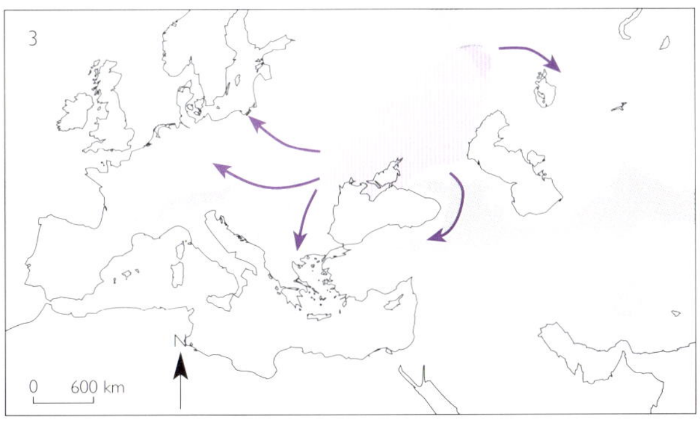

Bei diesem Modell geht es weniger um die Migration der Volksgruppe als um die sozialen Veränderungen. Die indoeuropäischen Sprachen konnten sich deshalb verbreiten, weil die sozialen Bedingungen innerhalb dieser Gruppen wesentlich attraktiver waren als die vorher in Europa herrschenden. Folgt man dem für die Indoeuropäer Asiens gültigen Kurgan-Modell, so hatten sich bis zum Jahre 2000 v. Chr. Wagen lenkende Herrschergeschlechter im Wolga-Ural-Gebiet entwickelt, die dann ost- und südwärts durch Zentralasien zogen, um im Iran und in Indien bronzezeitliche Eliten zu bilden.

Wenn es auch kein gesamtgültiges Modell gibt, um Ursprung und Verbreitung der Indoeuropäer zu erklären, die Frage danach bildet immer wieder einen Anreiz für die Wissenschaft, sich damit zu beschäftigen, wie sich Sprache, als eines der wesentlichsten Elemente menschlicher Kultur, in der Archäologie niederschlägt.

Die detaillierteste erste Version der Kurgan-Theorie kennt drei Wellen indoeuropäischer Ausbreitung nach Europa

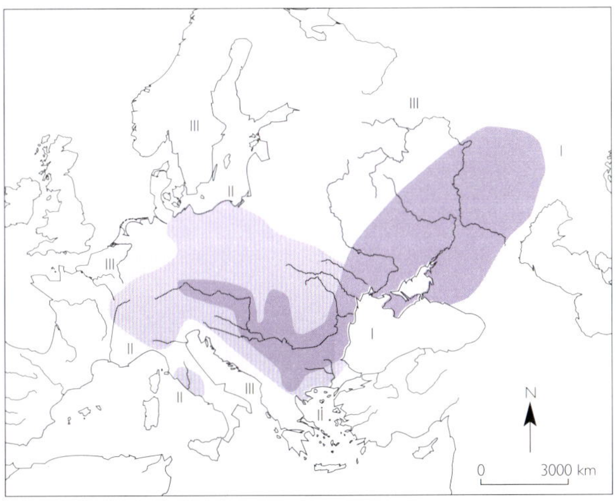

Alte Kulturen

DIE ERSTEN HOCHKULTUREN DER WELT – darunter die alten Ägypter, Griechen, Römer sowie die Maya, die rätselhaften Olmeken und die kriegerischen Inka – haben trotz vieler Unterschiede wichtige Gemeinsamkeiten. Sie alle wurden von einer Hand voll einflussreicher Personen sowie einem Alleinherrscher regiert, die sich die Loyalität Tausender von Untertanen, die für ihren Staat hart arbeiten mussten, zu sichern wussten. Wir staunen über das hohe Maß an Konformität, das in diesen Kulturen herrschte, über die ungeheure religiöse und weltliche Macht ihrer Herrscher: Die Pharaonen bestimmten mehr als 3000 Jahre lang das Leben von Millionen von Menschen, die Maya-Fürsten regierten äußerst komplex strukturierte Stadtstaaten.

Zwar sind uns Pharao Ramses II. oder der Maya-Herrscher Pakal ein Begriff, aber trotzdem bleiben viele Fragen und Widersprüche – technische und kulturelle – ungelöst, die Auswirkungen auf unsere Zeit haben. Generationen von Archäologen haben sich darüber den Kopf zerbrochen, wie die Ägypter wohl ihre Pyramiden erbauten, mit welchen Methoden sie die Obelisken aufrichteten oder die Quader aufeinander schichteten und wie es ihnen gelang, solch aufwendige Bauten logistisch zu bewältigen. Ähnlich großartig ist die Leistung der Vorfahren der Polynesier, die allein mit Hilfe ihrer Kenntnis der Sterne und anderer Naturphänomene Ozeane überquerten und sich auf fernen Inseln niederließen.

Vielleicht noch interessanter als Spekulationen über solche Fähigkeiten ist die Frage nach der kulturellen Identität der alten Ägypter, die nach Ansicht einiger Experten schwarzafrikanischen Ursprungs sind. Für afrozentrische Forscher ist die schwarze Hautfarbe der alten Ägypter das Hauptargument für ihre Theorie, dass die Schwarzen die westliche Zivilisation begründeten – eine Diskussion,

Der Tempel des Apollon in Delphi war das berühmteste Orakel der Alten Welt. Welche Hilfe die Besucher eines Orakels erwarten konnten, bleibt jedoch ein Rätsel

die mit fanatischem Engagement geführt wird. Das gilt auch für die Debatte über die kulturelle Identität der Olmeken in Mexiko, der ältesten Hochkultur Mesoamerikas, deren Monumentalstatuen angeblich schwarzafrikanische Züge haben. In Europa stellt sich, vielleicht überraschend, die Frage nach dem Ursprung der Kelten.

Weniger kontrovers, aber ebenso hartnäckig verläuft die Diskussion über Themen wie die Ursache von Tutanchamuns Tod (wurde er ermordet?) oder »das Rätsel der Sphinx«, von der manche behaupten, sie sei über 10000 Jahre alt. Auch andere Aspekte der Vergangenheit faszinieren uns – sei es die genaue Lage des Lands von Punt oder der so genannten Site Q, die vom Urwald verschluckt wurde, oder auch das Schicksal der IX. Römischen Legion, die im Nebel des schottischen Hochlands verschwand und so zur Legende wurde.

Auch die Toten aus jener Zeit – vor allem die gut erhaltenen – beflügeln unsere Fantasie. Die interessantesten Funde aus jüngster Zeit stammen aus dem Tarimbecken in Zentralasien, wo die Mumien dank der idealen Wüstenbedingungen konserviert wurden. In den Mooren Nordeuropas stieß man auf die Leichen von Männern und Frauen, die alle eines gewaltsamen Todes gestorben waren – hatte man sie ermordet oder zu Opferzwecken getötet? Auf den Gipfeln der Anden, oberhalb der Schneegrenze, entdeckte man die tiefgefrorenen sterblichen Überreste von Kindern, die von Inka geopfert wurden. Die Karthager – so legen Funde nahe – sollen ebenfalls Kinder geopfert haben. Warum glaubte man, den Göttern menschliches Leben, vor allem so junges, darbringen zu müssen?

Die Monumente alter Kulturen stellen uns immer noch vor große Rätsel, seien es die Höfe und Plattformen von Tiahuanaco unweit des Titicacasees in Bolivien oder die geheimnisvollen Nasca-Linien in der Wüste Südperus. Das imposante Tiahuanaco war ein bedeutendes spirituelles Zentrum. Einen Besucher im Jahr 650 n. Chr. dürften die Paläste, Plätze und farbenfrohen, mit vergoldeten Reliefs verzierten Tempel in Erstaunen versetzt haben – leider ist heute nur noch das nackte Mauerwerk der Tore und Gebäude übrig. Die Scharrbilder der Nasca mit ihren riesigen Tierfiguren und langen, geraden Linien sind ebenfalls ein Ausdruck des Glaubens. Sie wurden frühen Astronauten aus dem All zugeschrieben oder auch als Himmelskarten gedeutet. Nach gegenwärtiger Expertenmeinung sind sie religiösen Ursprungs und wurden von der einheimischen Bevölkerung angelegt, um in der Wüste eine symbolische Landschaft zu erschaffen, die sie allerdings in ihrer Gesamtheit selbst nie sah.

Die religiösen Überzeugungen und kulturellen Vorstellungen alter Gesellschaften geben uns vielleicht die größten Rätsel auf, beispielsweise die Orakel der alten Griechen oder auch das Mysterium des Mithras-Kults in der römischen Welt oder die Statuen auf der fernen Osterinsel. All diese Geheimnisse lassen frühe Kulturen für uns wieder lebendig werden, deren geistiges und soziales Leben ebenso facettenreich war wie unseres – vielleicht sogar befriedigender.

Noch immer lösen die Pyramiden von Gise (Ägypten) Diskussionen darüber aus, wie und warum sie erbaut wurden und wie es den alten Ägyptern gelang, diese riesigen Monumente so exakt auszurichten

Waren die alten Ägypter schwarz?

Zeit: ca. 3100 bis 332 v. Chr.
Ort: Ägypten

31

Aus verschiedenen ägyptischen Legenden habe ich den Schluss gezogen, dass die Bevölkerung des Niltals Neger waren, denn die Göttin Isis hatte offenbar eine rötlich schwarze Hautfarbe.

ÉMILE AMÉLINEAU, 1899

DA ÄGYPTEN ZWEIFELLOS zu Afrika gehört, waren – und sind – seine Bewohner im strikten geografischen Sinn »Afrikaner«. Die Frage, ob die alten Ägypter »schwarz« waren, ist etwas komplizierter. Vielen modernen Autoren – vor allem »Afrozentrikern«, die Ägypten als eine rein »schwarzafrikanische« Zivilisation ansehen – reicht die geografische Lage Ägyptens als Beweis für ihre Behauptung, dass seine Bevölkerung »schwarz« war. Aber wenn man der Sache auf den Grund gehen will, muss man sowohl den Begriff »schwarz« definieren als auch herausfinden, welche Bedeutung er in der damaligen Zeit hatte.

Was bedeutet »schwarz«?

Untersucht man die moderne Literatur zu diesem Thema, muss man leider feststellen, dass jeder Autor etwas anderes unter diesem Begriff versteht. Manchmal wird er benutzt, um den klassischen negroiden Typ zu charakterisieren, aber häufig ist seine Verwendung viel vager und er steht für »afrikanisch«, »nichteuropäisch« oder »unterdrückte ethnische Gruppe«. Es mag überraschen, dass im Gegensatz dazu in alten Quellen ein gewisser Konsens zu herrschen scheint. Belege dafür sind die in Ägypten und angrenzenden Gebieten entdeckten Skelette, die Texte und bildlichen Darstellungen der alten Ägypter und die Schriften klassischer Autoren.

Im Laufe der Jahre wurden zahlreiche Skelette aus verschiedenen Epochen gefunden und untersucht, die den Wissenschaftlern wertvolle Hinweise auf Migrationen zwischen Ägypten und Nubien gaben. Der britische Ägyptologe Brian Emery beispielsweise glaubte anhand von Schädelmessungen beweisen zu können, dass die vorpharaonischen Ägypter von einem Volk aus dem Osten besiegt wurden, während Flinders Petrie der Meinung war,

Zwei »Ersatz«-Köpfe aus der 4. Dynastie, die aus privaten Gräbern bei Gise stammen: Der männliche hat typisch ägyptische, der weibliche eher negroide Züge

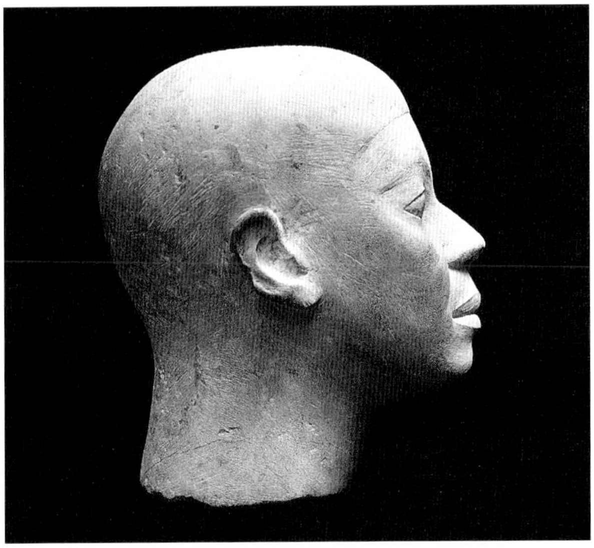

Soldatenfiguren aus dem Grab Mesehti – die eine Gruppe (gegenüberliegende Seite) stellt ägyptische Soldaten dar, mit rötlich brauner Haut, die andere eine nubische Söldnertruppe, mit sehr viel dunklerer Haut

dass die Erbauer der Pyramiden im Alten Reich nichtnegroide Eroberer aus Asien waren. Inzwischen ist die Methodik der biologischen Anthropologen wissenschaftlicher geworden und solche simplen Behauptungen gehören zum Glück der Vergangenheit an.

Der Griff eines Zeremonialstabs Tutanchamuns mit einer asiatischen und einer afrikanischen Figur

Die anthropologische Erforschung der Ägypter

In der Geschichte der Ägyptologie kam es infolge anthropologischer Einflüsse immer wieder zu Konfrontationen zwischen Vertretern der negroiden und der kaukasischen Abstammungsthese. Ende des 18. Jahrhunderts kam der Anthropologe Johann Friedrich Blumenbach zu dem Schluss, dass es drei Grundtypen von Ägyptern gebe: den »äthiopischen«, den »hinduähnlichen« und eine Mischform aus »äthiopisch« und »hindu«. Aufgrund von Blumenbachs Arbeiten beharrten noch viele Anthropologen des 19. Jahrhunderts auf einer »rassischen« Verbindung zwischen Ägypten und Südasien. Selbst Anfang des 20. Jahrhunderts benutzten noch zahlreiche Anthropologen den auf Schädelmessungen beruhenden »Koeffizienten rassischer Ähnlichkeit«, um den Beweis für eine solche Verbindung zu erbringen. Auch wenn diese These nicht haltbar ist, zeigen Schädeluntersuchungen von ägyptischen Skeletten, die in den 90er-Jahren des letzten Jahrhunderts durchgeführt wurden, dass die alten Ägypter mehr Ähnlichkeiten mit europäischen und asiatischen Völkern hatten als mit den Bewohnern Schwarzafrikas. Jüngsten anthropologischen Studien zufolge ist die graduelle Nord-Süd-Veränderung in der körperlichen Erscheinung der Ägypter kein Hinweis auf die Vermischung beispielsweise negroider und kaukasischer Merkmale, sondern eine Art Spektrum oder »Progression«, bedingt durch die Anpassung an die jeweilige Umgebung wie geo-

grafische Breite oder örtliche Gegebenheiten. Der amerikanische Anthropologe C. Loring Brace zieht daraus folgenden Schluss: »Versuche, den Ägypter in die beiden Kategorien ›schwarz‹ oder ›weiß‹ zu pressen, entbehren jeder biologischen Grundlage ... Das altmodische schimärische Konzept von ›Rasse‹ ist völlig unzureichend, um das frühere wie das heutige Ägypten in humanbiologischer Hinsicht zu beschreiben.«

Die ägyptische Weltsicht

Wie sahen sich die Ägypter selbst? Sehen wir uns zunächst einmal an, wie sie sich in Wandmalereien und Skulpturen porträtierten, und analysieren wir danach ihre Darstellung von »Fremden«. Wie viele andere Kulturen scheinen sich auch die Ägypter vor allem über den Gegensatz zu Völkern außerhalb ihres Territoriums definiert zu haben. Die bildlichen Darstellungen von sich selbst und Fremden zeigen, dass sie sich zwischen den schwarzen kraushaarigen Afrikanern und den blassen bärtigen Asiaten einordneten. In den Gräbern der Pharaonen Sethos I. und Ramses III. im Tal der Könige finden sich Szenen, in denen die verschiedenen Menschentypen des Universums abgebildet sind, über das der Sonnengott Re herrscht. Dazu gehören die rötlich braunen Ägypter, die sich deutlich von den schwarzhäutigen Kuschiten (Nubier) und hellhäutigeren Libyern und Asiaten unterscheiden. Außer durch die Hautfarbe und körperliche Charakteristika zeichnen sich diese unterschiedlichen Typen durch spezifische Frisuren und besondere Kleidung aus. Zweifellos sahen sich die Ägypter als ethnische Gruppe. Auch für sie waren diese Abbildungen Stereotype, verglichen mit den Tausenden von Einzelporträts an den Wänden von Gräbern und Tempeln, die zeigen, dass die Hautfarbe der Ägypter von hellem bis zu dunklem Braun reichte.

Daran wird deutlich, dass sich die Ägypter als Volk definierten, jedoch nur im kulturellen und nicht im »rassischen« Sinn. Es gibt zahlreiche Abbildungen von Personen, die sozial und politisch Ägypter sind, vom Aussehen her aber als »Fremde« eingestuft werden müssten.

Schwarze in der Antike

Für griechische und römische Autoren war Äthiopien der Maßstab für »Schwärze«. Äthiopier (wörtlich: »die mit den verbrannten Gesichtern«) werden immer wieder als die schwärzesten der in der Antike bekannten Afrikaner bezeichnet und interessanterweise in den Schriften von Aristoteles, Xenophanes und Ptolemäus nie mit Ägyptern verwechselt. Manilius listet in seiner *Astronomica* eine Reihe von Völkern, geordnet nach Hautfarbe, auf: Äthiopier, Inder, Ägypter und Mauren, während Strabo die Äthiopier mit Südindern und die Ägypter mit Nordindern vergleicht. Weder Griechen noch Römer äußerten sich abschätzig über die Hautfarbe oder andere körperliche Attri-

Gemalte Reliefszenen aus dem Grab Sethos' I. aus der 19. Dynastie im Tal der Könige: Die Ägypter und Asiaten sind als Stereotype dargestellt

bute. Für sie stand die geografische und ethnische Zuordnung im Vordergrund. Leider werden von modernen Autoren immer wieder Passagen aus alten Schriften zitiert, die, völlig aus dem Zusammenhang gerissen, ein falsches Bild ergeben.

Schlussfolgerung

Wer also waren die alten Ägypter? Ausgehend von unserem derzeitigen Wissensstand können wir folgende Fakten festhalten: Ägypten war – und ist – ein Teil des afrikanischen Kontinents, aber aufgrund seiner geografischen Lage eng mit den Ländern des Nahen Ostens und des Mittelmeers verbunden. Außerdem war die ursprünglich in Ägypten gesprochene Sprache offenbar afrikanischen Ursprungs, wurde aber immer mehr von semitischen Sprachen (vor allem ab dem Neuen Reich) beeinflusst. Drittens gibt es in der ägyptischen und klassischen Kunst und Literatur Belege dafür, dass die Bevölkerung des unteren Niltals ethnisch gemischt war: vom negroiden Typ im Süden bis zu hellhäutigen glatthaarigen Kaukasiern im Norden. Viertens finden sich in Bildwerken der pharaonischen Zeit Stereotype (vor allem basierend auf Hautfarbe und Frisur), mittels deren sich die Ägypter von den Völkern Afrikas, Asiens und des nördlichen Mittelmeerraums abgrenzten.

Und schließlich sollten wir nicht vergessen, dass »schwarz« ein modernes Konzept ist, das sich nicht unbedingt auf alte Kulturen anwenden lässt. Ägypten lässt sich weder als »weiße« Zivilisation definieren, noch gibt es wissenschaftliche Beweise für die These, dass es sich um eine »schwarze« Zivilisation handelte. Die alten Ägypter hätten unsere Argumentation nicht nachvollziehen können, sie selbst haben sich nie nach solchen Kriterien definiert. Die ägyptische Kultur ging aus dem Zusammenwirken vieler ethnischer Gruppen hervor. Mit anderen Worten: Die Ägypter waren weder schwarz noch braun, noch weiß, sondern ganz einfach ägyptisch!

32

Das Errichten von Pyramiden und Obelisken

Zeit: ca. 2551 v. Chr. bis 100 n. Chr.
Ort: Ägypten

Die Pyramiden wurden lagenweise oder – anderen zufolge – stufenweise errichtet. Wenn die Pyramide vollendet war, hievten sie die restlichen Steine mit Hilfe von Maschinen aus kurzen Holzbalken an ihren Platz.

HERODOT, CA. 430 V. CHR.

SPÄTESTENS SEIT HERODOT werden lebhafte Diskussionen darüber geführt, wie die Ägypter wohl die Pyramiden errichteten und die Obelisken aufstellten. Leider sind uns nur wenige schriftliche Aufzeichnungen dazu überliefert, und so können die verschiedenen Theorien nur mittels der experimentellen Archäologie überprüft werden. Es gibt viele unbeantwortete Fragen bezüglich des Brechens, der Bearbeitung und des Transports der Steinblöcke und Obelisken, aber das größte Rätsel ist nach wie vor die Technik, mit der die Pyramiden und Obelisken errichtet beziehungsweise aufgerichtet wurden.

Wie gelang es, die Pyramiden so exakt auszurichten?

Von 1880 bis 1882 nahm Flinders Petrie, der Vater der modernen Archäologie in Ägypten, genaue Messungen am Gise-Plateau vor, wo sich die Pyramiden der Herrscher der 4. Dynastie (2600–2475 v. Chr.), Cheops, Chephren und Mykerinos, befinden. Ihm zufolge wurde das ganze Gebiet zunächst sorgfältig eingeebnet. Wahrscheinlich zog man dazu ein Raster aus Gräben, flutete anschließend das Terrain und reduzierte die herausragenden »Steininseln« auf die gewünschte Höhe. Ein Jahrhundert später kartografierte der amerikanische Ägyptologe Mark Lehner die verschiedenen Löcher und Gräben im Grundgestein des Pyramidenkomplexes. Dabei stellte er fest, dass vermutlich nicht das gesamte Gebiet eingeebnet wurde, sondern lediglich ein schmaler Streifen um die Pyramiden herum, auf dem später die unterste Lage der Verkleidung angebracht wurde. Die Pyramiden von Gise bestanden aus einem Felskern, der teilweise im Innern noch erkennbar ist. Dieser natürliche Felsen verhinderte, dass die Erbauer Diagonalen ausmessen konnten, um ein exaktes Quadrat zu erhalten.

Die Untersuchung der Werkzeuge ergab, dass die ägyptischen Architekten, Landvermesser und Baumeister zwei besondere Geräte benutzten, *merkhet* und *bay*, mit denen sie gerade Linien ziehen und rechte Winkel anlegen sowie die Seiten und Ecken mit Sternkonstellationen in Einklang bringen konnten. Der britische Ägyptologe I. E. S. Edwards meinte, dass die Ausrichtung nach Norden dadurch erzielt wurde, dass man die Stelle, an der ein bestimmter Stern im Osten auf- und im Westen unterging, markierte und dann den Winkel zwischen den beiden

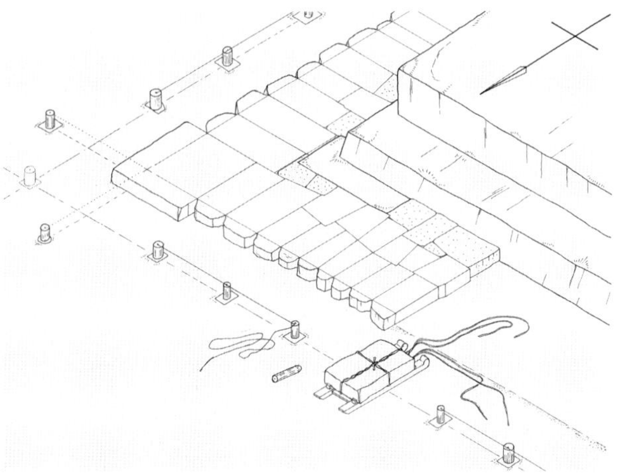

Links: **Diagramm der frühen Bauphase einer Pyramide: Die Pflöcke verlaufen entlang den Seiten des Fundaments und dienten eventuell der Ausrichtung und gleichmäßigen Einebnung**
Unten: **Modell einer Wiege oder Wippe, die möglicherweise für den Transport von Pyramidenblöcken eingesetzt wurde. Leider existieren keine Originale mehr**

Markierungen halbierte. In jüngster Zeit stellte Kate Spence die überzeugende Theorie auf, dass die Architekten der Großen Pyramide zwei Sterne, die um die Position des Himmelsnordpols kreisen (Beta Ursea Minoris und Zeta Ursea Majoris), anpeilten, die sich im Jahr 2467 v. Chr., zur Zeit des Baus der Cheopspyramide, auf einer Linie befanden. Diese Hypothese wird dadurch gestützt, dass Ungenauigkeiten in der Ausrichtung früherer und späterer Pyramiden genau der Abweichung der Linie von Norden entsprachen.

Wie wurden die Pyramiden erbaut?

Aus unvollendeten Pyramiden in Sakkara und Gise lässt sich schließen, dass mindestens fünf verschiedene Rampenarten verwendet wurden, um die Blöcke in die gewünschte Position zu bringen. Die einfachste Methode stellt die so genannte lineare Rampe dar, die wahrscheinlich in der 3. Dynastie zum Bau der Sechhemchet-Pyramide in Sakkara benutzt wurde, aber aufgrund ihrer Ausmaße selten zum Einsatz kam. Die Treppenrampe, eine Reihe von schmalen Stufen, die auf einer Seite der Pyramide hinaufführten, war steiler. Überreste dieses Typs fand man in Sinki, Medum, Gise, Abu Gurob und Lischt. Der dritte Typ, die Spiralrampe (möglicherweise im Papyrus Anastasi I. aus der 19. Dynastie beschrieben), wirft verschiedene Fragen auf: Wie war eine solche Konstruktion zu stützen, wie konnte man korrigierende Berechnungen und Kontrollmessungen an den Kanten durchführen, wenn der größte Teil der Pyramide unzugänglich war? Die Wenderampe, die im Zickzack nach oben verlief, wurde wahrscheinlich vor allem zum Bau von Stufenpyramiden verwendet, aber leider finden sich dafür an den Pyramiden in Sakkara, Sinki und Medum keine Beweise.

Spuren von inneren Rampen finden sich noch in den Pyramiden von Sahure, Niuserre und Neferirkare in Abusir und von Pepi II. in Sakkara, aber auch hier hätte man eine äußere Rampe benötigt, nachdem der Innenraum ausgefüllt war. Aufgrund des terrassenförmigen Pyramidenkerns wurde möglicherweise eine Reihe von kleineren Rampen eingesetzt, die an der Außenseite der Pyramide angebracht wurden und von Stufe zu Stufe führten. Da die Pyramiden anschließend verkleidet wurden, lassen sich leider keine Spuren solcher Rampen mehr erkennen. Es ist auch möglich, dass die Dämme, die zwischen Pyramide und Taltempel errichtet wurden, den Baumeistern ursprünglich als Rampen dienten, die von einem eigens angelegten Hafen bis zur Baustelle reichten (der Hafen war durch einen Kanal mit dem Nil verbunden).

Außer über die Frage, welche Rampen zum Einsatz kamen, wird auch schon lange darüber spekuliert, wie die

Links: **Die aus der 5. Dynastie stammenden Pyramiden von Abusir; im Hintergrund erkennt man ihre Vorgängerinnen aus der 4. Dynastie bei Gise. Obwohl die äußere Verkleidung aus Kalkstein bereits sehr früh entfernt wurde, ist der Pyramidenkern noch gut erhalten**

Rechts: **Zwei der drei Obelisken aus der 18. Dynastie, die noch an ihrem ursprünglichen Ort im Amun-Tempel in Karnak stehen**

einzelnen Steinblöcke hochgehievt wurden. Da die Ägypter weder Flaschenzüge noch Kräne kannten, nimmt man an, dass sie Hebel aus Holz und Kupfer verwendeten.

Das Geheimnis der Obelisken

Eines der bedeutendsten Kultobjekte der alten Ägypter war der Obelisk, ein sich verjüngendes, nadelförmiges Steinmonument, dessen Spitze die Form einer Miniaturpyramide hat (auch »Pyramidion« oder *benben*-Stein genannt). Die ersten Obelisken wurden offenbar im Tempel des Sonnengottes in Heliopolis im Alten Reich (ca. 2575–2134 v. Chr.) errichtet; aus dem Neuen Reich (ca. 1550–1070 v. Chr.) stammen die großen, paarweise vor Tempeln errichteten Monolithe aus Granit oder Quarzit, wie man sie noch in Karnak und Luxor findet. Ein unvollendeter Obelisk aus Granit, der wahrscheinlich aus dem Neuen Reich stammt, liegt noch immer in einem Steinbruch bei Assuan. Mit einer Länge von 41,75 Metern und einem Gewicht von 1168 Tonnen wäre er der größte monolithische Obelisk gewesen, der je aus einem Fels gehauen wurde. Er wurde aufgegeben, nachdem relativ spät im Bearbeitungsprozess ein Sprung im Gestein entdeckt wurde. Experimente des britischen Ägyptologen Reginald Engelbach, der als Erster den Assuan-Obelisken untersuchte, zeigen, dass eine Person eine Stunde brauchte, um mit

Der unvollendete Obelisk von Assuan, der wahrscheinlich aus der 18. Dynastie stammt. Wenn man die Arbeiten nicht wegen eines Sprungs im Gestein beendet hätte, wäre dies der größte Obelisk, der je gebrochen wurde

einem Basalthammer einen 5 Millimeter tiefen und 0,5 Meter breiten Streifen aus dem Stein zu hauen.

Aufgrund der Größe und des Gewichts der meisten Obelisken war die letzte Phase – das Aufrichten – die schwierigste und gefährlichste. Die Meinungen von Ägyptologen und Ingenieuren über diese technische Meisterleistung gehen weit auseinander. Da wir leider über keine exakten Informationen aus jener Zeit verfügen, müssen wir Vermutungen anstellen; eine ist, dass man Hebel in Verbindung mit Steinen einsetzte, die unter den Fuß des Monuments geschoben und nach und nach entfernt wurden. Mit Hilfe von Seilen wurden dann letzte Korrekturen vorgenommen. Diese Methode hätte aber nur bei relativ kleinen Exemplaren funktioniert. Man nimmt an, dass größere Obelisken langsam über einen künstlichen steilen Erddamm gekippt wurden, obwohl man sich fragt, wie die Ägypter beim Herablassen die Kontrolle über diesen Steinkoloss behielten. Der Sockel, auf den der Obelisk langsam herabgesenkt wurde, wies eine winzige Kerbe auf, so dass der Obelisk beim Aufstellen in die richtige Position gebracht werden konnte.

Nach Engelbachs Ansicht wurde der Obelisk in eine trichterförmige, mit Sand gefüllte Grube heruntergelassen. Indem der Sand langsam aus der Grube entfernt wurde, erreichte der Obelisk seine endgültige vertikale Position. Die Idee für diese Theorie kam Engelbach nach der Lektüre des bereits erwähnten, aus der 19. Dynastie stammenden Papyrus Anastasi I., in dem von einem Schreibschüler ein Problem gelöst werden muss. Dieses Dokument enthält die Aufforderung: »Leere das Magazin,

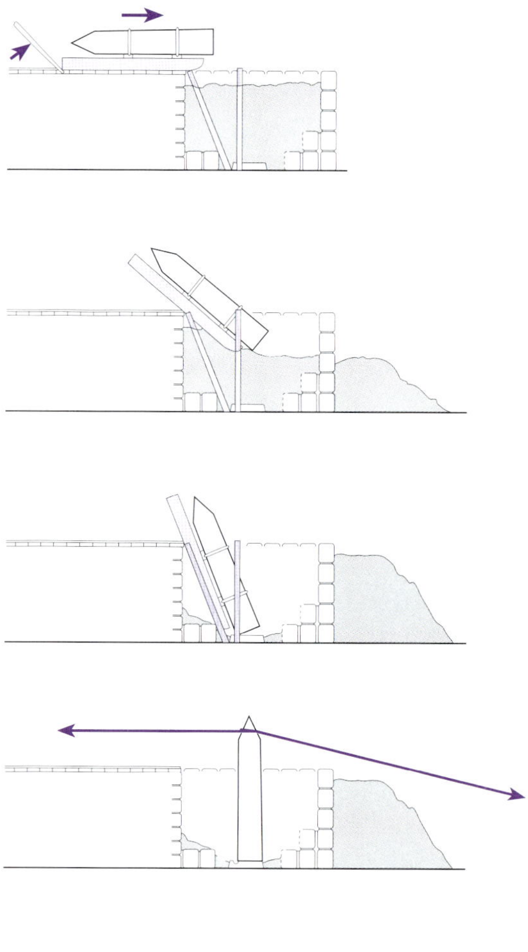

das unter dem Monument deines Herrn mit Sand gefüllt wurde, der vom Roten Berg herbeigeschafft wurde ... mit 100 mit Sand vom Flussufer gefüllten Kammern.«

Experimente mit Obelisken

1999 wurden von einem Team aus Archäologen und Ingenieuren zwei verschiedene Methoden getestet, um einen 25 Tonnen schweren, frisch gehauenen Obelisken aufzurichten. Der erste Versuch mit der so genannten Kippmethode fand in Assuan statt. Hier wurde der Obelisk mit einer aufwendigen Konstruktion aus Seilen und Holzbalken (einem A-Rahmen) langsam über den Rand eines Damms gelassen, wobei ein Stamm als Drehzapfen und ein Granitblock als Gegengewicht dienten. Der Versuch missglückte, da der Drehzapfen aufgrund der Ruckbewegung gefährlich nahe an den Rand des Damms geriet.

Engelbachs Theorie hingegen konnte in einem Experiment in der Nähe von Boston verifiziert werden. Bei dieser Methode wurde der Obelisk über den Rand eines Damms in eine mit Sand gefüllte betonierte Grube gekippt. Während der Sand langsam entfernt wurde, gelangte das Monument Stück für Stück in eine aufrechte Position.

Der Transport und das Aufrichten eines Obelisken stellten eine enorme organisatorische Herausforderung dar, die den Verantwortlichen selbst im 19. und 20. Jahrhundert n. Chr. noch Kopfzerbrechen bereitete, als in London, Paris und New York Obelisken aufgestellt wurden.

Gegenüberliegende Seite: **Diagramm der Sandgrubenmethode: Der englische Archäologe Reginald Engelbach stellte diese Hypothese über die Technik des Aufrichtens eines Obelisken auf**

Rechts: **Rekonstruktion der Kippmethode zur Aufrichtung eines Obelisken: Sie wurde von einem internationalen Team aus Archäologen und Ingenieuren in der Nähe der Granitsteinbrüche von Assuan getestet**

Das Rätsel der Sphinx

33

Zeit: ca. 2500 v. Chr.
Ort: Gise, Ägypten

Es ist am Morgen vierfüßig, am Mittag zweifüßig und am Abend dreifüßig. Von allen Geschöpfen wechselt es allein mit der Zahl seiner Füße; aber eben wenn es die meisten Füße bewegt, sind Kraft und Schnelligkeit seiner Glieder ihm am wenigsten.

RÄTSEL, DAS DIE SPHINX ÖDIPUS AUFGAB

DIESES RÄTSEL, das Ödipus in der griechischen Sage löste, ist allgemein bekannt. Um die Große Sphinx in der Nähe der Pyramiden von Gise, ein entfernter Vorfahre der böswilligen griechischen Sphinx, rankt sich jedoch mehr als ein Rätsel. Wann wurde sie geschaffen? Gibt es geheime Kammern in ihrem Innern oder unter ihrem Sockel? Mögliche Antworten auf diese Fragen finden sich in der Archäologie, Geschichte und Geologie Ägyptens.

Was ist eine Sphinx?

Die alten Griechen glaubten, dass das Wort Sphinx von dem griechischen Wort *sphingein* (»erwürgen«) stammt, aber es erscheint wahrscheinlicher, dass es auf den ägyptischen Begriff *shesep ankh* (»lebendes Abbild«) zurückgeht, ein Beiname für eine Skulptur und gelegentlich auch für die Große Sphinx. In Ägypten hatten Sphinxe in der Regel den Körper eines Löwen (Symbol des Sonnengotts) und den Kopf eines Menschen, häufig mit einem königlichen Kopfschmuck wie beispielsweise dem *nemes*-Tuch. Man nimmt an, dass die Kombination aus Löwe und Mensch die Vereinigung des Königs mit dem Sonnengott Re symbolisieren sollte. Ein entscheidender Unterschied zwischen den ägyptischen Sphinxen und deren griechischem Pendant ist, dass die frühen ägyptischen immer männlich waren. Das änderte sich erst im Mittleren Reich, als auch die ersten geflügelten Sphinxe auftauchten.

Die Geschichte der Großen Sphinx

Die Große Sphinx, die sich direkt neben dem Aufweg zur Chephrenpyramide (ca. 2500 v. Chr.) befindet, ist 73 Meter lang und an ihrer höchsten Stelle 20 Meter hoch. Sie wurde aus dem Rest eines Felsrückens gemeißelt und war im Laufe der Jahrhunderte fast völlig unter dem Wüstensand begraben, wenngleich immer wieder Versuche unternommen wurden, sie freizulegen.

Ein nicht vollendeter Tempel, offenbar aus demselben Stein wie die Sphinx gefertigt, wurde in der 4. Dynastie (ca. 2575–2466 v. Chr.) unmittelbar vor dem Monument errichtet. Er sollte vermutlich der Huldigung der drei Formen der Sonne dienen: Khepri morgens, Re mittags und Atum abends (interessant ist die Parallele zu den drei

Statue von Chephren aus dem Taltempel seiner Pyramide bei Gise. Der Kopf der Sphinx wurde nach seinem modelliert

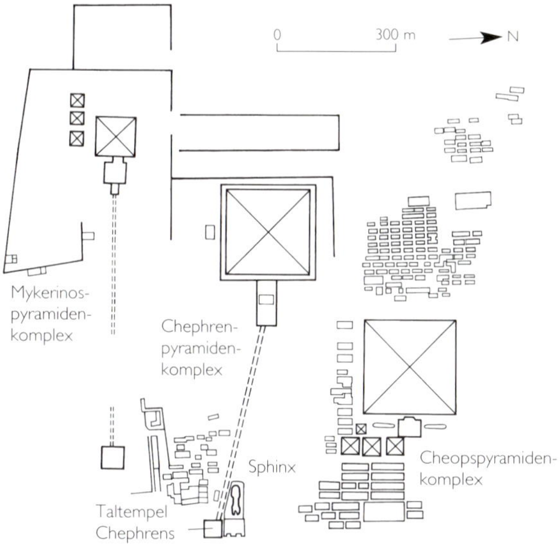

Oben: **Plan von Gise, der die Sphinx neben dem Taltempel der Chephrenpyramide zeigt** *Rechts:* **Die »Traumstele« zwischen den Tatzen der Sphinx** *Unten:* **Die unterschiedlichen Stadien der Erosion sind durch die verschiedenen Gesteinsschichten bedingt, aus denen die Sphinx gehauen wurde**

Lebensaltern des Menschen im oben zitierten griechischen Rätsel). Im Neuen Reich wurde die Sphinx mit Horemakhet (»Horus am Horizont«) identifiziert; vielleicht wirkte der aus dem Sand ragende Kopf der Sphinx wie der eines Herrschers, der am Horizont auftaucht. Die berühmteste Freilegung der Sphinx ist auf einer »Traumstele« festgehalten, die Thutmosis IV. (ca. 1400 v. Chr.) vor der Sphinx errichten ließ. Die Sphinx war dem jungen Prinzen im Traum erschienen und hatte ihm den ägyptischen Thron versprochen, wenn dieser sie vom Sand befreie.

Bereits in der 18. Dynastie (ca. 1550–1307 v. Chr.) wurde die Sphinx mit Kalkstein verkleidet, und zwischen ihren Tatzen wurde eine aufrechte königliche Statue aufgestellt.

In jüngster Zeit wächst die Sorge angesichts des allmählichen Verfalls des Monuments. Die Nase ging schon vor Jahrhunderten verloren. Giovanni Battista Caviglia und andere stießen bei Ausgrabungen auf Teile des fehlenden Barts und der Uräusschlange, die sich jetzt im Britischen Museum beziehungsweise im Ägyptischen Museum in Kairo befinden. Erosion und ein gestiegener Grundwasserspiegel tragen zum Verfall der Figur bei, weshalb die Umgebung der Sphinx jetzt auf Umweltschäden untersucht wird.

Wie alt ist die Sphinx?

Da die Sphinx von einem königlichen Pyramidenkomplex aus der 4. Dynastie und Mastaba-Gräbern königlicher Würdenträger umgeben ist, nimmt man an, dass sie etwa zu jener Zeit entstand. Als Mariette 1853 den nahe gelegenen Taltempel Chephrens, eines Herrschers der 4. Dynastie, entdeckte, vermutete man, dass dieser die Sphinx erbauen und den Kopf der Figur nach seinem modellieren ließ. Auch die Inschrift der »Traumstele« aus der 18. Dynastie enthält einen Hinweis auf Chephren. Zweifellos erinnern die Physiognomie der Sphinx sowie der *nemes*-Kopfschmuck und die Uräusschlange an königliche Statuen der 4. Dynastie.

1992 wurden diese auf archäologischen Funden und kunsthistorischer Datierung beruhenden Annahmen jedoch in Frage gestellt. Der amerikanische Geologe Robert Schoch behauptete, Beweise dafür gefunden zu haben, dass das Gestein der Sphinx und der sie umgebende Fels bereits 2500 Jahre vor der 4. Dynastie durch Regenwasser ernsthaft beschädigt worden seien. Dazu konnte es seiner Meinung nach nur durch die starken Niederschläge während des neolithischen Zeitalters, also zwischen 7000 und 5000 v. Chr., gekommen sein. Er vermutete weiter, dass das Monument und der Tempel in zwei Phasen erbaut worden seien, wobei zunächst der Kern gemeißelt und

Diese Lithografie stammt von Künstlern, die im späten 18. Jahrhundert Napoleons Expedition nach Ägypten begleiteten. Die Sphinx ist größtenteils noch unter dem Sand begraben

anschließend mit Steinblöcken verkleidet wurde. Die kunsthistorische Datierung des Kopfs auf die 4. Dynastie erklärte er damit, dass dieser möglicherweise erst später behauen worden sei.

James Harrell, ein anderer amerikanischer Geologe, erhärtete hingegen die ursprüngliche These. Ihm zufolge könnte die Erosion auch auf Sand oder Flutwasser des Nils zurückzuführen sein. Aufgrund der Topografie des Plateaus sei es auch denkbar, wie Schoch vermutete, dass Regenwasser die Schäden verursacht habe. Die Regenfälle im Alten Reich hätten ausgereicht, vor allem, wenn der Sand um das Monument herum durchweicht worden wäre.

Der Archäologe Mark Lehner, der in den 80er-Jahren des letzten Jahrhunderts eine sorgfältige fotogrammetrische Untersuchung der Sphinx durchführte, widerlegte Schochs Argumente, einschließlich dessen These, dass die Errichtung in zwei Phasen erfolgt sei. Lehner zufolge widerspricht diese Annahme völlig den bekannten Baumethoden der alten Ägypter. Weitere Belege sind ein typisches irdenes Gefäß aus der 4. Dynastie sowie Spuren von Kupfer aufweisende Steinhämmer, die etwas westlich der Sphinx gefunden wurden. Die Vermutung liegt nahe, dass mit diesen Werkzeugen (die erst seit dem 4. Jahrtausend in Ägypten existierten) der umliegende Fels und das Monument selbst bearbeitet wurden. Außerdem entdeckte man unmittelbar oberhalb des Fundorts des irdenen Gefäßes einen großen Steinblock, der für den unvollendeten Sphinx-Tempel gedacht war. Als weiteres Argument für seine These nannte Lehner die ungewöhnlich große Zahl von Monumentalstatuen, die bei Ausgrabungen in Chephrens Pyramidenkomplex zu Tage kamen und vermuten lassen, dass Chephren der Auftraggeber für die Sphinx war.

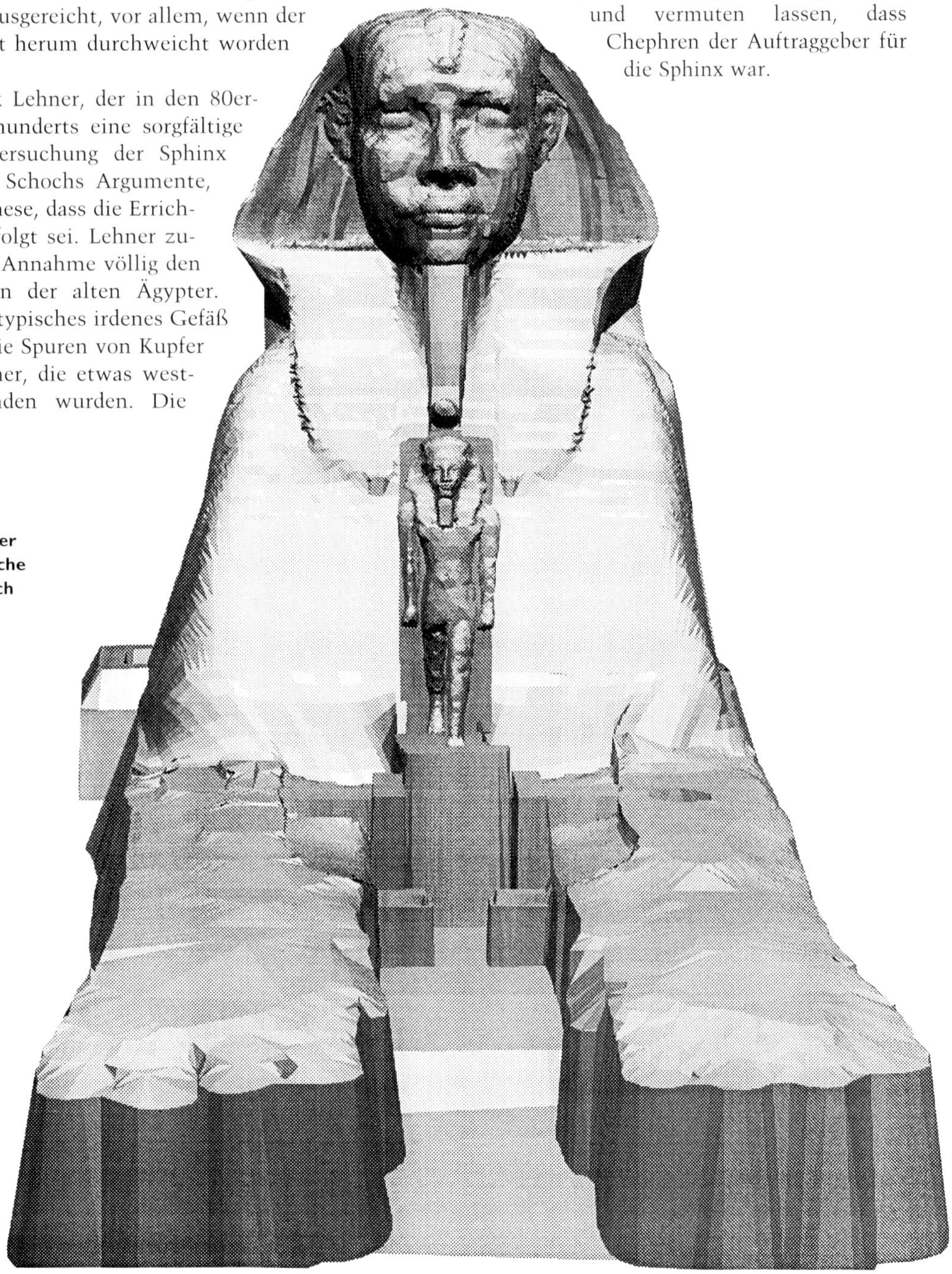

Computerrekonstruktion der Sphinx: Sie hat eine königliche Statue aus dem Neuen Reich zwischen den Tatzen

Die Sphinx, wie sie sich der Jesuit Athanasius Kircher im 17. Jahrhundert vorstellte – der Ägypten nie besucht hat

Gibt es geheime Kammern?

Spätestens seit dem Mittelalter kursieren Gerüchte über geheime Kammern, die sich unter der Sphinx befinden sollen. Zwei arabische Autoren (al-Makrizi und al-Kodai) beschreiben einen Raum unterhalb der Sphinx, von dem drei Gänge ausgehen, die zu den drei Pyramiden führen. Geschichten wie diese wurden von frühen europäischen Reisenden wie Johannes Helferich (1579) aufgegriffen, der von einem Tunnel spricht, der zum Kopf hinaufführt und von Priestern benutzt wurde, um den Gläubigen weiszumachen, dass die Sphinx Orakelsprüche verkünde. Die Seriosität Helferichs muss jedoch angezweifelt werden, da sich in einer seiner Veröffentlichungen ein Holzschnitt der Sphinx mit Brüsten findet, also eine Abbildung der griechischen, weiblichen Version.

Obwohl bei den archäologischen Untersuchungen von Caviglia (1816), Gaston Maspero (1881–1914), Émile Baraize (1926–1934) und Selim Hassan (1936–1938) keine geheimen Kammern entdeckt wurden, weder unter der Sphinx noch in den Tempeln, erhielt in den 1930er-Jahren die Vorstellung, dass irgendwo ein Hort geheimen Wissens verborgen sei, durch den Amerikaner Edgar Cayce neue Nahrung. Cayce, der angeblich übernatürliche Fähigkeiten hatte, behauptete, dass sich das Wissen von Atlantis in einem unterirdischen Archiv irgendwo in der Nähe der Sphinx befinde und dessen Entdeckung im 20. Jahrhundert eine Katastrophe auslösen würde. Bei den in den Jahren 1977/78 und 1992/93 durchgeführten Widerstandsmessungen entdeckte man in der näheren Umgebung der Sphinx Schwankungen, die möglicherweise durch Höhlen hervorgerufen wurden, sich jedoch nach einer elektromagnetischen Überprüfung als natürliche Spalten und Hohlräume erwiesen.

Mark Lehners Studie der Sphinx hat wesentlich zu unserem Verständnis der verschiedenen Entstehungsphasen sowie früherer und moderner Restaurationen beigetragen. Ihm zufolge existieren drei Gänge: Einer davon, ein kleiner Schacht im Nacken, direkt unterhalb des Kopfes, geht auf Oberst Richard Vyse Mitte des 19. Jahrhunderts zurück; die anderen beiden sind unbekannten Datums und haben offenbar keine Artefakte oder Inschriften.

Die Sphinx ist also weder ein neolithisches Monument noch ein Archiv des untergegangenen Atlantis, aber solange wir nicht wissen, aus welchem Grund sie entstand und warum sie in den Dokumenten des Alten Reiches keine Erwähnung findet, wird uns die geheimnisvolle Aura dieser größten ägyptischen Statue weiterhin gefangen nehmen.

Die moderne fotogrammetrische Vermessung der Sphinx liefert uns genaue Daten

Wo lag das Land Punt?

Zeit: ca. 2450 bis 1170 v. Chr.
Ort: Somalia, Sudan, Äthiopien?

34

Indem ich mein Gesicht der aufgehenden Sonne zuwandte, erschuf ich ein Wunder für dich, ich brachte die Länder von Punt zu dir, mit all ihren duftenden Blumen, um deinen Frieden zu erbitten und die Luft zu atmen, die du gibst.

STELE IM TOTENTEMPEL DES AMENHOTEP III.

ÜBER 1300 JAHRE LANG – von der Regentschaft König Sahures (ca. 2450 v. Chr.) bis zur Zeit Ramses' III. (ca. 1170 v. Chr.) – entsandten die alten Ägypter regelmäßig Handelsexpeditionen in ein Gebiet irgendwo in Ägypten, das sie Punt nannten. Moderne Forscher sind sich uneinig über seine genaue Lage und über die Land- beziehungsweise Seerouten, die die ägyptischen Handelsmissionen nahmen.

Unsere Informationen über Punt stammen aus Texten und bildlichen Darstellungen. Die Inschriften und gemalten Szenen zeigen, dass Kaufleute in dieses ferne Land zogen, um exotische Waren wie Gold, aromatische Harze, wertvolle Hölzer, Elfenbein sowie Wildtiere (Giraffen, Affen und Steppenpaviane) zu erwerben. In einigen Tempeln und Gräbern des Neuen Reichs sind die Bewohner des Landes Punt abgebildet: Sie haben eine dunkle, rötliche Hautfarbe, fein geschnittene Züge, in älteren Darstellungen langes Haar, ab der 18. Dynastie jedoch Kurzhaarfrisuren.

Früher glaubte man, Punt entspreche dem modernen Somalia, aber inzwischen nimmt man an, dass es sich eher um den südlichen Sudan oder Eritrea handelte, wo die in Reliefs und Gemälden dargestellten und in Texten beschriebenen Pflanzen und Tiere am ehesten zu finden sind.

Die Punt-Szenen im Tempel der Königin Hatschepsut

Die kunstvoll ausgearbeiteten Szenen im Totentempel der Königin Hatschepsut in Deir el-Bahri sollten vielleicht an die nach längerer Pause wieder aufgenommenen Handelsbeziehungen erinnern. Es handelt sich dabei um detailgetreue Darstellungen puntischer Siedlungen mit ihren auf Pfählen errichteten, bienenkorbartigen Hütten, die man über eine Leiter erreichte. Zur Vegetation zählen Palmen und Weihrauchbäume, die zum Teil zerhackt wurden, um das begehrte Harz zu gewinnen.

Reliefszenen in Deir el-Bahri zeigen Parahu, den Herrscher von Punt, und seine Frau Ati (links) sowie ihren gesattelten Esel (rechts). Für Ägypter war es zur damaligen Zeit noch recht ungewöhnlich, auf einem Esel oder Pferd zu reiten

Links: **Ein modernes Dinka-Dorf im Sudan: Die Hütten stehen auf Pfählen. Sie ähneln den Häusern der Bewohner Punts (unten), die auf Reliefs in Königin Hatschepsuts Tempel in Deir el-Bahri dargestellt sind**

Gegenüberliegende Seite: **Wo lag Punt? Auf der Karte sind die drei Möglichkeiten eingetragen. Der südlichste Ort (Sudan) gilt inzwischen als unwahrscheinlich. Man nimmt an, dass das Land irgendwo zwischen Eritrea und dem Sudan lag**

Wir sehen den Herrscher von Punt (der sich von den Ägyptern vor allem durch seinen langen Bart und die ungewöhnliche Kleidung unterscheidet), wie er eine ägyptische Handelskommission empfängt. Er wird uns als Parahu vorgestellt und ist angeblich der alleinige Herrscher Punts. Andere Inschriften sagen, dass sich die Ägypter mit verschiedenen Gruppen in Punt trafen, die alle ihre eigenen Oberhäupter hatten – ähnlich den verschiedenen Volksstämmen in Unter- und Obernubien. Möglicherweise war Parahu das Oberhaupt eines losen Zusammenschlusses von Stämmen oder der Abgeordnete einer Küstengruppe, der als Vermittler zwischen den Ägyptern und den weiter im Inland lebenden Einwohnern Punts auftrat.

Der Reiseweg nach Punt

Man nahm allgemein an, dass die Handelsexpeditionen in zwei Etappen nach Punt reisten: zunächst zu Fuß durch die östliche Wüste und dann per Schiff entlang der Küste des Roten Meers (wahrscheinlich gingen sie in Quseir oder Mersa Gawasis an Bord). Obwohl die Szenen in Deir el-Bahri die Ankunft und Abreise von mindestens einer

Die Szene auf einem Relief in Hatschepsuts Tempel in Deir el-Bahri zeigt ein puntisches Dorf mit Pfahlhäusern. Die Fische sind typisch für das Rote Meer und den Indischen Ozean. Königin Hatschepsuts Soldaten brachten Weihrauchbäume aus Punt mit. Diese könnten in Deir el-Bahri eingepflanzt worden sein, wie die dort entdeckten Vertiefungen vermuten lassen

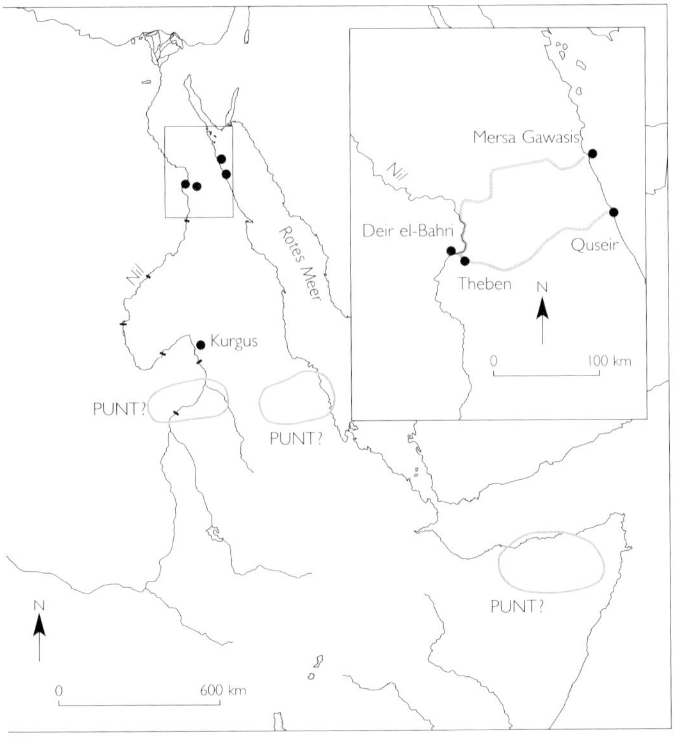

Expedition nach Punt per Schiff übers Rote Meer belegen (die Fische in den Gewässern um Hatschepsuts Flotte sind eindeutig Meeresfische), könnte es auch sein, dass man bei einer anderen Gelegenheit den Nil stromaufwärts bis zum 4. Katarakt fuhr und sich dann entweder mit den Handelspartnern aus Punt in der Nähe der Festung Kurgus traf oder über Land direkt nach Punt reiste (oder vielleicht an einen Ort zwischen Punt und Nubien).

Die These einer kombinierten Nil- und Landroute stammt von der amerikanischen Ägyptologin Louise Bradbury. Sie verwies auf Szenen im Grab von Min, dem Hauptschatzmeister unter Thutmosis III. und Amenhotep II., aus der 18. Dynastie, die zeigen, wie er ein Treffen zwischen Ägyptern und einer Abordnung aus Punt überwacht, die offenbar in flachen Booten angereist sind, die sich eher für die Flussschifffahrt als für die Unbilden des Roten Meers eignen. Außerdem gibt es Bradbury zufolge im östlichen Teil des Wadi Hammamat keine Inschriften aus dem Neuen Reich, was es weniger wahrscheinlich macht, dass die kombinierte Überland-Rotes-Meer-Route zu dieser Zeit häufig benutzt wurde, während die zahlreichen, aus der 18. Dynastie stammenden Graffiti in Kurgus nahe legen, dass die Händler aus beiden Ländern hier zusammenkamen.

Auch als Punt bereits ein enger Handelspartner Ägyptens war, betrachtete man das Land immer noch als eine Art Paradies. Im Mittleren Reich kursierte die Geschichte des schiffbrüchigen Seemanns, der einer Zauberschlange begegnet, die ihm Weihrauch schenkt und sich als König von Punt vorstellt. Nach dem Ende des Neuen Reiches (ca. 1070 v. Chr.) wird Punt jedoch nur noch selten in ägyptischen Quellen erwähnt. Der letzte Hinweis darauf findet sich auf den Fragmenten einer Stele aus der 26. Dynastie (ca. 600 v. Chr.). In dieser Darstellung zeigt sich bereits ein Wandel: Punt wird nur noch als reizvolle gebirgige Landschaft – und nicht mehr als Handelspartner – beschrieben, dessen häufige Regenfälle den Nil anschwellen lassen und in Ägypten für reiche Ernten sorgen.

Ausschnitt einer Reliefszene aus dem Totentempel des Sahure bei Abusir: Ägyptische Schiffe auf ihrer Expedition nach Punt etwa 2450 v. Chr.

Wurde Tutanchamun ermordet?

35

Zeit: ca. 1323 v. Chr.
Ort: Theben, Ägypten

Mein Gatte ist tot und ich habe keine Söhne … Ich habe Angst.

ANKHESENAMUN, KÖNIGIN VON ÄGYPTEN, TUTANCHAMUNS WITWE, CA. 1333 V. CHR.

DIE ENTDECKUNG DES GRABS des ägyptischen Pharaos Tutanchamun (ca. 1333–1323 v. Chr.) durch Howard Carter im Jahr 1922 verblüffte die Welt. Die vier Grabkammern enthielten über 2000 Gegenstände, die den unglaublichen Reichtum eines Pharaos auf dem Höhepunkt des ägyptischen Reiches demonstrierten. Am eindrucksvollsten war der innerste Sarkophag, der aus massivem Gold bestand und in dem die Mumie des Königs lag. Obwohl diese in einem bedauerlichen Zustand war, ließ sich das Alter des Königs feststellen: Er war nur knapp 20 Jahre alt, als er starb.

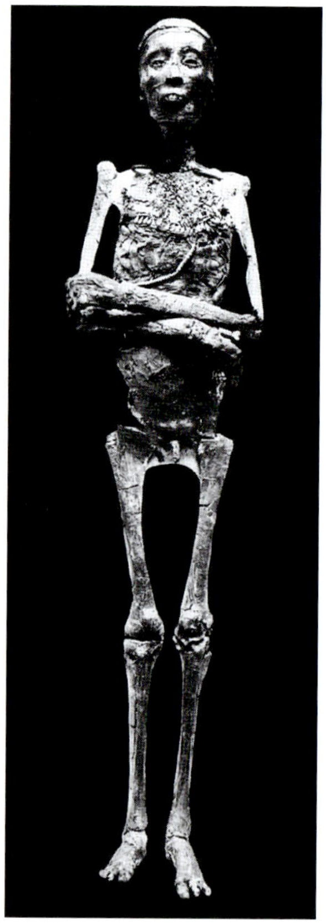

Links: **Einer der größten Schätze aus dem Grab Tutanchamuns ist der zweite, vergoldete Holzsarg des Kindkönigs. Ursprünglich war er für einen anderen König gedacht – wie viele der Grabbeigaben, die in Tutanchamuns Grab gefunden wurden**

Rechts: **Tutanchamuns Mumie: Der Körper weist zahlreiche Eigentümlichkeiten auf, unter anderem fehlt der vordere Brustkorb. Dies könnte mit der Haltung der Arme zu tun haben. Bei anderen Mumien aus dieser Periode sind sie über der Brust – und nicht dem Bauch – verschränkt**

Die erste Autopsie wurde von Douglas Derry im Jahr 1925 durchgeführt, kurz nachdem die Sarkophage geöffnet worden waren. Er entdeckte eine Verletzung »an der linken Wange ... eine abgerundete Vertiefung, die Haut, die sie bedeckte, sah aus wie Schorf. Die Haut im Umkreis der Vertiefung, deren Ränder leicht erhöht waren, war verfärbt«. Er konnte jedoch keine Aussage über die Todesursache machen.

Die Röntgenbilder, die R. G. Harrison 1968 aufnahm, schlossen Tuberkulose aus. Eine Aufnahme des Kopfes zeigt einen Knochensplitter in der Stirnhöhle und eine Beschädigung, die auf eine Gehirnblutung schließen lässt, die möglicherweise durch einen Schlag gegen den Kopf ausgelöst wurde. Auf den Röntgenbildern war auch zu erkennen, dass der vordere Teil des Brustkorbs fehlte; er war möglicherweise bei der Einbalsamierung entfernt worden. Eine These lautete, dass der König eine ernsthafte Brustverletzung erlitten und man den Brustkorb nach seinem Tod operativ entfernt habe. Da aber keinerlei andere Verletzungen zu entdecken waren, könnte es sich auch um eine Variante der Einbalsamierung handeln, die uns bislang nicht bekannt ist.

Es gibt also keine eindeutigen Hinweise auf die Ursache von Tutanchamuns Tod. Angesichts der zahlreichen Indizien vermuten jedoch viele, dass er einem Gewaltverbrechen zum Opfer fiel.

Rechts: **Königin Ankhesenamun, die dritte Tochter Echnatons und Ehefrau Tutanchamuns: Nach dem Tod ihres Mannes – und zwei tot geborenen Töchtern – schrieb sie an den König der Hethiter und bot ihm an, einen seiner Söhne zu heiraten und diesen zum Pharao zu machen**

Unten links: **Wandgemälde in Tutanchamuns Grabkammer: Eje zelebriert die Begräbnisriten für Tutanchamun. Nach ägyptischem Recht galt derjenige, der die Begräbniszeremonie vollzog, als Nachfolger des Verstorbenen. Obwohl solche Szenen in privaten Gräbern häufig zu finden sind, sind sie in königlichen Grabstätten unüblich. Vielleicht wollte Eje damit die Rechtmäßigkeit seines Handelns im Zusammenhang mit Tutanchamuns Tod betonen**

Der Kindkönig

Tutanchamun war der Nachfolger – und wahrscheinlich Sohn – des Ketzerkönigs Echnaton, der die traditionelle polytheistische Religion zugunsten des Glaubens an einen einzigen Gott, den Sonnengott Aton, abschaffte. Schon vor Echnatons Tod gab es offenbar Tendenzen, die alten Bräuche wieder aufleben zu lassen; mit seinem Tod gewannen die Vertreter der »Gegenreformation« an Macht.

Als Kind von gerade zehn Jahren wurde Tutanchamun dem Schutz hoher Würdenträger unterstellt, vor allem einer Gruppe von Generälen, die von Eje und Haremhab angeführt wurden. Eje war vermutlich der Vater von Nefertiti, der Ehefrau von Echnaton und Mutter von Tutanchamuns Frau Ankhesenamun. Auf Rat der Generäle war der König offiziell zum traditionellen Glauben zurückgekehrt und hatte ein groß angelegtes Tempelrestaurierungsprogramm ins Leben gerufen. Mit knapp 20 Jahren jedoch traf er selbst Entscheidungen – die möglicherweise mit den Ansichten seiner Ratgeber kollidierten.

Es macht misstrauisch, dass der König, so kurz nachdem er die Regierungsgeschäfte übernommen hatte, starb. Der Verdacht fiel auf seinen Nachfolger und einstigen Berater, General Eje. Es gibt außerdem einen denkwürdigen Schriftwechsel zwischen Königin Ankhesenamun und dem König der Hethiter (ein Reich, das etwa der heutigen Türkei entsprach). Darin berichtet die Königin vom Tod ihres Mannes und erklärt, dass sie keinen ihrer

Untertanen heiraten und damit zum König machen wolle. Vielmehr wünsche sie einen hethitischen Prinzen zu ehelichen. Außerdem habe sie Angst. Viele vermuten, dass es Eje war, vor dem sie sich fürchtete.

Der hethitische Prinz, den man zu ihr schickte, wurde auf dem Weg nach Ägypten ermordet. Eje wurde König, nachdem er Ankhesenamun geheiratet hatte, die kurz darauf verschwand. Wenn man Eje dunkle Machenschaften unterstellt, sollte man gleichzeitig bedenken, dass Ankhesenamun Hochverrat beging, als sie den ägyptischen Thron einem Fremden anbot. Falls Tutanchamun tatsächlich ermordet wurde, könnte auch Ankhesenamun ein Komplott geschmiedet haben, um durch die Heirat eines Fremden und mit der Unterstützung der Hethiter zu regieren. In einem solchen Szenario wäre Eje nicht der Bösewicht, sondern der Verteidiger von Ägyptens Freiheit gegen eine intrigante Königin.

Es sei noch einmal betont: Bei keiner Untersuchung der Leiche Tutanchamuns wurden schlüssige Hinweise auf die Todesursache gefunden und die entwickelten Szenarien sind reine Spekulation. Fest steht, dass Tutanchamun früh starb. Mord ist nur eine Möglichkeit von vielen. An den Steinblöcken eines zerstörten Tempels kann man ablesen, dass Tutanchamun trotz seiner Jugend bereits an militärischen Aktionen teilnahm. Vielleicht ist er im Kampf getötet worden? Oder sein Tod war ein Unfall oder die Folge einer Krankheit. Es ist fraglich, ob wir dem Geheimnis je auf die Spur kommen werden.

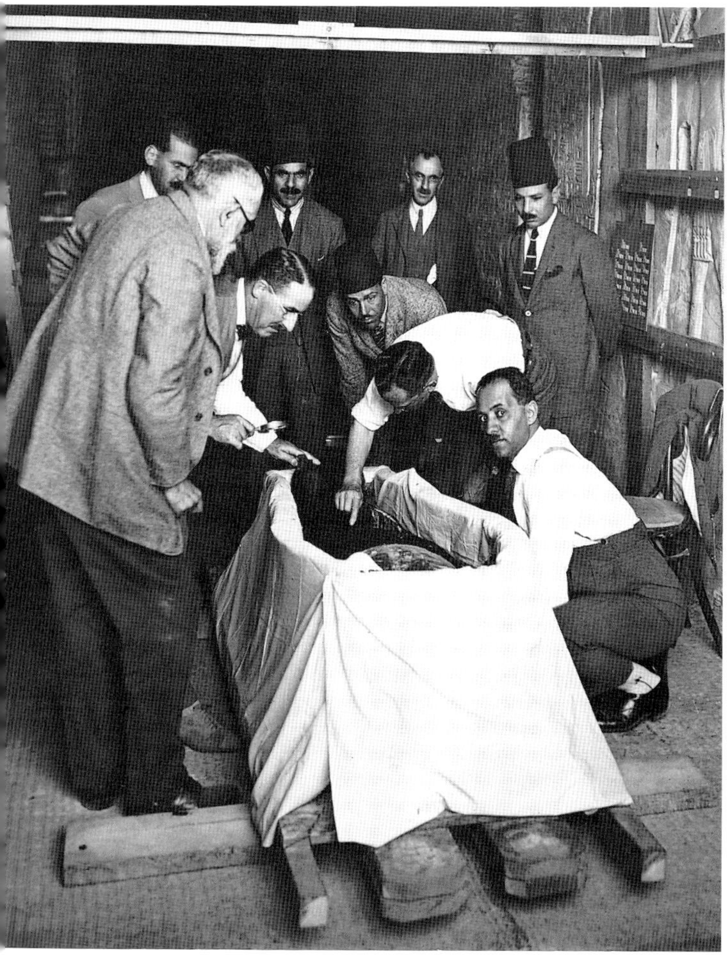

Links: **Douglas Derry nimmt den ersten Schnitt an der Mumie Tutanchamuns vor**

Unten: **Die Röntgenaufnahme von Tutanchamuns Kopf aus dem Jahr 1968 zeigt einen Knochensplitter (A) sowie Spuren einer Gehirnblutung, die möglicherweise durch einen Schlag an den Kopf hervorgerufen wurde**

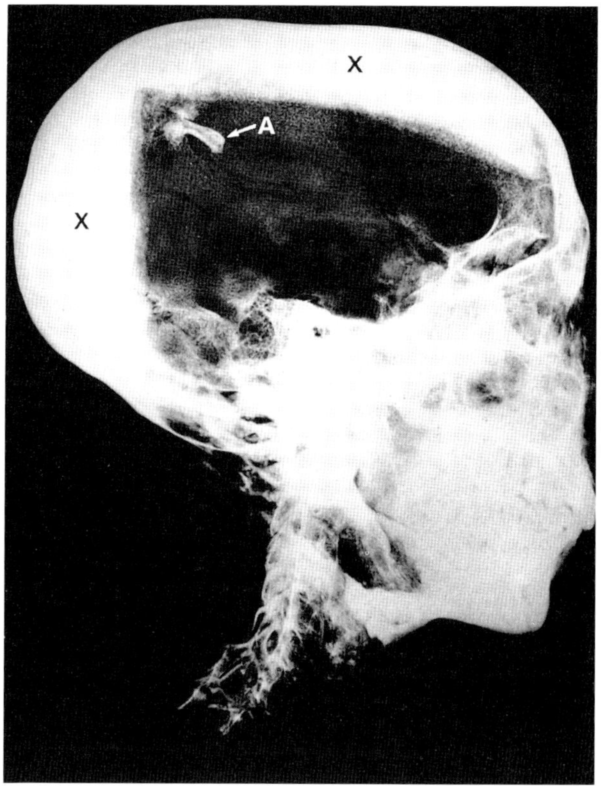

Wer verbirgt sich hinter den Tarim-Mumien?

Zeit: 1800 v. Chr. bis 400 n. Chr.
Ort: Der Westen Chinas

Es war ein seltsames Gefühl, auf eine Person herabzublicken, die abgesehen von ihrer pergamentenen Haut und den eingesunkenen Augenhöhlen wie ein schlafender Mann aussah. Plötzlich wurde mir bewusst, dass ich mich einem Vertreter des Volkes gegenübersah, das in den frühen Jahrhunderten unserer Zeitrechnung diese triste Lop-Region besiedelt – und sich dort wahrscheinlich wohl gefühlt hatte.

AUREL STEIN, 1928

DIE AM BESTEN ERHALTENEN MUMIEN stammen nicht aus Ägypten oder Peru, sondern wurden in der riesigen Sandwüste von Takla Makan im Westen Chinas gefunden, die einen Großteil des Tarimbeckens ausmacht. Im Gegensatz zu den Mumien der alten Ägypter, der Inka und ihrer Vorfahren, deren jeweilige Kulturen die menschliche Gestalt nach dem Tod künstlich bewahren wollten, wurden diese Mumien durch den trockenen, salzigen Sand von Eurasiens zweitgrößter Wüste auf natürliche Weise konserviert.

Die Tarim-Mumien wurden zu Beginn des 20. Jahrhunderts entdeckt, als westliche Expeditionen, geleitet von Sven Hedin aus Schweden, Albert von La Coq aus Deutschland und Aurel Stein aus Großbritannien, die Altertümer der Oasenstädte erkunden wollten, die an der nördlichen und südlichen Achse der Seidenstraße lagen, die China mit dem Westen verband. Bei diesen frühen Expeditionen wurden verschiedene Mumien ausgegraben, fotografiert und beschrieben, aber es gab keine Möglichkeit, sie zu konservieren und zu Museen im Westen zu

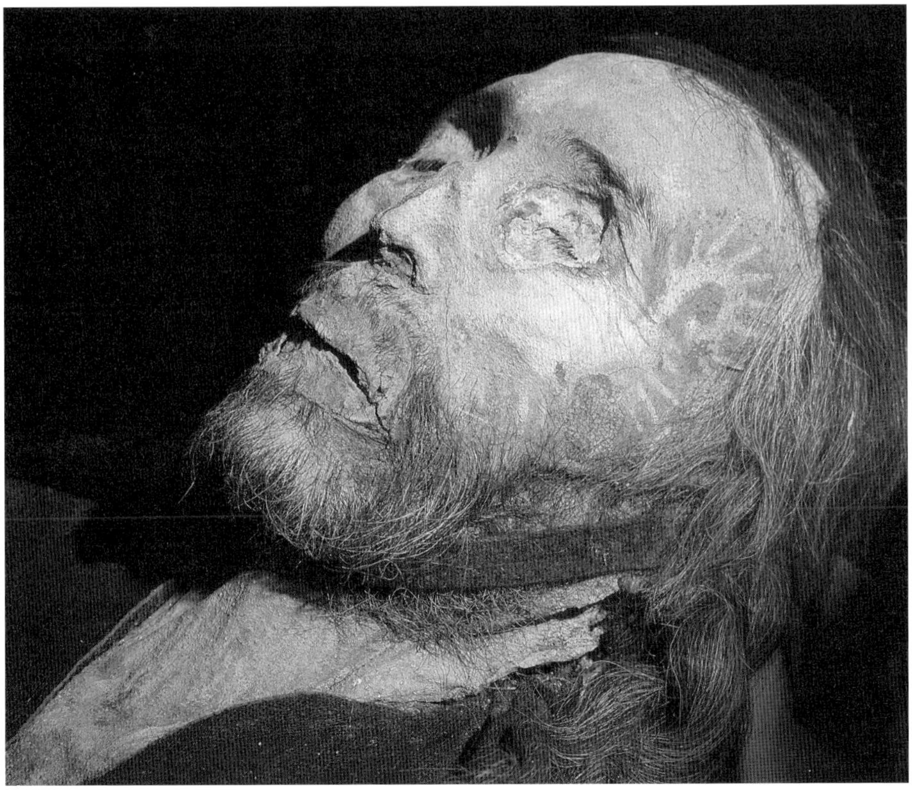

Männliche Mumie aus Zaghunluq (ca. 1000–600 v. Chr.) mit ockerfarbenen Spiralen an den Schläfen und einem Band, das den Kiefer des Toten zusammenhält

transportieren. Erst vor kurzem gelang es chinesischen und uigurischen Archäologen, weitere wissenschaftliche Untersuchungen in diesem Gebiet zu machen. Ihre spektakulären Funde erregten weltweit Aufsehen. Sie entdeckten im Westen Chinas 300 Mumien aus der Zeit von circa 1800 v. Chr. bis in die ersten Jahrhunderte v. Chr., als die Han-Dynastie ihren Machtbereich nach Westen ausdehnte. Angeblich existieren aus jener Zeit noch weitere Mumien.

Gräber und Textilien

Die meisten Mumien – sie gehören unterschiedlichen Kulturen an – wurden entlang dem südwestlichen und nordwestlichen Abschnitt der alten Seidenstraße gefunden. Archäologen entdeckten ihre Überreste in flachen Grubengräbern, in tiefen Erdschächten, die mit Lagen aus Gras, Gestrüpp, Baumstämmen und Tierfellen bedeckt waren, sowie in gemauerten Kammern. Die ältesten Mumienreste, die auf dem Friedhof von Qäwrighul und an anderen Orten unweit des ausgetrockneten Salzsees von Lopnur entdeckt wurden, waren in einfache wollene Decken gehüllt. Nach 1000 v. Chr. war ihre Kleidung aufwendiger und bestand aus gefederten Hauben (ein Mann trug allein zehn solcher Hauben!), Hemden, Umhängen, Hosen und farbenprächtigen wollenen Strümpfen sowie bunt karierten Umhangtüchern. Bei Subeshi an der nördlichen Route der Seidenstraße fand man drei Frauen mit extrem hohen Hüten, die an die überdimensionale Kopfbedeckung von Hexen erinnerten.

Diese Mumien sind eine wahre Fundgrube für Textilexperten. Sie fangen gerade erst an, die Überreste zu analysieren. Am erstaunlichsten aber sind die Gesichter der Mumien. Sie entsprechen in keiner Weise dem mongoloiden Typ, der heute Ostasien bevölkert; das helle Haar und der Bartwuchs zeigen vielmehr, dass diese frühen Siedler Kaukasier oder Europiden waren. Dem Geheimnis dieser Fremden aus dem Westen auf die Spur zu kommen stellt eine der größten archäologischen Herausforderungen unserer Zeit dar.

Eine der drei Frauen aus Subeshi (ca. 500–400 v. Chr.) mit hohen »Hexen«-Hüten: Sie trägt einen Wollrock, eine Bluse, Lederschuhe und einen Umhang aus Schaffell. Ihre linke Hand steckt noch in einem Lederfäustling

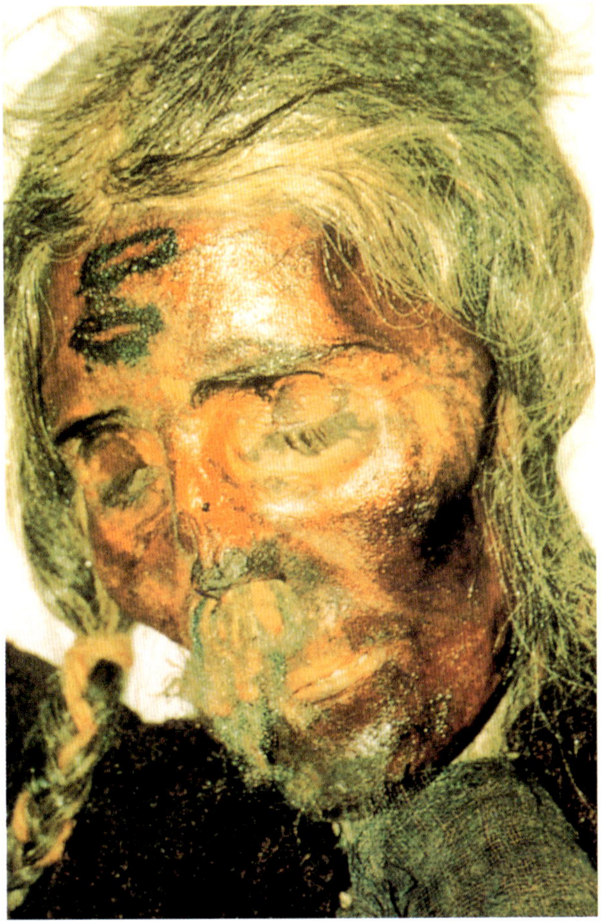

Frau aus Zaghunluq (ca. 1000–600 v. Chr.) mit geflochtenen Haaren sowie Tätowierungen auf Stirn und Augenlidern. Ihre Augenbrauen wurden offenbar kurz vor ihrem Tod geschwärzt

Wer waren diese Siedler?

Über Sinkiang vor der Bronzezeit, also circa 1800 v. Chr., wissen wir so gut wie nichts; über die erste Besiedlung dieses unwirtlichen Gebiets können wir nur spekulieren. Aber die zahlreichen Funde aus der Bronze- und Eisenzeit belegen, dass sich vor allem Menschen kaukasischer Abstammung, entweder aus den Bergen im Westen oder der Steppe im Norden, hier niederließen. Außer den Mumien wurden auch Skelettreste entdeckt. Von den bisher untersuchten 300 prähistorischen Menschenschädeln gehören nur elf Prozent dem mongoloiden Typ an. Sie stammen hauptsächlich aus dem Gebiet östlich von Sinkiang. Offenbar waren die Wüstenoasen für die frühen chinesischen Bauern der Provinz Gansu, westlich von Sinkiang, weniger attraktiv.

Wer also waren diese Menschen, die die Natur so gut erhalten hat? Wenn sie vor der Erfindung der Schrift ausstarben, werden wir es nie erfahren. Bestenfalls könnten wir sie den verschiedenen Kulturen zuordnen, die es in der Bronze- und Eisenzeit in Sinkiang gab. Es besteht jedoch Hoffnung, dass ihre Nachkommen überlebten und schriftliche Aufzeichnungen hinterließen.

Im Tarimbecken wurden nicht nur viele menschliche und andere organische Überreste gefunden, sondern auch unzählige frühe Manuskripte. Es war eins der ersten Gebiete Chinas, die sich dem Buddhismus öffneten, einer Religion, die dem schriftlichen Wort große Bedeutung beimisst. Viele der Texte sind in einer indischen Sprache, beispielsweise Sanskrit, abgefasst und beschränken sich auf die buddhistischen Klöster. In anderen hingegen fanden die Sprachen der einheimischen Bevölkerung Eingang. Dazu zählt Khotan-Sakisch, das in der alten, im südlichen Tarimbecken gelegenen Stadt Khotan und ihrer näheren Umgebung sowie einigen der Oasen im Nordwesten des Tarimbeckens gesprochen wird. Diese Sprache gehört zur iranischen Sprachgruppe, der auch Persisch und zahlreiche andere Sprachen des westlichen Zentralasiens angehören. Die größte Ähnlichkeit mit Sakisch hatte vermutlich die Sprache der Steppennomaden, die in Europa als Skythen bekannt sind. Khotan-Sakisch ist im Süden und Westen des Tarimbeckens verbreitet; die Mumien stammen jedoch vor allem aus dem Südosten und Nordosten, wo diese Sprache nicht nachzuweisen ist. Es fanden sich zwar Belege für iranische Sprachen in diesen Gegenden, jedoch nur in Form von Handelssprachen.

Tocharer

Im Nordosten des Tarimbeckens und der Turfan-Senke sowie in der Gegend um Lopnur – den Fundorten der meisten Mumien – waren die tocharischen Sprachen weit verbreitet. Tocharisch gehört zu den indoeuropäischen Sprachen, das heißt, es geht auf denselben Ursprung zurück wie viele europäische sowie die iranischen und indischen Sprachen Asiens. Die tocharischen Begriffe *pācer, mācer, procer, ser, keu, okso,* *ā*$_u$*, twere, ñuwe* haben zum Beispiel denselben Stamm wie die deutschen Begriffe *Vater, Mutter, Bruder, Schwester, Kuh, Ochs, Schaf, Tür* und *neu.* Wir verfügen zwar über keine rein tocharischen Texte aus dem Gebiet der südlichen Seidenstraße, aber in den indischen Dokumenten finden sich zahlreiche einheimische Lehnwörter und Personennamen, die Sprachwissenschaftlern zufolge das tocharische Substrat enthalten.

Auf mittelalterlichen Wandgemälden buddhistischer Höhlen sind Tocharer abgebildet. Sie erinnern mit ihren kaukasischen Zügen, dem hellen Haar, Augenfarbe und Bartwuchs an die Mumien. Die DNA-Analyse einer prähistorischen Mumie ergab eine Übereinstimmung von 40 Prozent des genetischen Erbguts mit dem moderner Europäer. Die bunt karierten Umhangtücher, die bei den Mumien entdeckt wurden, haben große Ähnlichkeit mit jenen, die man in Hallstatt in den österreichischen Alpen gefunden hat. Elizabeth Barber vermutet, dass der Ursprung dieser Umhänge nördlich des Kaukasus zu finden ist, da man dort zum ersten Mal auf Textilien dieser Art stieß.

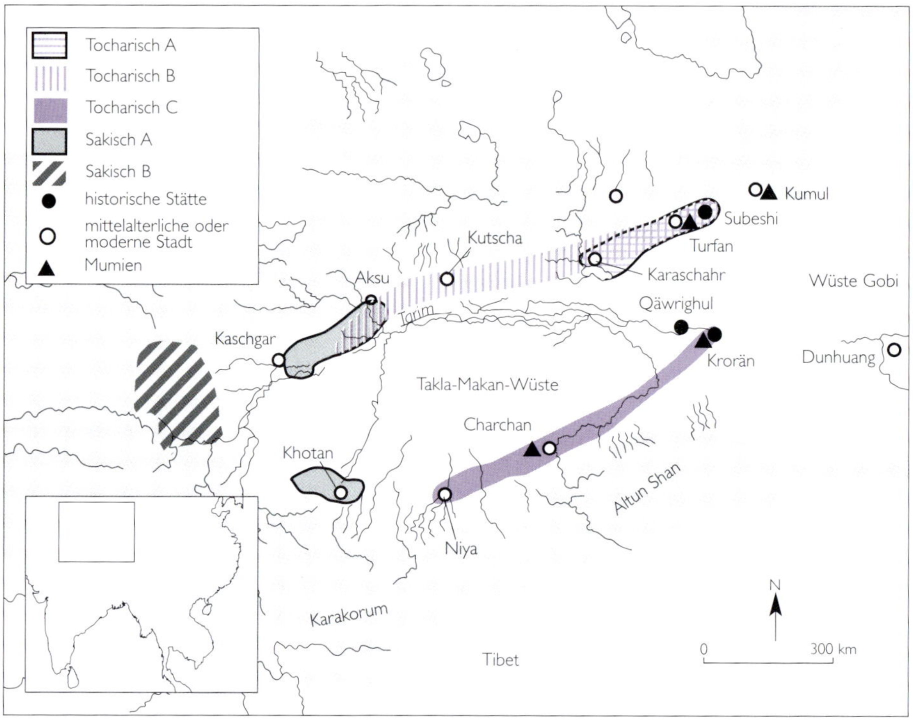

Die tocharischen Sprachen scheinen sich schon sehr früh von den übrigen indoeuropäischen Sprachen entfernt und unabhängig von ihren direkten Nachbarn, die Varianten von Indisch und Iranisch sprachen, weiterentwickelt zu haben. Man vermutet, dass die Vorfahren der Tocharer Teil einer größeren Bewegung von Kaukasiern waren, die Mitte des 4. Jahrtausends v. Chr. aus der Wolga-Ural-Gegend nach Osten zogen. Dieses Volk, auch als Afanasjewo-Kultur bekannt, ließ sich im Minussinsk-Becken und im Altai-Gebirge nördlich von Sinkiang nieder. Es gibt Hinweise darauf, dass die Träger der Afanasjewo-Kultur etwa 2000 v. Chr. nach Süden zogen und im Tarimbecken siedelten.

Dieses Modell steht zwar auf wackligen Beinen, bietet aber eine interessante Erklärung dafür, wie eine isolierte indoeuropäische Sprache, die von einem ursprünglich in Europa lebenden Volk gesprochen wurde, ihren Weg in den Westen des Tarimbeckens fand. Und außerdem können wir auf diese Weise die frühen Mumien linguistisch zuordnen.

Oben links: **Darstellung eines tocharischen Mönchs (links) aus Bezäklik, 9. bis 10. Jahrhundert n. Chr.**
Oben rechts: **Die Fundorte der Mumien (Dreiecke) fallen eher ins Siedlungsgebiet der Tocharer als der iranischen Saken**
Unten: **Die frühesten Siedler im Tarimbecken während der Bronzezeit, die Qäwrighul, stammen möglicherweise von der südsibirischen Afanasjewo-Kultur ab**

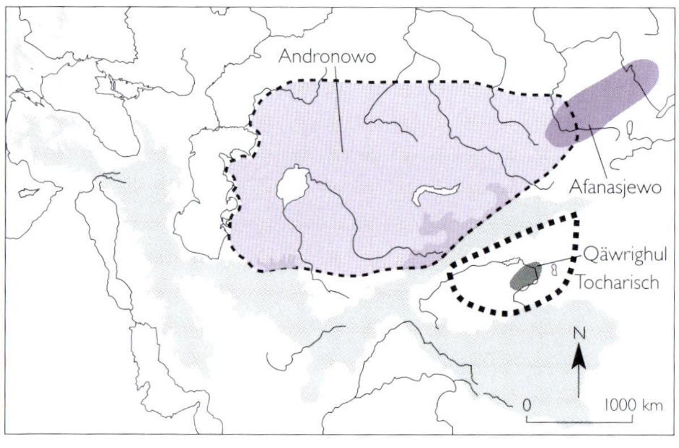

Waren die Olmeken afrikanischen Ursprungs?

Zeit: 1200 bis 900 v. Chr.
Ort: Der Südosten Mexikos

Ich war verblüfft: Als Kunstwerk war er (der Tres-Zapotes-Kolossalkopf 1), ohne zu übertreiben, eine großartige Skulptur … aber was mich erstaunte, war, dass er einen äthiopischen Typ darstellte. Ich überlegte, dass es zweifellos Neger in diesem Land gegeben hatte, und zwar in der ersten Epoche der Welt.

MELGAR Y SERRANO, 1869

WAREN DIE OLMEKEN, Begründer der ältesten Kultur Mesoamerikas, Einwanderer aus Afrika? Es gibt Hinweise darauf, dass sie amerikanische Ureinwohner waren und von den Paleo-Indianern abstammten, die aus Nordostasien nach Amerika gekommen waren. Keine Belege hingegen gibt es für die Behauptung, dass Afrikaner vor Kolumbus den amerikanischen Kontinent betraten. Archäologen fanden weder im Land der Olmeken noch irgendwo sonst in Amerika afrikanische Artefakte, Pflanzen- oder Tierreste, menschliche Skelette oder linguistische Hinweise. Wie kam es dann zu der Überlegung, dass die Olmeken Afrikaner sein könnten?

Hintergrund

Bei seinem Besuch einer Zuckerplantage in der Sierra de los Tuxtlas im Süden Mexikos im Jahr 1862 zeigte man José Melgar y Serrano einen riesigen menschlichen Basaltkopf, den ein Arbeiter einige Jahre zuvor entdeckt hatte. Melgar, ein intelligenter Mann, der sich für alte Zivilisationen interessierte, war bewusst, dass es sich bei der Skulptur – inzwischen als Tres-Zapotes-Kolossalkopf 1 bekannt – um einen höchst ungewöhnlichen Fund handelte. In späteren Jahren dachte er viel über die Bedeutung dieses Kopfes sowie über die ethnische Identität der dargestellten Person nach und veröffentlichte dazu zwei Artikel. Im geistigen Klima der damaligen Zeit sprach man den vorkolumbischen Einwohnern Amerikas – ebenso wie ihren unterdrückten Nachfahren im 19. Jahrhundert – die intellektuellen und kreativen Fähigkeiten zur Erschaffung solcher Kunstwerke ab. Deshalb nahm Melgar an, dass Einwanderer aus der Alten Welt diesen Kopf geschaffen haben mussten, den er als afrikanisch, genauer gesagt als äthiopisch identifizierte.

Dieser Kolossalkopf war völlig in Vergessenheit geraten, als der Archäologe Matthew W. Stirling 1939 bei seinen Untersuchungen der olmekischen Kultur erneut auf ihn stieß. Durch Stirlings Funde in Tres Zapotes, La Venta, Cerro de las Mesas und San Lorenzo wurde die akademische Welt auf die olmekische Kultur aufmerksam, und seine Artikel in der Zeitschrift *National Geographic* rückten die Olmeken ins Bewusstsein der Öffentlichkeit.

Später wurden Hunderte von Steinskulpturen entdeckt, darunter 17 weitere Kolossalköpfe. Moderne Forscher vermuteten, dass diese Monumente erschaffen wurden, um lebende oder erst kurz zuvor verstorbene olmekische Herrscher darzustellen. Interessanterweise sieht keiner der 17 besonders »afrikanisch« aus. Und kein Wissenschaftler akzeptierte bisher Melgars ethnische Zuordnung des Tres-Zapotes-Kopfes. Wieso lebt die Diskussion über diese Frage gerade in jüngster Zeit wieder auf?

Matthew W. Stirling nimmt 1939 erste wissenschaftliche Untersuchungen am Tres-Zapotes-Kolossalkopf vor

Der moderne Mythos

In einer umfassenden Untersuchung versuchten Gabriel Haslip-Viera und seine Kollegen, die Geschichte dieser Idee, die insbesondere Ivan Van Sertimas *They Came Before Columbus* (1976) inspirierte, nachzuvollziehen. Van Sertima, selbst kein Archäologe, behauptet, dass »negroide« Afrikaner lange vor Kolumbus nach Amerika kamen und dort die Kulturen Meso- und Südamerikas prägten. Wenn auch kein ernsthafter Wissenschaftler diese These unterstützt, wurde sie doch zum zentralen Mythos der gegenwärtigen afrozentristischen Bewegung in Nordamerika. Haslip-Viera zufolge argumentieren afrozentristische Historiker, dass »sämtliche alten Kulturen der Welt, einschließlich der des alten Ägypten, Mesopotamiens, Indiens, Chinas, Europas und Amerikas von ›schwarzen‹ Völkern geschaffen oder zumindest beeinflusst wurden«.

Van Sertima und andere nennen fünf Quellen, um ihre Behauptung zu untermauern: schriftliche Dokumente aus verschiedenen Epochen und unterschiedlichen Orten in der Alten Welt; die »negroiden« Züge der Kolossalköpfe; architektonische Ähnlichkeiten zwischen olmekischen Erdhügeln und den Steinpyramiden in Ägypten und Nubien; in Amerika gefundene Pflanzen, die in Afrika heimisch sind, sowie ähnliche Mumifizierungspraktiken. Haslip-Viera und seine Kollegen prüften und widerlegten jeden einzelnen Punkt.

Aufgrund der wichtigen Rolle, die den Olmeken in der Geschichte der mesoamerikanischen Zivilisation zukommt, ist es nicht überraschend, dass die Afrozentristen die fantastischen Ideen eines Gelehrten aus dem 19. Jahrhundert aufgriffen, um ihre Behauptung zu stützen. Ironischerweise beleben sie damit die rassistische Denkweise der damaligen Zeit, der zufolge die amerikanischen Ureinwohner Menschen zweiter Klasse sind, deren kulturelle Errungenschaften sich nicht mit denen der Weißen messen lassen.

Tres-Zapotes-Kolossalkopf I: Die Gesichtszüge sind möglicherweise ein Kompromiss zwischen der minimalen Bearbeitung des Basaltblocks und dem getreuen Abbild eines lebenden oder kurz zuvor verstorbenen Herrschers

Warum opferten die Karthager Kinder?

38

Zeit: 8. bis 2. Jahrhundert v. Chr.
Ort: Karthago, Tunesien

Aus Verehrung versprechen die Phönizier und vor allem die Karthager Kronos (Ba'al Hammon) eines ihrer Kinder, wenn sie die Gunst der Gottheit erbitten wollen, und verbrennen es anschließend als Opfergabe.

CLEITARCHUS, SPÄTES 4. JAHRHUNDERT V. CHR.

DAS IM NORDOSTEN des heutigen Tunesien liegende Karthago, die »Neue Stadt« (Kart Hadascht), wurde von Phöniziern besiedelt, die aus dem östlichen Mittelmeerraum stammten. Der Überlieferung zufolge gründete Königin Dido die Stadt im Jahr 814 v. Chr.; die ältesten archäologischen Funde stammen jedoch aus der Mitte des 8. Jahrhunderts v. Chr. Ihre günstige Lage und ihr fruchtbares Hinterland verhalfen der Stadt zu Wohlstand. Im 4. und 3. Jahrhundert v. Chr. war Karthago bereits die Hauptstadt eines stattlichen Reiches, das das heutige Tunesien sowie zahlreiche Siedlungen entlang der nordafrikanischen Küste von Marokko bis Westlibyen umfasste. Hinzu kamen Besitzungen in Sizilien, Sardinien und Spanien. Karthagos Expansionsbestrebungen führten jedoch zu Konflikten mit den Römern. Der Machtkampf zwischen den beiden Ländern wurde in den drei Punischen Kriegen ausgetragen und endete 146 v. Chr. mit der demütigenden Niederlage und Zerstörung Karthagos.

Blick vom Burgberg Byrsa bei Karthago: Das *tophet* lag westlich des Hafens, hier in der Bildmitte zu erkennen

Baal und Tanit

Die Hauptgottheiten des karthagischen Pantheons waren der Sonnengott Baal und seine Gefährtin Tanit, die in Inschriften oft als »Baals Gesicht« bezeichnet wird, also als Baals weibliches Pendant oder sein »Spiegelbild«. Im Gegensatz zu Baal war Tanit bei den Phöniziern so gut wie unbekannt. In Karthago löste sie im 5. Jahrhundert v. Chr. Astarte als Hauptgöttin ab. Baal galt als Furcht einflößend und unnahbar; er war der Gott der fernen Bergregionen, vor allem der Gipfel, aber auch der fruchtbaren Ebenen, der Beherrscher des Himmels: kurz, ein Gott des gesamten Universums. Tanit, TNT in karthagischen (neopunischen) Schriftzeichen, Thanneth oder Thinith auf Griechisch, war vor allem die Göttin des Himmels und verantwortlich für den Regen, der für reiche Ernten sorgte; sie war außerdem die Schutzgöttin Karthagos.

Opferstätten

Sowohl Baal als auch Tanit forderten Opfer, die an bestimmten Orten unter freiem Himmel, den so genannten *tophet*, dargebracht wurden. Aus vielen tausend *tophet*-Inschriften wissen wir, dass in Karthago hauptsächlich Tanit verehrt wurde, während die 800 *tophet*-Widmungen in Constantine, im Osten Algeriens, Baal galten. Andere *tophet* wurden bei Sousse in Tunesien, Sulcis (Sant' Antioco), Tharros und Monte Sirai auf Sardinien sowie Motya in Sizilien entdeckt. Der Begriff *tophet* taucht in Inschriften nicht auf, bezeichnet aber in der Bibel Orte in Phönizien, wo Kinderopfer stattfanden (Jeremia 7,31–32; 2. Könige 23,10).

Das *tophet* in Karthago wurde 1921 etwa 50 Meter westlich der künstlichen punischen Häfen am südlichen Rand der ehemaligen Stadt entdeckt. Es umfasste ein ummauertes Areal von mindestens 6000 Quadratmetern. Ausgrabungen haben im Laufe der Jahre Tausende von Urnen zu Tage gefördert, die einzeln in gekiesten Gruben lagen und noch Knochenreste enthielten. Die früheren waren mit einem kleinen behauenen Thron oder einem Steinblock (*cippus*) mit einem Betyl (ovaler oder flaschenförmiger Stein, dem Abbild der entsprechenden Gottheit) gekennzeichnet. Ab dem 4. Jahrhundert v. Chr. war es üblich, eine Stele aufzustellen, die ein Relief oder eine Gravur aufwies und gelegentlich auch mit einer Inschrift zu Ehren Baals und Tanits sowie dem Namen des Widmenden versehen war. Form und Verzierung dieser Stelen änderten sich im Laufe der Zeit; besonders häufig findet man an der Spitze das »Tanit-Zeichen«, ein Dreieck mit einem gemeißelten horizontalen Streifen und einem Kreis. Eine Stele, die sich jetzt im Bardo-Museum in Tunis befindet, stellt einen Mann mit einem Säugling im Arm dar, der vermutlich geopfert werden soll.

Schätzungen gehen davon aus, dass von der Mitte des 8. Jahrhunderts v. Chr. bis zur Zerstörung der Stadt im Jahr 146 v. Chr. jährlich im Durchschnitt etwa 100 Urnen auf dem *tophet* in Karthago vergraben wurden; damit beliefe sich die Gesamtzahl der Opfer auf 60 000.

Funde aus jüngster Zeit

Die in den 70er-Jahren des letzten Jahrhunderts vorgenommenen Grabungen auf dem *tophet* lieferten zum ersten Mal detailliertes statistisches Zahlenmaterial. Die Knochenreste stammten sowohl von Menschen als auch von Tieren. Es war aber keineswegs so, dass der Anteil der Tieropfer im Lauf der Zeit anstieg. Bei den frühen Opfe-

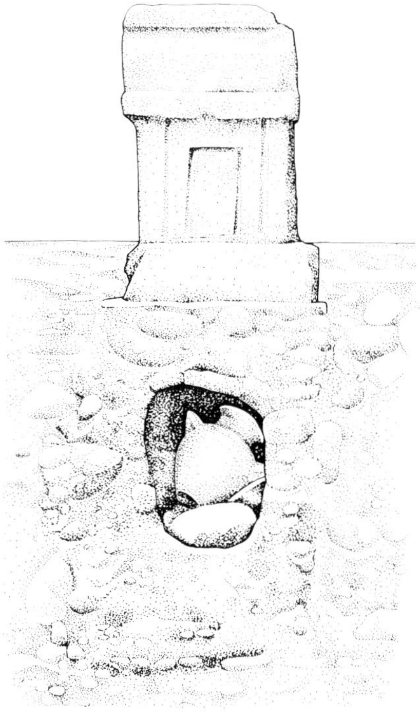

rungen machten sie ein Drittel aus, im 4. Jahrhundert v. Chr. nur noch ein Zehntel, das heißt, 90 Prozent der Opfer waren Menschen. Vom 8. bis zum 6. Jahrhundert v. Chr. wurden vor allem Tot- oder Neugeborene geopfert, während es im 4. Jahrhundert v. Chr. Ein- bis Dreijährige waren. Urnen aus dieser Zeit enthielten die Überreste von zwei oder sogar drei Kindern.

Gegenüberliegende Seite: **Grafische Darstellung einer Begräbnisstätte: Die Urne mit den Knochenresten wurde in der Erde vergraben, während eine Stele das Grab markierte**

Rechts: **Stele im Bardo-Museum in Tunis: Sie zeigt einen Mann (einen Priester?) mit Kappe und ehrfurchtsvoll erhobener Hand, der ein Kind im Arm hält – möglicherweise um es zu opfern**

Links: **Karthago, *tophet*: Diese Stelen wurden bei Ausgrabungen entdeckt und in einem Garten aufgestellt, befinden sich also nicht mehr an ihrem ursprünglichen Ort**

Rechts: **Eine Stele mit dem Zeichen Tanits, von Hanno, dem Sohn Mathan-Baals, gestiftet, 2. bis 1. Jahrhundert v. Chr.**

Warum wurden Kinder geopfert?

Weil schriftliche Dokumente fehlen, lässt sich diese Frage und auch die nach den vorher beschriebenen Änderungen im Alter der Opfer nur spekulativ beantworten. Es wäre verlockend, eine militärische oder wirtschaftliche Krise anzuführen, aber dafür gibt es keine Beweise. Vor allem Belege für *tophet*-Rituale aus der Zeit vor dem Untergang Karthagos (146 v. Chr.) wurden von den Römern weitgehend zerstört.

Es gibt mehrere Hypothesen. Die Votivinschriften zeigen, dass vor allem Reiche die Opfer darbrachten. Möglicherweise opferte die Karthager Elite Erstgeborene und folgte damit der biblischen Aufforderung: »Den erstgeborenen deiner Söhne sollst du mir geben« (2. Mose 22,28). Leider lässt der Zustand der Knochen keine Rückschlüsse auf das Geschlecht zu, wenngleich in einigen Fällen DNA-Tests erfolgreich waren. Mit Hilfe solcher Tests könnte man möglicherweise auch feststellen, ob die Kinder, die zusammen eingeäschert wurden, aus ein und derselben Familie stammten. Manche betrachten Kinderopfer als eine Art Geburtenregelung, ähnlich der spartanischen Praxis, unerwünschte Kinder an einem Hang auszusetzen. Die Opferung älterer Kinder ist dagegen schwerer zu erklären. Vielleicht wurde das Ungeborene Tanit versprochen, und falls es dann zu einer Totgeburt kam, wurde stattdessen ein älteres Kind geopfert, aber diese These setzt eine hohe Säuglingssterblichkeit voraus.

Nach Sabatino Moscatis Meinung haben griechische und römische Autoren (sowie die Bibelautoren) antisemitische Propaganda betrieben. Er glaubt, dass die geopferten Säuglinge und Kleinkinder bereits eines natürlichen Todes gestorben waren, als sie verbrannt wurden. Diese Ansicht widerspricht jedoch allem, was wir über »Opfer« in früherer Zeit wissen. Um die Gunst einer Gottheit zu erlangen, musste man (in diesem Fall die Eltern) Entbehrungen auf sich nehmen. Es ist unwahrscheinlich, dass es sich lediglich um eine Form der »Leichenentsorgung« handelte. Die forensische Archäologin Charlotte Roberts untersuchte die Knochen von 20 Säuglingen aus Motya und fand keine Hinweise auf eine Krankheit oder einen schlechten Gesundheitszustand.

Nach der Machtübernahme durch die Römer lebte der Baal- und Tanitkult in Nordafrika in leicht abgeänderter Form fort. Die Gottheiten wurden in Saturn und Caelestis umbenannt und weiterhin verehrt, bis das Christentum Einzug hielt. Selbst das *tophet* in Karthago geriet nicht in Vergessenheit: Es gibt Hinweise, dass Saturn und Caelestis auch unter den Römern gehuldigt wurde. Allerdings hörten die Menschenopfer 146 v. Chr. auf, als Rom diese religiöse Praxis verbot. Man vergaß offenbar jedoch nicht, dass Tieropfer lediglich einen Ersatz (*vicarius*) darstellten, wie die Inschriften einiger Stelen belegen. Der christliche Apologet Tertullian vermutete sogar, dass es in Afrika bis in seine Zeit noch Menschenopfer gab. Vielleicht werden neue Untersuchungen des *tophet* in Sousse und Constantine Tertullian eines Tages Recht geben. Auf jeden Fall zeigt seine Aussage, dass die karthagische Praxis der Kinderopfer auch noch 400 Jahre nach dem Fall Karthagos die Gemüter erregte.

Stelen auf dem *tophet* bei Karthago; das römische Gewölbe ist späteren Datums

Orakel: Propheten oder Profitmacher?

Zeit: ca. 6. Jahrhundert v. Chr. bis 4. Jahrhundert n. Chr.
Ort: Griechenland

Der Herr, dessen Orakel sich in Delphi befindet, spricht weder frei heraus, noch verschweigt er etwas, er gibt ein Zeichen.

HERAKLIT, 6. JAHRHUNDERT V. CHR.

DIE ALTEN GRIECHEN GLAUBTEN, dass die Götter zu den Sterblichen sprachen und ihnen Ratschläge gaben. Die Kommunikation mit den Göttern gehörte zum täglichen Leben. Seher reisten von Stadt zu Stadt und verkauften Prophezeiungen oder boten an, Omen zu deuten. Der Flug eines Vogels, die Überreste einer Opfergabe, Traumbilder, sogar der Zeitpunkt des Niesens – all dies konnte ein Zeichen der Götter sein.

Die in den Augen der Griechen wichtigsten göttlichen Botschaften wurden von Orakeln übermittelt. Dies waren bestimmte Orte, in der Regel heilige Stätten, wo Götter oder Halbgötter direkt befragt werden konnten. (Der Begriff Orakel bezieht sich sowohl auf die Stätte als auch auf die Weissagung.) Das berühmteste Orakel war und ist das des Apollon in Delphi, aber aus alten Schriften sind noch unzählige andere bekannt.

Die Bedeutung der einzelnen Orakel variierte im Laufe der Jahrhunderte: Es entstanden neue Stätten, andere gerieten in Vergessenheit. Trotzdem suchten die Menschen – darunter Vertreter von Stadtstaaten – über 1000 Jahre lang diese Stätten auf, um einen Rat für wichtige Entscheidungen zu erhalten, für den sie sich dann durch großzügige Geschenke, oft wertvolle Schätze, erkenntlich zeigten.

Trotzdem bleibt es ein Rätsel, welche Art von Hilfe die Besucher eines Orakels erhielten. Viele Geschichten der griechischen Mythologie stellen Orakelsprüche (vor allem die des Orakels von Delphi) als mehrdeutig und irreführend dar, mit katastrophalen Folgen für den Empfänger. Es ist unklar, warum die Griechen schwierige Entscheidungen den Orakeln überlassen wollten. Wir wissen auch sehr wenig über die damaligen Arten der Weissagung. Dem Geheimnis der Orakel auf die Spur zu kommen ist auch für moderne Forscher noch eine reizvolle Herausforderung.

Delirierende Frauen und aufrührerische Priester?

Das Orakel des Apollon in Delphi nimmt sowohl in alten Schriften als auch in der modernen Literatur einen großen Raum ein. Der Prophetin (»Pythia«) sagte man göttliche Erleuchtung nach, die von den Römern und Griechen als die höchste Form der Prophezeiung angesehen wurde. Es ist unklar, wie sie arbeitete. Überlieferungen besagen, dass sie sich in einen Zustand göttlicher Ekstase versetzte, indem sie, auf dem Dreifuß Apollons sitzend, Lorbeerblätter kaute und die aus einem geheimnisvollen Erdspalt aufsteigenden berauschenden Dämpfe einatmete. Ihre wirren Fantasien wurden von den Priestern des Heiligtums, so genannten *prophetai*, in Verse übersetzt.

Auf einer Trinkschale aus dem 5. Jahrhundert v. Chr. besucht Ägeus, König von Athen, die Göttin Themis, eine mythische Vorgängerin Pythias. Ägeus befragt das Orakel wegen seiner Kinderlosigkeit. Später zeugt er den Halbgott Theseus

Oben: **Luftaufnahme des Apollon-Heiligtums in Delphi mit den Überresten der Schatzhäuser, des Tempels des Apollon und des Theaters**
Links: **Das Schatzhaus der Siphnier (525 v. Chr.) war wahrscheinlich eines der am reichsten verzierten Gebäude des Heiligtums**

Gegenüberliegende Seite unten:
Ausschnitt aus dem Nordfries: Der Kampf zwischen Göttern und Giganten

Gegenüberliegende Seite oben:
Dieser Kopf aus Elfenbein und Gold gehört zu einer lebensgroßen Statue, die wahrscheinlich Apollon, Delphis Schutzgott, darstellt. Er wurde in den Trümmern eines Schreins aus der Mitte des 6. Jahrhunderts v. Chr. gefunden, der durch ein Feuer zerstört wurde und unter der »Heiligen Straße« in Delphi begraben lag

Anfänglich akzeptierten Wissenschaftler diese Darstellung und versuchten, sie rational zu begründen. Einige meinten, dass die *prophetai* die Informationen eines Besuchers an den nächsten weitergaben. Andere unterstellten den Priestern egoistischere Motive und bezeichneten sie als gerissene Psychologen, die den Besuchern ihre Geheimnisse entlockten und ihnen nach dem Mund redeten, oder auch als politische Intriganten, die ihre Position dazu benutzten, politisch Einfluss zu nehmen.

Profitmacher oder Propheten?

Der Erfolg solcher Betrüger ist jedoch unwahrscheinlich. Die Griechen waren sich durchaus der Gefahr arglistiger Täuschung bewusst. In den beliebten Komödien von Aristophanes treten häufig durchtriebene oder geizige Seher auf. Dass die Orakel selbst in Zweifel gezogen wurden, ist nicht bekannt, obwohl wir wissen, dass Besucher eine Gebühr entrichten mussten (die Details sind unbekannt). Wenige Geschichten berichten über Versuche, das Orakel von Delphi zu bestechen, aber sie dienen wohl eher dazu, den zweifelhaften Charakter des Betrügers herauszustellen.

Es ist schwer vorstellbar, wie irgendjemand aus einem Orakel und seinen Schätzen Profit schlagen konnte, da die Griechen doch dafür sorgten, dass kein Individuum, keine Gruppe und kein Staat daran Besitzrechte anmelden konnte. Die Reichtümer waren dem jeweiligen Gott geweiht und wurden als Huldigung an der heiligen Stätte belassen. Nur

in ganz seltenen Fällen, beispielsweise einer Notlage, wagte jemand, etwas zu entwenden – und musste dafür schwer büßen.

Delphi und andere Orakel wurden als vertrauenswürdige Vermittler von Prophezeiungen betrachtet. Sogar die frühen christlichen Autoren mutmaßten keine Bestechlichkeit, sondern begnügten sich damit, sie als das Werk von Dämonen zu verdammen.

Dennoch bleibt die Frage, welche Rolle Orakel in der griechischen Gesellschaft spielten. Erst kürzlich warteten zwei Forschungsbereiche mit interessanten, wenngleich kontroversen Antworten auf. Anthropologische Studien von Orakeln in zeitgenössischen Kulturen förderten Vergleichsmaterial zu Tage, das unsere Sicht des Problems erweitert, während die genaue Analyse alter Orakelbefragungen eine erneute Prüfung gängiger Annahmen bewirkte.

Fragen und Antworten

Es scheint, als hätten sich die Griechen – wie andere Völker, die Orakel befragen – nicht aus reiner Neugier an Orakel gewandt. Vielmehr konsultierten sie sie in besonderen Situationen und suchten offenbar nur die Bestätigung einer bereits getroffenen Entscheidung. In der Regel waren die Fragen so formuliert, dass ein Ja oder Nein als Antwort genügte.

Vor allem das Zeusorakel von Dodona liefert uns zahlreiche Belege für persönliche Anfragen. Die ausgesprochenen Probleme umfassten die verschiedenen Bereiche des täglichen Lebens, einschließlich Ehe, Kinder, Arbeit und Reisen. Erkundigungen von staatlicher Seite betrafen politische Themen wie die Gründung neuer Siedlungen. Orakel scheinen auch als Schiedsrichter in religiösen Fragen fungiert zu haben – eine wichtige Funktion in einer Gesellschaft, die über keine religiösen »Experten« verfügte. Privatpersonen fragten das Orakel oft danach, an welchen Gott sie sich wenden sollten, um den Erfolg ihres Vorhabens zu gewährleisten, während sich Fragen von öffentlichen Personen vor allem auf religiöse Praktiken, deren Anpassung beziehungsweise Erneuerung, bezogen.

Eine Analyse der Antworten zeigt, dass Fragesteller in der Regel nicht mit Rätseln abgefertigt wurden, wie es uns Überlieferungen glauben machen wollen, sondern eindeutige Antworten erhielten. Einige meinen, dass die Pythia in Delphi Ratsuchenden direkt antwortete. Es ist schwer, ihre göttliche Ekstase einzuschätzen. Vergleiche mit ähnlichen »Einrichtungen« in anderen Kulturen legen nahe,

Im Zeusheiligtum von Dodona wurden Tausende von dünnen gravierten Bleitäfelchen mit Fragen von Orakelbesuchern (und gelegentlich auch Antworten des Gottes) gefunden. Auf diesem will ein gewisser Hermon wissen, zu welchem Gott er beten solle, um von seiner Frau Kretaia Kinder zu bekommen

Links: **Der Ostfries des Schatzhauses der Siphnier: Er zeigt den Kampf zwischen Achilles und Memnon im Trojanischen Krieg**

Unten: **Der Wagenlenker von Delphi aus dem Apollon-Heiligtum in Delphi ist eine der wenigen und frühesten lebensgroßen Bronzestatuen, die noch aus der Frühantike vorhanden sind. Er war Teil eines Viergespannes mit Pferdewagen, ein Weihgeschenk des Polyzelus, Tyrann von Cela in Sizilien, etwa 470 v. Chr.**

dass es sich dabei um eine Art »Widerstand« gehandelt haben könnte, um den Sprecher objektiv erscheinen zu lassen. Die berauschenden Dämpfe sowie die Wirkung von Lorbeerblättern sind mit Sicherheit Erfindungen späterer Autoren.

Nüchterne Bestätigung

Auch wenn wir jetzt besser verstehen, warum die Griechen Orakel konsultierten, bleibt die Frage offen, warum in alten Überlieferungen von zweideutigen Botschaften die Rede ist. Haben die Orakel jemals solche Prophezeiungen gemacht? Die alten Griechen glaubten, dass dies in früheren Zeiten der Fall war, diese Praxis aber ausstarb. Für viele ist dies eine plausible Erklärung. Andere Forscher halten diese Geschichten für eine Mischung aus Volksmärchen und allgemeinen Weissagungen.

Ganz gleich, welche Erklärung wir akzeptieren, diese Geschichten zeigen uns deutlich, dass die Griechen zwischen menschlichem und göttlichem Wissen unterschieden – was uns wiederum hilft zu verstehen, warum sie sich an Orakel wandten.

Wer waren die Kelten?

40

Zeit: ca. 600 v. Chr. bis 100 n. Chr.
Ort: Europa

Für viele, vielleicht für die meisten außerhalb des kleinen Kreises großer Wissenschaftler, vergangener und gegenwärtiger, ist »keltisch«... ein Zaubersack, in den man alles hineinstecken und aus dem alles herauskommen kann... In der legendären keltischen Dämmerung, die nicht so sehr eine Dämmerung der Götter als des Verstands ist, ist alles möglich.

J. R. R. TOLKIEN, 1963

HEUTE SIND KELTEN für uns Menschen, die an der europäischen Atlantikküste leben, aber einst breitete sich dieses Volk über ganz Europa aus. Die ersten Kelten tauchen in den Schriften griechischer Historiker des 5. und 6. Jahrhunderts v. Chr. auf. Der Begriff »Kelte« (griechisch *Keltoi*) bezeichnete früher Völker, die im Hinterland der griechischen Kolonie Massalia (das heutige Marseille) lebten. Später war diese Bezeichnung gleichbedeutend mit dem römischen Wort *Galli* (Gallier) und dem griechischen *Galatoi* (Galater) und stand für eine mächtige Gruppe von Völkern, die im 3. Jahrhundert v. Chr. vom Atlantischen Ozean bis zum Schwarzen Meer herrschte und auch in Spanien, Italien und Anatolien siedelte. Klassischen Autoren fielen die Ähnlichkeiten zwischen diesen kontinentalen Völkern und den Bewohnern von Britannien und Irland auf, aber sie bezeichneten Letztere nie als Kelten oder Gallier.

Die keltische Identität

Was diese Völker in den Augen klassischer Autoren gemeinsam hatten, waren ihre Bräuche und ihre Religion sowie ihre Sprache, die wir heute als keltische Sprachen und Teil der indoeuropäischen Sprachfamilie identifizieren. Die modernen Varianten dieser Sprachen sind Walisisch, Bretonisch, Irisch und das schottische Gälisch – die restlichen keltischen Sprachen sind inzwischen ausgestorben. Als »Kelten« bezeichneten sich einige der auf dem Kontinent lebenden, Keltisch sprechenden Völker – aber keineswegs alle. Da »Kelte« als Element sowohl in Stammes- als auch in Personennamen auftritt, lässt sich nicht feststellen, ob sich die Völker in Britannien oder Irland je als Kelten verstanden. Aus diesem Grund ist die keltische Identität eins der strittigsten Themen der modernen britischen Archäologie ist: Können die prähistorischen Bewohner Britanniens und Irlands wirklich als Kelten bezeichnet werden, wenn keiner ihrer Zeitgenossen sie je als solche beschrieb? Diese Frage hat nur zum Teil etwas mit »politischer Korrektheit« zu tun.

Die keltischen Sprachen entwickelten sich vor etwa 5000 Jahren. Bis vor kurzem nahm man an, dass sie in Mitteleuropa entstanden und sich dann durch Migration verbreiteten. Diese Auffassung ist inzwischen umstritten, weil es keine archäologischen oder genetischen Beweise für größere prähistorische Völkerwanderungen in Westeuropa, Britannien und Irland gibt. Stattdessen kristallisiert sich heraus, dass ethnische und kulturelle Kontinuität vorherrschte, wodurch weit verbreitete Vorstellungen über die britische und irische Vorgeschichte in Frage gestellt sind. Es hat den Anschein, dass weder in Britannien noch in Irland ein Volk lebte, das sich als Kelten bezeichnete, und dass es auch keine größeren keltischen Völkerwanderungen vom Kontinent auf die Inseln gab. Die Folge war, dass die Kelten aus der britischen und

Links: **Detail der Statue eines keltischen Kriegers aus dem 5. Jahrhundert v. Chr., die in einem Grab bei Glauberg (Deutschland) gefunden wurde. Die Figur ist aus rotem Sandstein gearbeitet und 1,86 Meter groß**
Gegenüberliegende Seite: **Eindrucksvolle Hügelfestungen wie diese in Hambledon Hill in Dorset (England) dienten in Kriegszeiten den Stammesfürsten als Residenz und den Stämmen als Zufluchtsort**

keltischen Vorgeschichte gestrichen wurden. Moderne Kelten erzürnte das verständlicherweise. Doch was bedeutet es, Kelte zu sein, wenn die historischen Gemeinschaften, von denen man abzustammen glaubt, gar nicht keltisch waren? Es wurden Vorwürfe wegen »ethnischer Säuberung« erhoben.

Wie definieren wir Kelten, wenn wir sie nicht aus der britischen und irischen Vorgeschichte ausklammern wollen? Wir können sie nicht als genetische Gemeinschaft bezeichnen, da eine ethnische Identität vor allem kultureller Natur ist. Genetische Studien zeigen, dass die Bevölkerung über Tausende von Jahren konstant blieb, auch wenn sich ihre kulturellen Eigenheiten stark veränderten. Sinnvoller wäre es, die alten Kelten nach linguistischen Kriterien als Gruppe von Völkern zu bezeichnen, die Keltisch sprachen. Wenn sich die Bewohner Britanniens und Irlands auch nicht als Kelten verstanden, so gibt es doch keinen Zweifel über ihre sprachlichen Wurzeln. Verwirft man die Völkerwanderungsthese, so wäre es durchaus denkbar, dass die beiden Inseln Teil des Gebiets waren, in dem sich die keltischen Sprachen entwickelten. Es gibt jedenfalls keinen Hinweis darauf, dass sie durch Handelsbeziehungen oder eine siegreiche Aristokratie eingeführt wurden.

Ein Mythos entsteht

Wenn den alten Kelten etwas Geheimnisvolles anhaftet, so sind vor allem moderne Romantiker dafür verantwortlich. Vor der Entstehung der modernen Archäologie bezogen wir unser Wissen über die alten Kelten aus den Schriften klassischer griechischer und römischer Autoren, deren Einstellung zu ihrem Thema von Angst, Abscheu und Herablassung geprägt war. Sie stellten die Kelten als stolzes Kriegervolk mit einer mächtigen Priesterschaft dar: Keltische Krieger waren wild, undiszipliniert und überheblich, gaben sich gern Ess- und Trinkgelagen hin und verteidigten ihren Status und ihre Ehre mit Vehemenz. Dichtkunst und Eloquenz galten als erstrebenswert, und der mächtige Priesterstand der Druiden genoss Respekt und Einfluss, nicht nur als Vermittler zwischen dem einfachen Volk und den Göttern, sondern auch als Bewahrer der Stammestraditionen und -gesetze, die seine Mitglieder in 20 Lehrjahren auswendig lernten. Bei den Ritualen der Druiden, die in heiligen Eichenhainen stattfanden, wurden auf grauenhafte Weise Menschen geopfert.

Dieses Bild war dazu gedacht, die Kelten in einem möglichst ungünstigen Licht erscheinen zu lassen. Um Sachlichkeit ging es nicht. Aber die Zeiten änderten sich und mit ihnen die Werte.

Im späten 18. Jahrhundert entstand mit der Romantik eine einflussreiche geistige Strömung, die gegen den Rationalismus der Wissenschaften rebellierte. Für die Romantiker waren die keltischen »Laster« Tugenden. Die Gewalttätigkeit und Disziplinlosigkeit der Kelten verkehrten sie in den Wunsch nach Unabhängigkeit und Individualität, deren Aberglauben sahen sie als Spiritualität und Liebe zur Natur. Die von irischen Mönchen im Mittelalter gesammelten keltischen Mythen und Legenden fügten diesen klassischen Stereotypen eine Aura von Weltfremdheit hinzu; das ganze Konstrukt wurde später als »keltische Dämmerung« bezeichnet. 200 Jahre danach wird diese äußerst positive Darstellung der Kelten als heroisch, poetisch und vergeistigt – die Antithese zur modernen Industriegesellschaft – noch immer unkritisch akzeptiert, von so unterschiedlichen Leuten wie keltischen Nationalisten und »New Age«-Anhängern. Aber das sagt im Grunde mehr über die Werte und Interessen der modernen Gesellschaft als über die alten Kelten. Wie also waren die Kelten wirklich?

Die Welt der Kelten

Wenn wir die Welt der Kelten in ihrer Blütezeit, also vom 3. bis zum 1. Jahrhundert v. Chr., betrachten, stellen wir schnell fest, dass sie sich kaum von der ihrer Zeitgenossen, den Römern, den Griechen und den frühen Germanen, unterschied. Zu dieser Zeit kannten die Kelten bereits die Monarchie als Staatsform sowie politische Institutionen wie gewählte Magistrate und Versammlungen (»Senate«), die denen der Antike in nichts nachstanden. Sie lebten in

Ein besiegter keltischer Krieger tötet seine Frau und begeht anschließend Selbstmord, um nicht in die Hände seiner Feinde zu fallen und als Sklave zu enden. Die Kelten glaubten vermutlich, dass ihnen dadurch eine ehrenwerte Position in ihrem künftigen Leben garantiert sei. Römische Kopie des hellenistischen Originals aus dem 3. Jahrhundert v. Chr. aus Pergamon in der Türkei

größeren geplanten Siedlungen, zum Teil auch Städten, so genannten *oppida*. Ebenso wie die Griechen und Römer nutzten sie Münzen als Zahlungsmittel. Auch die Kunst des Schreibens fand immer mehr Verbreitung. Technisch waren die Kelten den Römern überlegen, die viele ihrer Entwicklungen aufgriffen, wie das Fass, Schiffsbautechniken, Kettenpanzer und Helme für ihre Legionäre. Zweifellos waren sie ein kriegerisches Volk, was auch einige ihrer Bräuche wie beispielsweise die Kopfjagd zeigen. In der Gesellschaft herrschte starke Konkurrenz, und militärische Auseinandersetzungen stellten für die Oberschicht eine Möglichkeit dar, zu Einfluss und Reichtum zu gelangen. Auch in dieser Hinsicht unterschieden sich die Kelten nicht von ihren Zeitgenossen: Die Ausdehnung des Römischen Reiches basierte ebenfalls auf dem Machtstreben der Aristokratie.

Was ihren Glauben anging, so waren die Kelten kein besonders spirituelles Volk. Auch ihre Verehrung der Natur – Haine, Quellen und Flüsse – teilten sie mit den Germanen, Griechen und Römern. Sie lebten keineswegs in größerer Harmonie mit ihrer Umgebung: Sie holzten weite Teile der europäischen Wälder ab, um Landwirtschaft zu betreiben. Ebenso wie ihre Zeitgenossen versuchten sie, landwirtschaftliche Erträge zu maximieren, denn die waren die Haupteinnahmequelle vorindustrieller Gesellschaften. Die Druidenverehrung scheint zwar mit klassischen Religionen wenig gemein zu haben, aber ab dem 1. Jahrhundert v. Chr. lässt sich auch bei den Kelten mit der Errichtung von Schreinen und Tempeln eine Hinwendung zu den üblichen religiösen Formen der Verehrung erkennen. Was Menschenopfer anbelangt, so finden wir diese Praxis auch bei den frühen Germanen, und selbst die tödlichen Gladiatorenkämpfe der Römer gehen auf Begräbnisriten zurück.

Die alten Kelten waren für damalige Begriffe ein hoch entwickeltes, rationales und modernes Volk, also weder Barbaren, wie uns voreingenommene klassische Autoren glauben machen wollen, noch die von den modernen Romantikern verherrlichten sagenumwobenen Lichtgestalten. Für die Römer waren die kultivierten Kelten besonders interessant, da sie sich nach der Eroberung (3. Jahrhundert v. Chr.– 1. Jahrhundert n. Chr.) problemlos in ihr Reich eingliedern ließen. Bemerkenswert ist in diesem Zusammenhang, dass die einzigen Teile der keltischen Welt, die der Unterwerfung durch die Römer entgingen – Nordbritannien und Irland –, die wirtschaftlich am wenigsten entwickelten waren.

Fässer – hier für den Transport von Wein für die römische Armee – sind eine Erfindung der Kelten

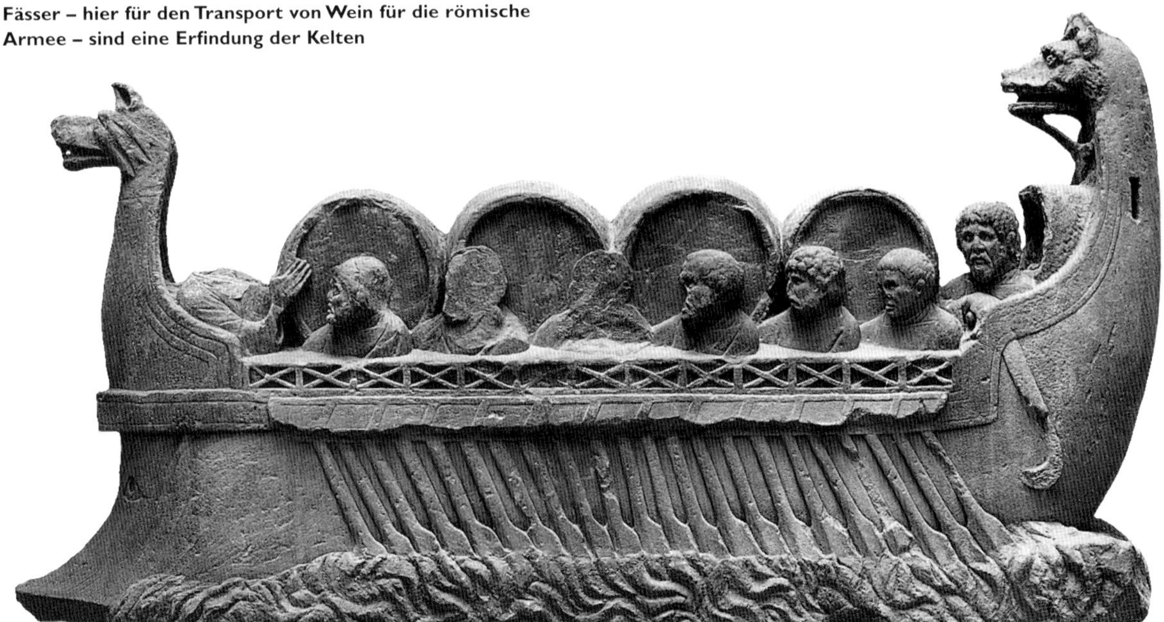

Moorleichen: Kult- oder Mordopfer?

41

Zeit: 1. Jahrhundert v. Chr. bis 4. Jahrhundert n. Chr.
Ort: Nordeuropa

Im Frühjahr 1640 wurde im Schalkholzer Moor die Leiche eines Menschen ausgegraben, der wahrscheinlich ermordet und an Ort und Stelle vergraben wurde.

BAUERNCHRONIK DES HARTICH SIERK AUS WROHM, 1615–1664

DIE ERSTAUNLICH GUT ERHALTENEN Moorleichen, die in Nordeuropa gefunden wurden, regen schon lange die Fantasie der Menschen an und geben immer wieder Anlass zu wissenschaftlichen Spekulationen. Was taten diese Menschen in diesen unwirtlichen, einsamen Gegenden? Warum sind sie so erstaunlich gut erhalten? Und warum und wie kamen sie zu Tode? (Die Tatsache, dass an vielen Leichen Spuren von Gewaltanwendung entdeckt wurden, gibt dieser Frage zusätzliches Gewicht.) Wurden sie den Göttern oder Geistern dieser feuchten Gegenden als Opfer dargebracht? Oder handelt es sich bei ihrem Tod um einen Unfall oder Mord?

Das Rätsel um den guten Zustand der Moorleichen lässt sich leicht klären: Das in sauren Böden häufig anzutreffende Sphagnum, ein Torfmoos, verhindert die Entstehung von Bakterien, die organische Stoffe – also auch Moorleichen – befallen könnten. Dieses Moos enthält auch einen natürlichen Gerbstoff, der die Haut der Moorleichen konserviert und in der so genannten Maillard-Reaktion dunkelbraun färbt. Stirbt das Sphagnum ab, bildet sich Torf, der die Moorleiche mit immer neuen Schichten umgibt. Ohne die große Nachfrage nach Torf als Heizmaterial in den vergangenen Jahrhunderten – und in jüngerer Zeit als Düngemittel für den Garten – wären diese Leichen nie entdeckt worden.

Entdeckung und Datierung

Die frühesten uns zugänglichen Quellen über die Entdeckung von Moorleichen stammen aus dem 17. Jahrhundert; im 18. und 19. Jahrhundert nahm ihre Zahl sprunghaft zu. Die meisten Leichen verschwanden spurlos; einige wurden in geweihtem Boden beerdigt, aber verwesten ohne ihre schützende Torfhülle schnell. Mindestens eine Moorleiche wurde in Form von »Mumienpulver« als teure Medizin verkauft. In den 70er-Jahren des 19. Jahrhunderts wurden die Leichen erstmals wissenschaftlich untersucht, aber erst im 20. Jahrhundert kam es zu den ersten spektakulären Entdeckungen. Zugleich konnten aufgrund neuer Techniken die in Tollund in Dänemark (1950) und Lindow Moss in Großbritannien (1984) gefundenen Moorleichen forensisch untersucht werden.

Der 1950 in Dänemark gefundene Tollund-Mann: Er trägt noch die Schlinge um den Hals, mit der er erhängt wurde

Die ausgezeichnete Konservierung der Leichen täuscht leicht über ihr Alter hinweg. Die Torfstecher, die 1950 den so genannten Tollund-Mann in Dänemark entdeckten, glaubten, es handele sich um ein Mordopfer aus jüngster Zeit, und benachrichtigten die Polizei. Den 1983 in Lindow Moss in Cheshire gefundenen Schädel, der noch Haare, Augäpfel und Teile des Gehirns hatte, schrieb die Polizei einem bekannten Mordopfer zu. Als der der Tat Verdächtige vernommen wurde, bekannte er sich schuldig. Mit Hilfe der Radiokarbonmethode konnte jedoch festgestellt werden, dass der Mann aus Tollund und die Frau aus Lindow etwa 2000 Jahre alt sind.

Die älteste Moorleiche, die Frau von Koelbjerg auf der dänischen Insel Fyn, stammt vermutlich aus der mittleren Steinzeit, ist also etwa 10 000 Jahre alt. Bei dieser und anderen Leichen aus dem Mesolithikum ist jedoch kein Weichgewebe mehr vorhanden. Die eigentlichen Moorleichen stammen aus der Eisenzeit und wurden in Großbritannien, Irland, den Niederlanden, Dänemark und Deutschland gefunden. Eine kleine Anzahl geht auf das Mittelalter oder später zurück, aber die weitaus größte Zahl lässt sich der Zeit zwischen dem 1. Jahrhundert v. Chr. und dem 4. Jahrhundert n. Chr. zuordnen. Diese Zeitspanne lässt vermuten, dass es sich nicht um reine Unglücksfälle, sondern vielmehr um Opferungen oder Hinrichtungen handelte, die in verschiedenen Gegenden Nordeuropas damals üblich waren.

Mord oder Opferung?

Fest steht, dass die meisten ein vorzeitiges und gewaltsames Ende fanden. Der so genannte Lindow-Mann, der 1984 in der Nähe der Lindow-Frau gefunden wurde, war durch zwei Schläge auf den Kopf betäubt und anschließend getötet worden, indem man ihm die Kehle aufschlitzte und mit der Garrotte den Hals brach. Dem Grauballe-Mann – wie anderen dänischen Moorleichen auch – wurde offenbar der Hals durchtrennt, aber er wies auch eine Stirnwunde und ein gebrochenes Bein auf, beides vorsätzlich zugefügt. Der Tollund-Mann wurde erhängt, die Frau von Borremose möglicherweise skalpiert. Das Mädchen von Yde wurde erstochen und erwürgt. Es ist erstaunlich, auf wie viele verschiedene Arten diese Menschen umgebracht wurden. Es gibt Hinweise darauf, dass es sich hierbei nicht um im Affekt begangene Morde handelt, sondern vielmehr um geplante Hinrichtungen oder Opferungen. Eine große Zahl der Leichen wurde nackt vergraben, und sofern Kleidung vorhanden war, befand sie sich nicht immer am Körper der Toten. Es scheint, als wären die Opfer vor der Hinrichtung entkleidet worden. Den beiden jungen Mädchen aus Windeby beziehungsweise Yde hatte man eine Seite des Kopfes rasiert.

Auf der Suche nach einer Erklärung für diese Todesfälle wandten sich die Archäologen Tacitus zu, dem römischen Chronisten aus dem frühen 2. Jahrhundert n. Chr. In seiner *Germania*, einer Abhandlung über die germanischen Stämme, beschreibt er die Strafen, die bei den Völkern Nordeuropas für bestimmte Vergehen üblich waren: »Verräter und Fahnenflüchtige wurden an Bäumen aufgehängt; Feiglinge, Drückeberger und solche, die sich eines unnatürlichen Lasters schuldig gemacht hatten, wurden mit einem Weidengeflecht im Sumpf versenkt.« Das »unnatürliche Laster« mag sich auf Homosexualität und

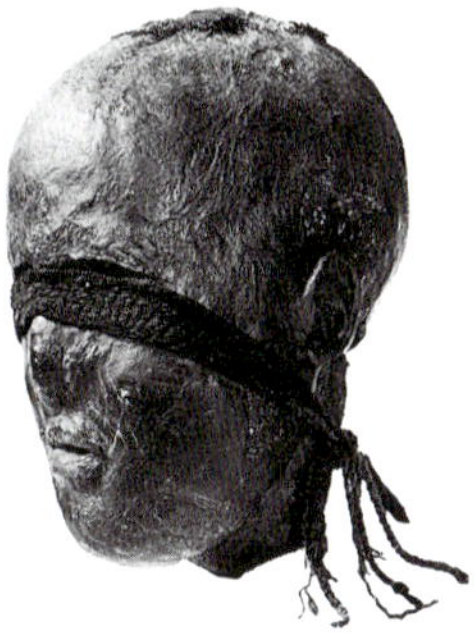

Oben: **Das Mädchen aus Windeby: Ihre geschorene Kopfhälfte und die verbundenen Augen sprechen nicht für einen natürlichen Tod**

Rechts: **Manche der Moorleichen wurden vor ihrem Tod völlig entkleidet; die Frau aus Huldremose dagegen trug einen Umhang aus Lammfell, einen karierten Rock und ein Tuch um den Kopf**

Promiskuität bezogen haben. Die Bestrafung ehebrecherischer Ehefrauen wird an anderer Stelle beschrieben: »Eine schuldige Ehefrau wird ohne viel Federlesens von ihrem Mann bestraft. Er rasiert ihr die Haare ab, zieht sie aus, jagt sie anschließend in Anwesenheit von Verwandten aus dem Haus und prügelt sie durchs Dorf.« Die Nacktheit vieler Moorleichen könnte also als Zeichen der Schande gedeutet werden. Ein burgundisches Gesetz aus dem frühen Mittelalter schreibt für eine Frau, die ihren Mann zurückweist, den Tod im Moor vor.

Ob die Moorleichen Kriminelle waren oder als Opfer dargebracht wurden, ist nach wie vor unklar. Die lange nordeuropäische Tradition der rituellen Opferungen in Seen und Mooren wird auch durch Aufsehen erregende Funde wie den Sonnenwagen von Trundholm belegt. Die Moorleichen – als Menschenopfer das kostbarste Geschenk an die Götter – waren vielleicht Teil dieser kulturellen Gepflogenheiten. Wir dürfen allerdings nicht vergessen, dass die Germanen ihre Toten in den ersten Jahrhunderten n. Chr. im Moor beerdigten. Auch Analysen des Mageninhalts der Toten sind für die Todesursache aufschlussreich: Sowohl der Tollund- als auch der Grauballe-Mann hatten als letzte Mahlzeit eine dünne Schleimsuppe zu sich genommen. Die Hände des Grauballe-Manns weisen keine Spuren von harter körperlicher Arbeit auf: Offenbar war er von höherem Rang. Das in seinem Haferschleim gefundene Mutterkorn ließ ihn in ein Koma fallen, so dass er sanft in den Tod hinüberglitt. Vielleicht gibt es letztlich keine allgemein gültige Erklärung für die in Nordeuropa entdeckten Leichen im Moor, aber es dürfte klar sein, dass sich die wenigsten bei Nebel dorthin verirrt haben und deshalb umkamen.

Die nordeuropäische Praxis, in Torfmooren und Feuchtgebieten Opfergaben zu versenken, wird auch durch kunstvolle metallene Gegenstände wie den Sonnenwagen von Trundholm belegt, circa 1650 v. Chr.

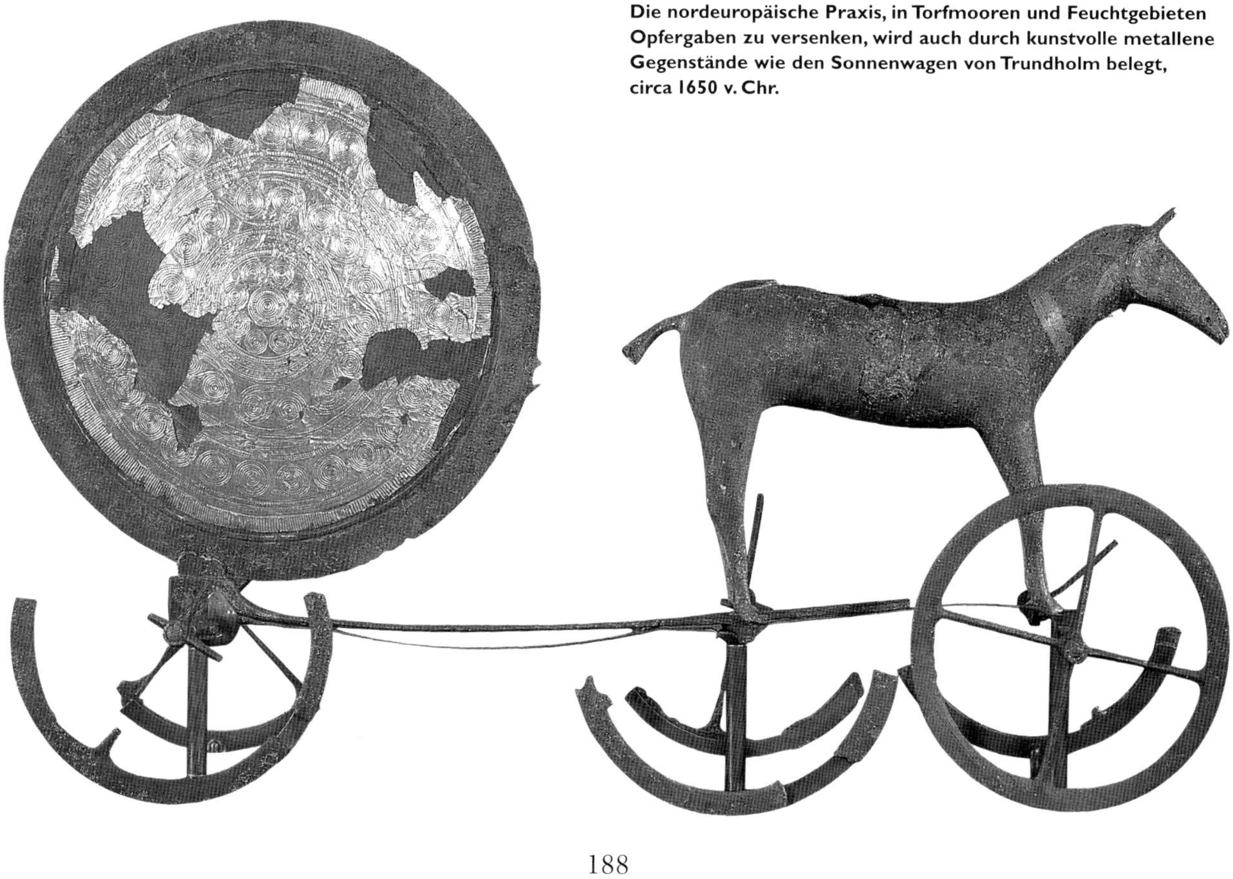

Die verschwundenen römischen Legionen

Zeit: 1. und 2. Jahrhundert n. Chr.
Ort: Römisches Reich

Oh, als ich zu den Adlern stieß
(Als wär's gestern gewesen)
Küsst' ich ein Mädchen in Clusium
Bevor ich in die Schlacht zog.
ROSEMARY SUTCLIFF, 1954

DIE LEGIONEN WAREN TRUPPEN, mit denen Rom zunächst Italien, dann ein riesiges Gebiet, das sich von Schottland bis zur Sahara und von Spanien bis zum Persischen Golf erstreckte, eroberte. Jede Legion bestand aus etwa 5000 Männern, die ursprünglich in Rom und dann in Italien rekrutiert wurden, zunehmend aber auch in den eroberten Provinzen und Gebieten entlang den Grenzen. Unter den römischen Kaisern gab es nur Berufssoldaten, die 25 Jahre lang dienten. Aus historischen Quellen, antiken Inschriften sowie archäologischen Funden wissen wir, wo die einzelnen Legionen stationiert waren, wer in ihnen diente, wann sie von einer Provinz in die andere oder von einer Grenze an die andere verlegt wurden, an welchen Kriegen sie teilnahmen und wie sie aufgebaut waren. Viele der römischen Festungen wurden freigelegt, so dass wir uns eine Vorstellung vom Alltagsleben der Soldaten machen können, von ihrer Ernährung, ihrer Ausrüstung und ihren Waffen.

Opfer des Krieges

Einige Legionen bestanden 400 Jahre oder länger. Während dieser Zeit änderten sich Titel und Herkunft der Rekruten genauso wie die Herausforderungen und Bedrohungen, denen sich die Einheit stellen musste. Andere Legionen bestanden weniger lang; sie wurden im Kampf vernichtet, fielen in Ungnade oder wurden wegen Ungehorsams aufgelöst oder weil sie das Pech hatten, sich in einem Bürgerkrieg auf der Seite der Verlierer wiederzufinden. Im Jahr 9 n. Chr. wurden beispielsweise unter dem römischen Statthalter Quinctilius Varus drei Legionen (XVII, XVIII

Links: **Denkmal aus Xanten (Deutschland) zu Ehren von Marcus Caelius, Zenturio der XVIII. Legion: Er fiel 9 n. Chr. in der Varusschlacht**
Unten: **Von Caligula geprägte Münze: Sie würdigt die Erfolge seines Vaters Germanicus, vor allem dessen Rückführung zweier zurückgewonnener Feldzeichen (15–16 n. Chr.), die in der Varusschlacht verloren gingen**

Eiserner Legionärshelm aus der Festung Brigetio in Ungarn: Der Fund stammt aus dem 2. Jahrhundert n. Chr.; charakteristisch sind der breite Nackenschutz und die Backenriemen

und XIX) im Teutoburger Wald vernichtend geschlagen, ein Ereignis, das als Varusschlacht in die Geschichte einging. Die Nummern dieser Legionen wurden übrigens nie wieder vergeben. Geschichtsschreiber befassten sich eingehend mit dieser Schlacht, vor allem wegen deren psychologischer Wirkung auf den alternden Kaiser Augustus. 1987 entdeckte ein britischer Armeeoffizier mit Hilfe eines Metalldetektors einen der Orte der Niederlage in den Feldern bei Kalkriese, nördlich von Osnabrück. Die Legionen I *Germanica* (»Sieger über die Germanen«), IV *Macedonia* (»Sieger über die Makedonier«), XV *Primigenia* (»Erstgeborener«), XVI *Gallica* (»Sieger über die Gallier«) und V *Alaudae* (»Die Lerchen«) waren alle in einem Bürgerkrieg im Jahr 69 n. Chr. (das Jahr der vier Kaiser) auf Seiten der Verlierer. Sie wurden aufgelöst (I, V und XV) oder unter einem neuen Namen (*Flavia*) wieder aufgestellt, was die Loyalität gegenüber den Siegern, der flavischen Dynastie, widerspiegelte.

Vernichtend geschlagen

Von manchen Legionen fehlt jede Spur. Auch zeitgenössischen Forschern ist es bisher nicht gelungen, die genauen Umstände ihres Verbleibs zu ergründen. XXI *Rapax* (»greifen«, im Sinn von: »sich auf eine Beute stürzen«) verschwindet irgendwann gegen Ende des 1. Jahrhunderts n. Chr. aus den Annalen. Die Einheit war an der Donaugrenze stationiert und wurde möglicherweise in den Kriegen (86–92 n. Chr.) gegen die Daker (Nordrumänien) vernichtet. Die Legion XXII *Deiotariana*, die sich aus Truppen rekrutierte, die ursprünglich von Deiotarus, dem König von Galatien (Türkei), Mitte des 1. Jahrhunderts v. Chr. als Legionäre angeheuert und ausgestattet worden waren, wird zuletzt in Ägypten im Jahr 119 n. Chr. erwähnt. Vermutlich unterlag sie während der Kämpfe in Judäa (132–35 n. Chr.) den Rebellen unter Bar Kokhba.

Die IX. Legion

Das Verschwinden einer weiteren Legion, der IX *Hispana*, beschäftigt Wissenschaftler schon seit Jahrzehnten und hat sich auch einer breiten Öffentlichkeit als Beispiel für eine »verschwundene« Legion eingeprägt. Die IX. war ursprünglich eine Einheit, die von 58 bis 49 v. Chr. unter Julius Cäsar in Gallien kämpfte und dann eine Zeit lang in Spanien eingesetzt war – deshalb der Name *Hispana*, »Spanisch«. 13 v. Chr. wurde sie auf den Balkan verlegt, wo sie im heutigen Kroatien stationiert war; 43 n. Chr. gehörte sie zu der Truppe, die für die Landung in Britannien bestimmt war, und danach war sie ein Teil der Garnison, die in der neuen Provinz *Britannia* verblieb.

Ihre Aktivitäten in Britannien lassen sich teilweise rekonstruieren: Etwa 60 n. Chr. war sie in Lincoln stationiert, wo noch einige Grabsteine erhalten sind, und von 70 n. Chr. in York, wo ebenfalls Grabsteine und ein Altar von ihrer Anwesenheit zeugen. Zweifellos nahm die IX. Legion an Kämpfen unter dem Befehl des Statthalters Julius Agricola in Nordbritannien teil, ebenso wie sie an dem entscheidenden Sieg 83 n. Chr. bei Mons Graupius, irgendwo im Nordosten von Schottland, beteiligt war.

Teil einer Gebäudeinschrift in York von 108 n. Chr.: Sie dokumentiert, dass die IX. Legion das Tor gebaut hat, und ist der letzte zeitlich belegte Nachweis der Anwesenheit römischer Soldaten in Britannien

Links: **Grabstein zum Gedenken an L. Duccius Rufinus, einen Standartenträger der IX. Legion, der aus Vienne in Südfrankreich stammte. Er starb in York**

Unten: **Die »Ermine Street Guard« in Keilformation beim Sturmangriff, angeführt von ihrem Zenturio, der mit militärischen Orden geschmückt ist: Die Mitglieder der Römergruppe sind mit Kettenpanzern, Helmen und Schilden der römischen Armee des späten I. Jahrhunderts n. Chr. ausgestattet**

Anschließend kehrte die Einheit nach York zurück, wo sie von 107 bis 108 n. Chr. eins der Tore der neuen Festung oberhalb des Ouse erbaute (heute befindet sich dort das Münster von York). Seitdem gilt sie als verschollen.

»Der Adler der IX.«

Es gibt verschiedene Theorien über den Verbleib der IX. Legion. Bis vor kurzem nahm man an, dass die Legion in Britannien vernichtet wurde, vielleicht bei Unruhen an der nördlichen Grenze der Provinz in den Jahren 115 bis 117 n. Chr. Wir wissen auch, dass der neue Kaiser Hadrian 122 n. Chr. eine weitere Legion anforderte, die VI *Victrix* (»Siegreich«), höchstwahrscheinlich als Ersatz für die IX. Einer anderen Theorie zufolge marschierte die Legion nach Norden, in den schottischen Nebel, und kehrte nie mehr zurück. Diese Version des Ereignisses beschäftigte auch die Öffentlichkeit und diente dem Roman *Der Adler der Neunten Legion* von Rosemary Sutcliff (1954) als Vorlage. Der Titel des Buchs geht auf die Entdeckung eines kleinen Bronzeadlers in Silchester in Hampshire zurück, den die Autorin zur Standarte für die IX. Legion machte. Wahrscheinlicher ist, dass dieser Fund zu einer Kultstatue des Gottes Jupiter oder eines Kaisers gehörte. Seine Form entspricht nicht unbedingt der Adler-Standarte einer

Oben: **Das Römische Reich zur Zeit seiner größten Ausdehnung unter der Herrschaft Kaiser Trajans, der 117 n. Chr. starb**

Legion, wie sie auf Münzen und Skulpturenreliefs dargestellt wird.

Studiert man die Laufbahnen der Offiziere und Soldaten der IX., die in Inschriften festgehalten sind, so kommen Zweifel auf, ob diese Einheit bereits zwischen 115 und 117 n. Chr. vernichtet wurde. Es gibt inzwischen Hinweise darauf, dass sie – oder zumindest ein Teil von ihr – in einer Garnison in Nijmegen in der römischen Provinz »Germania inferior« stationiert war, aber der Zeitpunkt der Verlegung ist unklar. Manche glauben, dass sie von hier nach Osten, bis an die Euphratgrenze in Cappadocia (Türkei) oder sogar bis Judäa zog und dort vernichtend geschlagen wurde. Kurz, wir wissen nichts Genaues. Es gibt weder Beweise dafür, dass sie in Britannien aufgelöst wurde oder dort einfach vom Erdboden verschwand, noch gibt es Gegenbeweise. Das Rätsel bleibt ungelöst.

Bronzestatuette eines Adlers: Er wurde in Silchester (England) gefunden und inspirierte Rosemary Sutcliff zu ihrem Roman: *Der Adler der Neunten Legion*

43

Die Mithras-Mysterien

Zeit: I. bis 4. Jahrhundert n. Chr.
Ort: Römisches Reich

Mithras, Gott des Morgens,
Hier, wo der große Stier stirbt,
Blick auf deine Kinder im Dunkel.
O erhör unser Opfer!

Viele Wege hast du gestaltet:
Alle führen sie zum Licht.
Mithras, auch als Soldat,
Lehre uns richtig zu sterben!

RUDYARD KIPLING, 1906

DER MITHRAISMUS, wie wir ihn kennen, tauchte erstmals gegen Ende des 1. Jahrhunderts n. Chr. in Rom auf. Das zentrale Mysterium dieses Kults bezog sich auf die Tötung eines weißen Stiers durch den Gott Mithras in einer Höhle – eine Tat, von der man glaubte, dass sie die Menschheit erlöse. Die Stiertötungsszene (»Tauroktonie«) war mit kleinen Abweichungen in jedem Tempel (Mithräum) des Gottes zu finden. Sie ist der Schlüssel zu den Mithras-Mysterien, denn es gibt, abgesehen von ein paar gemalten Versen in einigen Mithräen und einem kürzlich in Berlin entdeckten Papyrusfragment, keine liturgischen Texte, die wir zur Klärung unserer Fragen heranziehen könnten.

Ursprung und Verbreitung

Der Mithraismus wird oft als »orientalische« Religion bezeichnet. Der Begründer mithraischer Studien, der Belgier Franz Cumont, lehrte, dass der Kult im Osten, wahrscheinlich im Iran, entstand und sich dann Richtung Westen, nach Rom, ausbreitete. Mithra(s) war tatsächlich ursprünglich eine östliche Gottheit, was auch an seiner Kleidung – enge Gamaschen und Tunika – deutlich wird. Die kegelförmige Mütze mit nach vorn hängender Spitze, die so genannte phrygische Mütze, verstärkt diesen Eindruck. Bereits im 1. Jahrhundert v. Chr. begrüßte er so gekleidet Antiochos (ca. 80–32 v. Chr.), den König von Kommagene, wie wir auf den Reliefs in Nemrud Dagh (im Süden der Türkei) sehen können. Bestimmte Begriffe in der Liturgie wie »nama« (»heil«) sowie die Namen von Personen im mithraischen Gefolge, wie die der Fackelträger Cautes und Cautopates und des rätselhaften Ahriman, sind iranischen oder mesopotamischen Ursprungs.

Cumonts Hauptargument für seine These bezieht sich auf eine Episode bei Plutarch, in der dieser beschreibt, wie Pompeius 67 v. Chr. Piraten aus dem Mittelmeerraum vertrieb. Die Piraten aus Cicilia im Süden Kleinasiens (Türkei) sollen »seltsame Opfergaben dargebracht und irgendwelche geheimen Mysterien zelebriert haben, die noch immer im Mithras-Kult zu finden sind«. Diese Passage galt als Beweis für die Existenz mithraischer Mysterien im östlichen Mittelmeerraum in der Mitte des 1. Jahrhunderts v. Chr., die cicilianischen Piraten wurden als Boten angesehen, die den Mithraismus im Westen verbreiteten. Aber warum gibt es dann keine Mithras-Tempel oder Darstellungen der Stiertötungsszene – die in den Mittelmeerländern während des Hellenismus durchaus bekannt war – und warum sind Mithräen in der römischen Kaiserzeit im Osten so selten? Und wenn der Mithraismus tatsächlich Mitte des 1. Jahrhunderts v. Chr. den Westen erreichte, warum mussten dann eineinhalb Jahrhunderte ins Land gehen, bevor wir irgendeinen Beweis dafür finden?

Relief aus Nemrud Dagh (Türkei): Antiochos I. (links) begrüßt Mithras, der eine phrygische Mütze trägt, I. Jahrhundert v. Chr.

Die erste belegte Darstellung einer Tauroktonie, gestiftet von Alcimus, dem Sklaven eines Prätorianer-Präfekten unter Kaiser Trajan

Plutarch schrieb in der ersten Hälfte des 2. Jahrhunderts n. Chr., als der Mithras-Kult gerade Verbreitung fand; sein Hinweis auf »Mysterien« könnte anachronistisch sein: Möglicherweise verehrten die cilicianischen Piraten Mithras als einen ihrer Götter (ebenso wie Antiochos zur selben Zeit im benachbarten Kommagene), aber die bildliche Darstellung der Stiertötung sowie die mithraischen Rituale und Mysterien existierten zu diesem Zeitpunkt noch nicht. Auch die Theorie, der zufolge der Mithraismus in philosophischen und wissenschaftlichen Kreisen in Tarsus im Osten der Türkei entstand, muss sich diese Kritik gefallen lassen.

Den ersten Hinweis auf eine Stiertötungsszene finden wir bei Statius, dem Hofdichter Domitians, der in einem im Jahr 92 n. Chr. veröffentlichten Gedicht schreibt: »er, der unter dem Fels einer persischen Höhle einen störrischen Stier bei den Hörnern packt«. Die erste zeitlich datierbare Darstellung einer Tauroktonie befindet sich im Britischen Museum. Sie wurde von Alcimus, dem Sklaven eines Prätorianer-Präfekten des Kaisers Trajan (98–117 n. Chr.), gestiftet. Der Kult könnte in intellektuellen Kreisen in Rom entstanden sein – die damit tatsächlich eine neue Religion »schufen« –, zu einer Zeit, in der Kulte, die Erlösung und ein Leben nach dem Tod versprachen, attraktiver schienen als nüchterne Staatsreligionen.

Etwa ab 125 n. Chr. verbreitete sich diese Religion rasch, vor allem entlang den nördlichen Grenzen und in kosmopolitischen Zentren wie Ostia, der Hafenstadt Roms, wo 16 Mithräen entdeckt wurden. Sie scheint vor allem bei der Armee und der Kaufmannsschicht großen Anklang gefunden zu haben, aber im Gegensatz zum Christentum war sie nur Männern vorbehalten.

Die Stiertötungsszene

Die Tauroktonie wurde innerhalb kurzer Zeit standardisiert, und so ist ihre bildliche Darstellung – von wenigen regionalen Abweichungen abgesehen – in allen Teilen des Reiches identisch. Mithras kniet auf dem Rücken eines Stiers und stößt seinen Dolch in den Hals des Tiers. Zweifellos ist diese Pose von Szenen inspiriert, in denen Victoria kniend einen Stier bezwingt, wie man sie auf Reliefs in Trajans Forum und anderswo findet. Mithras blickt über seine Schulter auf den Sonnengott Sol; oft verdeutlicht ein Sonnenstrahl zwischen den beiden ihre enge Beziehung. Häufig ist auch Sols Vogel, ein Rabe, abgebildet. Eine Büste Lunas, der Mondgöttin, rundet das Bild ab. Cautes mit einer aufrechten Fackel in der Hand symbolisiert Licht, während Cautopates mit einer nach unten gekehrten Fackel Dunkelheit repräsentiert. Sie stehen zu beiden Seiten der Stiertötungsszene. Diese Dichotomie von Licht und Dunkelheit gilt als Hauptmerkmal des Mithraismus. Unterhalb des Stiers befinden sich ein Skorpion, eine sich häutende Schlange (eine Metapher für die Erde und die Wiedergeburt) und ein Hund, der aufspringt, um das Blut, das aus den Wunden des Stiers spritzt, aufzulecken. Ähren wachsen aus dem Schwanz des Stiers und symbolisieren das neue Leben, das durch Mithras' heroischen Akt entsteht.

In Tauroktonien am Rhein und an der Donau, den Grenzen des Reichs, finden sich zusätzlich oft noch ein Löwe und ein Krater (Krug) unter dem Stier, die möglicherweise Feuer und Wasser repräsentieren und zusammen mit der Schlange, dem Symbol der Erde, eine Dreiheit bilden. Tauroktonien aus diesen Gegenden stellen oft noch andere Ereignisse aus Mithras' Leben dar: seine Geburt aus einem Felsen, den Pakt mit Sol, das Wunder des Wassers (er schießt einen Pfeil in den Himmel), das

Oben: **Rekonstruktion eines Mithräums in Heidelberg**

Unten: **Gipsabdruck des Stiertötungsreliefs aus Heddernheim. Sowohl auf der obigen Rekonstruktion als auch auf diesem Abdruck – die beide aus Deutschland stammen – finden sich um das zentrale Motiv Szenen aus dem Leben Mithras'**

Fangen des Stiers, das Mahl mit Sol in der Höhle, bei dem das Fleisch des Stiers verspeist wird.

Viele der Elemente der Stiertötungsszene hängen eng mit Sternzeichen zusammen (beispielsweise Taurus [Stier], Leo [Löwe], Scorpius [Skorpion]), weshalb die mithraische Tauroktonie auch als »Sternkarte« angesehen wurde. Einer Theorie zufolge ist sie eine symbolische Darstellung bestimmter Sternbilder, die auf dem Himmelsäquator lagen, als sich das Frühlingsäquinoktium im Taurus befand. Zweifelsohne ist Mithras' Beherrschung des Kosmos ein zentrales Thema des Kults: Die Sterne des Firmaments zieren die Rückseite seines Umhangs sowie die noch erhaltenen Gewölbe von Mithräen.

Tempel und Rituale

Mithraische Tempel sind rechteckig und im Allgemeinen recht klein: Der größte uns bekannte ist 26 Meter lang und befindet sich in Sarmizegethusa in Rumänien. In der Regel bestehen sie aus einem Narthex oder Vestibül und einer Hauptkammer, von der aus ein »Mittelschiff« zur Tauroktonie am anderen Ende führt. Die Gläubigen saßen auf mit Matten belegten Podien zu beiden Seiten. Das Mithräum war ein Versammlungsraum für Anhänger des

Links: **Mithräum unter der Kirche von San Clemente in Rom: Typisch sind die seitlich angeordneten Bänke und die niedrige gewölbte Decke**

Rechts: **Fußbodenmosaik aus dem Felicissimus-Mithräum in Ostia mit den sieben Graden des Mithraismus (im Vordergrund der Rabe mit Becher und Merkurstab)**

Kults, wo (geheime) Rituale abgehalten wurden. Der mithraische Tempel hat also Ähnlichkeit mit einer christlichen Kirche und unterscheidet sich wesentlich von einem heidnischen Tempel, der lediglich das Abbild der Gottheit beherbergt und wo die rituellen Opferungen auf einem Altar im Freien stattfanden.

Was genau in einem mithraischen Tempel vor sich ging, bleibt ein Rätsel. Wir wissen, dass es sieben Grade der Weihe gab, die vom Raben bis zum Vater, dem örtlichen Oberhaupt der mithraischen Gemeinde, reichten. Der vierte Grad, der Löwe, war offenbar besonders wichtig, denn in manchen Texten wird der gesamte Tempel als *leonteum* bezeichnet. Der Wechsel von einer Stufe zur nächsten war mit einem Ritual verbunden, bei dem den Anwärtern die Augen verbunden und ihnen mit Fackeln und Schwert Schmerzen zugefügt wurden. Solche Szenen finden sich auf einigen Fresken. Der Tempel in Carrawburgh am Hadrianswall war angeblich sogar mit einer Folterkammer ausgestattet, wo die Gläubigen bei der Initiation Verbrennungen erlitten. Sols und Mithras' Opfermahl wurde als kultische Mahlzeit inszeniert, gewöhnlich mit dem Fleisch von Schafen oder Hühnern – wie die in manchen Mithräen gefundenen Knochen zeigen – statt mit teurem Rindfleisch. Manchmal wurden statt Fleisch und Blut Brot und Wein gereicht, was den Mithraismus mit dem Christentum in Konflikt brachte. Die offizielle Anerkennung des Christentums im frühen 4. Jahrhundert führte zum Niedergang des Mithraismus, die zahlreichen Tempel wurden – vermutlich von Christen – zerstört.

Mithras-Tempel in Carrawburgh (Nordengland), außerhalb der römischen Festung Brocolitia, freigelegt 1949

44

Die verschwundene Stadt der Maya

Zeit: 250 bis 909 n. Chr.
Ort: Zentralamerika

… wir dachten, dass sich die Menschen, die sie errichteten, auf den Tafeln verewigt hätten und wir so eines Tages mit einem untergegangenen Volk in Verbindung treten und die Geheimnisse aufdecken könnten, die die Stadt umgeben.

JOHN LLOYD STEPHENS, 1841

WENN MAN DAS AUSGEDEHNTE TIEFLAND überfliegt, das Guatemala, Mexiko und Belize umfasst, kann man einen Blick auf Zentralamerikas letzte Wildnis werfen. Trotz massiver Rodungen ist dieses ausgedehnte Waldgebiet noch immer ein Paradies für Tiere und eine der wichtigsten archäologischen Landschaften der Welt. Vor 1300 Jahren befand sich hier das dicht besiedelte Kernland der Maya mit seinen großen Städten, die von Pyramiden überragt wurden und mit weitläufigen Palästen und Plätzen ausgestattet waren, auf denen die kunstvoll gearbeiteten Statuen gottähnlicher Herrscher thronten. Heute sind davon nur noch ein paar von Baumwurzeln zusammengehaltene Erdhügel übrig.

Die Ruinen der Maya füllen die Seiten verstaubter Fachzeitschriften, doch einige erlangten Berühmtheit, wurden sogar zum Mythos. In den 70er-Jahren des letzten Jahrhunderts tauchte eine Reihe geraubter Skulpturen mit sorgfältig gearbeiteten Inschriften auf dem Kunstmarkt auf. Stammten sie von einer bedeutenden historischen Stätte, die es im Urwald zu entdecken gab? Viele waren davon überzeugt, und so kam die Bezeichnung »Site Q« auf (abgeleitet von dem spanischen Wort »*¿que?*« – »welche(r,-s)?«.

Den einzigen Hinweis auf Site Q konnten die Inschriften liefern. Mehrere Steine hatten die gleiche »Emblemglyphe« – ein königlicher Titel, der den Inhaber als »göttlichen Herrscher« eines bestimmten Königreichs auswies. Während der klassischen Zeit (250–909 n. Chr.) gab es 50 oder mehr solcher Königreiche, von denen die meisten kleine Stadtstaaten waren. Die Site-Q-Emblemglyphe war eine der berühmtesten und stand für das Königreich von *kaan* oder »Schlange«, einem äußerst bedeutsamen, unnahbaren Wesen, dessen Herkunft bislang unbekannt war.

Im Verlauf einer 20-jährigen Debatte, in der die verschiedenen Möglichkeiten erwogen und wieder verworfen wurden, hielten einige starr an der These fest, dass die mächtigen Ruinen von Calakmul die Schlangenhauptstadt war. Leider sind die vielen Monumente, mindestens 117, alle aus dem weichen Kalkstein der Gegend gearbeitet und inzwischen stark verwittert. Zusätzlich haben 1000 Jahre tropischen Regens die Inschriften fast völlig zerstört. Erst in den letzten Jahren lieferten die Analyse erodierter Texte sowie neue Funde brauchbare Antworten. Die wichtigste Entdeckung waren zwei Ortsnamen, die mit der Schlangenhauptstadt in Verbindung gebracht werden konnten: *oxte'tuun* (»Drei Steine«) und *chiik naab'* (möglicherweise »Wasserlilienbaum«). Beide tauchen des Öfteren in Texten Calakmuls auf, und wir können inzwi-

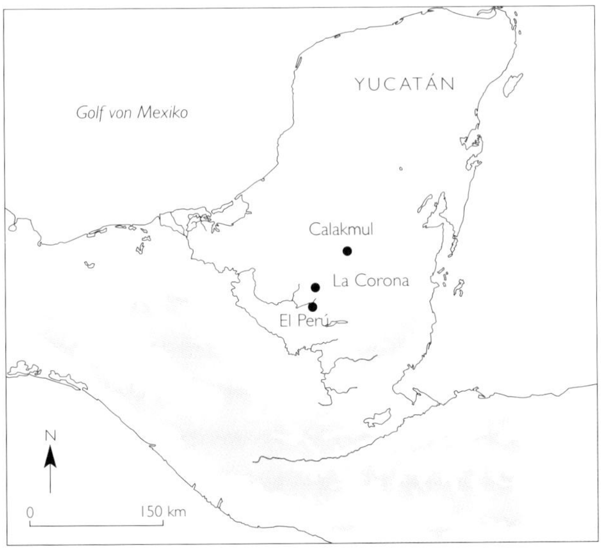

Links: **Karte der Region**
Rechts: **Die Site-Q-Monumente enthalten Hinweise auf die Emblemglyphe *k'uhul kaanajaw* oder »Göttlicher Herrscher (des Königreichs) der Schlange«. Diese bezog sich auf Calakmul, eine der bedeutendsten Stätten der Maya-Welt**

schen davon ausgehen, dass sie sich auf die Stadt und ihre Umgebung beziehen.

Wenn also Calakmul die Stadt der Schlange war, stammen dann die Skulpturen der Site Q ebenfalls von dort? Nach Meinung von Experten lautet die Antwort: Nein. Calakmul war eine der größten *hegemons* oder Supermächte der klassischen Maya-Welt. Ihre Herrscher handelten 130 Jahre lang wie »Überkönige« und kontrollierten die Belange »niederer« Zeitgenossen. Es gibt deutliche Hinweise darauf, dass es auf den Site-Q-Steinen um die Herrschaft von Fürsten geht, die der Calakmul-Dynastie unterstanden. Hinzu kommt, dass sie aus verschiedenen Orten stammen; einige der größeren Steine kommen beispielsweise aus der Stadt El Perú. Wie stehen die Chancen, die übrigen zu identifizieren?

Eine Entdeckung im Dschungel

1996 machte ein Nasa-Satellit beim Überfliegen des ehemaligen Maya-Gebiets in der Nähe von Lo Veremos (Guatemala), einem von *chicleros* (Chiclegummi-Ernter) an einem See errichteten Lager, eine interessante Entdeckung. Bei einer ersten Erkundung stieß man auf einen möglichen Kanuhafen und fand in einem der nahe gelegenen Erdhügel ein mit Hieroglyphen versehenes Monument. Im darauf folgenden Jahr kartografierten Ian Graham und David Stuart vom Peabody-Museum der Harvard-Universität die Ruinen und gaben ihnen den Namen »La Corona« (»Die Krone«). Bei dieser Gelegenheit wurden auch mehrere längere Inschriften gefunden.

Steintafel von der Site Q: »Der große Truthahn« (in der Tafel rechts) beim Ballspiel in Calakmul. Die Erwähnung dieses Fürsten auf einem Monument in La Corona (Glyphe rechts) lässt darauf schließen, dass es ursprünglich von dort stammt

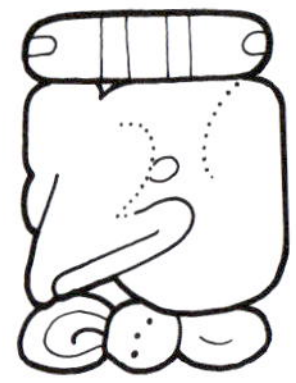

Diese weisen auf eine enge Verbindung zwischen La Corona und Calakmul hin. Eine Inschrift beschreibt ein Ritual, das von dem bedeutenden Calakmul-König Yich'aak K'ak' (»Feurige Kralle«) in Gegenwart von Chak Ak'ach Yuk (»Großer Truthahn«) – möglicherweise der örtliche Herrscher – abgehalten wurde. Chak Ak'ach Yuk wird auf einem der schönsten Site-Q-Monumente beim Ballspiel in Calakmul dargestellt. Das lässt den Schluss zu, dass zumindest diese Steintafel aus La Corona oder der näheren Umgebung stammt.

Wenngleich mit der Entdeckung La Coronas einige Fragen beantwortet wurden, hält der Urwald gewiss noch weitere Überraschungen bereit. Mit Ausdauer und etwas Glück werden wir vielleicht fündig. Die Suche nach der Site Q ist ein Dschungelabenteuer, aber sie zeigt auch, wie die Entschlüsselung der Maya-Hieroglyphen – das umfassendste Schriftwesen des vorkolumbischen Amerika – erfolgreich eingesetzt werden kann, um der Geschichte der Maya auf die Spur zu kommen.

Das Geheimnis der Nasca-Linien

45

Zeit: ca. 100 v. Chr. bis 700 n. Chr.
Ort: Südperu

Einfach ausgedrückt: Was auch immer die Botschaft auf der Pampa sein mag, sie ist nicht notwendigerweise für uns bestimmt! Bei den zoomorphischen Figuren werde ich das Gefühl nicht los, dass ihr Geheimnis mehr mit Alice im Wunderland zu tun hat als mit Darwins Entstehung der Arten.

ANTHONY AVENI, 2000

DIE AN DER SÜDKÜSTE PERUS lebenden Nasca – ein Zusammenschluss kleinerer Königreiche – waren vor allem Bauern, Fischer und talentierte Weber, die Töpferwaren und Textilien mit interessanten Tier- und Pflanzenmotiven herstellten. Sie lebten am Rand der Pampa de Ingenio, einer Wüste, die sie als eine Art Skizzenblock nutzten. Sie entfernten die oberste, aus Sand und kleinen Steinen bestehende Erdschicht und zeichneten ein kompliziertes Gebilde aus Linien und Figuren ins weiße Alluvium, dessen Ausmaße nur aus der Luft vollständig erfasst werden können. Vom Flugzeug aus sieht man, dass sich die Linien, manche so breit wie eine Rollbahn, kilometerweit über Täler und Hügel hinziehen. Andere breiten sich strahlenförmig von einem Mittelpunkt aus. Manche vereinigen sich zu riesigen Vögeln, Affen, einem Wal, Spinnen, sogar Pflanzen – aber diejenigen, die sie erschufen, bekamen sie nie als Ganzes zu sehen. Warum also zeichnete ein Volk, das keine Flugzeuge kannte, solche Figuren?

Luftaufnahme einer Vogelzeichnung in der Wüste bei Nasca: Es ist nach wie vor ein Rätsel, warum die Nasca die oberste Erdschicht entfernten, um Figuren zu erschaffen, die sie selbst nie als Gesamtbild sehen konnten

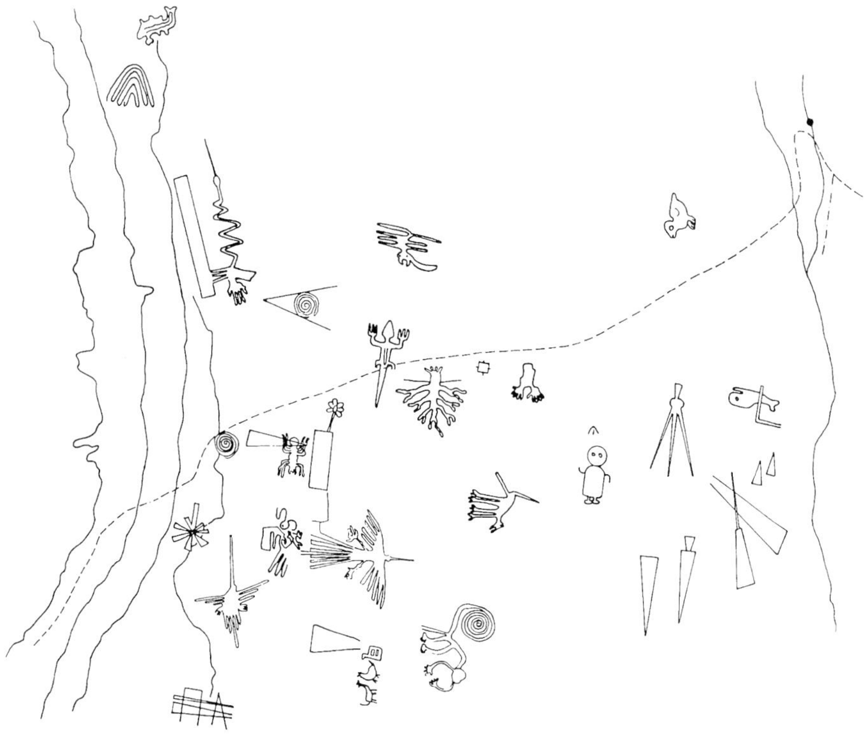

Oben: **Lageplan von Nasca**
Rechts: **Diagramm der verschiedenen Geoglyphen auf der Wüstenoberfläche der Pampa de Ingenio**

Recherchen

Die in Deutschland geborene Mathematikerin Maria Reiche floh 1939 nach Peru und arbeitete als Lehrerin in Nasca. Schon bald ließen sie die Linien nicht mehr los, und sie begann sie zu erfassen. Über viele Jahre hinweg vermaß sie sie mit einem Messband. Sie war davon überzeugt, dass die Linien auf ein astronomisches Ereignis hinwiesen, während die Tiere Sternbilder darstellten. Bis 1963 arbeitete Reiche weitgehend allein. Dann wurde auch die Pampa von dem neuen Zeitgeist mit seinem ausgeprägten Interesse für geheimnisvolle und übersinnliche Phänomene erfasst. Pseudoarchäologe Erich von Däniken behauptete sogar, die Linien wären Rollbahnen für die Raumschiffe früher Astronauten!

In den späten 70er-Jahren des letzten Jahrhunderts entdeckten Wissenschaftler, dass die Nasca-Linien Ähnlichkeit mit den so genannten Geoglyphen (Bodenzeichnungen) hatten, die man häufig entlang der peruanischen Küste findet. Anthony Aveni und Gary Urton kartografierten über 62 strahlenförmige Zentren und vermaßen den Verlauf von 762 geraden Linien in der Nähe von Nasca, von denen manche bis zu 13 Kilometer lang sind. Aveni stellte fest, dass viele der Linien in einem Punkt am Horizont zusammenliefen, wo an bestimmten Tagen Anfang November – wenn mit dem Beginn der Regenzeit in den Anden die Flüsse anschwollen – die Sonne aufging.

Die Archäologin Persis Clarkson untersuchte über 1600 Kilometer der Linien und fand Tausende von Topfscherben, Spuren von primitiven Unterständen und Steinhaufen, die der Orientierung gedient haben könnten. Aveni und seine Kollegen glauben, dass die Nasca-Linien Wege waren, die von ortsansässigen Gruppen unterhalten und anlässlich der Ankunft des Wassers in der Pampa rituell gereinigt wurden. Die Strahlenzentren findet man häufig in der Nähe von Orten am Rand der Pampa, wo das Wasser aus den Bergen in die Flusstäler fließt. Trapezförmige Glyphen befinden sich auf schmalen Bodenerhebungen zwischen alten, ausgetrockneten Flussbetten. Vielleicht wiesen sie in die Richtung des Wasserlaufs.

Die Bedeutung der Linien

Es herrscht allgemein Übereinstimmung darüber, dass die Linien im Leben der Nasca eine wichtige symbolische Funktion hatten, aber die genaue Bedeutung der Tier- und Pflanzengeoglyphen bleibt unklar, weil wir nichts über die Religion der Nasca wissen. Überall in den Anden glaubt man, dass die Berggötter die Menschen beschützen und für das Wetter verantwortlich sind. Sie werden mit Seen, Flüssen und dem Meer – dem Ursprung allen Lebens – in Verbindung gebracht. Die Berge der näheren Umgebung spielten bei den Ritualen der Nasca eine wichtige Rolle, weil sie die Bewässerungskanäle mit Wasser versorgten. Der Archäologe Johan Reinhard entdeckte, dass einige ländliche Kirchen und Kreuze in Bolivien am Ende langer Grundlinien liegen. Beispielsweise führt eine heilige Linie von dem bolivianischen Dorf Sabya zu einer Stätte, wo der Häuptling alljährlich im Januar Opfer darbringt und um Regen bittet.

Helaine Silverman, eine andere Archäologin, entdeckte ein Zeremonialzentrum namens Cahuachi, bestehend aus Erdhügeln, Friedhöfen und Schreinen, dessen Geoglyphen in Richtung der Pampa weisen. Der Fluss in der Nähe der Siedlung trocknet fast nie aus und wird als heiliger Ort angesehen, wo das Wasser das ganze Jahr über an die Oberfläche tritt.

Vielleicht waren die Linien politische, soziale oder/und religiöse Phänomene, die im Leben der Einheimischen tief verwurzelt waren. Diejenigen, die sie entlangliefen, wurden bei ihrer Ankunft an einem heiligen Ort in mythische Wesen verwandelt. Bei dieser Verwandlung spielten ekstatische Tänze sowie aufwendige Kostüme und Masken eine Rolle. Nasca-Kunst aus Cahuachi stellt häufig maskierte Priester und mythische Wesen dar.

Die mysteriösen Nasca-Linien werden immer wieder Kontroversen auslösen. Aber die letzten Forschungsergebnisse weisen auf einen Zusammenhang zwischen den Linien in der Wüste und dem für die Menschen, Pflanzen und Tiere entlang dem Pazifik so lebenswichtigen Wasser hin.

Mehrfarbiges Gefäß aus Nasca: Auf diesen Gefäßen werden häufig mythische Themen dargestellt, aber auch Tiere, Menschen und Pflanzen, oft vor rotem oder weißem Hintergrund. Die Bedeutung dieser Bilder bleibt uns leider verborgen

Die Nasca-Metropole Cahuachi, ebenfalls Zeremonialzentrum, bestand aus Erdhügeln, Plätzen und Plattformen. Ihr Großer Tempel war eine stufenförmige Plattform, die man auf einer natürlichen Anhöhe errichtet hatte. An ihrem Fuß befanden sich Räume, Höfe und ein Platz

Wer erbaute Tiahuanaco? 46

Zeit: 6. bis 12. Jahrhundert n. Chr.
Ort: Bolivien

Tiaguanaco (Tiahuanaco) ist keine große Stadt, wird aber wegen seiner großen Gebäude erwähnt, die zweifellos sehenswert sind. In der Nähe eines der Hauptgebäude befindet sich ein künstlicher Hügel, der auf mächtigen Steinfundamenten errichtet ist. Hinter diesem Hügel stehen zwei Steingötzen in Menschengestalt … die so groß sind, dass sie wie kleine Riesen wirken … In der Nähe dieser steinernen Statuen steht ein weiteres Gebäude, dessen ehrwürdiges Alter und fehlende Inschriften der Grund dafür sind, dass wir weder wissen, wer solche großartigen Fundamente baute, noch, wie viel Zeit vergangen ist, seit sie erbaut wurden …

CIEZA DE LEÓN, 1553

DIE ARCHÄOLOGISCHE STÄTTE TIAHUANACO, die sich im Hochland Boliviens, dem »altiplano«, in der Nähe des Titicacasees befindet, war eines der ersten Monumente Amerikas, die die Aufmerksamkeit früher europäischer Chronisten auf sich zog. Einigen Schriften zufolge war sogar der bedeutende Inka-König Pachakuti bei seinem Triumphzug im späten 15. Jahrhundert von den Steinarbeiten beeindruckt. Der Legende nach beorderte er Steinmetzen aus der Gegend von Tiahuanaco in die Inka-Hauptstadt Cusco, wo sie die Bauarbeiten überwachen sollten.

Tiahuanaco war die Hauptstadt einer der größten Kulturen des alten Amerika. Dieses weitläufige, sorgfältig geplante urbane Zentrum erstreckte sich über die tundraartige Landschaft des südlichen Titicacabeckens im majestätischen Tiahuanaco-Tal. Zu seiner Blütezeit im 9. Jahrhundert n. Chr. war Tiahuanaco ein architektonischer Glanzpunkt aus Pyramiden, Palästen, Straßen und staatlichen Bauten. Die Stadt wird von einer mächtigen, terrassierten, mit Steinen verkleideten Pyramide, der Akapana, überragt. Diese Pyramide misst am Fuß 197 mal 257 Meter und hat eine Höhe von 16,5 Metern. Im Norden schließt sich eine große gemauerte Umfriedung, die so genannte Kalasasaya, an, mit einer Ausdehnung von etwa 120 mal 130 Metern. Außerdem umfasst die Anlage Paläste, Wohnbereiche für Kunsthandwerker, Tempel und Wohnungen für das nie-

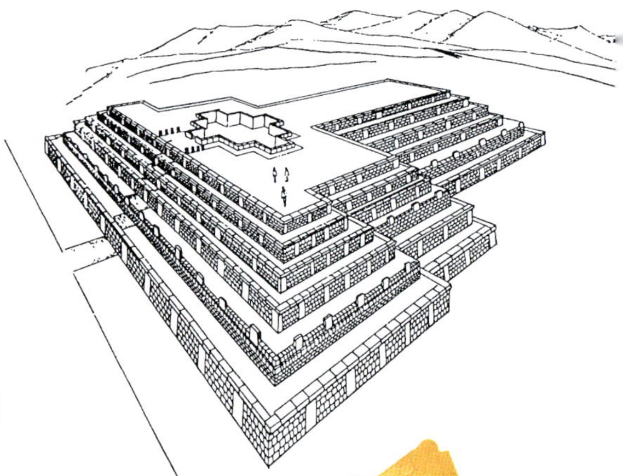

Rechts: **Goldene Herrschermaske mit Türkisen aus dem Kalasasaya-Komplex**
Ganz rechts: **Rekonstruktion des Akapana-Tempels, einer Stufenpyramide mit einem Innenhof auf dem Dach**

dere Volk. Der architektonische Kern der Hauptstadt war von Dutzenden von Dörfern umgeben, die sich über das Tal verteilten und in denen Arbeiter und Bauern in einfachen Adobebehausungen lebten.

Die gesamte städtische Siedlung erstreckte sich schätzungsweise über ein Gebiet von vier bis sechs Quadratkilometern und wurde von etwa 30000 bis 60000 Menschen bewohnt. Das Tal zwischen Tiahuanaco und dem See war ebenfalls dicht besiedelt. Nimmt man die Bevölkerung dieser Siedlungen und die der Hauptstadt zusammen, so war Tiahuanaco gegen Ende des 1. Jahrtausends n. Chr. eine der größten Städte der alten Welt.

Tiahuanacos Ursprung und Wachstum

Dank umfangreicher archäologischer Forschungen im Tiahuanaco-Tal und in den Zentralanden können wir uns ein genaues Bild von den Anfängen Tiahuanacos machen. Die erste Besiedlung geht auf das Jahr 1500 v. Chr. zurück, als Tiahuanaco eins von Hunderten kleiner Dörfer im Titicacabecken war. In den folgenden 1000 Jahren gewann der Ort an Bedeutung. In den ersten Jahrhunderten des 1. Jahrtausends n. Chr. war Tiahuanaco eines der beiden wichtigsten politischen Zentren der Region. Im Norden entwickelte sich Pucara zu einer kleinen Stadt von etwa 100 bis 150 Hektar Ausdehnung. 200 bis 300 n. Chr. dürften die beiden Städte etwa gleich groß und gleich bedeutend gewesen sein.

Rechts: **Eine der monolithischen Statuen von Tiahuanaco**
Unten: **Detail des Sonnentors mit einer der Hauptgottheiten Tiahuanacos**

Die imposante Treppe zur Kalasasaya war der Hauptzugang zur großen Umfriedung im Zentrum von Tiahuanaco

Um 350 n. Chr. verlor Pucara an politischer Macht, während Tiahuanaco immer einflussreicher wurde. 500 n. Chr. war die Stadt die politisch bedeutendste im südlichen Titicacabecken. Etwa 650 n. Chr. begann eine Phase der Expansion; die Bevölkerung Tiahuanacos eroberte unter anderem die im Süden des Sees gelegene »Sonneninsel« und erbaute dort die erste Wallfahrtsstätte der Region. Etwa 800 n. Chr. besaß Tiahuanaco im ganzen Titicacagebiet Kolonien.

Wir wissen inzwischen, dass das Tiahuanaco-Volk in dieser unwirtlichen Gegend einen der ersten Staaten Amerikas gründete. Es unterhielt Kolonien in abgelegenen Gebieten, teilweise mehrere hundert Kilometer entfernt, um von dort Obsidian (vulkanisches Gesteinsglas), Mais und andere Produkte, die es im Altiplano nicht gab, zu beziehen. Das den Titicacasee umgebende Sumpfland wurde mit Hilfe der *waru waru*-Methode in ertragreiche landwirtschaftliche Flächen umgewandelt. *Waru waru* sind höher angelegte Felder mit fruchtbaren Böden. Diese Felder, die man in der gesamten Tiahuanaco-Region findet, bildeten die landwirtschaftliche Basis des Staates.

Wer erbaute Tiahuanaco?

Seit Generationen rätseln Wissenschaftler über diese Frage. Es ist eine jener alten Stätten, die zu den fantastischsten Spekulationen Anlass gaben. Frühe Gelehrte fragten sich, wie ein so großes städtisches Zentrum im hohen, kalten, windigen Altiplano existieren konnte, wo weder Mais noch Baumwolle, Obst oder andere wichtige Pflanzen gedeihen konnten. Wer waren die Menschen, die dieses großartige Zentrum erbauten? Waren es Einwanderer aus dem Süden, wie manche Historiker glauben? Oder schufen die seit Jahrtausenden dort Ansässigen Tiahuanaco?

Die ersten Europäer, die die in den Ruinen Tiahuanacos gefundenen Statuen sahen, bezeichneten sie als vorsintflutliche Riesen. Arturo Posnansky, ein Gelehrter des ausgehenden 19. Jahrhunderts, glaubte, dass Tiahuanaco 10 000 Jahre zuvor an der Pazifikküste erbaut worden war und aufgrund geologischer Verschiebungen angehoben wurde. Zu Beginn des 20. Jahrhunderts gab es Autoren, die von Tiahuanaco als der Wiege der Menschheit, dem eigentlichen Garten Eden, sprachen, während andere meinten, Atlantis entdeckt zu haben. Theorien, dass Tiahuanaco von chinesischen Einwanderern oder den Wikingern erbaut wurde, sind beliebte Themen der populärwissenschaftlichen Literatur.

Linguisten gehen davon aus, dass sich die Vorfahren der modernen, Aymará sprechenden Völker im 12. Jahrhundert im Tiahuanaco-Gebiet ansiedelten. Ihnen zufolge sprachen die Erbauer Tiahuanacos eine inzwischen ausgestorbene Sprache, das so genannte Pukina. Archäologische Funde und Ortsnamen sprechen dagegen. Sie legen nahe, dass es sich bei der Bevölkerung Tiahuanacos um Aymarásprachige handelte, die bereits Hunderte von Jahren vor der Gründung Tiahuanacos in diesem Gebiet lebten. Ebenso wie die großen Zivilisationen des Mittelmeerraums und des Nahen Ostens wurde Tiahuanaco demnach von den Vorfahren der heutigen Bevölkerung dieser Region erbaut.

Warum opferten die Inka Kinder?

47

Zeit: 14. bis 15. Jahrhundert n. Chr.
Ort: Ecuador, Peru, Chile, Argentinien und Bolivien

Einmal wurde ein vierzehnjähriges Mädchen auf diese Insel gebracht, um geopfert zu werden, aber der Anführer der Gruppe ersparte ihm dieses Schicksal. Als er ihren Körper gründlich untersuchte, entdeckte er unter einer ihrer Brüste ein kleines Muttermal. Aus diesem Grund wurde sie für unwürdig angesehen, ihrem Gott geopfert zu werden.

PATER BERNABE COBO, 1653

PATER BERNABE COBO, ein früher spanischer Chronist des Inka-Reiches, erzählt uns diese Geschichte von einem jungen Mädchen, das auf die »Sonneninsel« im Titicacasee, im heutigen Bolivien, gebracht wurde. Das Mädchen sollte am Tempel eines der größten Pilgerzentren der Anden geopfert werden. Es überlebte und erzählte seine Geschichte einigen Spaniern, die ein paar Jahre nach der Eroberung des Inka-Reiches (1532) auf die Insel kamen.

Unsere Informationen über die Inka stammen von frühen Chronisten wie Cobo und modernen archäologischen Forschungen. Wir wissen, dass das Inka-Reich ein riesiger Staat war, der aus vielen verschiedensprachigen ethnischen Gruppen bestand und sich zuletzt über ein Gebiet von 900 000 Quadratkilometern erstreckte. Die Völker, die die herrschenden Dynastien begründeten, lebten im 13. oder 14. Jahrhundert in dem hoch in den Anden gelegenen Cusco, dem damaligen religiösen und welt-

Links: **Mumie eines Inka-Mädchens: Sie wurde 1995 durch eine Lawine aus dem Eis auf dem Gipfel des Ampato im Hochland von Peru befreit**
Unten: **Eine *maestra* oder Schamanin aus heutiger Zeit verbrennt während eines Opferrituals Kokablätter und Weihrauch**

Oben: **Detail einer silbernen weiblichen Figurine, die bei einer männlichen Mumie (vgl. gegenüberliegende Seite) gefunden wurde. Sie ist in prächtige Textilien gehüllt, die mit einer *tupu*-Nadel zusammengehalten werden**
Links: **Archäologen begutachten die Ausgrabungen auf dem Gipfel des Llullaillaco, wo in über 6700 Meter Höhe ein weibliches Inka-Opfer gefunden wurde**

lichen Zentrum. Innerhalb weniger Generationen unterwarfen die Quechua sprechenden Vorfahren der Inka unzählige ethnische Gruppen und eroberten deren Territorien. Es war kein leichtes Unterfangen, die Kontrolle über dieses riesige Gebiet – praktisch ein Großteil des westlichen Südamerika – und die dort lebenden Menschen zu behalten, und Aufstände waren an der Tagesordnung. Wie in anderen alten Reichen auch versuchte man durch eine Staatsreligion die verschiedenen Gruppen zu kontrollieren und die Macht der herrschenden Dynastien zu demonstrieren.

Die heiligen Stätten der Anden

Während des Inka-Reiches – und bereits Jahrhunderte davor – errichteten die Menschen in den Anden Schreine an heiligen Orten, so genannten Huacas. Huacas waren natürliche oder von Menschenhand veränderte Plätze, von denen spirituelle Kräfte ausgingen. Sie befanden sich in Höhlen, an Quellen, auf Felsen und Hügeln, in der Nähe von Brunnen oder Brücken und auf Berggipfeln. Dort wurden regelmäßig Opfer dargebracht. In der Regel handelte es sich dabei um Körbe mit Kokablättern, farbenprächtige Muscheln, Lamas, Alpakas, Maisbier, Stoffe, metallene Figurinen und gelegentlich auch Kinder. In der ganzen Cusco-Region bauten die alten Inka Hunderte von Schreinen, die jeweils von einem Familienverband unterhalten wurden.

Dann begann der Staat, größere Schreine zu errichten, wie beispielsweise auf der »Sonneninsel«. Entlang den Anden wurden ganze Tempelkomplexe der Sonne, dem Mond, dem Donner und anderen Göttern geweiht. Viel Energie und Arbeitskraft wurden aufgewandt, um die neue Religion zu etablieren. Die herrlichen Tempel sollten die politische und ideologische Macht verdeutlichen, die der Adel Cuscos über seine Untertanen hatte.

Menschenopfer

Menschenopfer sind keine Erfindung der Inka. Wir kennen aus den Anden zahlreiche bildliche Darstellungen von geopferten Personen – gewöhnlich Kriegsgefangene. Einige der ersten Stelen Perus stellen enthauptete Kriegsgefangene dar. Auch in anderen Kulturen waren Menschenköpfe beliebte Trophäen. Die Inka integrierten solche Praktiken lediglich in ihre Staatsreligion und -ideologie, die das Reich zusammenhielten.

Kinder wurden in einem politisch bedeutenden Ritual, *capac hucha* genannt, geopfert. Dieser Begriff bedeutet Colin McEwan und Maarten van de Guchte zufolge »königliche Verpflichtung«. Die beiden Wissenschaftler beschreiben, wie Kinder im Alter von sechs bis zehn Jahren aus den Dörfern und Städten des ganzen Reiches nach Cusco geschickt wurden. Manche mussten Hunderte oder sogar Tausende von Kilometern zurücklegen. Während der Reise zogen sie und ihre Begleiter singend durch die Dörfer. In Cusco versammelten sich die Kinder im Zentrum der Stadt und wurden symbolisch mit Inka-

Priestern verheiratet. Nachdem Tieropfer und andere Gaben dargebracht worden waren, wurden die Kinder um Cuscos größten Platz geführt. Anschließend wurden sie in ihre Heimatorte zurückgeschickt, wo weitere Feierlichkeiten folgten. Auf dem Höhepunkt der Zeremonie betäubte man sie mit Alkohol und anderen Rauschmitteln und tötete sie anschließend auf einer Huaca, die mit ihrer Heimat in Verbindung stand.

Überall in den Anden fanden Archäologen Hinweise auf Kinderopfer. Spuren von *capac hucha*-Zeremonien finden sich auf Inseln, in Höhlen und auf Bergspitzen. Der Archäologe Johan Reinhard entdeckte Opferstätten auf den schneebedeckten Gipfeln hoher Berge, zumeist Vulkanen. Die Bergung dieser Opfer ist eines der schwierigsten archäologischen Unterfangen. Reinhard und seine Kollegen mussten auf über 6000 Meter hohe Berge steigen und gegen Höhenkrankheit, Eis, Asche und Schnee ankämpfen. Wir können über die Entschlossenheit der Inkas nur staunen, die diese Berge ohne moderne Ausrüstung erklommen.

Um die Mumien zu finden, braucht man Geschick und Glück. Man muss Spuren an der Oberfläche richtig deuten, um zu wissen, wo man suchen muss, und Glück haben, dass die äußeren Bedingungen stimmen. Außerdem gilt es zu verhindern, dass die freigelegten Mumien gestohlen oder von der Witterung zerstört werden. Reinhard und sein Team mussten sich durch Eis und steinharten Boden vorarbeiten, ihre Funde wissenschaftlich dokumentieren und anschließend die Mumien sicher in ihr Basislager transportieren.

Wir kennen Chroniken, die von bedeutenden Zeremonien berichten, bei denen Kinder geopfert wurden. Archäologische Funde aus der Nähe von Arequipa in Peru bestätigen inzwischen die Richtigkeit dieser Dokumente. Das in einem Kraterrand des 6200 Meter hohen Ampato entdeckte junge Mädchen war mit einem prächtigen Kopfschmuck aus Federn, mit Tonkrügen, Löffeln, Holzbechern, bekleideten Metallfigurinen, Nahrungsmitteln und wunderschönen Textilien beerdigt worden. In ihrem Grab fand sich rote Erde – Rot gilt als heilige Farbe –, die man bis in diese Höhe gebracht hatte. Die Opferstätte war von Plattformen und möglicherweise weiteren Gebäuden umgeben.

Verglichen mit anderen Reichen sowohl der Neuen als auch der Alten Welt kamen Menschenopfer im Inka-Staat relativ selten vor. Dabei erfüllten vor allem Kinderopfer eine wichtige religiöse und politische Funktion. Wenn ein lokaler Herrscher sein Kind opferte, so demonstrierte er dadurch seine Loyalität gegenüber dem Inka-Staat und den Schöpfungsgöttern, die die Inka verehrten. Der Anblick Dutzender von Kindern, die in Prozessionen nach Cusco zogen, um dort auf die Opferung vorbereitet zu werden, diente als alljährliche Erinnerung an die Macht des Inka-Staates. Nur wenn wir die politische Logik und die religiösen Grundsätze des Inka-Reiches im historischen Kontext sehen, können wir dieses tragische Staatsritual verstehen.

Der südlichste Fundort einer Inka-Mumie befindet sich am Cerro el Plomo in 6000 Meter Höhe; bei diesem Kinderopfer fand man zahlreiche Figurinen und eine Tüte mit Kokablättern

Wie wurden die polynesischen Inseln besiedelt?

Zeit: 28000 Jahre v. Chr. bis 1200 n. Chr.
Ort: Pazifik

In diesen Proes oder Pahee's, wie sie genannt werden, segeln diese Menschen von Insel zu Insel mehrere Hundert Meilen übers Meer, während ihnen tagsüber die Sonne als Kompass dient und nachts der Mond und die Sterne.

KAPITÄN JAMES COOK, 1769

IM JAHR 1766 näherte sich Kapitän Samuel Wallis mit seiner *H.M.S. Dolphin* im dichten Morgennebel der Insel Tahiti. Als sich der Nebel lichtete, erblickte er erstaunt Dutzende von Kanus, die sein Schiff umringt hatten und mit großen, »gut gebauten« Kriegern bemannt waren. Schon bald war Tahiti in Europa als fernes tropisches Paradies mit schönen Frauen bekannt, wo es keine Armut gab – die Heimat des edlen Wilden. Als Kapitän James Cook, ein etwas nüchternerer Beobachter, 1769 auf Tahiti landete, rätselte er über eine Frage, die seitdem die Gelehrten beschäftigt: Wie kolonisierten die Tahitianer ihre abgelegene Heimat? Wie gelang es den Menschen der damaligen Zeit, mit einfachen Kanus (Metall war unbekannt) weite Strecken übers offene Meer zurückzulegen, um sich auf den entferntesten Inseln des Pazifiks niederzulassen?

Cook selbst zweifelte nicht daran, dass die Polynesier aus dem fernen Westen kamen. Er schrieb: »Wir können sie von Insel zu Insel bis nach Ostindien zurückverfolgen.« Der große britische Seefahrer unterhielt sich mit einem einheimischen Lotsen und Priester namens Tupaia und fragte ihn, wie ihre Schiffe ferne Inseln ansteuerten, die außer Sichtweite des Festlands lagen. Tupaia erklärte, dass ihnen die Sonne und die Himmelskörper als Kompass

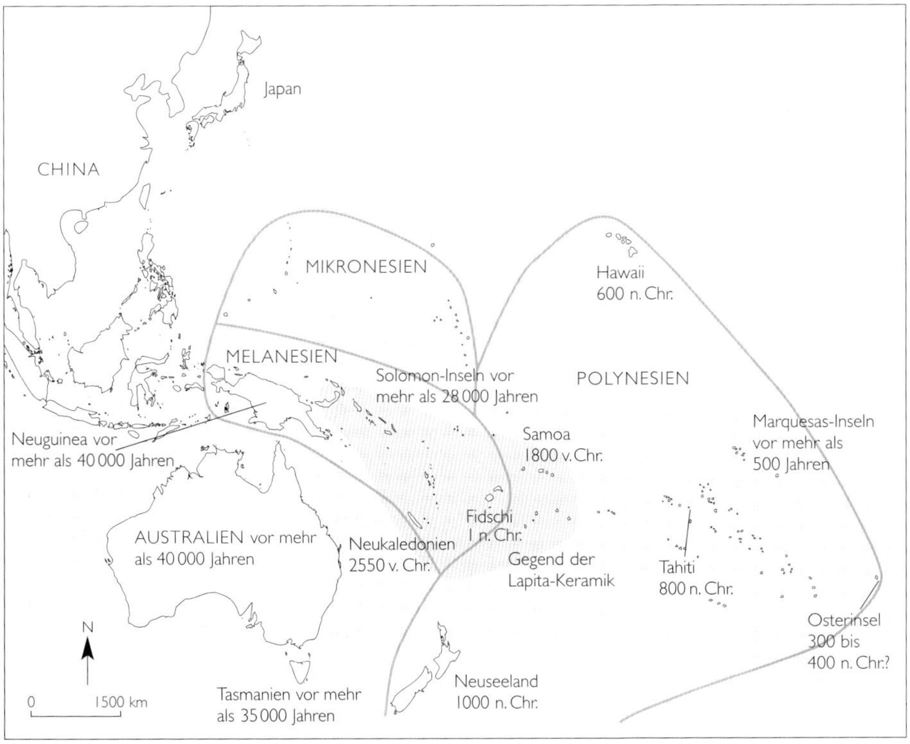

Links: **Die Besiedlung des Pazifikgebiets gelang mit Hilfe von seetüchtigen Kanus und lagerfähigen Nahrungsmitteln. Bereits vor 30 000 Jahren steuerten Seeleute die melanesischen Inseln an; die weiter entfernt liegenden Inseln wurden jedoch erst viel später, innerhalb der letzten 3000 Jahre, kolonisiert**

Gegenüberliegende Seite oben: **Die Navigationskunst wurde von Generation zu Generation weitergegeben. Die Polynesier beobachteten den Lauf der Himmelskörper und benutzten einfache Karten aus Gitterwerk, an denen sie Inseln und Sternbilder ablesen konnten**

Gegenüberliegende Seite unten: **Der moderne Nachbau eines hawaiischen Doppelrumpfboots, der *Hokule'a:* Aus Begeisterung für die traditionelle Navigationstechnik folgten Finney und andere in Nachbauten den alten Kanurouten**

dienten. Als Cook die Fähigkeit der Polynesier bestaunte, Hunderte von Meilen gegen die Passatwinde zu segeln, wies Tupaia darauf hin, dass die Westwinde von November bis Januar wehten und die Kanus in diesen Monaten luvwärts gut vorankämen. Tupaia sah Polynesien im Geist immer vor sich. Er zählte die verschiedenen Inseln auf, nannte die Anzahl der Tage, die sie entfernt lagen, und ihre Richtung. Cook erstellte aufgrund seiner Angaben eine einfache Seekarte. Moderne Wissenschaftler glauben, dass Tupaia in der Lage war, ein Gebiet zu beschreiben, das im Nordosten von den Marquesas-Inseln begrenzt wurde, im Osten vom Tuamotu-Archipel, im Süden von den Australinseln und im Südwesten von den Cookinseln. Selbst Fidschi und Samoa im Westen zählten noch dazu. Damit umfasste Tupaias »mentale Karte« ein Gebiet von der Größe Australiens oder der USA. Cook überredete Tupaia, ihn nach Neuseeland zu begleiten, damit er dessen Methoden studieren konnte. Unglücklicherweise erkrankte Tupaia an Fieber und starb, während die *Endeavour* in Südostasien war.

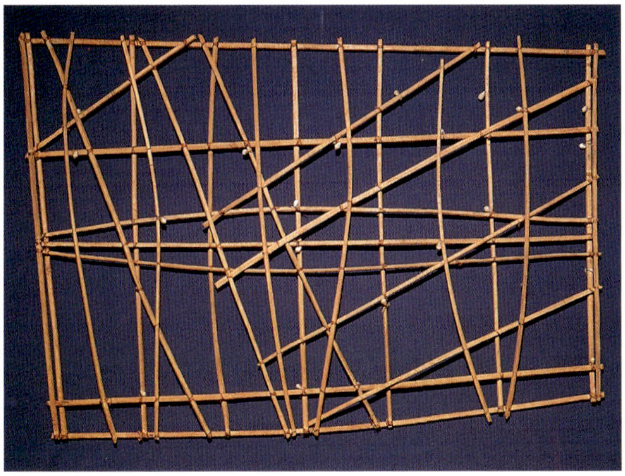

Von der Spekulation zum Experiment

Nach Cook interviewte kein Forscher mehr einen tahitischen Seefahrer. Viele Gelehrte gingen davon aus, dass die pazifischen Inseln von Kanubesatzungen kolonisiert wurden, die aufgrund starker Winde dort gestrandet waren. 1965 traf der englische Segler David Lewis auf den Karolinen (Mikronesien) auf ehemalige Kanu-Steuermänner. Er erfuhr, dass sie sich an den Sternen orientieren sowie an der Dünungsrichtung, das heißt an den vom Land zurückgeworfenen Wellen, und selbst am Flug von See- und Landvögeln, um entfernte Inselgruppen anzusteuern. Und dank ihres umfassenden navigatorischen Wissens waren sie auch immer wieder sicher nach Haus zurückgekehrt. Entschlossen, diese im Aussterben begriffene Kunst zu bewahren, segelte Lewis auf seiner europäischen Hochseejacht von Rarotonga (Cookinseln) nach Neuseeland, ausgerüstet mit einer Sternkarte und einem polynesischen Steuermann. In den 70er-Jahren ging er dann bei den Steuermännern auf den Karolinen in die Lehre.

So lösten Experimente Spekulationen ab. In den späten 60er-Jahren des letzten Jahrhunderts startete der Anthropologe Ben Finney seine Langzeituntersuchungen mit Nachbauten alter polynesischer Kanus. Finneys erstes Boot, die *Nalehia*, war die zwölf Meter lange Kopie eines hawaiischen Königskanus. Tests in Hawaiis stürmischen Gewässern ergaben, dass das Schiff quer zum Wind segeln konnte, und so plante Finney eine Reise von Hawaii nach Tahiti und zurück. Dabei benutzte er ein Boot, das verschiedene, auf den pazifischen Inseln gebräuchliche Kanuarten in sich vereinte. Die *Hokule'a*, von dem Hawaiianer Herb Kawainui Kane entworfen, ist 19 Meter lang und mit einem doppelten Rumpf und zwei krebszangenförmigen Segeln ausgestattet. Finney, der mikronesische Steuermann Mau Piailug und eine überwiegend hawaiische Mannschaft segelten 1976 auf der *Hokule'a* erfolgreich von Hawaii nach Tahiti und zurück. Auf diese Reise folgte eine zweijährige Fahrt durch den Pazifik mit ausschließlich einheimischen Steuermännern. Dank die-

Restaurierte alte *marae* (Kultstätte) bei Tuputaputia auf der Insel Raiatea in Polynesien: Von hier aus wurden die entfernteren Inseln besiedelt

ser Experimente blieben die alten polynesischen Navigationskenntnisse der Nachwelt erhalten.

Frühe Migrationen

Gleichzeitig beschäftigten sich Archäologen und Linguisten mit frühen Migrationen über den Pazifik. Eine kürzlich durchgeführte Untersuchung von 77 austronesischen Sprachen ergab, dass die Wurzeln der Pazifikinselbewohner in Taiwan zu finden sind. Von dort erfolgte zunächst die Besiedlung der Philippinen und Neuguineas, dann von Fidschi im Osten, Tahiti, Hawaii, Neuseeland und der Osterinsel. Diese Wanderung dauerte schätzungsweise 2000 Jahre, in prähistorischen Kategorien kaum ein Augenzwinkern. Die Salomonen im südwestlichen Pazifik wurden mindestens 28 000 Jahre früher besiedelt.

Vor 5000 Jahren existierte bereits ein reger Tauschhandel zwischen dem asiatischen Festland und den Pazifikinseln; über große Entfernungen wurden Muscheln, Obsidian und andere Waren transportiert. Wir können die Spur dieser Menschen anhand ihrer charakteristischen »Lapita«-Keramik (reich verzierte Tongefäße) verfolgen, die möglicherweise im 1. Jahrtausend v. Chr. auf dem Bismarck-Archipel bei Neuguinea entstanden ist und die man sogar auf Fidschi findet. Seetaugliche Doppelrumpfboote und lagerfähige Lebensmittel wie Taro schufen die Voraussetzungen für Reisen zu Inseln, die Hunderte von Seemeilen entfernt lagen. Der neuseeländische Archäologe Geoffrey Irwin demonstrierte mit Hilfe von Computersimulationen und anhand seiner eigenen Erfahrung als Seemann, dass diese frühen Reisen zu fernen Inseln sorgfältig geplant waren und auf genauen Kenntnissen des Ozeans und des Himmels beruhten.

Die Leistungen der Seefahrer waren erstaunlich, aber durchaus erklärbar, bedenkt man, dass ihr Navigationssystem von Generation zu Generation weitergegeben wurde. Mikronesien und der Osten Polynesiens wurden innerhalb der letzten 2000 Jahre kolonisiert, ausgehend von Fidschi im Jahr 1 n. Chr., dann folgte 500 n. Chr. die Osterinsel, 600 n. Chr. Hawaii, 800 n. Chr. Tahiti und 1000 n. Chr. Neuseeland. Mit diesen Seereisen endete das letzte Kapitel der 150 000 Jahre währenden Eroberung des Globus durch die Menschen.

Die Statuen der Osterinsel

Zeit: 1000 bis 1700 n. Chr.
Ort: Osterinsel, Südostpazifik

Wenn die Leute fragen, ob wir »das Rätsel gelöst« haben, kannst du antworten, dass wir uns das nicht anmaßen würden, aber dass wir viel Neues und Interessantes entdeckt haben.

KATHERINE ROUTLEDGE, 1915

DIE GEOGRAFIE, GEOLOGIE und Ökologie der Osterinsel (Rapa Nui) bestimmte das Schicksal der Polynesier, die sich hier irgendwann im 1. Jahrtausend n. Chr. niederließen. Ihre völlige Abgeschiedenheit, verbunden mit ihrer kargen Landschaft, erschien 1722 Reisenden aus Europa als Bühne für die majestätischen *moai* (Steinstatuen) gänzlich unzureichend. Der krasse Gegensatz zwischen Natur und Kultur verblüffte Generationen von westlichen Wissenschaftlern.

In den letzten Jahren hat die internationale Wissenschaftsgemeinde die archäologische Datenbank über Rapa Nui erheblich ergänzt und mehr über die ökologischen Zusammenhänge in Erfahrung gebracht. Gleichzeitig erstellten Linguisten und physikalische Anthropologen neue Modelle zum Ursprung und zur Verbreitung der polynesischen Kultur. Um es mit den Worten Katherine Routledges, die die »Mana-Expedition« zur Osterinsel in den Jahren 1913 bis 1915 mit leitete, auszudrücken: Es kommt »viel Neues und Interessantes« zum Vorschein.

Die Insel

Rapa Nui liegt auf der Südhalbkugel, genauer gesagt auf der Nascaplatte im südöstlichen Pazifik, einem Gebiet mit erhöhter tektonischer Aktivität. Es ist eine fast dreieckige, basaltige Insel, die aus drei miteinander verschmolzenen Lavaströmen unterirdischer Vulkane entstanden ist. Rapa Nui ist mit ihren 163 Quadratkilometern eine kleine Insel, aber durchaus nicht die kleinste bewohnte Pazifikinsel. Geografisch isoliert, aber kulturell mit dem restlichen Polynesien verbunden, ist Rapa Nui ein subtropischer »Außenposten«. Unter den gegebenen klimatischen Bedingungen entstand ein lokales Ökosystem mit begrenzten natürlichen Ressourcen und einem verlangsamten Pflanzenwachstum – wenngleich die Insel einst von einem üppigen Palmenhain überzogen war. Der Rano Raraku, ein vulkanischer Bergkegel aus festem *lapilli*-Tuffstein, spielte in der frühen Rapa-Nui-Kultur eine wichtige Rolle. Über 500 Jahre lang wurden aus diesem fast idealen Gestein 95 Prozent der 883 uns bekannten Statuen gefertigt, die für die Entwicklung öffentlicher Monumentalbauten und einer innovativen Zeremonialarchitektur von großer Bedeutung waren.

Kupferstich nach einer Zeichnung von Duché de Vancy, des Künstlers, der 1786 eine französische Expedition zur Osterinsel begleitete. Eines der Expeditionsmitglieder misst eine Statue aus, die noch auf ihrer Plattform steht

Bei den Rano-Raraku-Statuen unterscheiden wir zwischen vier Körpertypen, die alle dieselben Merkmale aufweisen. Sie zeugen von ästhetischer Kontinuität, einem beständigen Sozialgefüge, einer effizienten Nahrungsmittelorganisation und politischer Stabilität über mehrere Generationen hinweg. Gegen Ende des 16. Jahrhunderts n. Chr. hatte man etwa ein Drittel der uns bekannten *moai* zu ihren Zeremonialplattformen (Bildnis-*ahu* genannt) transportiert und dort erfolgreich aufgestellt. Die *ahu* entlang der Küste von Rapa Nui entwickelten sich zu aufwendigen Konstruktionen mit mächtigen, verkleideten Steinmauern, die eine Vielzahl von Statuen trugen. Die meisten dieser Küsten-*ahu* und einige *moai* waren mit roter Gesteinsschlacke verziert, die aus einer einzigen Quelle, dem kleinen Vulkan Puna Pau, stammte.

Insgesamt wurden 883 Statuen auf der Osterinsel gefunden. Sie verkörpern vier verschiedene Typen: Die größte Figur ist eine Variante von Typ 4

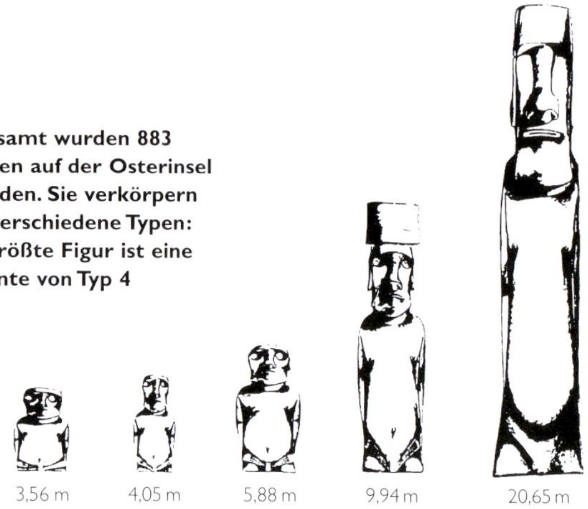

Links: **Die *moai* von Rapa Nui wurden errichtet, um ehrwürdigen Ahnen, die vielleicht auch als Götter verehrt wurden, zu huldigen. Diese sollen über heiliges *mana* verfügen, das durch ihre Augen in die äußere Welt dringt**

Unten: **Ahu Nannau bei Anakena wird in der Mythologie Rapa Nuis mit Hotu Matu'a, dem Gründer der Inselgesellschaft, in Verbindung gebracht**

Herkunft und Isolation

Die Polynesier bauten Flöße mit Segeln sowie Doppelrumpfboote, die sich für lange Seereisen eigneten. Ihre Schiffe waren seetüchtig und zeichneten sich durch eine stabile Konstruktion sowie sorgfältige Verarbeitung aus. Die für die Boote benötigten schweren Stämme – manche dreimal so lang wie der größte, erfolgreich aufgerichtete *moai* – mussten weit über unwegsames Gelände gezogen

werden. Geübte Steuermänner setzten den Kurs gemäß der Windrichtung, korrigierten, wenn der Wind umschlug, und beobachteten den Zug der Vögel und Fische.

Zahlreiche Inseln im Ostpazifik wurden im 1. Jahrtausend n. Chr. kolonisiert. Wann Rapa Nui entdeckt wurde, ist unklar, möglicherweise zwischen 300 und 400 n. Chr., ganz gewiss aber vor 800 n. Chr. Mangareva, Pitcairn (Rapa Nuis nächster Nachbar) und Henderson unterhielten von 800 bis 1600 n. Chr. sporadische Handelsbeziehungen. Es ist zwar nicht bekannt, von welcher Insel aus Rapa Nui besiedelt wurde, aber archäologische Funde verweisen auf Mangareva und Mangaia (Cookinseln). Monumentale Steinskulpturen aus roter Gesteinsschlacke befinden sich sowohl auf Rapa Nui als auch auf Pitcairn und dem zu den Australinseln zählenden Raivavae.

Archäologische, linguistische und ethnografische Beweise für die zielgerichteten Seefahrten der Polynesier im Ostpazifik haben, in P. V. Kirchs Worten, »Thor Heyerdahls Theorie von der amerikanischen Abstammung der Polynesier ad absurdum geführt«. Es erscheint inzwischen plausibler, dass die Polynesier bis in die Nähe der südamerikanischen Küste vordrangen, wo sie die Süßkartoffel (*Ipomoea batatus*) und den *Lagenaria*-Flaschenkürbis – vielleicht durch Handel – erwarben. Die Süßkartoffel entwickelte sich anschließend im gesamten Pazifikraum zum Hauptnahrungsmittel. Auf Rapa Nui wurde sie auf großen Plantagen und in kleinen Parzellen angebaut. Sie war eine der Voraussetzungen für die Errichtung von Megalithbauten und übertraf andere Erzeugnisse an religiöser Bedeutung.

Statuen wie diese aus schlackigem rotem Material wurden sowohl auf der Osterinsel als auch auf anderen ostpolynesischen Inseln wie Raivavae (Australinseln) gefunden

Megalithen: Ein Transportprojekt

Wie bewegten die Osterinselbewohner diese gigantischen Statuen und wie richteten sie sie auf? Die Herstellung der *moai* erfolgte in drei Phasen: das Brechen der Steine, der Transport und die Aufrichtung. Jede erforderte ein bestimmtes Fachwissen, Spezialwerkzeuge und die Zusammenarbeit verschiedener Arbeitstrupps. Auch Erfahrungen mit ähnlichen Statuen waren wertvoll. Schätzungen bezüglich der erforderlichen Zeit und der Zahl der Arbeitskräfte variieren, aber William Scoresby Routledges Berechnungen aus den Jahren 1913 bis 1915 können uns als Anhaltspunkt dienen. Er war einer der Leiter der »Mana-Expedition« zur Osterinsel und schätzte, dass ein Steinmetzmeister mit einem Trupp von 54 Männern – unter Verwendung von Steinwerkzeugen – für eine zehn Meter hohe Statue 15,5 Tage benötigte. Studien aus jüngerer Zeit lassen vermuten, dass etwa doppelt so viel Zeit nötig war.

Routledge beschrieb, wie der Rohling als rechteckiger Block aus dem Stein gehauen und dann unterhöhlt wurde, wobei man einen Steg stehen ließ. Im Gegensatz zu den riesigen, Ehrfurcht gebietenden Figuren, die noch an den Hängen des Rano Raraku liegen, waren über 95 Prozent der *moai* (die zu ihren *ahu* transportiert wurden), kleiner als sechs Meter. Nur eine einzige zehn Meter große Statue wurde nach Routledges Berechnungen erfolgreich aufgestellt. Im Durchschnitt waren die Figuren vier Meter groß und wogen acht bis zehn Tonnen.

Es wurden verschiedene Transportmöglichkeiten in Erwägung gezogen. Eine sah ein komplexes Dreibein vor, wurde aber nie getestet und wird inzwischen als nicht praktikabel verworfen. Zwei weitere Methoden, die von einem aufrechten Transport der Figuren ausgingen, wurden in flachem Gelände getestet, wären aber in abschüssigem Terrain zu gefährlich gewesen. Es scheint am wahrscheinlichsten, dass die Statuen liegend – auf dem Bauch oder Rücken – transportiert und vielleicht an Abhängen mit Pfählen und Seilen gesichert wurden. Die liegende Position war für die erfolgreiche Aufrichtung vor allem der *moai* entlang der Küste unumgänglich.

Die Polynesier bewiesen auch großes Geschick im Umgang mit ihren schweren Kanus und kannten mehrere Methoden, sie zu bewegen. Die Boote wurden entweder getragen oder über Rollen transportiert. Außerdem gab es die »Kanuleiter«, die aus quer liegenden »Sprossen« bestand, die jeweils einen Meter Abstand hatten und über die das Kanu gezogen wurde. In steilerem Gelände wurden die »Sprossen« möglicherweise zusammengebunden, so dass eine »Sprossenleiter« entstand. Eine andere Möglichkeit war, die »Sprossen« auf längs verlaufenden Schienen zu befestigen, als zusätzliche Stütze und zur Begradigung der Oberfläche.

Eine Hypothese, die auf der Kanutechnik beruht, wurde kürzlich auf Rapa Nui getestet. Man legte die aus Beton hergestellte Nachbildung eines durchschnittlichen *moai* auf einen Gabelschlitten, der dem Rumpf eines polynesischen Auslegerkanus entsprach. Bei drei weiteren dokumentierten Tests, bei denen Rollen, Hebel und eine »Kanuleiter« zum Einsatz kamen, erwiesen sich die Rollen als untauglich. Mit Hilfe der »Kanuleiter« jedoch

Links: **Diese auf dem Rücken liegende Statue, die größte der Insel, befindet sich noch in einem Steinbruch des Rano Raraku**

Rechts: **Eine nachgebildete Statue wird erfolgreich aufgestellt. Der Transportrahmen war für den Schutz und das Aufrichten der Statue unentbehrlich**

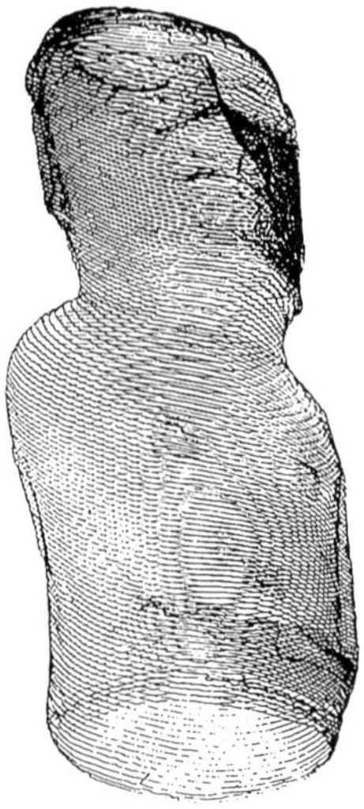

Dieser *moai*, der bei Ahu Akivi entdeckt und dokumentiert wurde, entspricht in Größe und Gewicht dem statistischen Mittelwert der Figuren der Osterinsel. Mit Hilfe von Fotogrammetrie und Lasertechnik stellte man für experimentelle Zwecke ein exaktes 3-D-Modell dieser Figur her

konnte die Betonfigur problemlos 100 Meter über ebenes Gelände und anschließend eine Rampe hinauf zur Plattform befördert werden. Beim Aufrichten der Figur (mit einem Kopfschmuck versehen) diente der Schlitten sowohl als Stütze als auch als Schutz.

Der Einsatz von Menschen

40 Personen sind nötig, um einen durchschnittlich großen *moai* auf einem A-förmigen Schlitten in ebenem Gelände zu bewegen. 20 geübte Personen sind in der Lage, die Statue in drei Tagen aufzurichten. Man hat errechnet, dass auf Rapa Nui 8,7 Großfamilien, das heißt 395 bis 435 Personen, gebraucht wurden, um einen durchschnittlichen *moai* zu brechen, zur Plattform zu transportieren und aufzustellen sowie alle Beteiligten mit Nahrung zu versorgen. Für die Ernährung der Arbeiter wurde der Ertrag von etwa 20 Hektar Anbaufläche (Süßkartoffeln und andere Feldfrüchte) benötigt, während die Steinmetzmeister mit Thunfisch und Hummer verköstigt wurden. Solange die äußeren Bedingungen mitspielten, funktionierten die sozialen und politischen Strukturen Rapa Nuis. Mit dem Aufkommen größerer *moai*, die mehr Ressourcen erforderten, kam es zu wirtschaftlichen Engpässen. Während Dürren oder Kälteperioden könnte die zusätzliche Belastung auch zu Aggressionen geführt haben.

Die *moai* waren in der Rapa-Nui-Gesellschaft sowohl in religiöser als auch in weltlicher Hinsicht bedeutsam. Sie verfügten über *mana*, die spirituelle Kraft der alten Polynesier, und trugen zugleich zu einer erfolgreichen, kooperativen Herstellung von Nahrungsmitteln und deren gerechter Verteilung bei. Inzwischen wurden viele der umgestürzten *moai* wieder aufgerichtet. Sie stehen auf restaurierten *ahu* und repräsentieren die »lebenden Gesichter« der Ahnen der Rapa Nui. Den Blick in die Zukunft gerichtet, erinnern sie uns zugleich an die Vergangenheit.

Gräber und Schätze

ES WAR EIN MAGISCHER MOMENT, als Howard Carter und Lord Carnarvon 1922 das Grab des ägyptischen Pharaos Tutanchamun öffneten. Viele Menschen verbinden Archäologie hauptsächlich mit verborgenen Schätzen und sagenhaften Reichtümern, mit grenzenlosem Abenteuer, Ruhm und Geld – zumindest wenn man das Glück hat, auf einen Tutanchamun zu stoßen. Es gibt aber neben Edelmetallen und reichen Grabbeigaben archäologische Schätze anderer Art: Dokumente, die von unvergleichlichem Wert sind, weil sie Aufschluss über religiöse Fragen geben, wie beispielsweise die Grabstätte Christi. Fast 80 Jahre nachdem Howard Carter die »wunderbaren Dinge« in der Grabkammer des jungen Königs der Ägypter bestaunte, forscht man weiter beharrlich nach geheimnisvollen Gräbern und unentdeckten Reichtümern. Die ungelösten Rätsel der Vergangenheit und die Aussicht auf eine Aufsehen erregende Entdeckung haben nichts von ihrer Faszination eingebüßt.

Das Tal der Könige in Ägypten gehört zu den am gründlichsten erforschten archäologischen Stätten der Welt – besonders die in den Fels geschlagenen Grabkammern einiger berühmter Pharaonen. Tutanchamun war der letzte Herrscher, den man hier fand, aber die Suche nach weiteren unberührten Grabstätten hält unvermindert an. Die moderne Forschung im Tal der Könige gleicht einem komplizierten Puzzlespiel; sie beschäftigt sich nicht nur mit den altägyptischen Gräbern selbst, sondern zwangsläufig auch mit den Folgen vergangener Grabungen. Howard Carter schaffte tonnenweise Granitschutt von einer Seite des Tals auf die andere, was seinen Nachfolgern sorgfältige Vermessungs- und Konservierungsarbeiten erheblich erschwert. Auch das Grab Nr. 55 ist ein gutes Beispiel: Es wurde 1907 von dem Amerikaner Theodore Davis entdeckt und enthielt neben dem schwer beschädigten Sarg einer Frau auch eine männliche Mumie. Zunächst hielten

Ein Soldat und sein Pferd aus der Terrakotta-Armee, die das Grab des ersten Kaisers von China bewachte

Experten sie für die Mumie des Ketzerkönigs Echnaton oder möglicherweise auch seines Mitregenten und Nachfolgers Semenchkare – eine These, die bis heute heftig umstritten ist. Wir werden in diesem Kapitel das Material sichten.

Alexander der Große starb 323 v. Chr. in Babylon und wurde im ägyptischen Alexandria bestattet, nach einem erbitterten Machtkampf zwischen seinen potenziellen Nachfolgern. Zunächst wurde er in einem goldenen Sarkophag aufgebahrt, nicht weit von einem imposanten Mausoleum neben der Palastanlage am Osthafen, doch in römischer Zeit verschwanden sowohl der Leichnam als auch das Grabmal spurlos. Seitdem wird nach Alexanders Grab gesucht. Wahrscheinlich befindet es sich tief unter der modernen Metropole oder möglicherweise auch auf dem Grund des Mittelmeers. Trotz zahlreicher gegenteiliger Behauptungen wurde bislang nicht die geringste Spur von Alexanders Begräbnisstätte gefunden, weder in der Stadt, die nach ihm benannt wurde, noch in der Oase Siwa in der Libyschen Wüste in Ägypten, wo der große König angeblich beigesetzt werden sollte.

Jeder weiß, wo sich die großartige Grabanlage des chinesischen Kaisers Qin Shihuangdi befindet, des ersten Herrschers über ein geeintes chinesisches Reich, der 210 v. Chr. starb. Sowohl Legenden als auch zeitgenössische Quellen berichten von einer riesigen Grabkammer, die eine Reliefkarte Chinas enthält, in der die Wasserläufe aus flüssigem Quecksilber nachgebildet sind. Bisher haben die chinesischen Archäologen das Mausoleum nicht freigelegt, da es ihnen nach eigenen Aussagen an den technischen und finanziellen Mitteln sowie an Know-how mangelt, um ein so gewaltiges Unternehmen durchzuführen. Aber sie haben Bestattungsgruben in der Umgebung des Grabhügels untersucht und dabei die berühmte Terrakotta-Armee, die die Grabstätte bewachen sollte, entdeckt: über 7000 Männer, Pferde und Streitwagen. Die Erforschung der kaiserlichen Grabanlage steht noch ganz am Anfang. Was verrät uns dieser sensationelle Fund über die Ära des Kaisers? Und welche Aufsehen erregenden Entdeckungen erwarten künftige Generationen von Archäologen, wenn sie schließlich das Kaisergrab freilegen?

Die Entdeckung der Schriftrollen vom Toten Meer durch einen Beduinenjungen, der 1947 in der Nähe von Qumran nach einer Ziege suchte, sorgte für eine archäologische und politische Sensation. Die bedeutenden religiösen Texte, die wahrscheinlich von einer benachbarten, längst vergessenen jüdischen Ordensgemeinschaft stammen, wurden bald zu wichtigen politischen Symbolen, zu einer religiösen Touristenattraktion und zum wohl behüteten Forschungsobjekt eines exklusiven Gelehrtenzirkels. Erst vor einigen Jahren wurde dieses Monopol gebrochen, und die Texte konnten anderen Wissenschaftlern und Interessierten zugänglich gemacht werden. Die Schriftrollen sind ein archäologischer Schatz, der Aufschluss über den historischen Hintergrund der Entstehung des Christentums gibt. Einige von ihnen geben uns immer noch Rätsel auf, ganz besonders die Kupferrolle, in der offenbar unglaubliche Schätze aufgelistet sind, die an verschiedenen Orten am Toten Meer versteckt sein sollen.

Die Suche nach eindeutigen Beweisen für die Existenz Christi hält unvermindert an, wie die anhaltende kontroverse Debatte über den Standort seines Grabes beweist. 200 Jahre lang gab es keinerlei Hinweise auf das Grab, bis der römische Kaiser Konstantin den Bau einer riesigen Kirche auf der heiligen Stätte anordnete. Unter den Grundmauern eines römischen Tempels entdeckte man ein Grab, das man sofort zur Ruhestätte Christi erklärte. Haben mündliche Überlieferungen Erzbischof Makarius bei seiner Suche nach dem Heiligen Grab geholfen oder hatte man kurzerhand ein leeres Grab zum Heiligtum erhoben? Diese Frage wird Archäologen und Christen noch lange beschäftigen.

Die Grabeskirche in Jerusalem soll auf der Begräbnisstätte Christi stehen. Die Grabkapelle im Innern der Kirche, 1808 zum letzten Mal wieder aufgebaut, umschließt das Grab Christi

50

Das rätselhafte Grab Nr. 55

Zeit: circa 1335 bis 1322 v. Chr.
Ort: Amarna und Theben, Ägypten

Ich glaube, dass die Identität des Sargeigentümers eines Tages noch für eine Überraschung sorgen wird.

GASTON MASPERO, 1907

IM JANUAR 1907 ENTDECKTE DAS FORSCHERTEAM des Amerikaners Theodore M. Davis im Tal der Könige bei Theben ein Grab. Wie in den meisten ägyptischen Grabstätten stieß man auch hier auf ein wildes Durcheinander beschädigter Grabbeigaben, was in diesem Fall jedoch offensichtlich nicht das Werk von Grabräubern, sondern von altägyptischen Staatsbeamten war. Die rätselhafte Geschichte des Grabs Nr. 55 hat Ägyptologen fast ein Jahrhundert lang beschäftigt, und bis heute gibt es beinahe ebenso viele Theorien wie Forscher.

Das Grab mit der offiziellen Bezeichnung KV (Kings' Valley) 55 besteht aus einer Treppe, einem Korridor und der Grabkammer. In der Grabkammer waren zahlreiche Gegenstände verstreut; der größte war ein zerlegter Schrein, den Echnaton (ca. 1353–1335 v. Chr.) für den Sarkophag seiner Mutter, Königin Teje, einer Frau Amenophis' III., hatte anfertigen lassen. Echnaton wird oft als »Ketzerkönig« bezeichnet, da er die traditionelle Religion Ägyptens abschaffte und den Sonnengott Aton zum alleinigen Gott erklärte. Vier magische Ziegel (»magic bricks«), die als Talisman dienten, waren in der Kammer verteilt, einer davon trug einen der Namen Echnatons. In einer Nische in der Nordwand der Grabkammer standen vier Kanopenkrüge, die ursprünglich für die Eingeweide Kijas, einer Nebenfrau Echnatons, bestimmt waren, deren Inschriften man jedoch zerstört hatte. Siegelabdrücke auf dem Lehmboden des Grabes trugen die Namen von Echnatons Nachfolger Tutanchamun (ca. 1333–1323 v. Chr.).

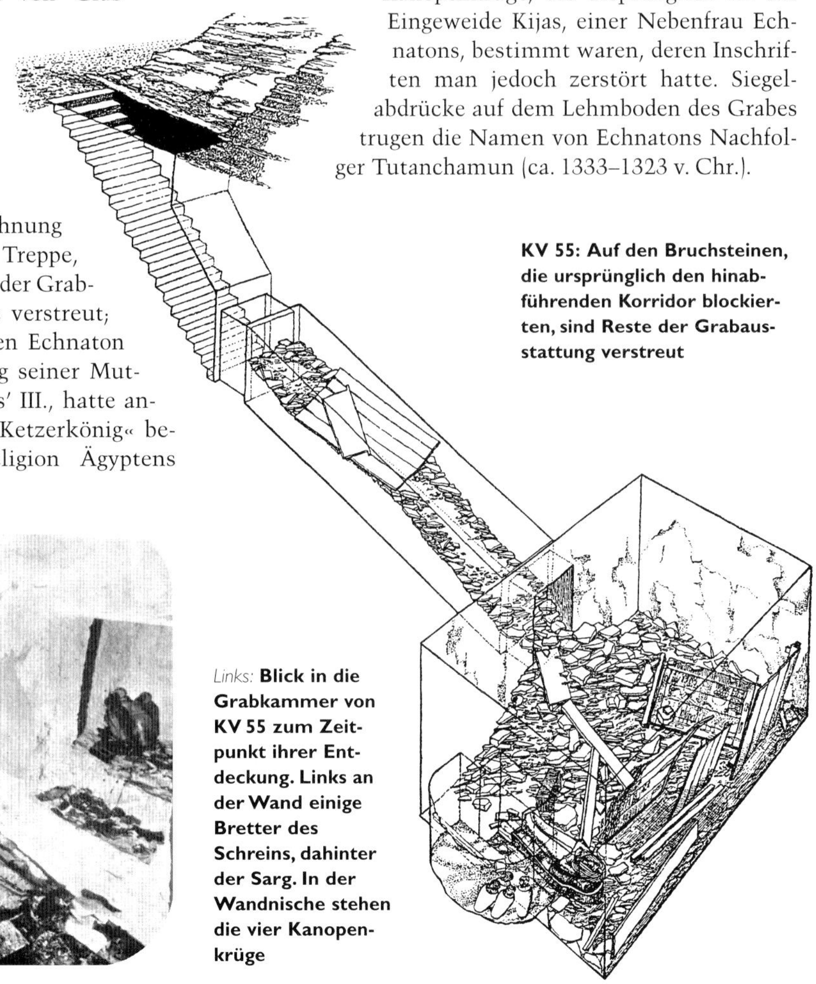

KV 55: Auf den Bruchsteinen, die ursprünglich den hinabführenden Korridor blockierten, sind Reste der Grabausstattung verstreut

Links: **Blick in die Grabkammer von KV 55 zum Zeitpunkt ihrer Entdeckung. Links an der Wand einige Bretter des Schreins, dahinter der Sarg. In der Wandnische stehen die vier Kanopenkrüge**

Links: **Die Kanopenkrüge aus KV 55 waren ursprünglich für Kija bestimmt; die Inschriften wurden in zwei Schritten entfernt: Zunächst wurden Kijas Name und Titel abgeschlagen, dann die von Echnaton und Aton, die auf der linken Seite angebracht waren**

Unten: **Grabkammer von KV 55: Der Sarg mit dem abgerissenen Deckel steht am hinteren Ende des Raums. Die Bretter auf dem Boden und an der linken Wand stammen vom Schrein**

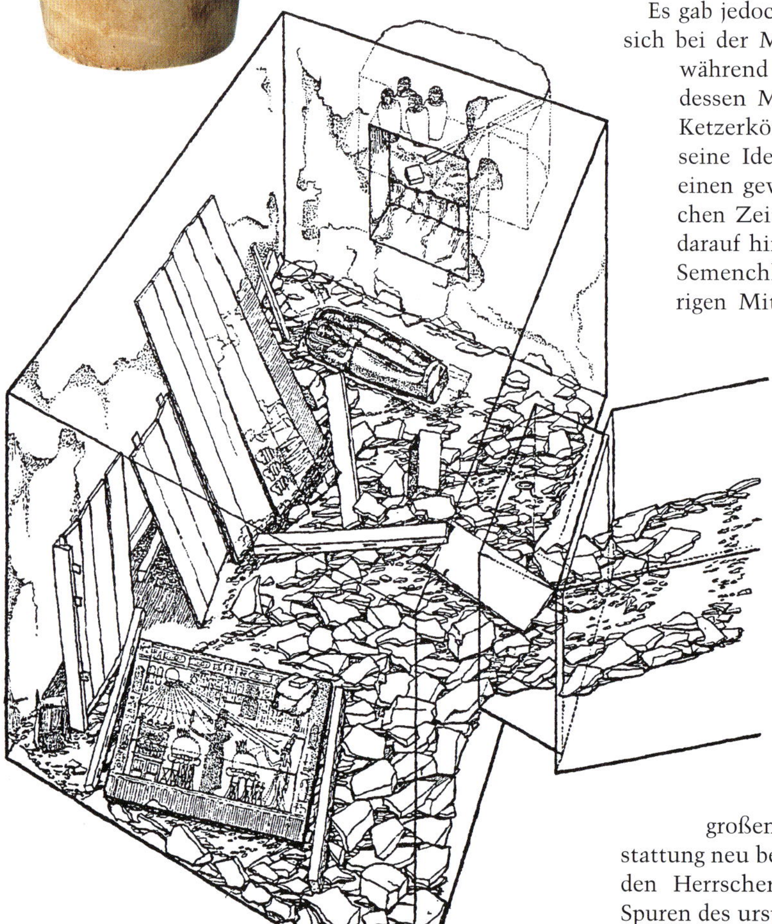

Das Rätsel um die Mumie

Der wichtigste Fund in der Grabkammer war ein ebenfalls für Kija angefertigter Sarg, den man jedoch für einen König sorgfältig umgearbeitet hatte. Allerdings war jeder Hinweis auf die Identität des Königs beseitigt worden: Man hatte sämtliche Spuren seines Namens entfernt sowie die goldene Gesichtsmaske des Sarges. Auch auf dem Schrein hatte man alle Darstellungen und Namen Echnatons unkenntlich gemacht. In dem Sarg lag eine durch Feuchtigkeit stark beschädigte Mumie. Der erste Wissenschaftler, der sie untersuchte, hielt den Leichnam aufgrund der Form des zusammengefallenen Beckens irrtümlich für eine Frau, worauf Davis die Fundstätte »Grab der Königin Teje« taufte. Als Davis sein Buch mit dem gleich lautenden Titel veröffentlichte, hatten sorgfältige Analysen bereits ergeben, dass es sich um die Mumie eines Mannes handelte. In Expertenkreisen war man sich so gut wie einig, dass es Echnatons Leichnam sein musste. Offensichtlich hatte man nach Echnatons Tod sein Andenken radikal ausgelöscht, was die zerstörten Inschriften auf Schrein und Sarg erklärte.

Es gab jedoch auch Stimmen, die behaupteten, dass es sich bei der Mumie um Semenchkare handelte. Er war während Echnatons letzter Lebensjahre vermutlich dessen Mitregent gewesen und nach dem Tod des Ketzerkönigs ebenso in Ungnade gefallen. Über seine Identität wurde viel diskutiert, ebenso über einen gewissen Neferneferuaton, der etwa zur gleichen Zeit in Erscheinung trat. Alles deutet jedoch darauf hin, dass es sich bei Letzterem ebenfalls um Semenchkare handelte, der während seiner dreijährigen Mitregentschaft lediglich einen anderen Namen angenommen hatte.

Die Entdeckung der Grabstätte Tutanchamuns 1922 förderte weitere Belege zu Tage. Zum einen stellte sich heraus, dass zwischen Tutanchamun und der in KV 55 aufgefundenen Mumie eine enge verwandtschaftliche Beziehung bestand; es musste sich um Brüder oder um Vater und Sohn gehandelt haben. Zum anderen enthielt das Grab zahlreiche Gegenstände, die ursprünglich für Semenchkares Bestattung bestimmt waren, aber nie zu diesem Zweck verwendet wurden. Darunter besonders die vier für Semenchkares Eingeweide vorgesehenen Miniatursärge sowie einer seiner normal großen Särge. Alle waren für Tutanchamuns Bestattung neu beschriftet worden, wiesen jedoch an den für den Herrschernamen vorgesehenen Stellen eindeutige Spuren des ursprünglichen Eigentümers auf. Darüber hinaus hatten die Gesichter auf den Särgen keinerlei Ähnlichkeit mit Tutanchamun. Die Tatsache, dass genau diese Gegenstände in KV 55 fehlten beziehungsweise durch

Der vorsätzlich beschädigte Sarg: Nicht nur das Gesicht wurde zerstört, sondern auch alle Kartuschen wurden herausgeschnitten

Kijas Ausstattung ersetzt worden waren, hat einige Wissenschaftler in ihrer Annahme bestätigt, dass Semenchkare der wahre Inhaber des Grabes war.

Andere wiederum halten daran fest, dass es sich bei der Mumie um Echnaton handeln müsse. Schätzungen über das Alter des Toten halfen nicht weiter, denn die Aussagen der Anatomen schwanken zwischen 20 Jahren (was für Semenchkare spräche) und 30 bis 40 Jahren (was eher auf Echnaton hinweisen würde). Es gibt zahlreiche Theorien über die Geschichte des Grabes, die sich jedoch alle gegenseitig ausschließen. Man ist sich lediglich darin einig, dass die Mumie, ganz gleich, wessen Leiche sie enthält, ursprünglich in der etwa 300 Kilometer nördlich von Theben gelegenen, neuen Residenz Echnatons Tell el-Amarna bestattet und nach Verlegung der Hauptstadt in das Grab Nr. 55 umgebettet wurde.

Zwei Theorien

Ungefähr nach der Hälfte der Regierungszeit Tutanchamuns wurde Amarna als Hauptstadt aufgelöst und spätestens nach dessen Tod verlassen. Das Grab Nr. 55 muss demnach irgendwann in dieser Zeit errichtet worden sein, denn nach Tutanchamuns Tod wurde sein Siegel nicht mehr verwendet.

Der ersten Theorie zufolge wurden Semenchkare und/oder Echnaton gemeinsam mit Echnatons Mutter Teje, die mit ihrem Sohn in Amarna bestattet worden war, unmittelbar nach dem Regierungsumzug in die neue Hauptstadt in das Tal der Könige überführt. Für die Beschädigung der Grabausstattung waren dann entweder die Könige der frühen 19. Dynastie verantwortlich – allesamt erbitterte Gegner des Atonkults – oder die Beamten von Ramses IX. Möglicherweise stieß man beim Bau von Ramses' Begräbnisstätte auf das benachbarte Grab Nr. 55, woraufhin man Tejes Leichnam entfernte und an einem anderen Ort bestattete; den Schrein ließ man zurück, weil er sich in dem nur teilweise freigelegten Eingangskorridor verklemmt hatte. Möglicherweise wurde noch ein weiterer Leichnam beseitigt, während man die Identität der verbliebenen Mumie auslöschte. Man zerstörte alles, was Echnatons Identität verraten konnte, verschloss das Grab wieder und überließ den letzten darin befindlichen Leichnam dem ewigen Dunkel.

Eine andere Theorie geht davon aus, dass die Leichname zwar nach Tutanchamuns Tod, aber noch vor dessen Bestattung überführt wurden. Wie man mittlerweile weiß, wurde sogar schon zu Tutanchamuns Lebzeiten mit der Zerstörung von Echnatons Baudenkmälern begonnen. Doch solange Echnatons Sohn auf dem Thron saß, hielten sich die reaktionären Kräfte im Land noch zurück. Erst nach dessen Tod hatten sie freie Hand. Wenn man dieser Theorie Glauben schenkt, wurde der Leichnam in KV 55 von Anfang an allein und namenlos in sein neues Grab gebettet. Die späteren Verwüstungen der Grabkammer stammten dann aus der Regierungszeit des in wirtschaftlichen Nöten steckenden Ramses IX.: Nach der Wiederentdeckung des Grabes hatten goldhungrige Staatsbeamte versucht, sich des Schreins zu bemächtigen, ihn dann aber zerschlagen, als er sich in der Eingangspassage verklemmt hatte.

Eine überzeugende Theorie?

Obwohl beide Theorien in sich schlüssig sind, lassen sie doch zwei grundlegende Fragen unbeantwortet: Warum

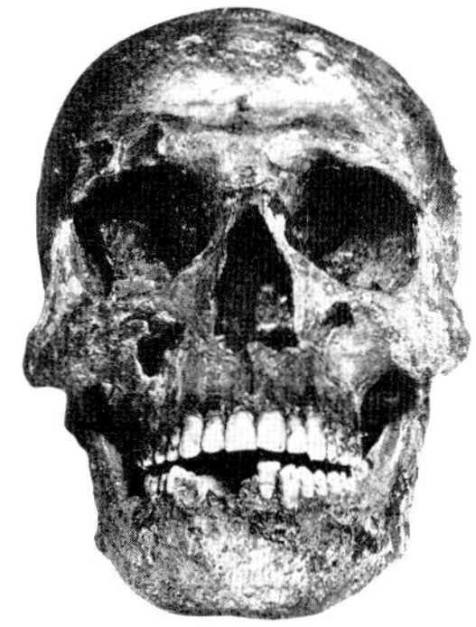

Links: **Rekonstruktion des zum Schädel aus KV 55** *(rechts)* **gehörenden Gesichts mit *nemes*-Kopfbedeckung: Es weist große Ähnlichkeit mit dem Gesicht auf dem zweiten der drei Särge Tutanchamuns auf** *(ganz links)*. **Da die Kartuschen ausgetauscht wurden, weiß man, dass dieser Sarg nicht für Tutanchamun angefertigt wurde**

bettete man einen König in den aufwendig umgearbeiteten Sarg einer Frau? Und was war mit seinem eigenen Sarg geschehen? Da die auf den Atonkult bezogenen Sargtexte nicht geändert wurden, kann man davon ausgehen, dass der Sarg von vornherein für eine Pharaonenbestattung während Echnatons Regierungszeit vorgesehen war, denn nach dessen Tod setzte eine rapide und radikale Abkehr vom Sonnenkult ein. Echnaton hatte vermutlich lange vor seinem Tod eine Reihe von Särgen anfertigen lassen, die mit großer Wahrscheinlichkeit auch für seine Bestattung verwendet wurden. Wie bereits erwähnt, wurde jedoch Semenchkare, der neben seinen Kanopenkrügen über mindestens einen Sarg verfügte, nicht mit seiner eigenen Grabausstattung beigesetzt, da man diese für Tutanchamuns Bestattung benutzt hatte.

Semenchkare war allerdings alles andere als ein glühender Atonist, auch wenn er sich später den Namen Neferneferuaten zulegte. Seine Begräbnisausstattung war durch und durch traditionell, und in seinem Tempel huldigte man nach wie vor dem Oberhaupt des klassischen Pantheons, dem Reichsgott Amun. Allerdings starb er vermutlich noch zu Lebzeiten seines Vaters Echnaton, dem Begründer des Sonnenkults. In Anbetracht von Echnatons radikaler Weigerung, neben Aton irgendeine andere Gottheit zu dulden – was in den umfangreichen Verwüstungen der polytheistischen Monumente zum Ausdruck kam –, ist es durchaus möglich, dass er seinem Sohn die von ihm selbst vorbereitete traditionelle Grabausstattung verwehrte.

In diesem Fall hätte man neue Behältnisse für den Leichnam und die Eingeweide benötigt. Die für Kija bestimmte Ausstattung, die dem religiösen Zeitgeist entsprach, hätte man sodann für den jungen König umarbeiten und einsetzen können. Höchstwahrscheinlich wurde Semenchkare im Schrein von Königin Teje in einem Grab im königlichen Wadi in Amarna beigesetzt. Von dort wurde der Leichnam schließlich in das Tal der Könige überführt.

Zurzeit befindet sich nur der Sargdeckel aus Grab Nr. 55 im Ägyptischen Museum in Kairo; das Gold auf den verrotteten Überresten der Sargwanne scheint im Ersten Weltkrieg aus dem Museum gestohlen worden zu sein und ist erst kürzlich in Deutschland wieder aufgetaucht. Unbestätigten Berichten zufolge existiert eine intakte Kartusche von Semenchkare, die sowohl die Identität eines Goldfragments vom Sarg in Kairo als auch die oben erläuterte Theorie bestätigen könnte. Hoffen wir, dass sich diese Frage endgültig klärt, wenn die restaurierte Sargwanne ihrem rechtmäßigen Eigentümer, dem Ägyptischen Museum in Kairo, zurückgegeben wird.

Alexanders des Großen verschwundenes Grab

Zeit: 4. Jahrhundert v. Chr.
Ort: Alexandria, Ägypten

(Julius) Caesar ... besuchte kurz das in Fels gehauene Grab, das den Leichnam dieses wahnwitzigen, wenn auch ruhmreichen Abenteurers Alexander des Großen barg, den der Tod mitten aus dem Leben gerissen und damit eine unterjochte Welt gerächt hatte.

LUKAN, PHARSALLA, 1. JAHRHUNDERT N. CHR.

ALS ALEXANDER 323 V. CHR. in Babylon starb, waren seine sterblichen Überreste zweifellos zur Beisetzung in der Nekropole der Makedonenkönige in Aigai (dem heutigen Vergina) bestimmt. In Babylon wurde Alexanders Leichnam nicht verbrannt, sondern einbalsamiert, was höchst unüblich war. Da nur dem neuen Monarchen das legitime Recht zustand, seinen Vorgänger zu begraben, entbrannte unter den potenziellen Thronfolgern ein erbitterter Kampf um Alexanders Leichnam. Alexander selbst soll den Wunsch geäußert haben, in der Oase Siwa in der Libyschen Wüste in Ägypten beigesetzt zu werden, im Orakeltempel von Zeus-Amun. Dort hatte er sich durch das Orakel als Sohn des Sonnengottes Re bestätigen lassen, der damals gleichbedeutend mit dem griechisch-ägyptischen Gott Zeus-Amun war. Daher stammen die Widderhörner, das Hauptmerkmal dieses Gottes, die auf manchen späteren Alexander-Darstellungen zu sehen sind. Ob Alexander tatsächlich in Siwa bestattet werden sollte oder ob diese Geschichte nur während des politischen Tauziehens um seine Nachfolge erfunden wurde, werden wir wahrscheinlich nie erfahren.

Die Reise nach Ägypten

Schließlich war es der ägyptische Herrscher Ptolemaios I. (304–284 v. Chr.), der sich des toten Alexanders bemächtigte: Er reiste nach Damaskus in Syrien und wandte sich dort an den Statthalter Arrhidaios, der für die Überführung des Leichnams von Babylon nach Aigai verantwortlich war. Möglicherweise zahlte er eine gewaltige Bestechungssumme, damit der Leichenzug umgeleitet wurde und seinen Weg nicht zurück nach Makedonien, sondern nach Ägypten nahm. Paradoxerweise wissen wir

Links: **Marmorkopf Alexanders des Großen mit charakteristischem Haarschnitt und in die Ferne gerichtetem Blick, Museum von Istanbul**
Rechts: **Posthumes Münzporträt Alexanders als Zeus-Amun (mit Widderhörnern), herausgegeben von Lysimachos, Ende 4./Anfang 3. Jahrhundert v. Chr.**

mehr über den kunstvoll verzierten Leichenwagen Alexanders (für dessen Anfertigung man zwei Jahre benötigte) als über seine letzte Ruhestätte: Der aus Sizilien stammende Historiker Diodorus aus dem 1. Jahrhundert v. Chr. hinterließ eine äußerst präzise Beschreibung des Wagens, die sich auf Augenzeugenberichte stützt.

Was danach geschah, ist ungewiss. Nach einer historischen Quelle wurde Alexanders Leichnam zunächst nach Memphis gebracht und später nach Alexandria überführt. Es ist durchaus möglich, dass er sogar in Memphis bestattet wurde, zumindest für kurze Zeit. Ob es sich allerdings um »einige Jahre« handelte, wie der römische Geschichtsschreiber Curtius Rufus berichtet, ist fraglich, vor allem da die maßgeblichen historischen Quellen Diodorus und Strabo Memphis nicht erwähnen. Auf alle Fälle wurde Alexanders Leichnam wahrscheinlich lange vor dem Ende der Regierungszeit Ptolemaios' I. nach Alexandria gebracht, wo man ihn in einem goldenen Sarkophag aufbewahrte.

Doch dies war nicht die letzte Ruhestätte Alexanders des Großen. Ptolemaios IV. (221–205 v. Chr.), ein späterer Nachfolger Ptolemaios' I., ließ in Alexandria ein Mausoleum für die Ptolemäerkönige erbauen, das so genannte Sema oder Soma, in dem sowohl seine unmittelbaren Vorgänger als auch Alexander der Große beigesetzt wurden. Möglicherweise wurde das Grabmal über Alexanders ursprünglicher Begräbnisstätte errichtet, wahrscheinlich aber eher an einem neuen Platz in der näheren Umgebung, was erklären würde, weshalb die Lage des ursprünglichen Grabes so schnell in Vergessenheit geriet. Doch auch dort sollte Alexanders Leichnam noch keine Ruhe finden: Ptolemaios X. (107–88 v. Chr.) entwendete den goldenen Sarkophag und ließ ihn durch einen Alabastersarg ersetzen. Der letzte Besucher des Alexandergrabes, von dem die Quellen berichten, war 215 n. Chr. der römische Kaiser Caracalla. Im Zuge der Aufstände, die 273 n. Chr. Alexandria erschütterten, wurde das Grabmal vermutlich zerstört. Johannes I. Chrysostomos, Patriarch von Konstantinopel, der Alexandria etwa ein Jahrhundert später besuchte, wusste zu berichten, dass man dort erstaunlicherweise nicht einmal mehr den Standort des Alexandergrabes kannte.

Rekonstruktion von Alexanders kunstvoll gearbeitetem Leichenwagen nach einer Beschreibung von Diodorus

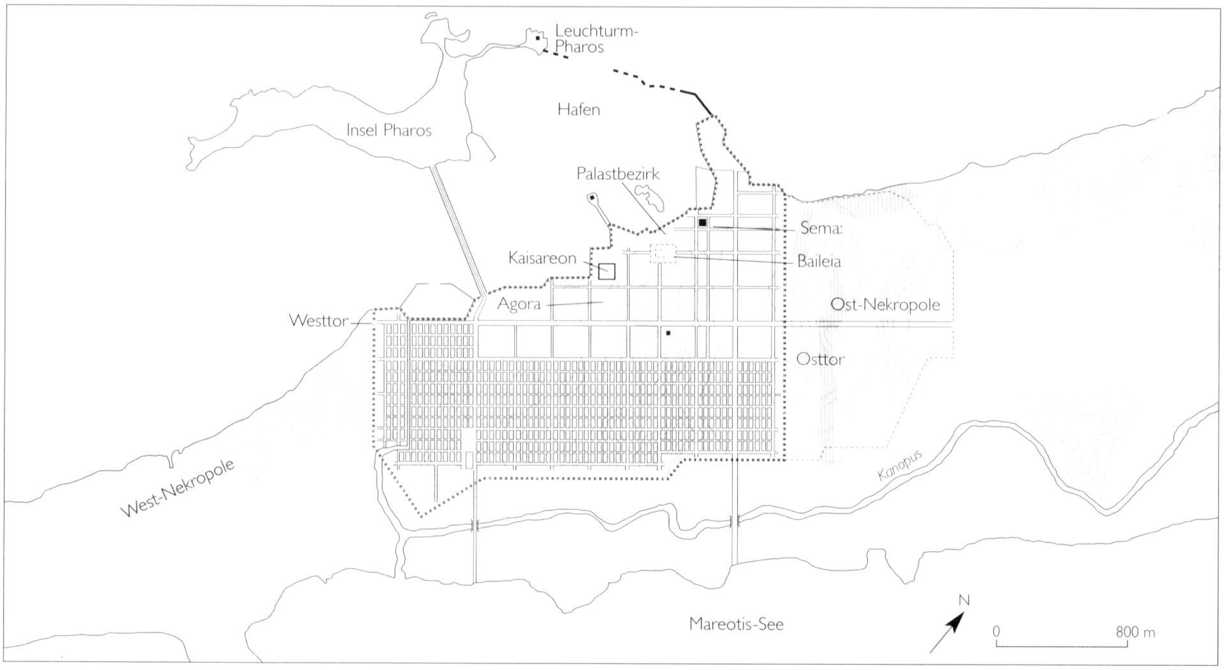

Das letzte Grab: Die antiken Quellen

Von Alexanders Grab wurde nie eine Spur gefunden. Was immer von der Begräbnisstätte übrig ist, liegt vermutlich tief unter dem heutigen Alexandria begraben. Wir kennen nur die ungefähre Lage des Grabes: Strabo berichtet konkret, dass es sich im Palastbezirk (»Die Paläste«) befand, einem weitläufigen Areal mit königlichen Wohngebäuden, Tempeln, Parks und Lustgärten nicht weit vom Osthafen. Demnach lag Alexanders Grab wahrscheinlich im nordöstlichen Teil der Stadt, entweder direkt oder nahe am Meer. Die schriftlichen Quellen geben allerdings keinen Aufschluss über Größe und Aussehen des Grabes. Auch Behauptungen, es auf verkleinerten Darstellungen der Stadt, beispielsweise auf verzierten Tonlampen, erkannt zu haben, können nicht überzeugen. Im Werk des römischen Dichters Lukan aus dem 1. Jahrhundert n. Chr. gibt es eine Passage, aus der hervorgeht, dass sich der Leichnam in einer unterirdischen Kammer befand (was nicht ungewöhnlich ist) und dass das Dach eine Pyramidenform hatte; aber aus diesen spärlichen Hinweisen lässt sich wohl kaum das Aussehen der Grabstätte rekonstruieren.

Wir wissen nicht einmal, ob der Grabbau eine quadratische oder rechteckige Form hatte, wie es bei den monumentalen Mausoleen jener Zeit üblich war (ein typisches Beispiel hierfür ist Mausolos' berühmtes Grabmal in Halikarnassos in der Türkei, dem wir das Wort »Mausoleum« verdanken), oder ob man mit dieser Tradition brach und ein rundes Grab baute. Die Tatsache, dass Lukan in seinem Vers das Wort *tumulus* verwendet, unter dem die Archäologen ein rundes Grab verstehen (das gewöhnlich von einem Erdhügel bedeckt ist oder sich in prähistorischer Zeit im Innern des Erdhügels befand), beweist nicht, dass Alexanders Grab rund war, denn dichterische Freiheit oder die Vorgabe des Versmaßes könnten bei der Wortwahl den Ausschlag gegeben haben. Was Form und Ausstattung des Alexandergrabes angeht, tappen wir also völlig im Dunkeln. Mit Sicherheit gab es in der Antike schriftliche Aufzeichnungen von Zeitgenossen, die die Grabstätte besucht hatten und von ihr beeindruckt waren, doch bedauerlicherweise sind keine mehr erhalten.

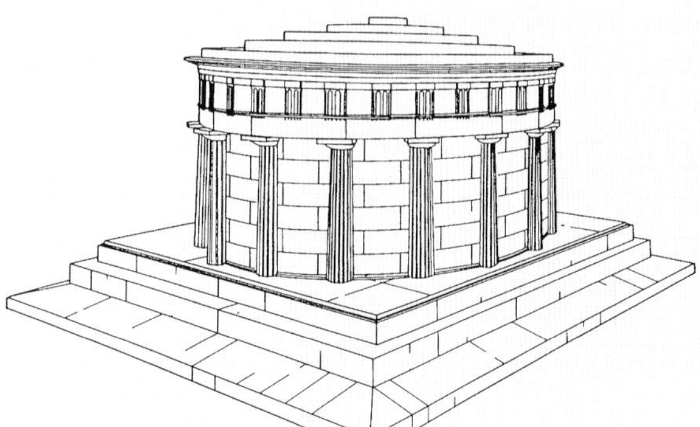

Oben: **Karte von Alexandria zur Ptolemäerzeit mit dem möglichen Standort des Alexandergrabes (Sema)**
Darunter: **Rekonstruktion eines griechischen Rundmausoleums in Ptolemais, Libyen, von circa 200/150 v. Chr.**

Rundmausoleum in Le Medracen bei Batna in Algerien, circa 200/150 v. Chr.: Das Dach hat die Form einer Stufenpyramide, die äußere Ringwand ist mit dorischen Halbsäulen verziert

Parallelen in Numidien

Da wir also über keinerlei zuverlässige Informationen verfügen, sind wir auf Spekulationen angewiesen. Die eindrucksvollsten, nichtägyptischen Grabbauten aus vorrömischer Zeit in Nordafrika sind zweifellos die Mausoleen der numidischen Herrscher. Wir kennen einige Exemplare in Algerien in der Nähe von Siga, Tipasa, Constantine und Batna und eines in Dougga in Tunesien. Alle Grabmäler weisen deutliche Parallelen zur griechisch-hellenistischen Tradition auf. Die große Scheintür, die in vier ungleiche Fächer unterteilt ist – ein Detail, das fast alle Bauten aufweisen –, ist ein typisches Merkmal der makedonischen Grabarchitektur.

Die größten und beeindruckendsten dieser numidischen Grabbauten sind das gewaltige runde Mausoleum Le Medracen bei Batna (50 m Durchmesser) und das irrtümlicherweise als »Grab der Christin« bezeichnete (man glaubte in der Verteilung der Scheintürfächer ein christliches Kreuz erkannt zu haben), ebenfalls runde Grabmal bei Tipasa, das sogar noch größer ist (65 m Durchmesser). Le Medracen wurde wahrscheinlich zwischen 200 und 150 v. Chr. erbaut, das Grabmonument von Tipasa etwa 100 Jahre später. Le Medracen wirkt imposant und geheimnisvoll zugleich: Es steht völlig allein inmitten einer wilden, kargen Landschaft. Die Siedlung, zu der es gehört haben muss, wurde bis heute nicht gefunden. Man hat im gesamten Mittelmeerraum noch keine Vorläufer für diese runden numidischen Grabmäler entdecken können. Beide weisen die zwei uns bekannten Merkmale von Alexanders Grab auf: die unterirdische Kammer (die man durch einen Gang erreicht, der außerhalb des Monuments beginnt) und das pyramidenförmige Dach. Könnte es sein, dass die beiden Grabmäler nach dem Vorbild des Alexandergrabes in Alexandria erbaut wurden? Ist es ein Zufall, dass ausgerechnet in der Cyrenaika (Ostlibyen), der Region des hellenistischen Reichs, die Ägypten am nächsten lag, in der späthellenistischen Periode runde Mausoleen auftauchen? Und ist es ebenfalls Zufall, dass der römische Kaiser Augustus auf dem Höhepunkt seiner Macht 28 v. Chr. auf dem Marsfeld in Rom ein riesiges, rundes Mausoleum errichten ließ? Sein Grabbau wurde wiederum zum Vorbild für die protzigen Aristokratengräber der gesamten Römerzeit. Die kreisrunde Form begegnet uns auch in Kaiser Hadrians Mausoleum (Castel Sant' Angelo) in Rom und im Grabbau von Theoderich dem Großen in Ravenna. Und viel später, im 18. Jahrhundert, entdeckten wohlhabende Familien in anderen Teilen Europas diese Form wieder, wie die prächtigen Grabbauten in Castle Howard (Yorkshire) und Brocklesby (Lincolnshire) eindrucksvoll belegen.

Die Vermutung liegt also nahe, dass Alexanders Grabmal einen kreisförmigen Grundriss hatte und dass sich zunächst die numidischen Könige und später Kaiser Augustus von dem Mausoleum ihres legendären Vorgängers inspirieren ließen. Man könnte weiter mutmaßen, dass die Außenseite von Alexanders Grabmal mit frei stehenden oder eher sogar eingelassenen Säulen versehen war (wie bei den Grabstätten von Le Medracen und Tipasa) und reichlichen Skulpturenschmuck aufwies. Doch für all diese Vermutungen gibt es keine Beweise. Kürzlich versuchte der Archäologe Achille Adriani wenig überzeugend nachzuweisen, dass ein schlichtes, aus Alabasterplatten gefertigtes Grab im römischen Friedhof von Alexandria Alexanders Grab sei. Doch solange Archäologen unter dem modernen Alexandria nicht zufällig auf Überreste des Grabes stoßen, werden wir nicht wissen, wie die letzte Ruhestätte dieses bemerkenswerten Mannes wirklich ausgesehen hat.

Scheintür am »Grab der Christin«, Tipasa, Algerien, circa 100/150 v. Chr.

Das Grabmal des ersten Kaisers von China

Zeit: 210 v. Chr.
Ort: Xi'an, China

52

Sobald der (spätere) Kaiser König von Qin wurde, begann man bereits mit den Aushub- und Bauarbeiten am Berge Li ... Das Grab wurde mit Nachbildungen von Palästen, Pavillons und Amtsgebäuden ausgestattet sowie mit prächtigen Gefäßen, Edelsteinen und seltenen Kostbarkeiten. Handwerker wurden damit beauftragt, Armbrüste aufzustellen, die jeden eindringenden Einbrecher erschießen sollten.

SIMA QIAN, 145 BIS 86 V. CHR.

WENN MAN VON OSTEN HER NACH XI'AN fährt, an intensiv bewirtschafteten Feldern vorbei, die in eine sanfte Hügellandschaft eingebettet sind, fällt der Blick unweigerlich auf den Berg Li. Jahrhundertelang hielten die Einheimischen ihn für einen Teil ihrer natürlichen Umgebung, selbst dann noch, als man vor 60 Jahren ganz in der Nähe rätselhafte, fast zwei Meter große Tonfiguren entdeckte. Doch als man 1974 bei Brunnenbohrungen zufällig auf weitere Funde stieß, sprach alles dafür, dass man sich auf historisch bedeutsamem Boden befand. Die Bauern fanden eine durcheinander gewürfelte Ansammlung lebensgroßer Tonsoldaten, die noch ihre ursprüngliche Bemalung aufwiesen und Bronzewaffen in der Hand hielten. Sie waren auf die stumme Armee gestoßen, die 2000 Jahre lang das Grab des ersten chinesischen Kaisers Qin Shihuangdi bewacht hatte.

Im Jahr 221 v. Chr. ging eine entscheidende Periode der chinesischen Geschichte zu Ende – die Zeit der Streitenden Reiche. Seit 453 v. Chr. hatten die größeren Staaten praktisch ununterbrochen um die Vorherrschaft in der Region gerungen. Es war eine Zeit, in der Massenheere von Zehntausenden, wenn nicht gar Hunderttausenden von Soldaten aufeinander einschlugen, eine Zeit, in der sich die Kunst der Kriegsführung und der Waffenher-

Der Berg Li über dem unterirdischen Palast und der Grabkammer des ersten chinesischen Kaisers. Der 47 Meter hohe Berg muss ursprünglich viel höher gewesen sein, ist jedoch infolge von Erosion geschrumpft

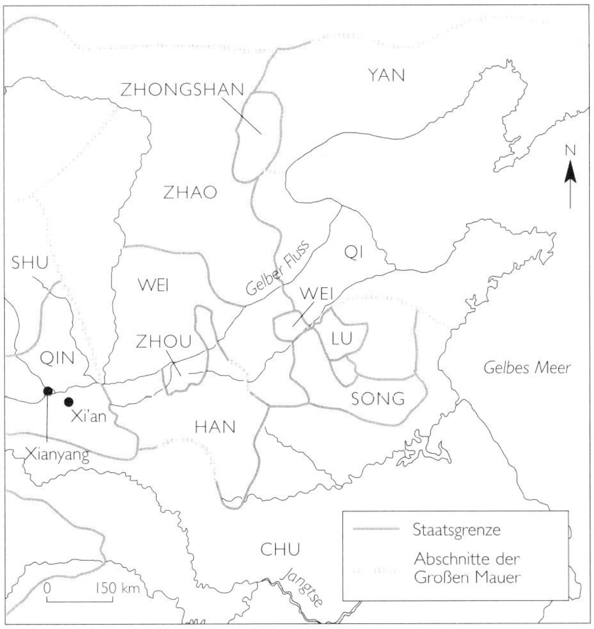

Karte von China zur Zeit der Streitenden Reiche (475–221 v. Chr.) mit den Städten Xianyang und Xi'an

stellung sprunghaft entwickelte. Im Jahr 311 eroberte der Staat Qin das fruchtbare Becken von Sichuan. 277 bezwang er den Staat Chin, bald darauf folgten Han und Wei.

Und so ernannte sich der siegreiche König Zheng zum Qin Shihuangdi, dem ersten Kaiser der Qin. Das Grab seines 217 v. Chr. verstorbenen Staatsbeamten Meister Xi enthält die ältesten erhaltenen Rechtsdokumente Chinas: 500 kostbare Bambusstreifen dokumentieren ein neues Rechtssystem für den Einheitsstaat, das auf der strikten Anwendung allgemein gültiger Gesetze basiert. Der Kaiser teilte das Reich in 36 Verwaltungsbezirke auf und ordnete von seinem Regierungssitz in Xianyang aus den Bau der Großen Mauer im Norden an sowie die Errichtung eines prachtvollen neuen Palastes. Besessen vom Wunsch nach Unsterblichkeit, ließ er 246 v. Chr. von 700 000 Fron- und Zwangsarbeitern eine Grabanlage errichten, die in der Menschheitsgeschichte ohne Beispiel ist.

Die kaiserliche Armee

Unsere Kenntnisse über die Grabanlage, die sich innerhalb eines riesigen, rechteckigen, von Mauern umgebenen Bezirks befindet, stützen sich zum einen auf archäologische Erkenntnisse, zum anderen auf historische Aufzeichnungen. Innerhalb der Einfriedung, noch vor dem eigentlichen Grabbau, befinden sich die Gruben mit der Terrakotta-Armee. Es gibt wohl wenig archäologische Stätten auf der Welt, die dem Besucher einen so überwältigenden Anblick bieten: Wenn man die Stufen zum Besucherbereich von Grube 1 hinabsteigt, die chinesische Archäologen teilweise freigelegt haben, blickt man auf schier endlose, dicht geschlossene Reihen stummer Tonkrieger in langen, parallel verlaufenden Kammern. Ein Streitwagen und vier Pferde stehen im vorderen Bereich. Die Infanteriesoldaten sind stolz erhobenen Hauptes in Reihen angetreten; sie tragen bronzene Langspeere oder Köcher mit Pfeilen, die immer noch scharf wie Rasierklingen sind. Bei näherem Hinsehen erkennt man die kunstvoll gearbeiteten Brustpanzer und die Schals, die die Soldaten an der nördlichen Reichsgrenze gegen die sibirische Kälte schützen sollten.

Frühe Historiker haben immer wieder die herausragenden militärischen Leistungen gerühmt, die Qin auf dem Schlachtfeld unbesiegbar machten, aber wer hätte gedacht, dass eines Tages eine ganze Division von über 7000 Soldaten in einer unterirdischen Grube von 12 600 Quadratmeter Grundfläche aus dem Dunkel der Geschichte auftauchen würde? Wer hätte es für möglich gehalten, dass man jeden einzelnen Angehörigen der Armee – vom ranghöchsten General bis zum gewöhnlichen Fußsoldaten – würde inspizieren können?

Doch diese über viele Jahrhunderte konservierte Armee ist noch lange nicht alles. Eine weitere Grube ganz in der Nähe enthält die Kavallerieabteilung mit über 100 Streitwagen und 100 Schlachtrossen. In einer dritten Grube befinden sich die Mitglieder des Führungsstabs.

Der Inhalt des Grabes

Niemand weiß, welche weiteren Schätze noch ihrer Entdeckung harren: So wurde schon ein prächtiger bronzener Streitwagen samt Pferden freigelegt, der zweifellos dem Wagen des Kaisers nachgebildet war, mit dem er seine vie-

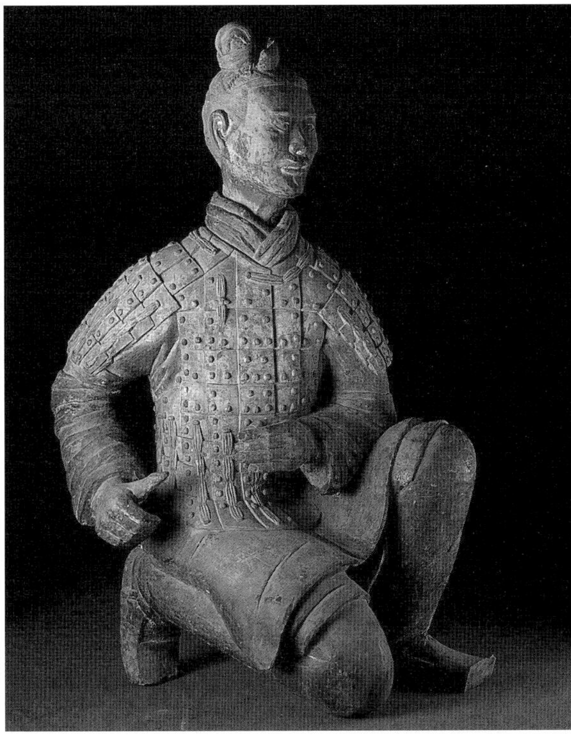

Oben: **Jeder Soldat wurde einzeln angefertigt. Es gab keine einheitlichen Gussformen, da jeder Tonkrieger individuelle Züge tragen sollte. Zum Schluss wurden die Figuren bemalt, wie Farbreste erkennen lassen**

Gegenüberliegende Seite: **Ein Schütze legt seinen Bogen an. Die Waffe wurde vermutlich von Grabräubern kurz nach dem Tod des Kaisers gestohlen**
Rechts: **Erst vor kurzem entdeckte Streitwagen. Bisher wurde nur ein Bruchteil der Armee freigelegt**

Die Freilegung der kaiserlichen Armee ist noch immer nicht abgeschlossen

len Reisen unternommen hatte, bis er 210 v. Chr. im Alter von 50 Jahren starb. Es wurden Kammern mit Pferdeskeletten entdeckt, die alle auf das zentrale Mausoleum ausgerichtet waren; andere enthalten die Skelette von Tieren, die wahrscheinlich zur kaiserlichen Menagerie gehörten. Doch kein Besucher kann die Kuppe des Berges Li in der Ferne übersehen. Der Inhalt des noch etwa 47 Meter hohen Grabhügels mit einer Grundfläche von 350 mal 340 Metern ist nach wie vor ein Geheimnis, denn kein Archäologe hat sich bisher in sein Inneres vorgewagt.

Der Historiker Sima Qian hat uns jedoch viel versprechende Anhaltspunkte geliefert. Seinen Aussagen zufolge befindet sich unter dem Hügel eine wahre Schatzkammer. Die großen Ströme Chinas, der Jangtse und der Gelbe Fluss, sind aus Quecksilber nachgebildet, das mit mechanischer Hilfe in ein Binnenmeer fließt. Riesige, mit Walöl gespeiste Lampen wurden einst entzündet, um das Grabinnere, wenn nicht für die Ewigkeit, so doch für lange Zeit zu beleuchten. Das Grab war mit Bronze ausgekleidet und mit erlesenen Möbeln und Einrichtungsgegenständen für den zukünftigen Gebrauch des Kaisers ausgestattet. Qin Shihuangdis Nachfolger verfügte, dass alle Ehefrauen des Kaisers, die ihm keinen Sohn geboren hatten, ihm in den Tod folgen sollten. Armbrüste wurden installiert, um Plünderer und Grabräuber unschädlich zu machen. Und mit einem letzten despotischen Befehl ließ er alle an der Errichtung und Ausstattung der Grabkammern Beteiligten hinrichten. Man fand in der näheren Umgebung Gruben mit zahlreichen männlichen Skeletten, von denen einige Spuren von Gewaltanwendung aufwiesen.

Aber vielleicht gibt es doch nicht mehr so viel zu entdecken. Erst vor kurzem fand man in der Nähe des Grabes eine großartige, mit Gold und Silber verzierte Bronzeglocke aus der Qin-Dynastie. Laut zeitgenössischen Quellen wurde das Grab nur wenige Jahre nach dem Tod des Kaisers gewaltsam geöffnet und geplündert. Unter der Führung von General Xiang Yu sollen Rebellen die Schätze aus dem eigentlichen Mausoleum geraubt haben und in die unterirdischen Kammern mit den Tonkriegern eingedrungen sein, aus denen sie die Waffen entwendeten. Doch einige Tonsoldaten und ihre Waffen sind unversehrt geblieben. Wenn die historischen Berichte stimmen und es 300 000 Menschen innerhalb von 30 Tagen nicht gelang, den gesamten Inhalt des Grabes auszuheben, dann könnten einige Kammern bis heute intakt geblieben sein. Vielleicht fließen noch immer Quecksilberflüsse ins Meer – ein Rätsel, das nur die Freilegung des Grabes lösen kann.

Eine historische Tatsache bleibt jedoch unbestritten: Obwohl die Qin-Dynastie bald nach dem Tod des Kaisers unterging und sein Grabpalast möglicherweise zerstört wurde, haben seine Verwaltungsreformen bis in die heutige Zeit überlebt.

Der verborgene Schatz am Toten Meer

53

Zeit: Mitte 1. Jahrhundert v. Chr. bis Mitte 1. Jahrhundert n. Chr.
Ort: Qumran, Jordantal

... bei dem in der Kupferrolle beschriebenen Schatz, ob real oder erfunden, handelt es sich wahrscheinlich um den Tempelschatz von Jerusalem.

KYLE McCARTER

ENDE DER 40ER-JAHRE des letzten Jahrhunderts stieß man in Höhlen bei Qumran am Nordwestufer des Toten Meeres zufällig auf ein verborgenes Lager von Schriftrollen. Die Gegend gehörte damals noch zum britischen Mandatsgebiet Palästina und wurde nach dem Rückzug der Briten Teil des Haschemitischen Königreichs Jordanien. Die Texte waren größtenteils auf Leder geschrieben und lagerten fest zusammengerollt in Tonkrügen, die auf mehrere Höhlen verteilt waren. Wie man später herausfand, enthielten die Schriftrollen Fragmente und große Teile fast aller Bücher des Alten Testaments und darüber hinaus eine beachtliche Menge an Schrifttum, das wahrscheinlich von einer in Qumran ansässigen jüdischen Sekte stammte. Diese Dokumente sind unter dem Namen Qumran-Rollen oder Schriftrollen vom Toten Meer bekannt geworden. Die wegen ihres Materials als Kupferrolle bezeichnete Handschrift ist von allen sicherlich die interessanteste.

Entdeckung und Restaurierung

1952 fand der französische Dominikanerpater Roland de Vaux, der die Grabungen in Qumran leitete, in Höhle 3 die in zwei Teile gebrochene Kupferrolle. Da sie sich von den anderen Schriftrollen so deutlich unterschied, war er zuerst im Zweifel, ob sie überhaupt zu dem übrigen Fund gehörte. Leider war sie so stark korrodiert, dass es weder ihm noch seinen Kollegen gelang, sie zu öffnen. Das wenige, das man von ihrem Text entziffern konnte, ließ jedoch vermuten, dass es sich um eine Beschreibung versteckter Silber- und Goldschätze handelte. Mehr war enttäuschenderweise nicht herauszufinden.

Dreieinhalb Jahre später brachte man die Kupferrolle schließlich nach Manchester, wo es H. Wright Baker vom College of Science and Technology gelang, sie mit Hilfe einer eigens für diesen Zweck entwickelten Miniaturkreissäge aufzuschneiden. Bei diesem diffizilen Verfahren zerlegte er die Rolle in 23 halbröhrenförmige Segmente, die sich zu zwölf Textkolumnen zusammenfügten. Bei dem Inhalt der Rolle handelte es sich offenbar um ein viel versprechendes Verzeichnis von Schätzen samt ihren über ganz Altpalästina verstreuten Verstecken.

Allein die Herstellung der Kupferrolle muss eine sehr kostspielige Angelegenheit gewesen sein. Offensichtlich

In den östlich von Qumran gelegenen Felsen gibt es zahlreiche Höhlen. Elf davon enthielten Schriftrollen, die wahrscheinlich beim Ausbruch des ersten jüdischen Aufstands gegen Rom um 66 n. Chr. dort versteckt wurden

war man um eine lange Haltbarkeit bemüht. Die Rolle besteht aus drei extrem dünnen Bahnen aus 99-prozentigem Kupfer, die ursprünglich zu einer Rolle von 2,4 Meter Länge und 23 Zentimeter Breite vernietet waren. Sie ist die einzige der Qumran-Rollen, die aus Kupfer und nicht aus Leder besteht, was sie zu einem einmaligen Fund macht. Die Analyse des Hebräischen ergab, dass der Text später als die Bibel, aber noch vor den frühesten rabbinischen Texten entstand. Die Paläographie datiert den Text auf die Mitte des 1. nachchristlichen Jahrhunderts oder kurz danach. Die Schrift selbst wirkt so ungelenk, dass sie unmöglich von einem professionellen Schreiber stammen kann. Was den Inhalt betrifft, so enthält die Kupferrolle im Gegensatz zu den anderen Qumran-Rollen weder biblische Texte noch sektenbezogene Schriften, die die Ordensgemeinschaft von Qumran verfasst haben könnte.

Einige Wissenschaftler hielten das Dokument anfangs für eine Anleitung zur Schatzsuche, eine der legendären Art, von denen Volkssagen in der ganzen Welt berichten. Heute gehen die meisten Experten jedoch davon aus, dass die Kupferrolle die Verstecke von Wertgegenständen verzeichnet, die man aus dem Großen Tempel in Jerusalem rettete, kurz bevor die Römer 67 n. Chr. die Stadt angriffen.

Oben: **Ein Segment der aufgesägten Kupferrolle: Einige Buchstaben, wie das »Alef« in der sechsten Zeile und das »Bet« in der letzten, sind deutlich zu erkennen. Die hier verwendete Quadratschrift wird heute noch in Israel als Druckschrift verwendet**

Rechts: **John Allegro untersucht die zwei Hälften der Kupferrolle in einem Schaukasten im Archäologischen Museum in Jerusalem (dem heutigen Rockefeller-Museum). Das Foto entstand kurz nach Entdeckung der Schriftrolle. Drei Jahre später brachte man sie nach England, wo sie aufgesägt und untersucht wurde**

Auf der Suche nach dem Tempelschatz

Kein einziges Stück des Tempelschatzes wurde je gefunden, obwohl zahlreiche Forscher ganz Israel und Jordanien hoffnungsvoll danach durchkämmten. Der Erste, der sich auf die Suche machte, war John Allegro, dem es zu verdanken ist, dass die Kupferrolle nach Manchester kam, und der die erste englische Übersetzung ihres Textes veröffentlichte. Doch seine Suche verlief ebenso ergebnislos wie die seiner Nachfolger. Ist die Schriftrolle wirklich das, wofür wir sie halten? Eine simple Liste von Wertgegenständen, die irgendwo im Land versteckt sind? Das Verzeichnis enthält Angaben über die Art jedes Schatzes und dessen genaue Lage: Es ist nicht nur aufgeführt, in wie viel Ellen Entfernung sich das Versteck von einem nahe gelegenen Bezugspunkt befindet, sondern auch in welcher Tiefe. Besonders rätselhaft sind einige Einträge, die zwei oder drei griechische Buchstaben enthalten, deren Bedeutung bisher niemand entschlüsseln konnte.

In den insgesamt 64 Einträgen ist ein immenses Vermögen detailliert erfasst, das hauptsächlich aus Gold- und Silberbarren, aber auch aus kostbaren Zeremonialgefäßen und Räuchervasen besteht. Solche Reichtümer konnten zweifellos nur aus dem Jerusalemer Tempel stammen, der nebenbei auch die Funktion eines Schatzamts erfüllte. Und wo hätte man sonst Verwendung für Kultgeräte und Weihrauch gehabt? Auch zeitlich passt der Tempel in die Periode des ersten jüdischen Aufstands gegen Rom (66–70 n. Chr.). Im Jahre 70 n. Chr. fielen die Römer in Jerusalem ein, und der Tempel ging in Flammen auf.

Heute sind die meisten Wissenschaftler der Auffassung, dass die Kupferrolle mehr sein muss als ein »Handbuch zur Schatzsuche«, auch wenn sie Orte nennt und Wege weist. Die meisten Verstecke scheinen sich in den Wadis zu befinden, die von Jerusalem zum Toten Meer hinabführen. Und doch hat man kein einziges Stück gefunden. Darüber hinaus ist der Gesamtwert des in der (an sich schon kostbaren) Kupferrolle verzeichneten Vermögens so unglaublich hoch, dass die meisten Wissenschaftler in ihrem Text einen verborgenen Code vermuten – einen Code, den wir wahrscheinlich nie entschlüsseln werden.

Schließlich gibt es noch ein weiteres ungelöstes Rätsel: Wurde der Schatz vielleicht ursprünglich von zelotischen Widerstandskämpfern aus dem Tempel gestohlen, die sich erbittert gegen die römische Herrschaft auflehnten und schließlich in der Felsenfestung Masada ein tragisches Ende fanden? Oder wurde er beim Anmarsch der römischen Armee von den Tempelpriestern in Sicherheit gebracht? Dies ist nur eine von vielen unbeantworteten Fragen, die uns seit der Entdeckung der Kupferrolle beschäftigen.

Die 23 Abschnitte der Kupferrolle in einem speziell angefertigten Schaukasten im Archäologischen Museum in Amman. Unglücklicherweise haben sich die Ränder der Segmente in Laufe der Jahre aufgelöst, so dass Teile des Textes zerstört wurden. Mittlerweile versucht man, den Rest dieses einzigartigen Dokuments zu konservieren

Das Grab Christi

Zeit: 1. Jahrhundert n. Chr.
Ort: Jerusalem, Israel

54

Und Joseph nahm den Leib und wickelte ihn in eine reine Leinwand und legte ihn in sein eigenes Grab, welches er hatte lassen in einen Fels hauen, und wälzte einen großen Stein vor die Tür und ging davon.

MATTHÄUS 27, 59–60

VIELE MENSCHEN sind fest davon überzeugt, dass sich im Zentrum der Grabeskirche von Jerusalem das Originalgrab Christi befindet. Wenn man allerdings bedenkt, dass die Begräbnisstätte Jesu während der über 200-jährigen heidnischen Periode der Stadt völlig in Vergessenheit geraten war, kann man sich dessen nicht so sicher sein. Im frühen 4. Jahrhundert n. Chr. erklärte Konstantin der Große – der erste römische Kaiser, der den christlichen Glauben annahm – das Christentum zur Staatsreligion. Nach dem Konzil von Nicäa 325 n. Chr. beauftragte er Erzbischof Makarius von Jerusalem, das Grab Christi zu suchen und darüber eine große Kirche zu errichten. Der Erzbischof schien genau gewusst zu haben, wo er suchen musste, denn er ließ ohne zu zögern den gewaltigen römischen Tempel abreißen, den Kaiser Hadrian etwa 200 Jahre zuvor hatte erbauen lassen. Bald stieß man in den Fundamenten auf ein Grab, das man einstimmig zu der Stätte erklärte, wohin etwa 300 Jahre zuvor Joseph von Arimathäa den Leichnam Jesu vor Beginn des Sabbats eilig gebracht hatte. War dieser Fund einer göttlichen Eingebung zu verdanken, oder gab es möglicherweise doch irgendeine Überlieferung, die Makarius so zielsicher zu dem Grab geführt hatte? Oder gab es vielleicht einen ganz anderen Grund?

Die Überlieferung der Evangelisten

Im Evangelium heißt es, dass die Römer Jesus an einer Hinrichtungsstätte kreuzigten, die in der Nähe der Stadtmauern lag, damit die Bürger Jerusalems das Schauspiel gut verfolgen konnten. Nordwestlich der Stadt, nahe der Stadtmauer, gab es einen Steinbruch, in dem der harte *malaki*-Kalkstein abgebaut wurde, mit dem auch heute noch die Häuser Jerusalems verkleidet werden. Er wird auf das 8. und 7. Jahrhundert v. Chr. datiert. Zu Lebzeiten Jesu befanden sich auf dem Gelände jedoch bereits Gärten und Obsthaine. An einer Stelle des ehemaligen Steinbruchs stand ein Felsen, den die Steinbrecher wegen einer für bauliche Zwecke untauglichen Gesteinsschicht ausgespart hatten. Diesen Fels halten viele für Calvaria oder Golgatha (Schädelstätte), den Ort, wo Jesus zwischen zwei Dieben gekreuzigt wurde.

In unmittelbarer Nähe hatten einige wohlhabende Jerusalemer Bürger ihre Gräber in die massiven Felswände des Steinbruchs schlagen lassen. Darunter könnte auch die Gruft Josephs von Arimathäa gewesen sein, da sie sich laut Matthäus 27, 57–60 in der Nähe einer öffentlichen Hinrichtungsstätte gleich hinter den Stadtmauern befunden hat. Das Evangelium berichtet auch, dass das Grab Jesu mit einem großen, schweren Steinblock in der Form eines Mühlsteins verschlossen wurde. Archäologen fanden im Jerusalemer Stadtgebiet einige solcher Gräber, die aus jener Zeit stammen. Wahrscheinlich gehörten sie adligen Familien, die ihre Verstorbenen über mehrere Generationen hinweg dort bestatteten. Die Gräber wurden alle mit großen runden Steinen verschlossen, die man in einer schienenartigen Rinne vor den Eingang rollte. Diese so genannten Rollsteine waren nur mit ungeheurem Kraftaufwand zu bewegen, genau wie im Matthäus-Evangelium beschrieben.

Links: **Goldring mit einer Miniatur der ursprünglichen Grabkapelle, die man während der Regierungszeit Konstantins des Großen (306–337) um das Grab Christi herum errichtete. Der Ring, der vermutlich aus dem 6. Jahrhundert n. Chr. datiert, wurde bei Ausgrabungen in der Nähe des Jerusalemer Tempelbergs gefunden**

Gegenüberliegende Seite: **Luftbild der Grabeskirche: Die große Kuppel überspannt die Rotunde mit dem Heiligen Grab in ihrem Zentrum; die kleinere Kuppel links befindet sich über dem Schnittpunkt mit dem kurzen Querschiff**

Gemäß dem jüdischen Ritual jener Zeit wurde der Leichnam vor der Bestattung gewaschen und gesalbt. Dann hüllte man ihn in ein Leichentuch und bettete ihn auf eine in den Fels gehauene Bank an einer Seite der Grabkammer. Die Frauen, die am Tag nach dem Sabbat in den frühen Morgenstunden zum Grab Christi zurückkehrten, um den Leichnam zu waschen und zu salben, entdeckten jedoch, dass der Stein wundersamerweise beiseite gerollt und die Grabbank leer war.

Jerusalem unter römischer Herrschaft

Jahrelang hielten die Christen Jerusalems die heilige Grabstätte in Ehren, aber als Kaiser Hadrian die Stadt Anfang des 2. Jahrhunderts n. Chr. zerstörte und auf ihren Ruinen seine heidnische Kolonie Aelia Capitolina errichtete, geriet auch das Grab in Vergessenheit. Um 135 n. Chr. erbaute er auf einem Hügelplateau eine gewaltige Tempelanlage, die er der Liebesgöttin Aphrodite weihte. Vielleicht war es ja kein Zufall und der Kaiser wusste sehr genau um die Besonderheit des Ortes, als er seinen Tempel über die Kreuzigungs- und Grabstätte Christi baute. Nach Berichten des heiligen Hieronymus von etwa 395 n. Chr. hat auf dem Felsen Golgatha möglicherweise sogar eine große Statue der Göttin gestanden. Späteren, christlichen Quellen zufolge erbaute Hadrian den Tempel gerade deshalb auf der heiligen Stätte, weil er den Christen den Zugang zu ihrem bedeutendsten Heiligtum verwehren wollte. Zwar gelang es ihm durchaus, Christen wie Juden von der Ausübung ihres Glaubens in seiner neuen Stadt abzuhalten, doch konnte er nicht verhindern, dass eine kleine christliche Minderheit die römische Zeit in Jerusalem überlebte.

Als Konstantin der Große die Kreuzigungs- und Begräbnisstätte Christi ausfindig machen ließ, hatten sich die Ausmaße der Stadt und sogar der Verlauf der Stadtmauer erheblich verändert. Selbst wenn der ungefähre Standort des Grabes überliefert worden wäre: Wie hätten sich die Christen des exakten Orts sicher sein können angesichts der Tatsache, dass es während der heidnischen Römerzeit kaum noch Christen in der Stadt gab? Doch ohne auch nur einen Blick über die Stadtmauer geworfen zu haben, ging Erzbischof Makarius geradewegs zum großen römischen Tempel am Nordrand des Forums im Herzen von Hadrians Stadt und begann mit der Suche. Zur Zeit der Kreuzigung hatte sich dieses Gebiet noch außerhalb der Stadt befunden und war erst 10 oder 15 Jahre nach dem Tod Christi in das Stadtgebiet eingegliedert worden.

Die Entdeckung des Grabes

Über die Auffindung des Grabes gibt es einen Bericht, der möglicherweise von einem Augenzeugen stammt. Um 337 n. Chr., einige Jahre vor seinem Tod, verfasste Eusebius, Bischof von Caesarea und Kirchenhistoriker, eine Biographie über Kaiser Konstantin. Darin heißt es, dass es die Ausgräber überrascht habe, so schnell fündig geworden zu sein. Aber hatten sie unter den vielen Gräbern dieses Ortes auch das richtige gefunden? Oder waren sie nur auf irgendeines gestoßen und nahmen einfach an, dass es das gesuchte war?

Möglicherweise war es ja irgendwie markiert, vielleicht hatte man den Namen Jesu eingeritzt. Allerdings wird das weder bei Eusebius noch in späteren Quellen erwähnt. Martin Biddle vom Hertford College in Oxford hebt hervor, dass man auf diese Weise das Grab des Apostels Petrus tief unter dem Hochaltar des Petersdoms in Rom identifiziert hatte.

Auf jeden Fall war die konstantinische Basilika in Jerusalem die größte Kirche ihrer Zeit. Sie war die Vorgängerin der heutigen Grabeskirche. Auf der anderen Seite des Heiligen Gartens, hinter der mächtigen Kirche, befand sich das Grab selbst. Man hatte den Fels ringsum abgetragen und den Boden geebnet, so dass es erhaben und Ehrfurcht gebietend dastand. Irgendwann nach der Weihung der Kirche 335 n. Chr. ließ Konstantin um das Felsgrab eine Kapelle errichten, die Grabkapelle; diese wiederum wurde von einer großen Rotunde (auch »Anastasis« oder »Auferstehung« genannt) umschlossen, die eine riesige Kuppel krönte.

Blick aus dem »Grab der Töchter des Herodes« in Westjerusalem, jenseits der Stadtmauern der antiken Stadt, wo sich zu jener Zeit alle Gräber befanden. Man erkennt deutlich den großen runden Stein in seiner Rinne und die Stufen, die zu der in den Fels gehauenen Grabkammer führen

Mittlerweile steht an der Stelle der Originalkapelle der dritte Nachfolgebau. Doch selbst wenn wir davon ausgehen, dass es sich wirklich um die Grabstätte Christi handelt, was die meisten Menschen glauben, birgt sie noch immer ein Geheimnis: Wir wissen nicht, ob noch irgendetwas vom Originalgrab erhalten ist. In den vielen Jahrhunderten seit dem Bau der ersten Grabkapelle und der Kirche, die sie beherbergt, wurde sie mehrmals durch Brände, Erdbeben oder menschliche Einwirkung ganz oder teilweise zerstört. Das letzte Mal wurde die Grabkapelle 1808 nach einem verheerenden Brand wieder aufgebaut. Ein Erdbeben während der britischen Mandatsverwaltung im Jahre 1927 hinterließ den Bau in derart instabilem Zustand, dass er mit einem Stahlgerüst gestützt werden musste. Das steht zwar noch immer, doch ist es unvermeidlich, dass die Kapelle in absehbarer Zeit von Grund auf renoviert werden muss. Dann wird man, mit Genehmigung der für die Grabeskirche verantwortlichen christlichen Gemeinden, endlich feststellen können, ob vom ursprünglichen Grab Christi noch etwas erhalten ist.

Links: **Die Grabkapelle heute: Das Stützgerüst stammt aus der britischen Mandatszeit in der ersten Hälfte des 20. Jahrhunderts. Im Hintergrund die Bögen der Rotunde, die die Grabkapelle umgeben**

Unten: **Querschnitt in ostwestlicher Richtung durch die heutige Grabeskirche: Am niedrigsten (östlichen) Ende befindet sich die Helenakapelle, wo Konstantins Mutter Helena das Kreuz, an das Jesus geschlagen wurde, entdeckt haben soll. Eine Treppe führt hinauf zum Chorumgang; die kleine Kuppel befindet sich über dem Querschiff, dem Bereich des ehemaligen Heiligen Gartens mit dem Golgatha-Felsen in der südöstlichen Ecke. Ganz rechts die Rotunde mit der Grabkapelle in ihrem Zentrum**

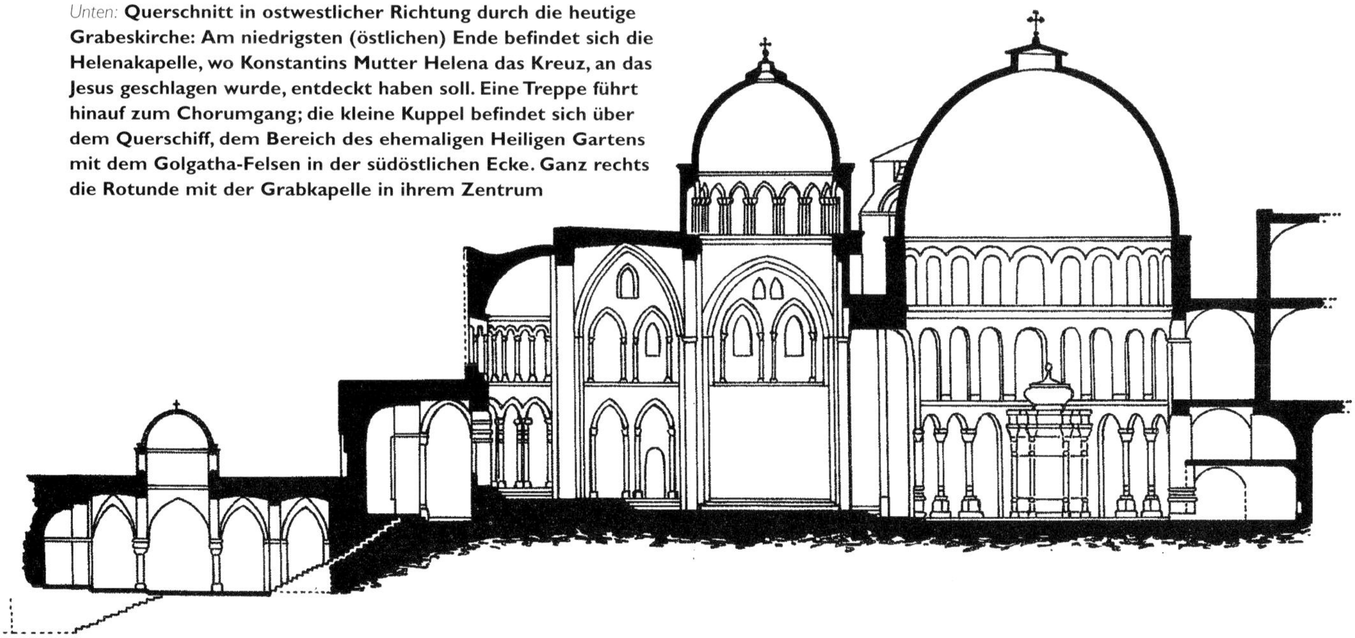

Alte und nicht entzifferte Schriften

SCHREIBEN GEHÖRT zu den größten Erfindungen der Menschheit. Heutzutage halten wir es für selbstverständlich, dass wir es in der Schule lernen, und benutzen, ohne darüber nachzudenken, einen Stift oder einen Computer. Wir machen uns selten bewusst, welche komplexen geistigen und körperlichen Prozesse erforderlich sind, um Gedanken in Zeichen und Wörter umzusetzen, obgleich die Erfindung des Schreibens vor mindestens 5000 Jahren an ein Wunder grenzt. Kein Wunder, dass die Entzifferung alter Schriften Laien wie Wissenschaftler jahrhundertelang fasziniert hat. Andrew Robinson nimmt uns mit auf eine spannende Reise durch die geheimnisvolle Welt der Epigraphik und Schriftdeutung.

Wie entstand das Schreiben? Robinson glaubt, dass der Ausgangspunkt Südwestasien war, wo der immer komplizierter werdende Handelsverkehr eine Art Buchführung erforderlich machte. Möglicherweise lebten die ersten Schreiber in Uruk in Mesopotamien. Es ist aber auch denkbar, dass sich die Schrift aus schlichten Zählsteinen entwickelte, die man lange Zeit benutzte, um die Ladungen von Karawanen zu inventarisieren. Wir werden es wahrscheinlich nie genau erfahren. Aber wir wissen, dass 3100 v. Chr. in Mesopotamien und Ägypten das Schreiben eine höchst erfolgreiche Erfindung war, von der man intensiven Gebrauch machte. Die neuen Schriften eröffneten den Menschen völlig neue Möglichkeiten: Man konnte Details festhalten, die man sich nur schwer merken konnte, Unerledigtes aufzeichnen, Lagerbestände und Warenzuteilungen erfassen. Darüber hinaus wurde das Schreiben zum Medium der Diplomatie, ein Ausdrucksmittel religiöser Andacht, ein Instrument der Bildung, der Selbstverwirklichung und vor allem der politischen Macht. Wer des Lesens und Schreibens kundig war, hatte Zugang zu Informationen und damit auch Macht über Menschen. Im alten Ägypten genoss das Amt des Schreibers hohes soziales Ansehen, und das zu Recht. Die

Der Schrein von Auzon, circa 700 n. Chr., mit einer Darstellung der Geschichte von Romulus und Remus zwischen zwei Reihen von Runenschrift

Schreibkunst wurde vom Vater an den Sohn weitergegeben; anfangs waren es noch unbeholfene Glyphen, die man zunächst auf Tonscherben und kleine Steine malte, später dann auf Papyrus, das Papier Altägyptens. Ein Schulbuch appelliert an unwillige Schüler: »Werde ein Schreiber von ranker Gestalt und geschickter Hand ... Du wirst weiße Gewänder tragen, jedermann wird dich ehren, selbst die Höflinge werden dich grüßen.«

Die ersten Schriften bestanden aus Piktogrammen – Symbolen, die völlig ungeeignet waren, um alle Wörter oder Wortteile wiederzugeben. Nach Andrew Robinson entstand die erste richtige Schrift mit der Erfindung des Rebus- oder auch Bilderrätselprinzips, das Piktogrammen Lautwerte zuordnete. Obwohl sich das Prinzip des Schreibens weit verbreitete, entwickelten sich doch völlig unterschiedliche Schriften. So entstand zum Beispiel auf dem amerikanischen Kontinent ein ganz eigenes Schriftsystem.

Die Entzifferung alter Schriften erfordert unendlich viel Geduld, Liebe fürs Detail sowie beachtliche mathematische und linguistische Fähigkeiten. Nur wenig Entzifferungserfolge beruhen auf einer wissenschaftlichen Einzelleistung oder auf sensationellen Funden wie dem Stein von Rosette oder dem Felsen von Bisutun. Manche sind das Werk wissenschaftlicher Zusammenarbeit, doch waren neben Teamgeist oft auch Rivalitäten, persönlicher Ehrgeiz und ein unbändiger Wille zum Erfolg der Motor für spektakuläre Entschlüsselungen. So konnte der Franzose Jean-François Champollion, der 1823 die ägyptischen Hieroglyphen entzifferte, sich wesentlich auf die Vorarbeiten früherer Forscher stützen. Edward Hincks, Jules Oppert und Henry Rawlinson erforschten gemeinsam die mesopotamische Keilschrift, wobei sie in regem Austausch standen und jeder seinen Teil zur Lösung des komplizierten Rätsels beitrug. Die Teamarbeit unter Wissenschaftlern hat sich bis heute bewährt: Die Entschlüsselung der Maya-Glyphen, die zu den größten wissenschaftlichen Errungenschaften des 20. Jahrhunderts zählt, ist der inspirierenden Zusammenarbeit von Forschern aus verschiedenen Ländern zu verdanken, die sich königlichen Ahnentafeln und religiösen Almanachen widmeten.

Die erfolgreiche Entzifferung alter Sprachen beruht auf jahrelanger mühsamer Forschungsarbeit: eine Kombination aus genialen Einfällen, gewagten Spekulationen und schlichter harter Arbeit. Die Erfolgsgeschichten von Champollion, Rawlinson, Michael Ventris und den Maya-Forschern sind weltweit bekannt. Aber es gibt immer noch viele alte Schriften, die die Epigraphen vor ein Rätsel stellen. Andrew Robinson erläuterte die Entschlüsselungsprobleme bei einigen wichtigen, wenn auch weniger bekannten Schriften. Michael Ventris und andere entzifferten in den 1950er-Jahren die Linear-B-Schrift, aber die primitivere Linear-A-Schrift bleibt nach wie vor ein Geheimnis, unter anderem deshalb, weil wir die ihr zugrunde liegende Sprache nicht kennen. Auch die Indus-Schrift der Harappa-Kultur konnte bis heute nicht entschlüsselt werden, aber man vermutet, dass es sich um eine proto-drawidische Sprache handelt. Die jüngste Erforschung der frühen drawidischen Sprachen könnte neue Erkenntnisse bringen. Die etruskische Schrift beruht auf einer untergegangenen Sprache, von der wir heute nur etwa 250 Wörter kennen. Ein Großteil des Textkorpus besteht aus kurzen Grabinschriften – keine sehr ergiebige Quelle für die Erforschung einer Sprache. Die kursive und die hieroglyphische Schrift der Meroiten orientiert sich stark an der altägyptischen Schrift, basiert jedoch ebenfalls auf einer unbekannten Sprache, die wir erst entschlüsseln können, wenn wir auf weitere zweisprachige Inschriften stoßen.

Die zapotekischen und isthmischen Schriften Mesoamerikas konnten bis heute nicht entziffert werden, trotz einer gewissen Ähnlichkeit mit der Maya-Schrift und der Tatsache, dass wir recht fundierte Kenntnisse über die Sprachen haben, die ihnen zugrunde liegen; auch hier besteht das Problem in dem nur spärlich vorhandenen Textmaterial.

Einige andere Schreibsysteme, wie die Symbolsteine der Pikten und (wahrscheinlich) das Proto-Elamisch aus dem alten Iran, waren keine voll entwickelten Schriften, während man die berühmten *rongorongo*-Holztafeln von der Osterinsel wegen der enormen Komplexität dieser kunstvollen Schrift und der wenigen erhaltenen Beispiele wohl nie wird entziffern können. Trotzdem werden Wissenschaftler und Laien nicht aufhören, es zu versuchen.

Die meisten erhaltenen etruskischen Schriften sind Grabinschriften, was die Entschlüsselung der ihr zugrunde liegenden Sprache erschwert, auch wenn man das Geschriebene selbst »lesen« kann

Die Entstehung der Schrift

Zeit: 3300 v. Chr.?
Ort: Mesopotamien

55

Vater der Schrift, die Liebe in deinem Herzen hat dich verführt, dem geschriebenen Wort eine Macht zu geben, die sich ins Gegenteil verkehrte ... Denn nicht das Elixier des Innewerdens hast du der Welt geschenkt, sondern der Veräußerung und somit nur die Illusion der Weisheit: vieles werden sie nun lesen, ohne zu verstehen, und vieles werden sie zu wissen scheinen, ohne jemals zu begreifen.

WORTE DES ÄGYPTISCHEN KÖNIGS AN DEN GOTT THOT, DEN ERFINDER DER SCHREIBKUNST – ZITIERT NACH SOKRATES

WIE ENTSTAND DAS SCHREIBEN? Bis zur Aufklärung im 18. Jahrhundert hielt man es für gottgegeben. Heute gehen viele, wenn nicht gar die meisten Wissenschaftler davon aus, dass sich die erste Schrift aus einer Art Buchführungssystem entwickelte, wobei es allerdings verwundert, dass sich im Schriftenfundus des alten Ägypten, Indiens, Chinas und Zentralamerikas kaum Beispiele dafür finden (allerdings könnte es solche Aufzeichnungen natürlich auf vergänglichem Material gegeben haben). Mit anderen Worten: Im ausgehenden 4. Jahrtausend v. Chr. wurden Handel und Verwaltung in den früheren sumerischen Stadtstaaten Mesopotamiens – der »Wiege der Zivilisation« – zu komplex für das Gedächtnis der regierenden Eliten. Mehr und mehr ergab sich die Notwendigkeit für eine dauerhafte Aufzeichnung und eindeutige Fixierung von geschäftlichen Vorgängen, damit Verwalter und Kaufleute endlich auf Sumerisch sagen konnten: »Das gebe ich Ihnen schriftlich«, beziehungsweise: »Das hätte ich gerne schriftlich.«

Einige Wissenschaftler gehen davon aus, dass die Schrift um 3300 v. Chr. in der Stadt Uruk (dem biblischen Erech) von einem unbekannten Sumerer erfunden wurde, der gezielt nach einer Lösung des beschriebenen Problems suchte. Andere vermuten, dass es sich um das Werk einer Gruppe handelte, von ein paar hellen Köpfen unter den Verwaltern und Kaufleuten. Wieder andere sind der Ansicht, dass die Schrift keiner Erfindung, sondern einer zufälligen Entdeckung zu verdanken sei. Und viele halten die Entstehung der Schrift für das Ergebnis eines langen Entwicklungsprozesses und nicht einer plötzlichen Inspiration. Einer populären Theorie zufolge entwickelte sich die Schrift aus einem lange bestehenden Rechensystem,

»Informationsträger« aus Ton und kleine Zählsteine aus Mesopotamien: Die Löcher im »Träger«, die offensichtlich von den Zählsteinen stammen und ihren Bedeutungsgehalt wiedergeben, könnten eine Vorstufe zur Entwicklung eines Schriftsystems sein

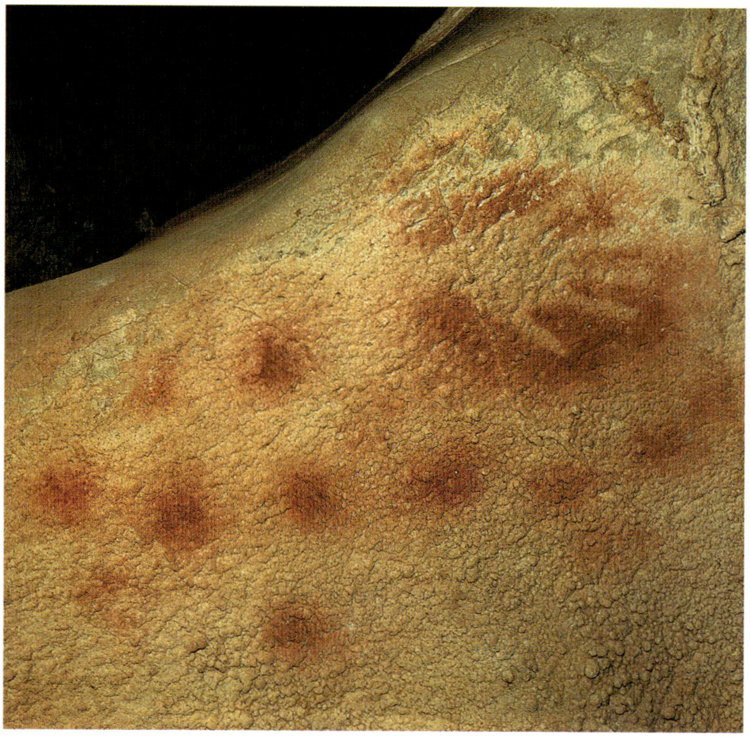

Links: **Eine »Proto-Schrift«? Diese Zeichen in der Höhle von Pech-Merle in Frankreich sind vermutlich 20 000 Jahre alt. Ihre Bedeutung ist bis heute nicht geklärt**

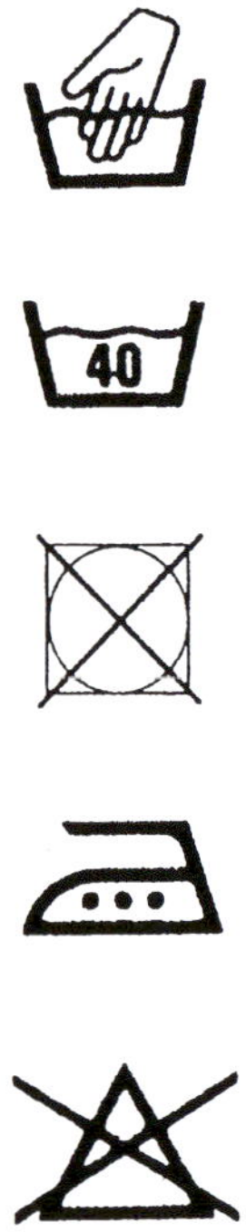

Rechts und gegenüberliegende Seite: **Moderne »Hieroglyphen« – eine zeitgenössische »Proto-Schrift«: Ihre Bedeutung ist bekannt, aber im Gegensatz zu den Buchstaben eines Alphabets lassen sie sich nur eingeschränkt verwenden**

das auf Zählsteinen basierte. (Solche Objekte wurden an zahlreichen archäologischen Stätten des Nahen Ostens gefunden: Sie reichten von einfachen runden Scheiben bis zu komplexeren, mit Einritzungen versehenen Objekten, deren genauer Zweck nicht bekannt ist.) Die Ablösung dieser dreidimensionalen Zählsteine durch ihnen nachempfundene zweidimensionale Symbole, die in Ton geritzt wurden, soll der erste Schritt zur Entwicklung eines Schriftsystems gewesen sein. Problematisch an dieser Theorie ist die Tatsache, dass Zählsteine noch lange nach Entstehung der sumerischen Keilschrift existierten; darüber hinaus stellt sich die Frage, wie ein zweidimensionales Symbol auf einer Tontafel die Weiterentwicklung eines dreidimensionalen Objekts sein kann und nicht umgekehrt. Plausibler scheint die These, dass das System der Zählsteine parallel zur Schrift existierte, sie aber nicht hervorbrachte.

Frühformen der Schrift

Neben den Zählsteinen gibt es zahlreiche andere Vorläufer der Schrift, die man als »Proto-Schrift« bezeichnen könnte, beispielsweise die eiszeitlichen Symbole in den Höhlen Südfrankreichs, die wahrscheinlich 20 000 Jahre alt sind. In der Höhle von Pech-Merle im Département Lot stieß man auf ausdrucksvolle eiszeitliche Felsbilder, darunter eine Handsilhouette und ein Muster aus roten Punkten. Was hat die Darstellung zu bedeuten? »Ich war hier, mit meinen Tieren?« Oder hat sie eine tiefere Symbolik? Es gibt auch Darstellungen von Tieren – beispielsweise Pferde, der Kopf eines Hirschs und ein Wisent, die mit Zeichen überzogen sind; und man fand eingekerbte Knochen, die offensichtlich als Mondkalender dienten.

»Proto-Schriften« sind keine Schriften im heutigen Sinne. John DeFrancis, ein anerkannter Epigraph, definiert Schrift als »ein System aus graphischen Zeichen, mit dem man jeden beliebigen Gedanken wiedergeben kann«. Wenn wir uns an diese Definition halten, dann sind »Proto-Schriften« nicht nur Symbole in eiszeitlichen Höhlen, archäologische Zählsteine des Nahen Ostens, piktische Symbolsteine, Kerbhölzer und Knotenschnüre wie die *quipus* der Inka, sondern auch zeitgenössische Zeichensysteme wie unsere heutigen Symbole des internationalen Güterverkehrs, Verkehrszeichen, Computersprache, mathematische Formelzeichen und die Notenschrift. Keines dieser Systeme kann »jeden beliebigen Gedanken« ausdrücken, aber jedes ist ein nützliches, spezialisiertes Kommunikationsinstrument.

Um die ganze Palette menschlichen Denkens wiedergeben zu können, benötigen wir ein System, das eng mit der gesprochenen Sprache verknüpft ist. Denn nach dem Begründer der modernen Linguistik, Ferdinand de Saussure, ist die Sprache mit einem Blatt Papier vergleichbar: »Auf der einen Seite des Papiers ist der Gedanke, auf der anderen der Laut. So wie es unmöglich ist, mit der Schere nur eine Seite des Blatts zu zerschneiden, ist es unmöglich, den Laut vom Gedanken und den Gedanken vom Laut zu trennen.«

Oben: **Wann ist ein Piktogramm kein Piktogramm? *Metamorphose* III, 1967–1968, M. C. Escher**

Rechts: **Zwei goldene Pektoralien aus dem Grab Tutanchamuns: Der Skarabäus, *chepre* ausgesprochen, ist ein Rebus und Bestandteil des Beinamens Tutanchamuns, *Neb-Chepre-Re*. Das Zeichen »anch« (mit dem Kreuz) in den Klauen des Falken ist allerdings ein Piktogramm mit der Bedeutung »Leben«**

Die Entwicklung vollständiger Schriftsysteme

Im Allgemeinen geht man davon aus, dass die Zeichen des ersten vollständigen Schriftsystems Piktogramme waren: stilisierte Darstellungen beispielsweise eines Topfs, eines Fischs oder eines Gesichts mit einem geöffneten Mund (als Symbol für essen). Solche Piktogramme verwendete man Mitte des 4. Jahrtausends v. Chr. in Mesopotamien und Ägypten, bald darauf auch im Industal und, wenn man den Aussagen einiger chinesischer Archäologen glauben will, sogar noch früher in China. In vielen Fällen wurden diese Bildzeichen jedoch bald so stark abstrahiert, dass sie heute kaum noch zu verstehen sind. Das unten abgebildete Schaubild zeigt, wie sich aus sumerischen Piktogrammen Keilschriftzeichen entwickelten.

Aber mit Piktogrammen ließen sich natürlich keine Wörter oder Wortbestandteile wiedergeben, die nicht bildlich darstellbar waren. Bahnbrechend für die Entwicklung eines vollständigen Schriftsystems – im Gegensatz zur eingeschränkten, rein piktographischen »Proto-Schrift« – war die Entdeckung des Rebusprinzips (*rebus* bedeutet »durch Gegenstände«). Dieses grundlegend neue System ermöglichte es, Lautwerte durch piktographische Zeichen auszudrücken. Ähnlich wie bei einem Bilderrätsel könnte man beispielsweise mit dem Bild einer Biene (auf Englisch »bee«) und der Abbildung der Ziffer 4 (»four«) das englische Wort »before« darstellen. Oder das Bildzeichen für Biene (»bee«) und das für Tablett (»tray«) könnten das Wort »betray« wiedergeben. Eine etwas abstraktere Variante wäre die Kombination von einer Ameise (»ant«) mit einem Bienenstock (»honey«) für den Namen »Anthony«. Die ägyptische Hieroglyphenschrift enthält zahlreiche Rebusse; beispielsweise ist das »Sonnen«-Zeichen ⊙, das wie »R(a)« oder »R(e)« ausgesprochen wird, auch das erste

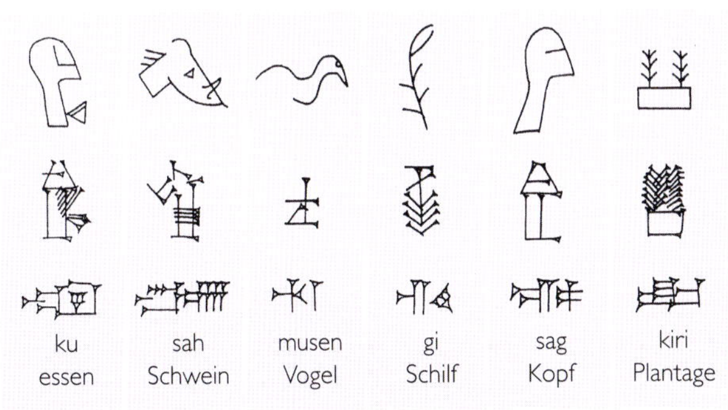

Zeichen im hieroglyphischen Namenszug von Pharao Ramses. Auf einer frühen sumerischen Tontafel wird der abstrakte Begriff »rückerstatten« durch das Bild eines Schilfrohrs dargestellt, da beide Wörter im Sumerischen den Lautwert »gi« haben.

Doch was geschah, nachdem sich – sei es aufgrund einer Erfindung, einer zufälligen Entdeckung oder einer allmählichen Entwicklung – ein vollständiges Schriftsystem herausgebildet hatte, das das gesamte Spektrum der gesprochenen Sprache und der Gedankenwelt wiedergeben konnte? Breitete es sich von Mesopotamien über den gesamten Globus aus? Die früheste ägyptische Schrift datiert von 3100 v. Chr., die nicht entzifferte Schrift auf den Siegelsteinen der Indus-Kultur von 2500 v. Chr., die nicht entschlüsselte kretische Linear-A-Schrift von 1750 v. Chr., die Inschriften auf chinesischen Orakelknochen datieren von 1200 v. Chr., und die zapotekische Schrift aus Zentralamerika, die ebenfalls nicht entziffert wurde, stammt von 500 v. Chr., wobei sämtliche Datierungen nur geschätzt sind. Diese Zahlen legen die Vermutung nahe, dass zwar die Idee des Schreibens, nicht aber die Schriften selbst nach und nach von einer Kultur an die nächste weitergegeben wurde. Es vergingen 600 bis 700 Jahre, bis das Prinzip der Druckkunst den Weg von China nach Europa fand (wenn man einmal von dem einzigartigen und rätselhaften Diskus von Phaistos circa 1700 v. Chr. auf Kreta absieht, dessen Inschrift wie »gedruckt« wirkt), und es dauerte sogar noch länger, bis die Erfindung des Papiers Europa erreichte: Warum sollte also die Idee des Schreibens nicht vor noch längerer Zeit von Mesopotamien nach China gewandert sein?

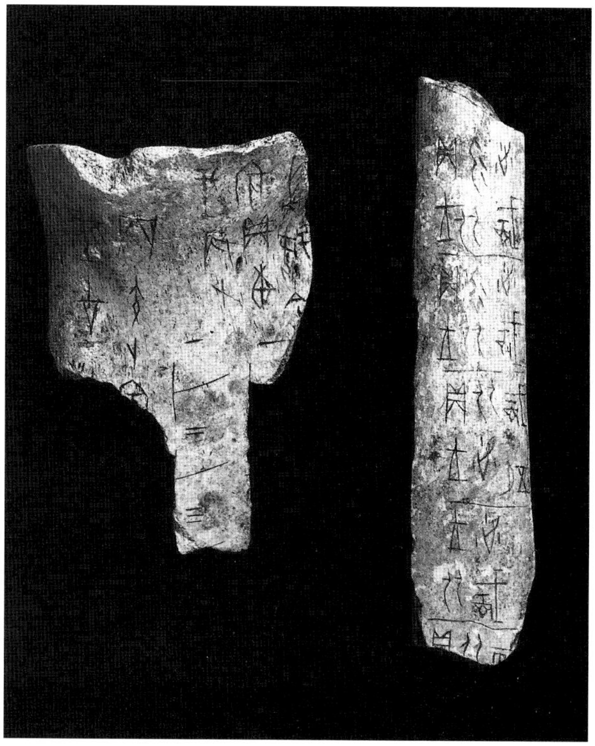

Da es jedoch keine stichhaltigen Belege für die Verbreitung der Idee gibt (nicht einmal im Falle der viel näher beieinander liegenden Kulturen Mesopotamiens und Ägyptens), nimmt die Mehrheit der Wissenschaftler an, dass sich die Schriftsysteme der antiken Hochkulturen unabhängig voneinander entwickelten. Optimisten werden die Intelligenz und Erfindungsgabe der Menschen jener frühen Gesellschaften hervorheben, während Pessimisten behaupten werden, dass der Mensch Vorhandenes kopiert, wenn er kann, und zwar möglichst gewissenhaft, und nur dann Neues hervorbringt, wenn er unbedingt muss. Damit wird gemeinhin auch erklärt, weshalb die Griechen zu Beginn des 1. Jahrtausends v. Chr. von den Phöniziern das Alphabet übernahmen und nur nach und nach für Vokale, die in der phönizischen Schrift fehlten, eigene Zeichen einfügten. Es gibt noch viele andere Beispiele für solche Schriftanleihen: So übernahmen etwa die Japaner im 1. Jahrtausend n. Chr. die chinesischen Schriftzeichen. Falls die *rongorongo*-Schrift von der Osterinsel – dem abgeschiedensten bewohnten Ort der Welt – je entziffert wird, werden wir vielleicht die Frage beantworten können, ob die Osterinsel-Bewohner *rongorongo* ganz allein erfanden, die Idee dazu aus Polynesien mitbrachten oder etwa von den Europäern inspiriert wurden, die die Insel im 18. Jahrhundert zum ersten Mal besuchten. Wenn wir nachweisen könnten, dass *rongorongo* ohne jeden fremden Einfluss auf der Osterinsel entstand, dann wüssten wir endlich, dass die Schriften der Welt nicht alle denselben Ursprung haben.

Links oben: **Ein sumerischer Rebus, circa 3000 v. Chr.: Das Schilfrohr oben links ist ein Rebus für »rückerstatten«**
Links: **Chinesische Orakelknochen, circa 1200 v. Chr.: Einige Zeichen ähneln modernen chinesischen Schriftzeichen**

56

Die proto-elamische Schrift

Zeit: 3050 bis 2900 v. Chr.
Ort: Iran

Auf die meisten Studenten, die sich mit der Antike beschäftigen, wirkt Elam exotisch und unzugänglich: schwer auszusprechende Namen, unbekannte Fundstätten, eine kaum entschlüsselte Sprache und eine recht unzivilisierte Kultur östlich von Mesopotamien.

DANIEL T. POTTS, 1999

PROTO-ELAMISCH IST DIE ÄLTESTE nicht entzifferte Schrift der Welt – vorausgesetzt, es handelt sich um ein voll entwickeltes Schriftsystem; es wurde nur für kurze Zeit vor 5000 Jahren (ca. 3050–2900 v. Chr.) in Elam verwendet. Elam ist der biblische Name für die Provinz Persien, das Gebiet, das die Geografen in der Antike nach seiner alten Hauptstadt Susa Susiana nannten; es entspricht in etwa der heutigen Region der Ölfelder im Westiran. Allerdings scheint die proto-elamische Schrift in einem erheblich größeren Gebiet verbreitet gewesen zu sein, denn man fand sie sogar weit im Osten an der iranisch-afghanischen Grenze.

Das Präfix »proto« weist die Schrift als Vorgängerin des weit jüngeren, teilweise entzifferten Linear-(Alt-)Elamischen aus, das ebenfalls in Susa entdeckt wurde; der Herrscher Puzur-Inshushinak verwendete diese Schrift um circa 2150 v. Chr. ebenfalls nur für einen kurzen Zeitraum. (Eine dritte, weitgehend entschlüsselte Schrift ist die elamische Keilschrift, die ab dem 13. Jahrhundert v. Chr. über viele Jahrhunderte hinweg in Gebrauch war, unter anderem unter dem persischen König Darius in seiner Residenzstadt Persepolis.) Die Verbindung zwischen Proto-Elamisch und Linear-Elamisch ist unter Wissenschaftlern umstritten. Früher ging man davon aus, dass

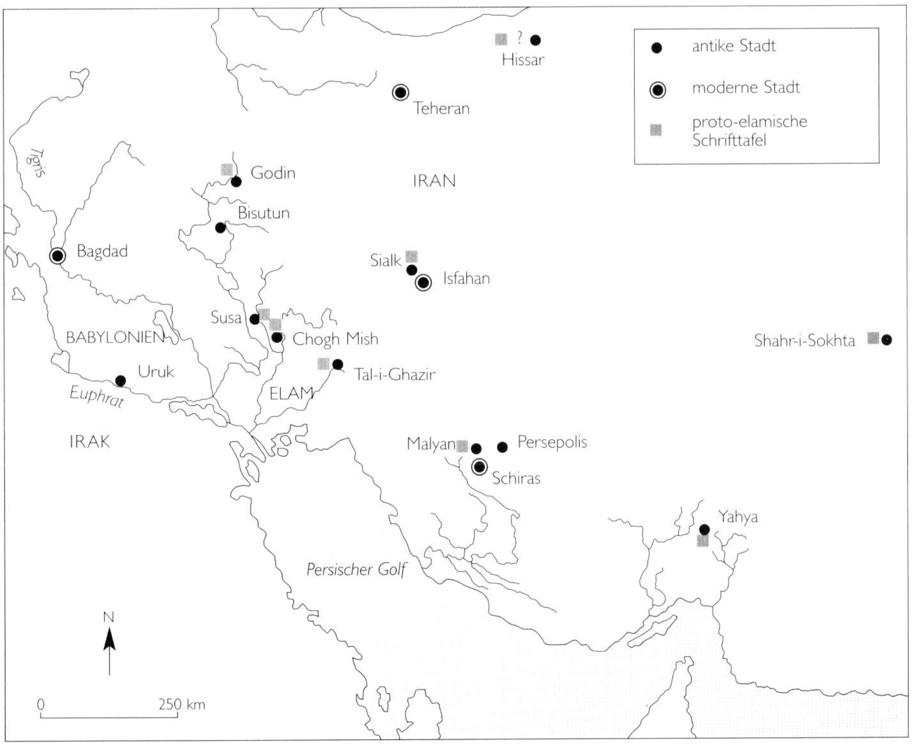

Proto-elamische Siedlungen auf dem iranischen Zentralplateau und Fundorte der Schreibtafeln (nach Lamberg-Karlovsky). Die proto-elamische Schrift entstand ein wenig früher als die im mesopotamischen Uruk verwendete Proto-Keilschrift

Proto-elamisches »Geschäftsbuch« aus Susa: Nur die Ziffern sind eindeutig zuzuordnen

den beiden Schriften dieselbe Sprache zugrunde läge und dass sich das Linear-Elamische aus dem Proto-Elamischen entwickelt habe. Doch setzt sich mehr und mehr die Überzeugung durch, dass es keine Beweise für eine gemeinsame Sprache und Kultur gibt.

Das Sprachkorpus des Proto-Elamischen ist beträchtlich: Es gibt annähernd 1500 Texte auf Tontafeln mit etwa 100 000 Schriftzeichen, von denen allerdings viele so stark beschädigt sind, dass wir sie nur aus Rekonstruktionen kennen. In linear-elamischer Schrift sind dagegen nur 22 Texte erhalten. Trotzdem wissen wir über das Linear-Elamische mehr als über das Proto-Elamische, weil einige Inschriften zweisprachig abgefasst sind (die zweite Schrift/Sprache ist die uns bekannte akkadische Keilschrift), während die proto-elamischen Texte keinerlei zweisprachige Passagen aufweisen und die ihnen zugrunde liegende Sprache darüber hinaus völlig unbekannt ist.

Über die Schrift selbst wissen wir jedoch eine ganze Menge. Da alle Tafeln Ziffern enthalten, konzentrierte man sich bei der Entschlüsselung auf diese und förderte so die brauchbarsten Ergebnisse zu Tage; tatsächlich handelt es sich um Auflistungen von Personen und Gegenständen (oder Tieren), wie wir sie von den weit besser erforschten sumerischen Schreibtafeln aus Mesopotamien kennen. Hier ein Beispiel:

Eine sorgfältige Analyse der Zahlen auf vielen Tafeln ergab, dass die proto-elamischen Schreiber neben dem hier gezeigten einfachen Dezimalsystem auch andere Zahlensysteme verwendeten. Beispielsweise benutzte man in Babylonien ein Sexagesimalsystem für die Zählung von unbelebten Objekten. Während wir viele proto-elamische Berechnungen nachvollziehen können, wissen wir allerdings noch nicht, ob die nichtnumerischen Zeichen phonetisch oder logographisch sind. Deshalb können wir die vielen Zeichen, die offensichtlich einzelne Personen und Institutionen benennen, nicht übersetzen. Erst wenn wir die Sprache kennen, auf der die proto-elamische Schrift beruht, können wir eindeutig feststellen, ob es sich um ein voll entwickeltes Schriftsystem handelt und nicht nur um ein komplexes wirtschaftliches Zählsystem.

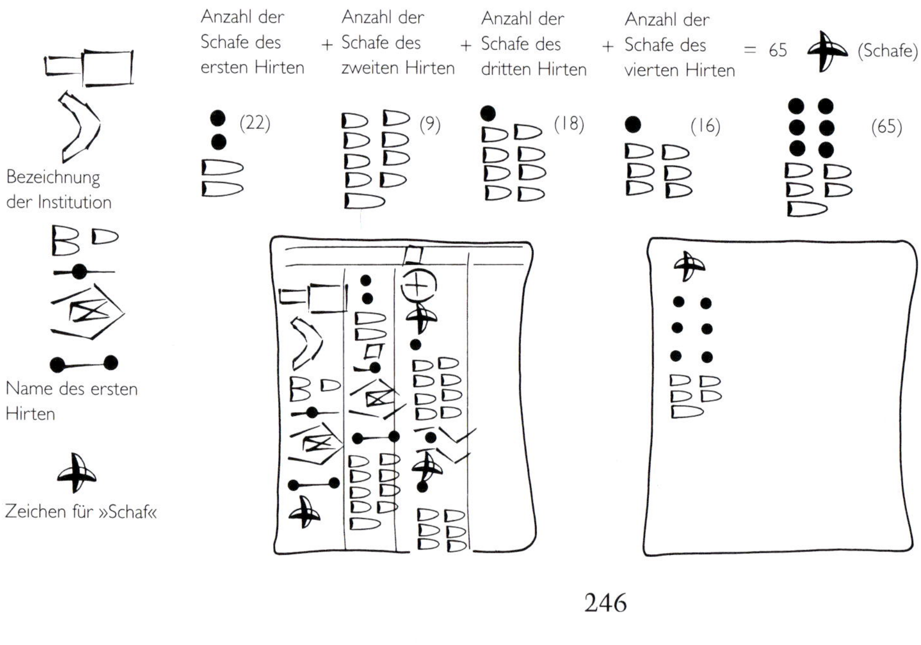

Proto-elamisches Verwaltungsdokument, in dem mit Hilfe eines Dezimalsystems vier Schafherden gezählt werden

Die Indus-Schrift

Zeit: 2500 bis 1900 v. Chr.
Ort: Pakistan/Indien

57

Es wäre nicht übertrieben, die gelungensten (Indus-Siegel) als kleine Meisterwerke des Realismus zu bezeichnen. Sie haben eine Ausstrahlungskraft, die in keinem Verhältnis zu ihrer Größe steht und doch eng mit ihr verknüpft ist.

SIR MORTIMER WHEELER, 1953

BEREITS ZU LEBZEITEN Alexanders des Großen war die Indus-Kultur untergegangen. Als sein Abgesandter Aristobulus 326 v. Chr. die Gegend besuchte, fand er ein »entvölkertes Land« vor, dessen »über tausend Städte und Dörfer verlassen worden waren, nachdem der Indus seinen Lauf geändert hatte«. Über 2000 Jahre wurde diese Kultur in keiner historischen Quelle mehr erwähnt. Anfang der 20er-Jahre des 20. Jahrhunderts stieß dann ein indischer Archäologe auf der Suche nach den Siegessäulen, die Alexander der Große auf seinem Rückzug aus Indien errichtet haben soll, auf die Ruinenstadt Mohenjo-Daro in der heutigen pakistanischen Provinz Sind. Diese und eine ähnliche Entdeckung im 560 Kilometer entfernten Harappa, ebenfalls im heutigen Pakistan gelegen, verdoppelten die kulturelle Geschichte Indiens mit einem Schlag und verschoben ihren Anfang, der bis dahin in den 250 v. Chr. entstandenen Aschoka-Inschriften gesehen wurde, nun auf etwa 2500 v. Chr. Ein Team unter der Leitung von Sir John Marshall, Generaldirektor des Archaeological Survey of India, begann an beiden Stätten umgehend mit Grabungen.

Im Laufe der letzten 80 Jahre haben Marshall und seine Nachfolger in Pakistan und Nordwestindien etwa 1500 Stätten der Indus-Kultur entdeckt, in einem Gebiet, das einem Viertel der Größe Europas entspricht und größer ist als das altägyptische oder das mesopotamische Reich im 3. Jahrtausend v. Chr. Die meisten der Fundorte waren Dörfer, doch es gab auch fünf größere Städte darunter. Während der Blütezeit der Indus-Kultur, zwischen 2500 und etwa 1900 v. Chr., standen Mohenjo-Daro und Harappa dem ägyptischen Memphis und dem mesopotamischen Ur in nichts nach. Sie hatten zwar keine monumentalen Pyramiden, Paläste, Statuen, Grabmäler und Goldschätze vorzuweisen, doch ihre intelligente Stadtplanung und ihr fortschrittliches Kanalisationssystem stellten alles in den Schatten, was der Städtebau bis zum 20. Jahrhundert noch hervorbringen sollte. Darüber hinaus stellte man Schmuck her – wie etwa die länglichen, durchbohrten Karneolperlen, die man an so weit entfernten Orten wie dem Königsfriedhof von Ur fand –, dessen Schönheit und kunstvolle Ausführung durchaus den Schätzen der Pharaonen gleichkamen.

Doch diese neu gewonnenen Erkenntnisse über das Leben der Bewohner des Industals können nicht über die unbequeme Tatsache hinwegtäuschen, dass wir über die Ideenwelt dieser Menschen nur spekulieren können, denn ihre Schrift konnten wir bis heute nicht entziffern. Im Gegensatz zu den ägyptischen Hieroglyphen und der mesopotamischen Keilschrift findet man die Indus-Schrift nicht auf Wänden, Gräbern, Statuen, Stelen, Tontafeln, Papyrusrollen und Kodizes, sondern auf Siegelsteinen, Töpferware, Kupfertafeln, Bronzegeräten und Elfenbein- und Knochenstäben, die man vereinzelt in Gebäuden und Straßen von Mohenjo-Daro, Harappa und anderen Städten entdeckte. (Auch hier wurde wahrscheinlich Material beschrieben, das die Zeiten nicht überdauert hat, wie zum Beispiel die in Indien üblichen Palmwedel.) Die meisten Inschriften finden sich auf Siegelsteinen, die mit großer Kunstfertigkeit und meisterhafter Gravurtechnik verar-

Das große Bad in Mohenjo-Daro, einem der beiden Hauptzentren der Indus-Kultur

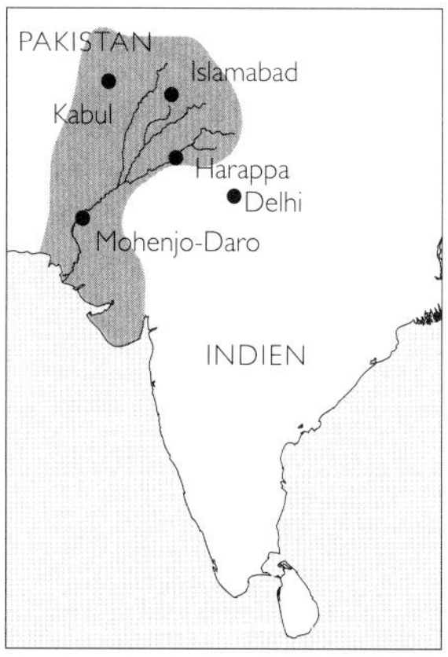

Links: **Das Siedlungsgebiet der Indus-Kultur nimmt etwa ein Viertel der Fläche Europas ein**

Rechts: **»Proto-Schiwa«: Dieser Abdruck eines Indus-Siegels könnte einen Vorgänger der viel späteren Hindu-Gottheit Schiwa zeigen**

beitet wurden und deshalb zu Recht berühmt sind. Wer sie einmal gesehen hat, wird sie nicht mehr vergessen.

Wir kennen etwa 3700 mit Inschriften versehene Objekte, 60 Prozent davon Siegel, von denen allerdings wiederum etwa 40 Prozent Duplikate sind, so dass dem Schriftdeuter kein allzu großes Korpus zur Verfügung steht. In den 90er-Jahren des 20. Jahrhunderts wurden weitere Inschriften gefunden, die sich jedoch mit ihrem kurzen Text als quälend unergiebig erwiesen: Sie bestanden durchschnittlich aus nur fünf Zeilen mit maximal vier Zeichen pro Zeile; die längste Inschrift enthielt 26 Zeichen, die auf die drei Seiten eines Terrakotta-Prismas verteilt waren. Viele Siegelsteine weisen neben den Schriftzeichen auch sorgfältig gravierte Tierabbildungen auf. Die meisten Tiere sind eindeutig zu erkennen, beispielsweise Nashörner, Elefanten, Tiger, Büffel, Zebus (seltsamerweise aber keine Affen, Pfauen oder Kobras). Einige allerdings muten fantastisch oder schimärenhaft an, wie etwa ein Tier mit einem Horn, das die ersten Ausgräber prompt »Einhorn« tauften (ein Fabelwesen, das der Legende nach in Indien beheimatet ist). Auch kommen rätselhafte anthropomorphe Figuren vor, einige im Yoga-Sitz, die Götter oder Göttinnen darstellen könnten. Marshall und andere Wissenschaftler sahen daher in manchen dieser Gestalten Vorgänger der Hindu-Gottheiten, die zwei Jahrhunderte später in Sanskrit-Texten zum ersten Mal erwähnt wurden; Marshall nannte eine von ihnen »Proto-Schiwa«.

Was die Zeichen uns sagen

Mehr als hundert Mal hat man ernsthaft versucht, die Indus-Schrift zu entziffern, und trotz der wertvollen Arbeit, die beim Zusammentragen, Katalogisieren und Veröffentlichen der Inschriften durch Asko Parpola, den führenden Experten für die Indus-Schrift, geleistet wurde, herrscht wenig Übereinstimmung hinsichtlich ihrer Entzifferung. Da sich schon die Ansätze so grundlegend unterscheiden – eine Methode vergleicht die Indus-Zeichen mit ägyptischen Hieroglyphen, eine andere mit der *rongorongo*-Schrift auf der Osterinsel –, kann man kaum von einer gemeinsamen Basis sprechen. Das Einzige, worüber sich relativ verlässliche Aussagen machen lassen, sind die Schreib- und Leserichtung und die ungefähre Gesamtzahl der Zeichen des Schriftsystems; auch ist es gelungen, einige Zahlzeichen zu identifizieren und bestimmte Texte in Wörter zu zerlegen.

Eine erste wichtige Erkenntnis war, dass der *Abdruck* des Siegels gelesen wird und nicht das Intaglio (in dem die Zeichen natürlich spiegelverkehrt sind). Allerdings stimmt die Tatsache nachdenklich, dass es weit mehr Siegel als Abdrücke gibt und dass viele Siegel kaum Abnutzungsspuren aufweisen, was darauf hindeutet, dass man sie nicht ihrem eigentlichen Zweck entsprechend verwendete, sondern vielleicht als eine Art Ausweis oder Talisman bei sich trug. Doch war nach wie vor die Lesbarkeit des Abdrucks entscheidend für Abfolge und Ausrichtung der Schriftzeichen im Siegel, denn vergleichen wir solche Abdrücke mit den gleichen Zeichenfolgen auf Keramikgefäßen und Metallwerkzeugen, wo sie mit Sicherheit »richtig herum« gelesen wurden, stellen wir fest, dass sie weitgehend übereinstimmen. Bei den hier gezeigten Siegelbildern handelt es sich ausschließlich um Abdrücke.

Hinsichtlich der Schreibrichtung lassen sich die verlässlichsten Aussagen anhand des Zeilenumbruchs machen. Wenn ein Text, der eine Zeile nicht füllen kann, am linken Rand eine Lücke lässt, kann man daraus schließen, dass er von rechts nach links läuft. Gleiches gilt, wenn Zeichen am linken Rand zusammengedrängt sind. Im Fall des Siegeltextes, dessen Abdruck man in der rechten oberen Ecke nach links laufend zu lesen begann, um ihn dann zweimal um 90 Grad im Uhrzeigersinn drehend zu lesen, ist ein Teil des dritten Rands unbeschrieben, der vierte ist völlig leer. Die Indus-Schrift auf Siegelabdrücken läuft normalerweise von rechts nach links.

Bei der Anzahl der Schriftzeichen hat man sich weitgehend auf 425 plus/minus 25 geeinigt. Aus dieser Zahl lassen sich interessante Schlüsse ziehen: Sie ist zu hoch für eine Silbenschrift wie die Linear-B-Schrift, bei der jedem Grundzeichen ein Lautwert beziehungsweise eine

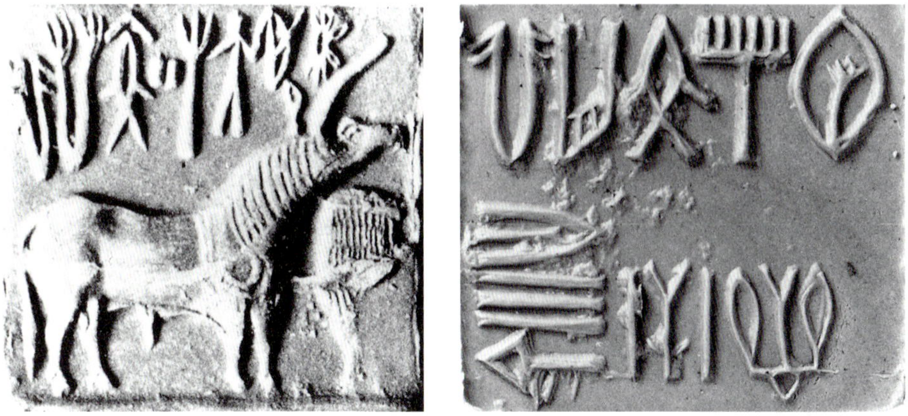

Rechts: **Beweis für die Schreibrichtung der Indus-Schrift. Diese beiden Siegelabdrücke werden von rechts nach links gelesen**

Silbe zugeordnet ist, und zu niedrig für eine rein logographische Schrift wie das Chinesische, dessen Tausende von Schriftzeichen jeweils ein Wort oder einen Begriff repräsentieren. Am ehesten bestehen Parallelen zu den hethitischen Hieroglyphen, von denen es etwa 500 gibt, und der sumerischen Keilschrift mit ihren 600 oder mehr Zeichen. Die meisten Wissenschaftler stimmen deshalb darin überein, dass die Indus-Schrift, wie die parallel existierenden Schriftsysteme Westasiens, logosyllabisch ist, jedoch hat man bei dem Wunsch, phonetische Silben zu identifizieren, bisher wenig Erfolg gehabt.

Welche Sprache liegt der Indus-Schrift zugrunde?

Um die phonetischen Silben zu bestimmen, müsste man wissen, welche Sprache im Industal gesprochen und daher vermutlich auch in den Inschriften verwendet wurde. Wenn wir die Möglichkeit ausschließen, dass diese Sprache mit keiner anderen verwandt ist, was angesichts der stark ausgeprägten kulturellen Kontinuität auf dem indischen Subkontinent eher unwahrscheinlich wäre, kommen nur zwei Sprachen als verwandt in Betracht: Proto-Indoarisch (Sanskrit) und Proto-Drawidisch, die Vorläufer der beiden großen Sprachfamilien Nord- und Südindiens. (Sanskrit, die bedeutendste indoarische Sprache, ist die Stammsprache der meisten modernen nordindischen Sprachen.)

Geografisch gesehen scheint Proto-Indoarisch der Indus-Kultur näher zu sein als Drawidisch, da Drawidisch heute fast ausschließlich in Südindien gesprochen wird, also fernab der Indus-Region. Aus historischer Sicht jedoch ist Proto-Drawidisch vorzuziehen, da sich die indoarischen Vorstöße nach Nordindien höchstwahrscheinlich im 2. Jahrtausend v. Chr. ereigneten, also *nach* dem Verschwinden der Indus-Kultur. Ebenfalls für das Proto-Drawidische spricht, dass es bis heute in Nordindien kleine drawidische Sprachinseln gibt. Eine davon liegt in Belutschistan (Westpakistan), nicht weit vom Industal entfernt, wo etwa 300 000 Nomaden Brahui (oder Brawhi) sprechen. Dieses Nomadenvolk ist wahrscheinlich noch ein Überrest der einst in Nordindien weit verbreiteten drawidischen Kultur, die von den einfallenden Indoariern verdrängt wurde. Daher vermuten die meisten Wissenschaftler eine Verwandtschaft der Indus-Sprache zum Proto-Drawidischen. Sie suchen nach eindeutigen Parallelen zwischen Wortbedeutungen in frühen drawidischen Sprachen wie Alttamil, Telugu, Malayalam und Kannada und den Bildern und Bildzeichen auf den Indus-Siegeln und anderen beschrifteten Objekten. Dabei stützen sie sich zum einen auf archäologische Erkenntnisse über die Indus-Zivilisation, zum anderen auf kulturhistorisches Wissen über Leben und Religion der Drawiden. Diese Methode ist naturgemäß spekulativ, hat jedoch verblüffenderweise zur »Entzifferung« einiger Zeichen geführt. Wenn eines Tages weitere Inschriften entdeckt werden, wird man sehen, ob sie halten kann, was sie verspricht.

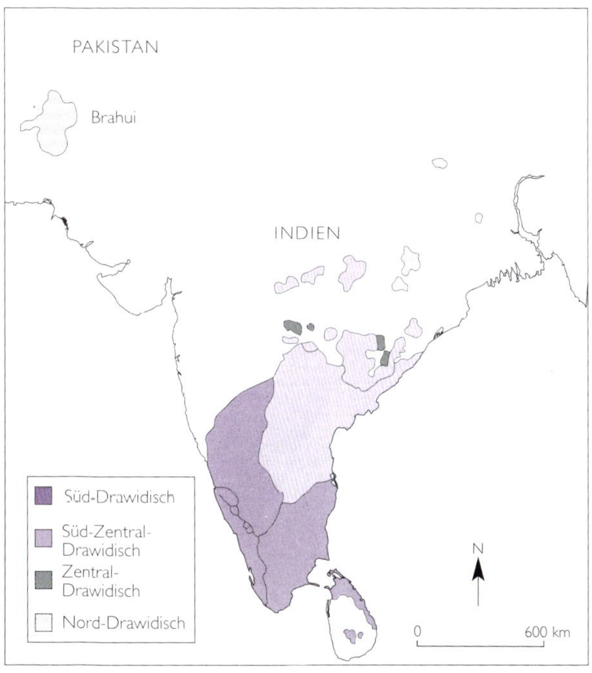

Unten: **Die beiden großen Sprachfamilien des indischen Subkontinents: Indoarisch (weiße Fläche) und Drawidisch (mit Brahui) (schattierte Flächen), nach Parpola**

58

Die Linear-A-Schrift und der Diskus von Phaistos

Zeit: 1750 bis 1450 v. Chr.
Ort: Kreta

Für den Diskus von Phaistos gibt es zahllose Entzifferungsmodelle, die in alle nur denkbaren Richtungen gehen: Baskisch, Chinesisch, Drawidisch, Griechisch, Hethitisch, Luwisch, Pelasgisch, Semitisch, Slawisch, Sumerisch, um nur einige zu nennen: ... Wenn nur eines von ihnen richtig ist, sind alle anderen falsch.

YVES DUHOUX, 2000

NACHDEM SIR ARTHUR EVANS vor 100 Jahren bei der Ausgrabung des minoischen Palastes von Knossos auf Kreta eine Schrift entdeckt hatte, die er später »Linear-B-Schrift« nannte, stieß er kurz darauf auf eine zweite, die ebenfalls hauptsächlich auf Tontäfelchen geschrieben war und der ersten so stark ähnelte, dass er ihr den Namen »Linear-A-Schrift« gab. Er entdeckte in Knossos und den anderen kretischen Fundorten sogar noch eine dritte, hauptsächlich auf Siegelsteinen erhaltene Schrift, die er als »Hieroglyphenschrift« bezeichnete. Nach archäologischen Erkenntnissen ist die minoische Hieroglyphenschrift die älteste der drei Schriften und stammt hauptsächlich aus der Zeit von 2100 bis 1700 v. Chr.; Linear A datiert von 1750 bis 1450 v. Chr., Linear B vermutlich um 1400 v. Chr. Aus dieser lückenlosen Kontinuität schloss Evans, dass alle drei Schriften auf einer gemeinsamen »minoischen« Sprache basieren, dass sich Linear B aus Linear A entwickelt habe und Letztere

Links: **Sir Arthur Evans in Knossos auf einem Gemälde von 1907: Er hält ein Tontäfelchen in Linear-B-Schrift in der Hand – eine der drei von ihm auf Kreta entdeckten Schriften**

Rechts: **Hauptfundort der Linear-A-Schriften: Der minoische Palast in Agía Triáda auf Südkreta. Die Tontafel auf der gegenüberliegenden Seite wurde dort gefunden**

wahrscheinlich ihrerseits aus der Hieroglyphenschrift hervorgegangen sei. Dabei stützte er sich auf die Tatsache, dass sich die späteren ägyptischen Schriften, wie zum Beispiel das Demotische, aus der ägyptischen Hieroglyphenschrift entwickelt hatten und allen dieselbe ägyptische Sprache zugrunde lag. Neben diesen drei erwähnten Schriftsystemen gab es schließlich noch den einzigartigen Diskus von Phaistos (nicht von Evans entdeckt), den er allerdings mit keiner der drei Schriften in Verbindung bringen konnte.

Mittlerweile ist man von Evans' simplizistischem Modell abgekommen, nur seine These von der Sonderrolle des Diskus von Phaistos bleibt bestehen. Erst 1952 wurde die Linear-B-Schrift von Michael Ventris entziffert und als Griechisch identifiziert. Linear A ist nur teilweise entschlüsselt und kaum zu lesen, da sie auf einer unbekannten Sprache beruht, möglicherweise Kretisch. Die Bedeutung der minoischen Hieroglyphen hingegen liegt nach wie vor völlig im Dunkeln. Da alle drei Schriften auch außerhalb Kretas gefunden wurden und sich die Zeiträume ihrer Benutzung offenbar stärker überschneiden als von Evans angenommen, lässt sich die Theorie, dass eine die andere abgelöst hätte, nicht länger aufrechterhalten: Linear A und Linear B könnten durchaus nebeneinander und nicht nacheinander existiert haben.

Die Linear-A-Schrift

Ein Großteil der ersten Linear-A-Textfunde stammt aus dem minoischen Palast von Agía Triáda im Süden Kretas, doch wurden noch viele weitere Inschriften an anderen Stellen entdeckt: auf griechischen Inseln in der gesamten Ägäis, an einem Fundort auf dem griechischen Festland, auf dem türkischen Festland (im antiken Milet) und sogar an zwei Stätten im fernen Palästina. Trotzdem gibt es viel weniger Schriftmaterial in Linear A als in Linear B: Nur etwa 1500 Texte wurden gefunden, die circa 7500 Schriftzeichen enthalten; und viele von ihnen sind sehr kurz oder beschädigt. (Dagegen gibt es Zehntausende von Linear-B-Schriftzeichen und an die 2000 Hieroglyphen.)

Bei der Entzifferung der Linear-A-Schrift waren zwei Tatsachen hilfreich: das Zahlensystem und die Ähnlichkeit vieler Zeichen von Linear A mit denen der entschlüsselten Linear-B-Schrift. Es war nicht schwierig, die Ziffern zu identifizieren: Sie hoben sich, ebenso wie in der Linear-B-Schrift, deutlich von den anderen ab. Bis auf die Bruchzeichen und die Alternative für die Zahl 10 (ein dicker Punkt) sind alle Ziffern identisch:

| = 1 Einer | • oder — = 1 Zehner |
| ○ = 1 Hunderter | -○- = 1 Tausender |

So lassen sich die Zahlen auf einer Schrifttafel zur korrekten Summe addieren, die in der untersten Zeile der folgenden Tafel zu sehen ist:

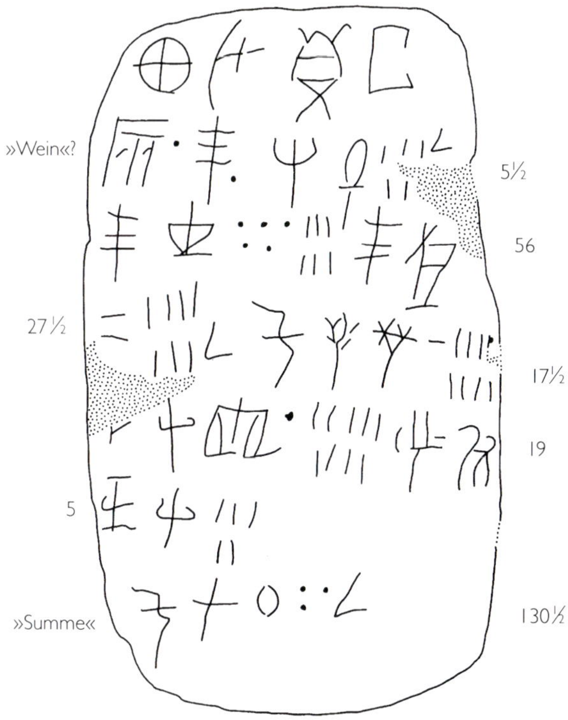

Von oben nach unten gelesen, erkennt man eine Zahlenfolge: (5½), 56, (27½), (17½) [unklar], 19, 5 und ganz unten (130½) – die korrekte Summe der darüber stehenden Zahlen. Die beiden Zeichen links von der Summenzahl stehen wahrscheinlich, ebenso wie die Linear B, für das Wort »Summe«. Auch ist ein Logogramm (»Wortzeichen«) zu erkennen, das in Linear B »Wein« bedeutet. (Es könnte eine Rebe darstellen, die an einem Spalier hochwächst.) Von den Erfahrungen mit ähnlichen Linear-B-Tafeln ausgehend, könnte es sich bei dieser Linear-A-Tafel um eine Auflistung von Weinmengen handeln, die an einem vermutlich in der obersten Zeile bezeichneten Ort an verschiedene, namentlich genannte Personen ausgegeben wurden.

Ein Vergleich der Linear-A-Zeichen mit dem Zeichensatz von Linear B führte zu einer wichtigen Erkenntnis: Der überwiegende Teil der Linear-A-Zeichen gleicht denen der Linear-B-Schrift. So weisen beispielsweise die beiden Linear-A-Zeichen und große Ähnlichkeit mit den Linear-B-Zeichen 𐀀 für *a* und 𐀬 für *ru* auf, während die drei Zeichen , und den Linear-B-Zeichen 𐀇 für *di*, 𐀙 *na* und 𐀄 *u* gleichen. Indem wir also unbekannte Linear-A-Zeichen uns bekannten Linear-B-Zeichen zuordnen, können wir Linear-A-Tafeln phonetisch »übersetzen«.

Doch selbst wenn dieses Verfahren zulässig ist und die Linear-A-Zeichen ursprünglich dieselben Lautwerte hatten wie ihre Entsprechungen in Linear B, wissen wir immer noch nicht, was sie bedeuten. Um einzelne Worte zu verstehen, müssten wir die »minoische« Sprache kennen, auf der Linear A beruht. Bei zahlreichen Entzifferungsversuchen wurden über ein Dutzend Sprachen zum Vergleich herangezogen, denn man ging auch beim »Minoischen« davon aus, dass es keine isolierte Sprache wie das unbekannte Etruskisch sei und mit anderen bekannten Sprachen irgendwie verwandt sein müsse. Dabei wurden folgende drei Sprachen beziehungsweise Sprachgruppen als mögliche Kandidaten ermittelt: Semitisch, Griechisch (die Sprache von Linear B) und Anatolisch (Indoeuropäisch). Vorausgesetzt, dass sie oder ihre archaischen Dialekte im 2. Jahrtausend v. Chr. im östlichen Mittelmeerraum gesprochen wurden, kämen alle drei in Frage. Das Problem ist jedoch, dass uns zu wenig Linear-A-Texte vorliegen, um die Auswahl weiter eingrenzen zu können. Aus archäologischer und historischer Sicht wird Anatolisch zurzeit favorisiert. So schrieb Herodot im 5. Jahrhundert v. Chr.: »Die Lykier (in Südwestanatolien) stammen in Wahrheit ursprünglich aus Kreta«; und kürzlich wurden im antiken Milet in Anatolien Linear-A-Inschriften gefunden.

Die Linear-A-Schrift konnte daher nur teilweise entschlüsselt werden. Zwar sind die Ziffern eindeutig zuzuordnen und die Lautwerte dürften denen der Linear-B-Schrift entsprechen, doch fehlt es an genügend Inschriften, um zu klären, welche der möglichen Sprachen der Linear-A-Schrift zugrunde liegt. Deshalb können wir viele Linear-A-Texte zwar transkribieren, aber nicht übersetzen.

Der Diskus von Phaistos

Der Diskus von Phaistos ist zweifellos der rätselhafteste Schriftfund des antiken Kreta. Er wurde 1908 von einem italienischen Forscher in den Palastruinen von Phaistos auf Südkreta entdeckt. Das archäologische Umfeld ließ darauf schließen, dass die Tonscheibe nicht später als 1700 v. Chr. datierte, also etwa aus der gleichen Zeit wie die Linear-A-Schrift stammt. Die Scheibe besteht aus gebranntem Ton und ist auf beiden Seiten mit einer Inschrift versehen, deren Zeichen mit einer Art Stempel in den feuchten Ton gedrückt wurden. Man kann sie daher als das erste »Druckwerk« der Welt bezeichnen, 2500 Jahre vor der Erfindung des Buchdrucks in China und über 3000 Jahre vor dem Druck der Gutenbergbibel.

Doch warum sollte sich jemand die Mühe gemacht haben, einen Stempel herzustellen, statt die Zeichen direkt einzuritzen, wie es bei den Linear-Inschriften der Fall war? War etwa eine »Massenanfertigung« dieses Textes vorgesehen? Dagegen spricht die Tatsache, dass in über 90 Jahren intensiver Grabungsarbeit keine weiteren Exemplare gefunden wurden. Und warum weisen die Zeichen auf dem Diskus von Phaistos keinerlei Ähnlichkeit mit der kretischen Hieroglyphenschrift und den beiden Linearschriften auf? Könnte es sein, dass die Scheibe gar nicht aus Kreta stammt, sondern erst dorthin gebracht wurde, wie einige Wissenschaftler glauben? Oder könnte es sich, wie gelegentlich behauptet wurde, gar um eine Fälschung handeln – vielleicht ein Streich, den man den Entdeckern spielen wollte? Was die Bedeutung der Inschrift angeht, so gibt es nur spärliche Anhaltspunkte und keine verlässlichen Ergebnisse. Die Zeichen selbst können zum Verständnis der Schrift wenig beitragen, da sie keinerlei Ähnlichkeit mit anderen minoischen Zeichen aufweisen und sehr rätselhaft wirken. Darüber hinaus ist ihre Zahl sehr gering (insgesamt nur 242 Zeichen), und die Sprache, die der Schrift zugrunde liegt, ist völlig unbekannt. Auch das archäologische Umfeld ist keine große Hilfe, allein die Datierung ist ihm zu entnehmen. So bleibt nur die Hoffnung, dass man eines Tages auf weitere, ähnliche Inschriften stößt, welche die Entschlüsselung des Diskus von Phaistos ermöglichen.

Trotzdem hat sich mancher Wissenschaftler und eine große Zahl von Amateuren dazu verstiegen, komplette Entschlüsselungen zu verkünden, die jedoch derart voneinander abweichen, dass schon dadurch die Hoffnungslosigkeit des Unterfangens deutlich wird. Im Jahre 1999 erschienen ein französisches und ein englisches Buch über den Diskus von Phaistos: Das eine enthielt eine vollständige Übersetzung ins proto-ionische Griechisch, das andere stellt den Diskus als eine Art Rechenapparat dar, eine »bronzezeitliche Festplatte«. Es wurde sogar schon die These vertreten, dass Chinesisch die wahre Sprache des Diskus sei. Die meisten Fachleute sind sich jedoch darin einig, dass jeder, der behauptet, den Diskus von Phaistos entziffert zu haben, nicht ernst zu nehmen ist. John Chadwick, der gemeinsam mit Ventris an der Entzifferung der Linear-B-Schrift arbeitete, erhielt jahrelang fast monatlich neue Hinweise auf angebliche Entzifferungen des Diskus und untersuchte die besseren von ihnen auf ihre logischen Elemente. Er schrieb: »Wir müssen unsere Ungeduld zügeln und einsehen, dass uns nicht einmal König Minos, wenn er uns im Traum erschiene, um den Text zu enthüllen, davon überzeugen könnte, dass seine Interpretation die einzig richtige ist.«

Gegenüberliegende Seite:
Der rätselhafte Diskus von Phaistos: Die eingeprägten Zeichen weisen mit keiner anderen Schrift Ähnlichkeiten auf, und die ihnen zugrunde liegende Sprache ist unbekannt. Die Scheibe wurde 1908 in den Palastruinen von Phaistos in Südkreta *(rechts)* **entdeckt und auf etwa 1700 v. Chr. datiert. Bisher waren alle Entzifferungsversuche erfolglos**

Die Entstehung des Alphabets 59

Zeit: frühes 2. Jahrtausend v. Chr.
Ort: Ägypten oder Palästina

Der Mensch hat sich schon immer für den Ursprung der Alphabetschrift interessiert. Herodot, der »Vater der Geschichtsschreibung«, erwähnt, dass die Phönizier mit einem Mann namens Kadmos nach Griechenland kamen. Dort führten sie die Schrift und andere Künste ein.

JOSEPH NAVEH, 1975

SO MYSTERIÖS DIE ENTSTEHUNG der Schrift bis heute erscheint, die Entstehung des Alphabets ist noch viel rätselhafter. Dass es über die alten Griechen in die Neuzeit gelangte, ist allgemein bekannt – das Wort »Alphabet« setzt sich aus den ersten beiden Buchstaben des griechischen Alphabets Alpha und Beta zusammen –, aber wir haben keine genaue Vorstellung davon, wie und wann es nach Griechenland kam. Ebenso wenig wissen wir, wie die Griechen auf die Idee kamen, den Konsonanten Vokale hinzuzufügen, und, was noch wichtiger ist, wie die vorgriechischen Gesellschaften im östlichen Mittelmeerraum während des 2. Jahrtausends v. Chr. überhaupt ein Alphabet erfanden.

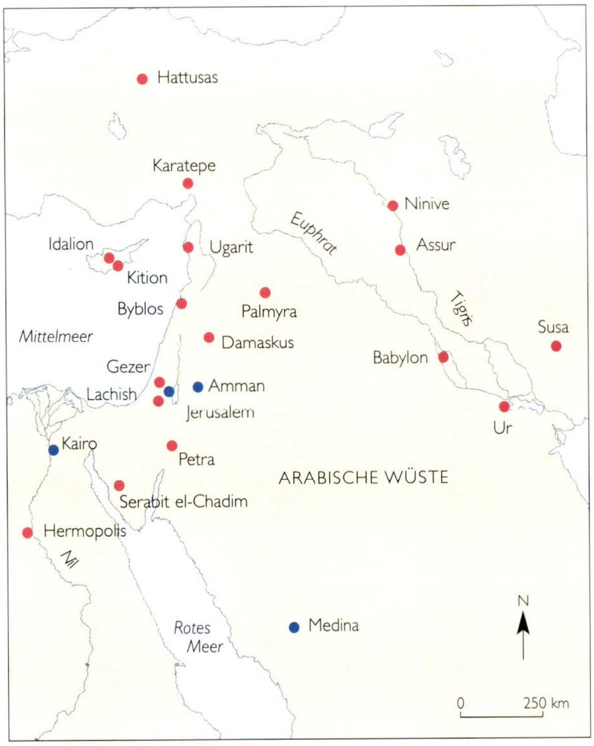

Wissenschaftler haben sich ihr Leben lang mit diesen Fragen beschäftigt, aber die Erkenntnisse sind zu dürftig für verlässliche Schlüsse. Entwickelte sich das Alphabet aus den Schriften Mesopotamiens (Keilschrift), Ägyptens (Hieroglyphen) oder Kretas (Linear A und B) – oder war es der Geistesblitz eines Einzelnen? Und warum hielt man ein Alphabet überhaupt für notwendig? Lag es an den wachsenden Anforderungen des Handelsverkehrs, was eine nahe liegende Erklärung wäre? Anders ausgedrückt, benötigte der Warenhandel ein besseres und schnelleres Zeichensystem als zum Beispiel die Keilschrift oder die Hieroglyphen, um seinen Verwaltungsaufwand zu bewältigen? Und suchte man darüber hinaus einen praktikablen Weg, um das »babylonische Sprachgewirr« der verschiedenen Reiche und Volksgruppen, die im Mittelmeerraum Handel trieben, aufschreiben zu können? Falls ja, dann überrascht es allerdings, dass es in den frühen alphabetischen Inschriften aus Griechenland nicht den geringsten Hinweis auf irgendwelchen Handels- und Geschäftsverkehr gibt. Aufgrund dieser Tatsache und weiterer Überlegungen sind einige Wissenschaftler zu der umstrittenen These gelangt, dass das griechische Alphabet erfunden wurde, um die mündlich überlieferten Epen von Homer im 8. Jahrhundert v. Chr. aufzeichnen zu können.

Vom Mythos zur Spekulation

Der Mangel an historischen Belegen hat zu einer Fülle von Anekdoten und Mythen geführt. Beispielsweise wird die Erfindung des Alphabets häufig Kindern zugeschrieben, da sie im Gegensatz zu Erwachsenen über keinerlei Vorwissen und Erfahrungen bezüglich bereits existierender Schriften verfügten. So könnte ein begabtes kanaanitisches Kind in Nordsyrien, das keine Lust mehr hatte, die Keilschrift zu erlernen, ein eigenes Alphabet erfunden haben: Es griff die bereits durch die ägyptische Hieroglyphenschrift bekannte Idee auf, Konsonanten durch Sym-

Land der vielen Sprachen: Der Nahe Osten um 1500 v. Chr., als das Alphabet entstand; rot historische, blau heutige Stadt

bole zu repräsentieren, und fügte neue Zeichen für die wichtigsten Konsonanten seiner eigenen semitischen Sprache hinzu. Vielleicht malte es sie zuerst in den Staub einer Landstraße: Der schlichte Umriss eines Hauses stellte das semitische Beth (Haus) dar (bzw. »bet« in »Alphabet«) und wurde das Zeichen für den Konsonanten »b«. Ein Beispiel aus neuerer Zeit kennen wir aus Rudyard Kiplings Erzählung *Wie das Alphabet entstand*, in der seine kleine Heldin Taffimai »Geräusch-Bilder« malt. Für den Buchstaben A malt sie einen Karpfen mit weit aufgerissenem Maul, das, wie sie ihrem Vater erklärt, genauso aussehe wie sein Mund, wenn er »ah« sage. Der Buch-

Oben: **Ein moderner *souk* in Aleppo, Syrien. Wurde das Alphabet erfunden, um den zwischenstaatlichen Handel effizienter zu gestalten und die kaufmännische Abwicklung von Geschäften in den vielsprachigen Basaren im alten Palästina, im Libanon und in Syrien zu vereinfachen?**

Links: **Die Entstehung des Alphabets nach Rudyard Kipling**

Das Rätsel um die Entstehung des ersten Alphabetes: Diese Sphinx wurde 1905 auf dem Sinai gefunden und ist mit proto-sinaistischen Zeichen versehen, die mit den ägyptischen Hieroglyphen verwandt sind. Es scheint sich um eine frühe Alphabetschrift zu handeln. Die Zeichen wurden von semitischen Minenarbeitern aus Kanaan eingeritzt. Wurde das Alphabet in Ägypten oder in Palästina erfunden?

stabe O ist eiförmig und ähnelt dem Mund ihres Vaters, wenn dieser »oh« sagt. Der Buchstabe S ist eine Schlange, da diese allgemein mit einem Zischlaut assoziiert wird. Diese Methode mag etwas weit hergeholt erscheinen, aber Taffimai entwickelt ein ganzes Alphabet damit.

Der englische Dichter William Blake schrieb in seinem Gedicht *Jerusalem:* »In Sinais Höhle gab Gottes Gunst/ den Menschen des Schreibens große Kunst.« Eine kleine Sphinx im Britischen Museum schien Blake einst Recht zu geben, zumindest was die Herkunft des Alphabets angeht. Die Sphinx wurde 1905 von dem Ägyptologen Sir Flinders Petrie in Serabit el-Chadim gefunden, einem trostlosen Ort auf dem Sinai, fernab jeder Zivilisation, als er Türkis-Minen aus altägyptischer Zeit ausgrub. Petrie datierte die Sphinx auf die Mitte der 18. Dynastie; heute schätzt man, dass sie um 1500 v. Chr. entstand. Außer seltsamen Schriftzeichen auf beiden Seiten und zwischen den Tatzen finden sich auch einige Hieroglyphen auf der Figur. Sie lauten: »Geliebte von Hathor, Herrin des Türkis«. Auf einigen Felsen in dieser abgelegenen Gegend fand man noch weitere Inschriften, wie zum Beispiel die folgende:

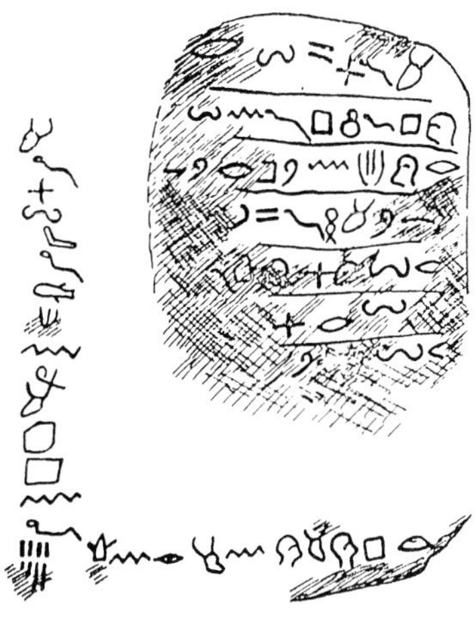

Da die Schrift aus weniger als 30 Zeichen bestand, ging Petrie davon aus, dass es sich um eine Alphabet- und keine Wortschrift handelte. Ferner vermutete er, dass die ihr zugrunde liegende Sprache Semitisch war, denn er wusste, dass in den Minen Semiten aus Kanaan – dem heutigen Israel und Libanon – gearbeitet hatten, in vielen Fällen als Sklaven. Zehn Jahre später untersuchte der Ägyptologe Sir Alan Gardiner die »proto-sinaistischen« Zeichen und entdeckte Ähnlichkeiten zwischen einigen von ihnen und bestimmten piktographischen ägyptischen Hieroglyphen. Darauf wies er jedem dieser Zeichen die semitische Übersetzung der ägyptischen Bedeutung zu.

proto-sinaistische Zeichen	ägyptische Zeichen	semitische Bezeichnung
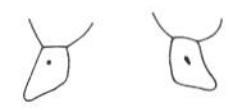		'aleph (Ochse)
	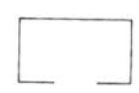	beth (Haus)
		gimel (Wurfstock)
		daleth (Tür)

Diese von ihm geschaffenen semitischen Wörter stimmen mit den Bezeichnungen für die Buchstaben des hebräischen Alphabets überein – eine Tatsache, die Gardiner nicht überraschte, da er wusste, dass gegen Ende des 2. Jahrtausends v. Chr. in Kanaan Hebräer gelebt hatten. Doch obwohl die hebräischen und die proto-sinaistischen Buchstaben dieselben Bezeichnungen haben, unterscheiden sie sich in der Form, was darauf schließen lässt, dass es zwischen den beiden Zeichensystemen keine direkte Verbindung gibt.

Mit Hilfe seiner Hypothese gelang es Gardiner, eine der Inschriften auf der Sphinx von Serabit el-Chadim zu entziffern:

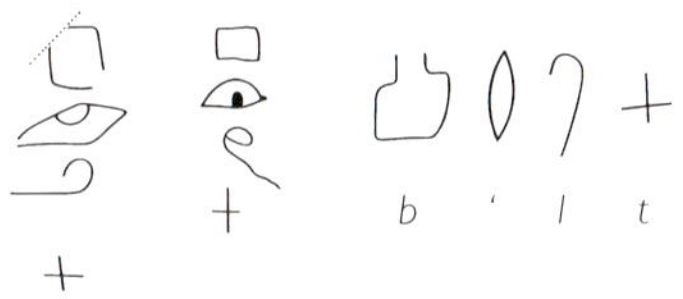

Die Transkription ergibt das Wort »Baalat«, wobei die Vokale nachträglich eingefügt wurden. In der hebräischen Schrift sowie in anderen semitischen Schriftsystemen gibt es keine Vokalzeichen; der Leser muss sich die Vokale aus dem Kontext erschließen. Gardiners Version war schlüssig: Baalat bedeutet »die Dame« und ist eine in der Sinai-Region allgemein übliche semitische Bezeichnung für die Göttin Hathor. Folglich schien die Inschrift auf der Sphinx zweisprachig zu sein. Leider konnten keine weiteren Inschriften entziffert werden, zum einen weil es zu wenig Material gibt, zum anderen weil viele der proto-sinaistischen Zeichen keine Entsprechungen in der Hieroglyphenschrift haben. Und damit zerschlugen sich die Hoffnungen der Wissenschaftler, dass diese Gravierungen Aufschlüsse über die Geschichte des Exodus geben könnten. Trotzdem ist es durchaus möglich, dass Moses bei der Niederschrift der Zehn Gebote auf Steintafeln eine Schrift verwendete, die der proto-sinaistischen ähnlich ist.

Bis heute konnte Gardiners Theorie von 1916, die durchaus plausibel klingt, nicht verifiziert werden. Nachdem Petrie die Sinai-Inschriften entdeckt hatte, ging man einige Jahrzehnte lang davon aus, dass sie das fehlende Glied zwischen den ägyptischen Hieroglyphen und den ersten nachgewiesenen Alphabetschriften seien. (Diese waren das aus 30 Zeichen bestehende Keilschriftalphabet, das man im 14. Jahrhundert v. Chr. in Ugarit an der syrischen Küste, dem heutigen Ras Schamra, benutzte, und das aus 22 Konsonantenzeichen bestehende Alphabet der Phönizier, das Ende des 2. Jahrtausends v. Chr. in Kanaan eingeführt wurde.) Aber warum sollten einfache Bergarbeiter in einer abgelegenen Gegend auf dem Sinai ein Alphabet entwickelt haben? Diese einfachen und wahrscheinlich schriftunkundigen Menschen scheinen als Erfinder kaum in Frage zu kommen. Spätere Funde im Libanon und in Israel ergaben dann, dass die Theorie vom sinaistischen Alphabet nur romantisches Wunschdenken war. Die neuen Inschriften, die aus dem 17. und 16. Jahrhundert v. Chr. stammen, deuten darauf hin, dass es die Menschen aus Kanaan waren, die das Alphabet erfunden haben. Und das mit gutem Grund: Sie waren weltoffene Kaufleute am Knotenpunkt der Handelswege zwischen den ägyptischen, hethitischen, babylonischen und kretischen Reichen; sie waren an kein existierendes Schriftsystem gebunden; sie benötigten eine Schrift, die leicht zu erlernen, schnell zu schreiben und eindeutig war. Obwohl es nicht bewiesen ist, spricht alles dafür, dass es tatsächlich die (Proto-)Kanaaniter waren, die das Alphabet erfanden.

Die erste Alphabetschrift der Welt? Inschrift aus dem Wadi el-Hol in Ägypten, circa 1900 bis 1800 v. Chr.

Neue Beweise aus Ägypten

Nach jüngsten Funden in Ägypten stellt sich das Bild allerdings etwas komplizierter dar, und eine revidierte Version von Gardiners Theorie erscheint jetzt plausibel. 1999 gaben ein Archäologe der Yale University namens John Coleman Darnell und seine Frau Deborah bekannt, dass sie bei der Erforschung alter Handelswege in der südägyptischen Wüste im Wadi el-Hol, westlich von Theben, auf alphabetische Inschriften gestoßen seien, die von circa 1900 bis 1800 v. Chr. datierten. Sie sind also erheblich älter als die Inschriften aus dem Libanon und Israel und wären damit die frühesten uns bekannten alphabetischen Inschriften.

Die beiden kurzen Texte wurden in einer semitischen Schrift verfasst. Nach Meinung von Experten ähnelten die Zeichen einer halbkursiven Form der ägyptischen Schrift. Der Verfasser soll ein Schreiber gewesen sein, der mit einer Gruppe von Söldnern unterwegs war (es gab zahlreiche solcher Söldner, die im Dienst der Pharaonen standen). Wenn sich diese Theorie bestätigt, dann sieht es tatsächlich so aus, als sei das Alphabet doch durch die ägyptischen Hieroglyphen inspiriert worden und nicht in Palästina, sondern in Ägypten entstanden. Aber da diese These nicht bewiesen ist, hält die Suche nach weiteren Inschriften unvermindert an. Das Rätsel um die Entstehung des Alphabets ist keineswegs gelöst.

Das etruskische Alphabet

60

Zeit: 8. bis 1. Jahrhundert v. Chr.
Ort: Italien

Selbst heute glauben neunzig Prozent der informierten Öffentlichkeit, dass das Etruskische nicht zu entziffern sei. Diese Ansicht wird in der Presse und in den meisten Lehrbüchern verbreitet, obwohl sie seit über zweihundert Jahren veraltet ist.

MASSIMO PALLOTTINO, 1975

SEIT RÖMISCHER ZEIT haben die Etrusker und ihre Heimat Etrurien (die heutige Toskana) die Fantasie der Europäer beschäftigt. Während der Renaissance wurde der Großherzog der Toskana, Cosimo dei Medici, von seinem Biographen Vasari zum etruskischen König Lars Porsenna romantisch verklärt, nachdem man in Chiusi angeblich Porsennas Grab entdeckt hatte. Und im 20. Jahrhundert verwendete D. H. Lawrence in seinen späten Gedichten häufig Bilder, zu denen ihn die von ihm besuchten etruskischen Gräber inspiriert hatten: »Reich mir den Enzian, gib mir sein Licht, lass blau seine Flammen mir leuchten, wenn jeder Schritt tiefer ins Dunkel mich führt ... wo einst Persephone vor mir gegangen.«

Sprachgeschichtlich sind die Etrusker zweifellos von großem Interesse. Sie übernahmen das Alphabet von den Griechen, wandelten es ab und gaben es an die Römer weiter, die es wiederum im restlichen Europa verbreiteten. Doch ihre gesprochene Sprache starb aus, und soweit wir aus Rekonstruktionen etruskischer Inschriften schließen können, hatte sie keinerlei Ähnlichkeit mit anderen europäischen Sprachen. Man muss nur die etruskischen Zahlwörter mit ihren Entsprechungen im Lateinischen, Griechischen und Sanskrit vergleichen, um festzustellen, dass das Etruskische keine indoeuropäische Sprache war:

	Deutsch	*Etruskisch*	*Latein*	*Griechisch*	*Sanskrit*
1	eins	thu	oinos, unus	oine	e (kah)
2	zwei	zal	duo	dyo	dva
3	drei	ci	tres	treis	trayah
4	vier	sa	quattuor	tettares	catvarah
5	fünf	mach	quinque	pente	panca
6	sechs	huth	sex	hex	sat (sas)
10	zehn	sar	decem	deka	dasa

Die Etrusker übernahmen das Alphabet von griechischen Kolonisten, die sich um 775 v. Chr. in Pithekoussai (dem heutigen Ischia) in Italien niederließen. An vielen Stätten fand man auf zahlreichen Gegenständen »Muster-Alphabete«, die offensichtlich sehr beliebt waren. In der Praxis wurden jedoch nicht alle Buchstaben verwendet, denn die Etrusker kannten weder die stimmhaften Verschlusslaute *b, d, g* noch den Vokal *o*. So verzichteten sie auf die griechischen Buchstaben 𐌁, 𐌃 und O, während sie dem griechischen Gamma (Γ, < oder ( ) den Lautwert *k* (statt dem griechischen *g*) zuwiesen. Das heißt, dass man für *k* (wie im deutschen »Bank«) drei verschiedene etruskische Zeichen einführte: K vor dem *a (ka)*, < vor *e* und *i (ce, ci)* und Ϙ vor dem *u (qu)*. (Die lateinische Rechtschreibung übernahm anfangs dieses System. Da das Lateinische im Gegensatz zum Etruskischen jedoch über den Laut *g* verfügte, wurde der lateinische Buchstabe »c« ursprünglich entweder wie ein *k* [Caesar = *Kaiser*] oder wie ein *g* [Caius = *Gaius*] ausgesprochen; um diesen phonetischen Unterschied deutlich zu machen, führten die Römer später den Buchstaben »g« ein.)

Etruskische Vase oder Tintenfass in der Form eines Hahns, circa 600 v. Chr.: Die Inschrift ist ein »Muster-Alphabet«, das von den Griechen übernommen wurde

Goldbleche aus Pyrgi, circa 500 v. Chr.: Die Inschrift auf der linken Tafel ist phönizisch, die auf der rechten etruskisch/griechisch. Die Griechen übernahmen das Alphabet von den Phöniziern und gaben es an die Etrusker weiter, die die Buchstaben modifizierten *(unten)*.

Muster-Alphabet	*archaische Inschriften (7.–1. Jh. v. Chr.)*	*spätere Inschriften (4.–1. Jh. v. Chr.)*	*Lautwerte*
𐌀	𐌀	𐌀	a
𐌁			(b)
𐌂	𐌂	𐌂	c (=k)
𐌃			(d)
𐌄	𐌄	𐌄	e
𐌅	𐌅	𐌅	v
𐌆	𐌆	𐌆 𐌆	z (=ts)
𐌇	𐌇	𐌇 ⊘	h
⊗	⊗ O	⊙ O	θ (=k)
𐌉	𐌉	𐌉	i
𐌊	𐌊		k
𐌋	𐌋	𐌋	l
𐌌	𐌌	𐌌	m
𐌍	𐌍	𐌍	n
𐌎			(s)
𐌏			(o)
𐌐	𐌐	𐌐	p
𐌑	𐌑	𐌑	s
𐌒	𐌒		q
𐌓	𐌓	𐌓	r
𐌔	𐌔	𐌔	s
𐌕	𐌕	𐌕 𐌕	t
𐌖	𐌖	V	u
𐌗	𐌗		s
𐌘	𐌘	𐌘	ø (=ph)
𐌙	𐌙	𐌙	x (=kh)
	(𐌚8)	8	f

Es gibt ungefähr 13000 uns bekannte etruskische Inschriften, darunter etwa 4000 Fragmente und Ritzinschriften. Bei einem Großteil der übrigen 9000 handelt es sich um kurze Texte, hauptsächlich Grabinschriften, die lediglich Personennamen enthalten – neben dem des Verstorbenen den Namen seines Vaters, manchmal den der Mutter und, wenn es eine Frau war, vielleicht noch den Namen ihres Mannes und die Zahl ihrer Kinder –, manchmal auch Angaben über das Alter und öffentliche Ämter des Verstorbenen sowie einige formelhafte Wendungen. Solche Inschriften lassen sich problemlos lesen: Man muss nur die einzelnen Buchstaben durch ihre Lautwerte ersetzen, was man bereits im 18. Jahrhundert oder sogar noch früher herausgefunden hatte. Aber man kann eine Sprache kaum dadurch lernen, dass man nur Grabinschriften liest.

Was fehlt, sind umfangreiches zweisprachiges Material und andere Inhalte. 1964 entdeckte man in Pyrgi, dem antiken Hafen von Caere (heute Cerveteri) drei Goldbleche, die zu den wichtigsten zweisprachigen Inschriften des etruskischen Schriftguts gehören. Eine der Tafeln ist mit einem phönizischen Text versehen, die anderen beiden mit einem etruskischen, von denen der längere aus 36 oder 37 Wörtern besteht. Allerdings handelt es sich um keine wortgetreuen Übersetzungen, weshalb sie eigentlich nicht als echte Bilinguen bezeichnet werden können. Beide Texte berichten von demselben Ereignis: die Weihung eines Tempels oder vielleicht auch Standbilds der phönizischen Göttin Astarte (oder Ischtar), im etruskischen Text Göttin Uni, durch den Herrscher Thefarie Velianas in seinem dritten Regierungsjahr; aber die Formulierungen weichen deutlich voneinander ab. Letzten Endes war »ci« mit der Bedeutung »drei« das einzige neue etruskische Wort, das man aus den Goldblechen von Pyrgi ableiten konnte. Ähnlich unergiebig verlief die Analyse der in den 1990er-Jahren entdeckten Inschrift Tabula Cortonensis, deren 200 Wörter sich hauptsächlich als Eigennamen (wie Laris Celatina Lausa) entpuppten. Die einzige neue Vokabel scheint das Wort für »See« zu sein.

Während die etruskische Schrift also kein Geheimnis mehr ist, stellt uns die etruskische Sprache immer noch vor ein Rätsel. Obwohl wir bei der Entschlüsselung auf viele andere Hilfsmittel wie etruskische Kunst oder lateinische Inschriften zurückgreifen können, besteht unser gesamtes etruskisches Vokabular aus nur etwa 250 Wörtern, deren Bedeutung nicht immer zweifelsfrei geklärt ist. Aufgrund der begrenzten Anzahl von Inschriften ist unsere Kenntnis der Grammatik äußerst lückenhaft, und da keine Literatur erhalten ist, wissen wir auch nur sehr wenig über die Syntax des Etruskischen. Trotzdem hat sich unser Wissen in jedem dieser Bereiche im Laufe der Jahrzehnte stetig vergrößert.

Die meroitische Schrift

61

Zeit: 3. Jahrhundert v. Chr. bis 4. Jahrhundert n. Chr.
Ort: Sudan

Dass Nomaden aus der östlichen Wüste einst (in Meroe) im Niltal ein Weltreich gründeten, ist nicht verwunderlicher als die Tatsache, dass die Nachkommen eines Volkes, das die Welt materiell und intellektuell dominierte, die heutigen Fellachen sind.

FRANCIS LLEWELLYN GRIFFITH, 1909

VERFOLGT MAN AUF DER KARTE den Lauf des Nils, erkennt man, dass er in zwei großen Schleifen mit sechs Katarakten durch Khartoum im Zentrum des Sudan bis zum Nassersee und Assuan an der heutigen ägyptisch-sudanesischen Grenze fließt. Dieses riesige Land, das der Größe des altägyptischen Reichs entspricht, bezeichnen Archäologen als Nubien. Früher war es das Königreich Kusch (die Herkunft des Namens ist unbekannt), dessen Hauptstadt Meroe zwischen dem 5. und 6. Katarakt am Nil lag.

Das meroitische Reich war kein bloßes Anhängsel Altägyptens, sondern gehörte zu den bedeutendsten frühen Staaten des subsaharischen Afrika. Seine archäologischen Ursprünge reichen bis in das 3. Jahrhundert v. Chr. zurück, aber historisch tritt es erst im 8. Jahrhundert v. Chr. in Erscheinung, als es zum ersten Mal in ägyptischen Hieroglypheninschriften erwähnt wird. Nach erfolgreichen Eroberungszügen herrschten zwischen 712 und 656 v. Chr. kuschitische Könige über Ägypten. Sie wurden als 25. Dynastie in die ägyptische Herrscherfolge integriert und regierten nun ein Reich, das sich vom Zentralsudan bis an die Grenzen Palästinas erstreckte. Noch im 1. Jahrhundert n. Chr. wurde in Kusch die ägyptische Hieroglyphenschrift verwendet. Doch dann wurde zunehmend auch die meroitische Schrift benutzt, die, ganz wie die ägyptische, sowohl eine hieroglyphische als auch eine kursive Form aufwies. Mit Hilfe einiger kurzer, zweisprachiger Inschriften auf Ägyptisch und Meroitisch, die man unter anderem in Meroe entdeckt hatte, gelang es Wissenschaftlern wie Francis Llewellyn Griffith die Lautwerte der meroitischen Schrift zu entschlüsseln: Es gibt nur 23 hieroglyphische (und ebenso viele kursive) Zeichen, von denen die meisten der ägyptischen Schrift entlehnt sind. Das heißt also, dass die meroitischen Hieroglyphen den ägyptischen zwar gleichen, aber im Gegensatz zu ihnen ein Alphabet bilden.

Meroitische Buchstaben in hieroglyphischer und kursiver Schreibweise und ihre Lautwerte: Obwohl sie den ägyptischen Hieroglyphen ähneln, handelt es sich um Alphabetzeichen

Indem wir sie mit den entsprechenden ägyptischen Wörtern vergleichen, können wir viele meroitische Namen übersetzen und auch die Bedeutung einiger Vokabeln verstehen. Doch die meroitische Schrift als Gesamtsystem bleibt uns weiterhin verschlossen. Die uns bekannten Wörter haben offensichtlich keinerlei Verwandtschaft mit dem Altnubischen oder irgendeiner anderen afrikanischen Sprache aus der nilosaharischen oder der afroasiatischen Sprachfamilie. Da es also kein subsaharisches Äquivalent zum Koptischen gibt – dem Schlüssel zur Entzifferung der ägyptischen Hieroglyphen –, lassen sich keinerlei linguistische Vergleiche ziehen. Wir können daher nur hoffen, auf einen umfangreicheren, zweisprachigen Text zu stoßen, vorzugsweise auf Meroitisch und Ägyptisch, der uns wertvolle neue Aufschlüsse gibt. Vielleicht wird sich eines Tages Griffiths kühne These bestätigen, dass die Begründer des Königreichs von Kusch eine frühe Form des Bedauye sprachen – die Sprache der heutigen Nomaden in der Arabischen Wüste am Roten Meer, von dem sich unser deutsches Wort »Beduine« ableitet.

Die zapotekische und isthmische Schrift

62

Zeit: 500 v. Chr.? bis 2. Jahrhundert n. Chr.
Ort: Mexiko

Die Stele von La Mojarra ist ... der älteste längere Text, der je in Mesoamerika entdeckt wurde, und wahrscheinlich der wichtigste.

MARTHA J. MACRI, 1993

DIE ZAPOTEKISCHE SCHRIFT aus dem mexikanischen Bundesstaat Oaxaca und die isthmische Schrift vom Isthmus von Tehuantepec sind die bedeutendsten Proto-Maya-Schriften Zentralamerikas. Beide wurden jedoch bis heute nicht entziffert. Die zapotekische Schrift datiert vermutlich von 500 v. Chr. und ist somit das älteste uns bekannte Schriftsystem auf dem amerikanischen Kontinent. Die etwas jüngere isthmische Schrift stammt aus dem 2. Jahrhundert n. Chr. Da die beiden Schreibsysteme in benachbarten Gebieten verbreitet waren, ist es durchaus möglich, dass die zapotekische Schrift die isthmische beeinflusste, und diese wiederum die Schrift der angrenzenden Maya-Kultur, die zum ersten Mal für das 3. Jahrhundert n. Chr. nachgewiesen wurde.

Der überwiegende Teil der zapotekischen Inschriften – darunter auch die bedeutendsten – stammen aus der zapotekischen Hauptstadt Monte Albán, die man außerhalb der heutigen Stadt Oaxaca auf einem gewaltigen Bergplateau errichtet hatte. Die zapotekischen Glyphen weisen keinerlei Ähnlichkeit mit den mixtekischen, aztekischen oder denen der Maya-Schrift auf. Die einzigen Gemeinsamkeiten bestehen in den Punkt-Strich-Zahlzeichen und einer sehr ähnlichen kalendarischen Schreibform, wie sie auch die isthmische Schrift enthält; beides wurde vermutlich von den Zapoteken erfunden.

1578 leistete ein spanischer Priester unseren Schriftdeutern unschätzbare Dienste, indem er ein spanisch-zapotekisches Wörterbuch veröffentlichte, das die 20 Tagesnamen des frühzapotekischen Kalenders enthielt; da das Schriftsystem der Zapoteken bereits vor Jahrhunderten untergegangen war, konnte er nicht mehr jedem Namen eine zapotekische Gly-

	Zapotekisch	*Spanisch*	*Deutsch*	*zapotekische Glyphe(n)*
1	Chilla	Lagarto	Krokodil	
2	Laa	Relámpago	Blitz	
3	Laala	?	?	
4	Lachi	Juego de pelota?	Ballspiel?	
5	Zee	Miseria	Unglück	
6	Lana	Flecha, Tizne	Pfeil, Ruß	
7	China	Venado	Hirsch	
8	Lapa	?	?	
9	Nica	Aqua	Wasser	
10	Tella	Nudo	Knoten	
11	Loo	Mona, Mono	Affe	
12	Pija	Planta jabonera	Seifenbeerenbaum	
13	Laa	?	?	
14	Lache	Corazón	Herz	
15	Naa	Milpa	Maisfeld	
16	Loo	Ojo	Auge	
17	Xoo	Temblor	Erdbeben	
18	Lopa	?	?	
19	Lape	Gota	Tropfen	
20	Loo	Principal	Herrscher, Fürst	

Links: **Die zapotekischen Tagesnamen und -glyphen**
Rechts: **Die Statuette von Tuxtla mit isthmischen Zeichen**

phe zuordnen. Dies gelang jedoch der modernen Wissenschaft, die die Bedeutung zahlreicher Glyphen anhand des Dargestellten entschlüsselte und die Inhalte mit den spanischen Übersetzungen der zapotekischen Tagesnamen verglich.

Die Entzifferung der nichtkalendarischen Glyphen hat sich dagegen weitaus schwieriger gestaltet. Voraussetzung dafür wäre die Kenntnis der dazugehörigen Sprache, die mit dem modernen Zapotekisch verwandt sein könnte, wobei allerdings zwei Aspekte zu berücksichtigen sind: Zum einen hat sich die Sprache im Laufe von über 2000 Jahren mit Sicherheit stark verändert, zum anderen ist die zapotekische Sprachgruppe in sich schon äußerst heterogen, da sie aus drei Hauptfamilien und einigen gleichermaßen unverständlichen Dialekten besteht. Auch fehlen uns die zapotekischen Namen der meisten Orte Oaxacas, was die Entzifferung erheblich erleichtern würde, da sie in den alten Inschriften mit Sicherheit erwähnt sind. Seit langem sind sie nur noch auf Nahuatl bekannt, in der Sprache der Azteken, die sich lange vor der spanischen Eroberung in der Region durchsetzte.

Trotzdem haben Wissenschaftler herausgefunden, dass das zapotekische Schriftsystem mindestens 100 Grundzeichen enthält; diese Zahl ist für eine reine Silbenschrift zu hoch, für eine logosyllabische wie die Maya-Schrift wiederum zu niedrig. Solange keine weiteren Inschriften gefunden werden, wird daher die genaue Struktur der zapotekischen Schrift unklar bleiben.

Das Gleiche trifft für die isthmische Schrift zu, die wir seltsamerweise trotz des weit spärlicheren Textfundus besser verstehen als die zapotekische. Der Grund hierfür ist, dass das Korpus dieser Sprache hauptsächlich aus einer längeren, datierten Inschrift besteht, neben der ein Herrscher dargestellt ist, und dass der linguistische Hintergrund des Isthmus vom Tehuantepec besser erforscht ist als der von Oaxaca.

Die isthmische Schrift wurde 1902 im Tuxtlagebirge in der Nähe von San Andrés Tuxtla im Süden des mexikanischen Bundesstaates Veracruz entdeckt. Bauern förderten beim Pflügen eines Felds eine merkwürdige kleine Jadestatuette zu Tage. Es handelte sich um die Figur eines geflügelten Mannes mit einer Art Entenschnabel, in die etwa 70 Zeichen einer unbekannten Schrift eingeritzt waren. Die Statuette wurde dem Smithonian Institute in Washington, D. C., übergeben, wo sie – ähnlich wie der Diskus von Phaistos – im Laufe der folgenden Jahrzehnte eine Art Kultstatus erlangte, da vorläufig keine weiteren Exemplare dieser Schrift mehr auftauchten. 1986 schließlich entdeckten Flussfischer in La Mojarra – einem in der Nähe von Tuxtla, unweit der Golfküste gelegenen Fischerdorf – am Grund eines Flusses eine vier Tonnen schwere, mit Inschriften versehene Steinplatte. Diese Stele von La Mojarra weist 400 bis 500 Glyphen auf (darunter auch die Jahreszahlen 143 und 156 n. Chr.), die eindeutig zur selben Schrift gehören wie die Zeichen auf der Statuette von Tuxtla.

Es herrscht allgemeine Übereinstimmung darüber, dass am Isthmus von Tehuantepec höchstwahrscheinlich eine frühe Form des Zoque gesprochen wurde – eine Sprachform, die zur Mixe-Zoque-Familie gehörte –, das auch heute noch dort und in den angrenzenden Gebieten verbreitet ist. Einige Wissenschaftler glauben sogar, dass die Olmeken, die früheste Zivilisation Mesoamerikas (wenn auch ohne eine Schrift), in der Gegend von La Mojarra Mixe-Zoque sprachen. Sie bezeichnen die isthmische Schrift deshalb als »Epi-Olmekisch«, was jedoch umstritten ist.

Die Theorie, dass Mixe-Zoque der isthmischen Schrift zugrunde liegt, ist jedoch rein spekulativ (ähnlich wie die Hypothese, dass die Indus-Schrift das Drawidische wiedergibt). Versucht man, sie auf die isthmischen Texte anzuwenden, indem man auffällige Zeichenfolgen und Bildelemente mit bekannten Wörtern der rekonstruierten Zoque-Sprache vergleicht und deren grammatische und syntaktische Strukturen zugrunde legt, lassen sie sich tatsächlich »entschlüsseln«. Das Problem ist allerdings, dass es keine weiteren isthmischen Inschriften gibt, an denen sich dieses Entzifferungsmodell überprüfen ließe. Trotz gegenteiliger Behauptungen ist die isthmische Schrift deshalb noch immer nicht entziffert.

Zeichnung der Stele von La Mojarra

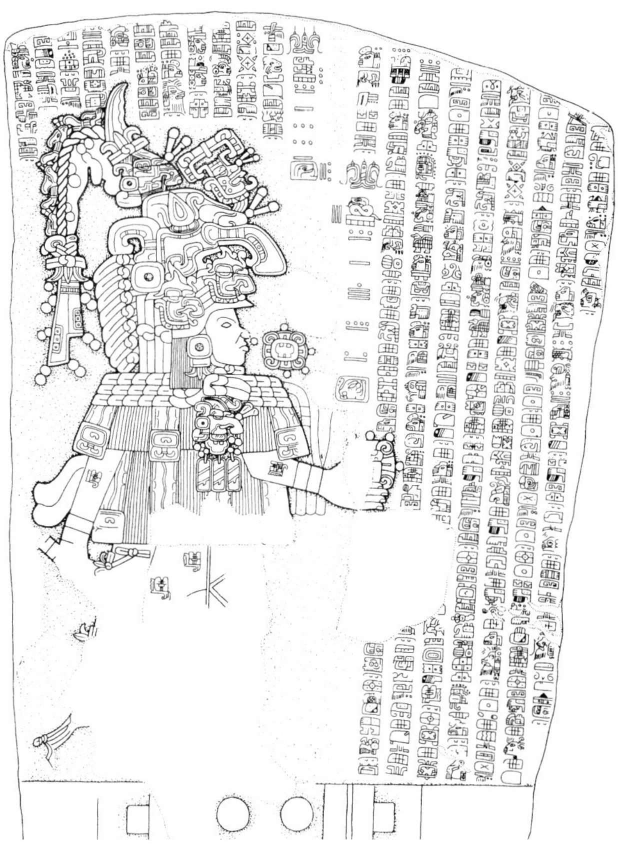

Runen und piktische Symbolsteine

Zeit: 2.? bis 9. Jahrhundert n. Chr.
Ort: Nordeuropa, Grönland

Für jede Runeninschrift wird es ebenso viele Deutungen geben wie Wissenschaftler, die sie erforschen.

»ERSTES GESETZ DER RUNO-DYNAMIK«

DASS DER ÜBERWIEGENDE TEIL der europäischen Schriften auf dem römischen Alphabet basiert, verschleiert die Tatsache, dass es sehr wohl eine eigene europäische Schrift gab: die Runenschrift, deren Verbindung zur römischen Schrift nicht eindeutig zu klären ist. Die Runen, die bis ins 2. Jahrhundert n. Chr. zurückreichen, waren eine Vorform des frühen Gotischen, Dänischen, Schwedischen, Norwegischen, Englischen, Friesischen, Fränkischen und verschiedener Stammessprachen im zentralgermanischen Raum.

Die Vielfalt der Runeninschriften spiegelt die Fülle der beteiligten Sprachen wider. Wir kennen an die 5000 Runentexte, wobei fast alle in nordischen Ländern zu finden sind. Der größte Teil stammt aus Schweden, wo immer wieder neue Inschriften entdeckt werden. In Norwegen gibt es über 1000, in Dänemark um die 700 und in Island

Der Stein von Rök, Östergötland, Schweden: Diese längste uns bekannte Runeninschrift wurde in der frühen Wikingerzeit von Varin zum Andenken an seinen verstorbenen Sohn Vāmod verfasst

etwa 60 relativ junge Runentexte. Weitere fand man in Grönland und auf den Faröer. Einige auf den britischen Inseln entdeckte – auf der Isle of Man, den Orkneyinseln, den Shetlandinseln, in Irland und den Äußeren Hebriden – stammen von durchreisenden Nordländern.

Wir wissen nicht, wo und wann die Runen erfunden wurden. Die ältesten Gegenstände mit eingeritzten Schriftzeichen wurden in Rumänien, Deutschland und Russland aufgefunden und deuten darauf hin, dass die Runenschrift in dieser Region entstanden sein könnte; möglicherweise wurde sie von Goten erfunden, die an den Ufern von Donau und Weichsel lebten. Eine andere Hypothese, die sich auf die Ähnlichkeit zwischen Runentexten und Inschriften in den Alpentälern der Südschweiz und Norditaliens stützt, schreibt ihre Erfindung den romanisierten Germanen in diesem Gebiet zu; es wird sogar eine Verbindung zum etruskischen Alphabet vermutet. Einer dritten Theorie nach ist die Runenschrift eine Erfindung germanischer Stämme in Dänemark, möglicherweise Südjütland. Viele der frühesten Inschriften stammen aus diesem Großraum, und auch heute noch findet man in verschiedenen Regionen Dänemarks sehr alte Runentexte. Doch in einem Punkt sind sich die Experten einig: Die Runenschrift wurde, wie auch immer, vom römischen Alphabet beeinflusst.

Das Runenalphabet

Das Runenalphabet, das nach seinen ersten sechs Buchstaben auch das »Futhark« genannt wird, besteht aus 24 Buchstaben, die recht eigenwillig angeordnet sein können:

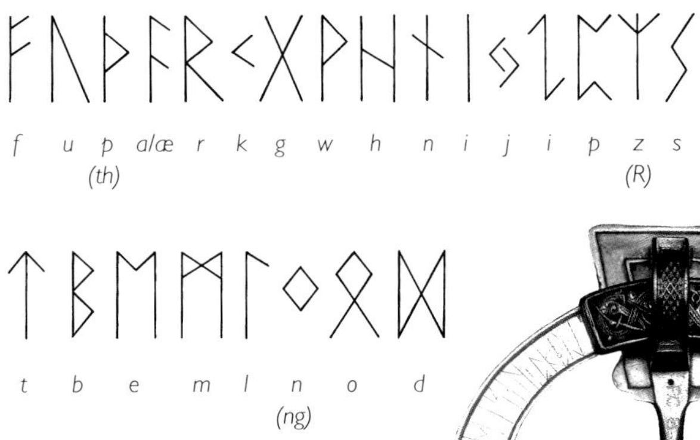

Hier läuft die Schrift von links nach rechts, hätte aber ebenso gut von rechts nach links oder gar im Bustrophedon-Stil geschrieben sein können (zeilenweise abwechselnd von links nach rechts und umgekehrt). In manchen Fällen wurden einzelne Buchstaben, scheinbar willkürlich, spiegelverkehrt geschrieben oder sogar auf den Kopf gestellt. Groß- und Kleinschreibung war unbekannt.

Einige Runen gleichen Buchstaben des römischen Alphabets fast aufs Haar, beispielsweise die Zeichen für *r, i* und *b*. Bei anderen könnte es sich um modifizierte Varianten römischer Buchstaben handeln, wie die Zeichen für *f, u* (ein auf dem Kopf stehendes römisches V), *k* (das römische C), *h, s, t* und *l* (ein auf dem Kopf stehendes römisches L). Hingegen haben wiederum andere, wie die Zeichen für *g, w, j* und *p*, keinerlei Ähnlichkeit mit den römischen Buchstaben derselben Lautwerte.

Da die Lautwerte der frühen germanischen Sprachen denen moderner europäischer Sprachen nicht exakt entsprechen, handelt es sich hier nur um Annäherungswerte. Beispielsweise gibt es eine Rune für den heute aus zwei Buchstaben zusammengesetzten Reibelaut *th*, wie im englischen »thin«, der zum frühenglischen Alphabet gehörte und »thorn« (»Dorn«) genannt wurde. Darüber hinaus hat das Runenalphabet ein Vokalzeichen ᛇ, das hier das *i* repräsentiert, dessen Aussprache jedoch umstritten ist. Die Runenschrift konnte auch zwischen *ng*, wie in »ungerade«(ᚾ + ᚷ), und *ng*, wie in »Hunger«(◇), unterscheiden.

Obwohl wir die meisten Runentexte – ähnlich wie die etruskischen Inschriften – »lesen« können, bleibt uns ihr Sinn verborgen, da wir zu wenig über die frühen germanischen Sprachen wissen.

Piktische Symbolsteine

Noch viel rätselhafter als die Runenschrift sind die piktischen Symbolsteine. Zusammen mit den inzwischen verschollenen Exemplaren gibt es etwa 630 davon. Sie wurden ausschließlich in Schottland gefunden, das zwischen dem 4. und 9. Jahrhundert n. Chr. unter piktischer Herrschaft stand. Es wurden etwa 425 Symbole identifiziert, die sich zu circa 50 unterschiedlichen Zeichen kombinieren lassen. Die häufigsten sind V und Halbmond, Z und Doppelscheibe, Delphin, Fisch, Spiegel und Kamm:

Die Hunterston-Brosche aus Strathclyde in Schottland: Die Runen auf der linken Seite stehen für den Namen der Besitzerin, Melbrigda, die auf der rechten sind Scheinrunen

Silber- und Emailleplättchen aus dem Tumulus von Norries's Law, vermutlich 5. Jahrhundert n. Chr. Die Symbole sind »Z und Doppelscheibe« sowie ein Seehundkopf

Es besteht eindeutig keine Ähnlichkeit mit dem römischen Alphabet, und da die piktischen Symbole gewöhnlich paarweise auftreten, selten in Kombinationen von mehr als vier Symbolen, dürften sie wohl kaum Teil eines Alphabets sein.

Es gibt zwei Kategorien von Inschriften: Kategorie I besteht lediglich aus Symbolen, die in rohen Fels und Monolithen aus dem Neolithikum und der Bronzezeit geritzt wurden. Zu Kategorie II, die ganz offensichtlich mit einer christlichen Symbolik verknüpft ist, gehören Platten aus einheimischem Stein, in deren Vorderseite ein Kreuz und häufig eindrucksvolle Ornamente gemeißelt sind, während die Rückseite und der schmale Seitenrand mit denselben Symbolen wie Kategorie I, mit weiteren Ornamenten und manchmal auch einem zweiten Kreuz versehen sind.

Da wir die Sprache der Pikten, eine Form des Gälischen, nicht kennen, lassen sich die Inschriften nur anhand der Symbole selbst deuten. (Einige Steine weisen zusätzlich Buchstaben des Ogham-Alphabets auf. Da auch diese Schrift nicht entschlüsselt ist, sind sie jedoch als »Bilinguen« unbrauchbar.) Aller Wahrscheinlichkeit nach stellen die piktischen Symbole vorwiegend Personennamen dar, ähnlich wie wir es aus der Wappenkunst kennen; möglicherweise gedenken sie auch wichtiger Ereignisse. Bei einigen Symbolsteinen handelt es sich zweifellos um Grabsteine. Im Gegensatz zur Runenschrift bilden die piktischen Symbole kein vollständiges Schriftsystem.

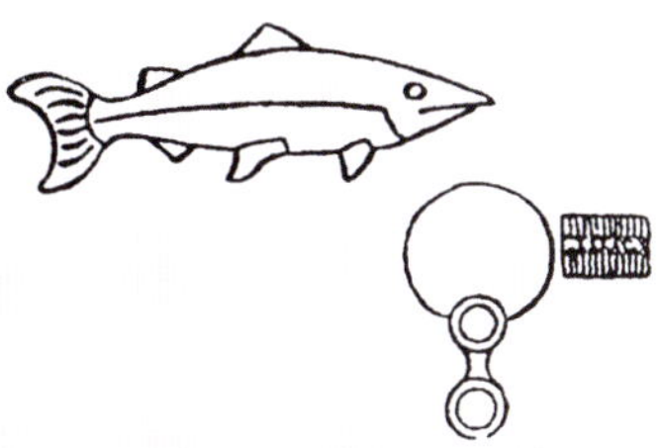

Oben: **»Golspie 2« aus Schottland, ein Symbolstein der Kategorie II: Er zeigt ein piktisches Tier, einen Pikten mit Doppelaxt und Dolch vor einem Löwen, einem Fisch, zwei ineinander verschlungene Nattern, die sich gegenseitig in ihre Fischschwänze beißen**
Links: **Die gebräuchlichsten piktischen Symbole**

Rongorongo

64

Zeit: ?? bis 19. Jahrhundert n. Chr.
Ort: Osterinsel

Unsere ko hau rongorongo *sind verloren! Die heiligen Tafeln, die wir mitgebracht haben, und jene, die wir in unserem neuen Land noch machen, werden nicht überdauern. Menschen anderer Rassen werden ein paar davon bewahren, und sie werden von unschätzbarem Wert sein. Ihre* maori *werden sie studieren und doch nicht lesen können. Unsere* ko hau motu mo rongorongo *werden für immer verloren sein.* Aue! Aue!

KÖNIG HOTU MATU'A (DER LEGENDE NACH DER ERSTE SIEDLER AUF DER OSTERINSEL)

DIE OSTERINSEL (oder Rapa Nui, wie sie von ihren Bewohnern genannt wird) ist der entlegenste besiedelte Ort der Erde: Die nächste bewohnte Insel ist das 2250 Kilometer ost-südöstlich gelegene Pitcairn Island. Mit einer Länge von nur 24 Kilometern ist die Osterinsel relativ klein. Zu den vielen Rätseln, die sie uns aufgibt – darunter die großartigen Steinskulpturen *(moai)* –, gehört auch ihre Schrift, die man nur dort findet: *rongorongo,* was so viel bedeutet wie »Gesänge« oder »Rezitationen«. Da sie so fremdartig und geheimnisvoll ist, hatte die Schrift eine geradezu magnetische Anziehungskraft auf viele Möchtegern-Schriftdeuter, die sich seit ihrer Entdeckung durch die Europäer in den 60er-Jahren des 19. Jahrhunderts an ihrer Entzifferung versucht haben.

Es gibt 25 *rongorongo*-Inschriften, die vermutlich mit einem Haifischzahn, Vogelknochen oder Obsidiansplitter in Holz geritzt wurden. Sie sind über die ganze Welt verstreut, von Honolulu und Santiago bis zu den Hauptstädten Europas; auf der Osterinsel selbst gibt es kein einziges Exemplar mehr. Die meisten Stücke sind nach den Orten benannt, wo sie sich gegenwärtig befinden, wie beispielsweise die Große St. Petersburger Tafel; aber einige tragen auch die Namen aus der Rapa-Nui-Sprache, wie die eiförmige Holztafel Mamari (»Ei«); eine andere hat einen französischen Namen, Echancrée (»Eingekerbt«), was jeweils ihr Aussehen beschreibt. Viele der Inschriften sind sehr kurz, aber die größte und längste von ihnen, der Santiago-Stab, ein 126 Zentimeter langes und 6,5 Zentimeter breites Holzzepter, besteht aus etwa 2300 Zeichen. Die Tahua, eine aus einem europäischen oder amerikanischen Ruder gefertigte Holztafel, enthält etwa 1825 Zeichen und ist die längste Tafelinschrift.

Wie alt ist *rongorongo?*

Kaum jemand bezweifelt, dass die *rongorongo*-Inschriften eine polynesische Sprache wiedergeben, die mit dem heutigen Rapa Nui verwandt ist. Die Schwierigkeit besteht darin, festzustellen, wie sich die Sprache seit der Entstehungszeit der Inschriften verändert hat, und natürlich, sie auf die Inschriften anzuwenden. Doch niemand weiß genau, wie alt das Schriftsystem *rongorongo* wirklich ist. Keine der Inschriften ist datiert. Wurde *rongorongo* vor eineinhalb Jahrtausenden von Polynesiern auf die Insel gebracht oder hat sie sich dort eigenständig entwickelt? Oder ist sie gar eine Folge der ersten Kontakte mit europäischen Seefahrern im 18. Jahrhundert? Für alle drei Thesen gibt es gewisse Anhaltspunkte. Wenn man beweisen könnte, dass *rongorongo* eine eigenständige Erfindung war, wäre dies gleichzeitig eine Bestätigung für die höchst umstrittene These, dass die Schriftsysteme der Welt keinen gemeinsamen Ursprung haben.

Nach der mündlichen Überlieferung der Inselbewohner, die im 19. Jahrhundert aufgezeichnet wurde, brachte der legendäre König Hotu Matu'a, als er mit seinem Volk die Osterinsel besiedelte, 67 Holztafeln aus seiner Heimat Polynesien mit. Aber in ganz Ozeanien ist keine Schrift bekannt, die vor der Kolonialzeit entstanden wäre. Wenn *rongorongo* auf der Osterinsel erfunden wurde, müssten sich eigentlich auch Inschriften in Stein finden lassen, beispielsweise auf den *moai*-Skulpturen und an den Höhlenwänden. Es wurden jedoch keine gefunden; allerdings entdeckte man auf einigen Skulpturen Petroglyphen, die

Links: **»Unterschriften« von Bewohnern der Osterinsel auf einem spanischen Vertrag von 1770**
Gegenüberliegende Seite oben: **Die Mamari-Tafel in umgekehrter Bustrophedon-Schreibung: Man liest Zeile 1 von links nach rechts, dreht die Tafel um 180 Grad, liest Zeile 2 wieder von links nach rechts, dreht die Tafel nochmals und so weiter**

Rechts: **»Mondkalender« auf der Mamari-Tafel: Genau genommen handelt es sich um Anweisungen für den Mondkalender; es wird beschrieben, wo man zwei zusätzliche Nächte in den Mondzyklus mit seinen 29,52 Tagen einfügt, damit das traditionelle Mondjahr aus 29- und 30-tägigen Monaten erhalten bleibt**

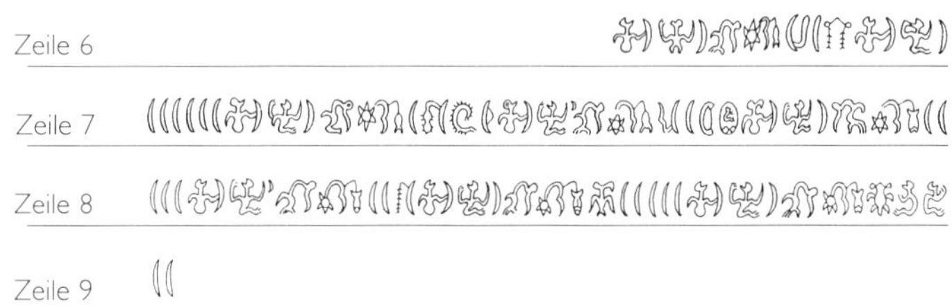

eine deutliche Ähnlichkeit mit den *rongorongo*-Zeichen aufweisen. Nun kann es durchaus sein, dass diese Petroglyphen schon lange vor den ersten Kontakten mit den Europäern entstanden waren und dass die Inselbewohner mit der Zeit verlernt hatten, damit eine gesprochene Sprache wiederzugeben. Die ersten Europäer, die 1722 auf der Insel landeten, fanden keinerlei Hinweise auf *rongorongo*, aber als 1770 zwei spanische Schiffe anlegten und die Insel durch eine militärische Zeremonie für die spanische Krone reklamierten, zwang man die Einheimischen, einen Vertrag zu »unterzeichnen«. Zumindest zwei der benutzten Zeichen – die »Vulva« und der »Vogel« – gleichen häufig verwendeten Petroglyphen, aber sie weisen keinerlei Ähnlichkeit mit den *rongorongo*-Zeichen auf. Einige Wissenschaftler sind deshalb zu der Ansicht gelangt, dass *rongorongo* erst nach 1770 erfunden wurde, nachdem die Inselbewohner mit der spanischen Schrift in Berührung gekommen waren.

Entzifferungsversuche

Moderne Entzifferungsmethoden stützen sich zum einen auf linguistische Analysen, zum anderen auf »Deutungen« der *rongorongo*-Inschriften von einheimischen Kundigen aus dem 19. Jahrhundert, ehe die mündliche Überlieferung endgültig verloren ging. Darüber hinaus greift man auch auf polynesische Sprachen zurück. Obwohl Wissenschaftler aus zahlreichen Ländern zur Erforschung der *rongorongo*-Schrift beigetragen haben, kam man nur langsam voran. Es herrscht weder über die Zuverlässigkeit der mündlichen Quellen aus dem 19. Jahrhundert Einigkeit noch über die Anzahl der Schriftzeichen selbst. Die Schätzungen schwanken zwischen 55 bis 60 und vielen Hundert. Lediglich die Deutung der Mamari-Tafel ist weitgehend unbestritten: Man geht davon aus, dass sie eine Art Mondkalender enthält. Was den Santiago-Stab betrifft, so kam Steven Roger Fischer in den 1990er-Jahren zu dem Ergebnis, dass es sich bei der Inschrift um einen Schöpfungsgesang handelte. Obwohl seine Übersetzung von manchen Seiten enthusiastisch gefeiert und vielfach publiziert wurde, hält kein anderer *rongorongo*-Forscher sie für überzeugend. Wir müssten weitere Holztafeln finden, aber Holz verrottet schnell, und so wird uns wohl ewig verborgen bleiben, was auf den *rongorongo*-Tafeln geschrieben steht.

Der Untergang alter Kulturen

VIELE WISSENSCHAFTLER haben die Menschheitsgeschichte als zyklischen Prozess beschrieben: Aufstieg komplexer Gesellschaften, glanzvolle Blütezeit und plötzlicher Niedergang. Einige der ersten Hochkulturen der Welt entwickelten sich in kürzester Zeit von dörflichen Siedlungen zu mächtigen Staaten, um dann sehr rasch wieder unterzugehen. Über die zahlreichen möglichen Ursachen wurde viel diskutiert und gestritten: Stürzten Eindringlinge die herrschende Dynastie und plünderten ihre Tempel und Paläste? Oder war es eine Naturkatastrophe wie beispielsweise extreme Dürre, die zum Untergang der Kultur führte? Viele ungelöste Fragen der Archäologie drehen sich um den plötzlichen inneren Verfall mächtiger und durch äußere Feinde unbezwingbarer Reiche.

Häufig sind die Ursachen komplexer Natur und bedingen sich gegenseitig, wie im Falle des Untergangs von Rom, aber die Versuchung ist groß, nach einer möglichst einfachen Erklärung zu suchen. Eine Naturkatastrophe wäre eine solche Möglichkeit. Um die Mitte des 2. Jahrtausends v. Chr. (das genaue Datum ist umstritten) kam es auf der Insel Santorin in der südlichen Ägäis zu einem gewaltigen Vulkanausbruch, der zu den größten Naturkatastrophen der Menschheitsgeschichte zählt. Die minoische Zivilisation auf Kreta näherte sich dem Höhepunkt ihrer wirtschaftlichen und kulturellen Entwicklung, exportierte Nutzholz und Olivenöl nach Ägypten und nahm im Seehandel in der Ägäis die führende Rolle ein. Bewirkte der Vulkanausbruch die völlige Vernichtung der minoischen Kultur? Auch wenn Aschenregen und Flutwellen die Wirtschaft der Minoer schwer schädigten, so überlebten Knossos und andere minoische Paläste die Eruption doch unversehrt. Deshalb scheint der Untergang der minoischen Kultur mit der Naturkatastrophe nicht befriedigend erklärt zu sein. Ein für die Archäologie positiver Nebeneffekt des Vulkanausbruchs war die Tatsache,

Die eindrucksvolle Anasazi-Felssiedlung Cliff Palace, Mesa Verde, Colorado: Wie andere große Pueblos im Gebiet der Mesa Verde wurde auch dieser im 13. Jahrhundert n. Chr. aufgegeben

dass eine minoische Stadt vollständig erhalten blieb, insbesondere die wunderbaren Wandmalereien, die andernfalls die Jahrhunderte sicher nicht überdauert hätten.

Die vorindustriellen Kulturen hatten keine Möglichkeit, auf plötzliche Klimaveränderungen flexibel zu reagieren. Dank der großen Fortschritte auf dem Gebiet der Paläoklimatologie ist man auf Aufsehen erregende Indizien für rapide Klimaveränderungen in den letzten 5000 Jahren gestoßen: Dürreperioden suchten mesopotamische Städte heim und löschten beinahe die gesamte Bevölkerung Altägyptens aus, und starke El-Niño-Phänomene führten zum Zusammenbruch mächtiger Staaten in Mexiko und Peru. Die Mochica-Kultur an der peruanischen Nordküste – eine der trockensten Regionen der Welt – prosperierte dank der Küstenfischerei und einer intensiven Landwirtschaft, die man nur betreiben konnte, weil man das Schmelzwasser aus den Bergen einem ausgeklügelten Bewässerungssystem in den Flusstälern zuführte. Die Mochica lebten in straff organisierten lokalen Fürstentümern, an deren Spitze so genannte Krieger-Priester standen. Sie hatten keine Möglichkeit, sich vor den Auswirkungen von El Niño zu schützen, die ihr Land immer wieder heimsuchten, wie zum Beispiel die Dürreperiode im 7. Jahrhundert n. Chr., die man anhand von Eisbohrkernen aus dem Quelccaya-Gletscher nachweisen konnte. Nachdem die Mochica-Herrscher ihre Hauptstädte stromaufwärts verlegt hatten, wurden sie ein Jahrhundert später von einer Überschwemmungskatastrophe überrascht. Für ein Volk, das keinerlei Ausweichmöglichkeiten hatte und dessen politisches und wirtschaftliches System zu unflexibel war, um sich veränderten Umweltbedingungen anzupassen, waren solche El-Niño-Phänomene der Todesstoß.

Neben Klimaveränderungen führten auch viele andere Faktoren zum Niedergang ganzer Zivilisationen. Obwohl der Fall des römischen Weltreichs unmittelbar mit germanischen Invasionen zusammenhing, hatten viele militärische und politische Einbrüche das Römische Reich inzwischen zerrüttet. Die Stadtstaaten der Maya hatten raffinierte Anbaumethoden entwickelt, darunter die Kultivierung von Sumpfgebieten, Terrassenanbau und Brandrodung. Aber Dürrekatastrophen, Erschöpfung natürlicher Ressourcen und soziale Spannungen, verbunden mit unmäßigen Tributforderungen und Arbeitskräftebedarf seitens der Maya-Fürsten, führten um 900 n. Chr. zum rapiden Niedergang der Zivilisation des südlichen Tieflands. Die Städte wurden aufgegeben, und die Bevölkerung verstreute sich auf kleinere Gemeinwesen.

Die großartigen Pueblosiedlungen der Anasazi im Südwesten der Vereinigten Staaten gehören zu den eindrucksvollsten archäologischen Stätten Nordamerikas. Die Anasazi-Kultur im Chaco Canyon erlebte ihre Blütezeit im 10. Jahrhundert n. Chr. Dann wurden die »Großen Häuser« plötzlich verlassen. Das Volk zog Richtung Norden in die Four-Corners-Region, in das Moctezumatal und das Mesa-Verde-Gebiet, wo in dicht besiedelten Pueblos die Zivilisation bis zum 12. Jahrhundert blühte. Dann verliefen sich die Anasazi aus unerklärlichen Gründen wieder in der Weite des Landes. Diese lange als Katastrophe bezeichnete Gesellschaftsauflösung wird zumindest teilweise mit einer schweren Dürre erklärt, die man anhand von Baumringanalysen nachweisen konnte. Es gehört von jeher zur Tradition der Pueblo-Indianer, in Dürreperioden auf Wanderschaft zu gehen – eine konsequente Strategie, um Trockenzeiten zu überleben.

Es gibt jedoch auch Katastrophen, denen eine extraterrestrische Dimension zukommt. Der Paläoökologe Michael Baillie glaubt, dass die Wissenschaft eine der Hauptursachen für den Untergang alter Hochkulturen übersehen hat, nämlich Meteoriten. Wir wissen mittlerweile, dass ein gewaltiger Einschlag zum Aussterben der Dinosaurier führte, doch Baillie verweist auf eine ganze Reihe von kleineren Ereignissen, deren Folgen nicht zu unterschätzen seien. Seine Baumringanalysen zeigen, dass es in den letzten 2500 Jahren zu weltweiten Umweltkatastrophen kam, die Ereignisse wie die Sintflut, die ägyptischen Plagen und eine große Hungersnot in China ausgelöst haben könnten. Baillie ist der Meinung, dass gewaltige Einschläge oder Fastzusammenstöße mit Himmelskörpern den Niedergang ganzer Zivilisationen verursacht haben könnten, Katastrophen, über die jedes Wissen verloren gegangen ist.

Kometen haben die Menschen schon immer mit Ehrfurcht und Angst erfüllt, wie dieses Bild von 1682 zeigt. Könnten Meteore mehr Einfluss auf die Menschheitsgeschichte gehabt haben, als wir es bisher annahmen?

Die Minoer und der Vulkanausbruch auf Santorin

Zeit: 17. oder 16. Jahrhundert v. Chr.
Ort: Santorin (Thera)

Das Donnergrollen muss die Kreter, die natürlich nicht wissen konnten, was die Ursache war, in Angst und Schrecken versetzt haben. Dann muss es Schlacke und Asche geregnet haben, teils erkaltet, teils noch glühend. Am schlimmsten waren jedoch die Wellen, die über die Insel hereinbrachen, höher und schneller als in Krakatau.

SPYRIDON MARINATOS, 1972

WOCHENLANG HATTE DIE ERDE gebebt und der Krater im Zentrum der Insel Asche und Lava ausgespien. Als dann Gesteinsbrocken auf die Häuser von Santorin niederprasselten, verließen die Bauern fluchtartig ihre Felder und Dörfer, retteten sich in ihre Boote und kehrten der Insel den Rücken. Dann, an einem Sommertag irgendwann im 17. oder 16. Jahrhundert v.Chr., explodierte der Vulkan mit ungeheurer Kraft, um anschließend in mehreren Schüben einzubrechen. Eine dicke Ascheschicht legte sich über große Teile Kretas. Aber führte der Vulkanausbruch auf Santorin wirklich zum Untergang der minoischen Zivilisation? Wie so viele Rätsel der Archäologie, lässt sich auch dieses nicht zufrieden stellend lösen.

Die verheerende Katastrophe

Die Vulkaninsel Santorin (auch Thera genannt) ist die südlichste der Kykladen im Ägäischen Meer und hatte früher einmal einen Durchmesser von 16 Kilometern. In der Antike wurde sie auch *Kallistê*, die Schöne, genannt: eine steil aufragende, aber fruchtbare Insel mit einem Vulkankegel, der sich etwa 1600 Meter über den Meeresspiegel erhob. Die Explosion mit einer Stärke von 7500 Megatonnen, weit mehr als bei der Atomexplosion in Hiroschima, sprengte die Insel in drei Teile, zwischen denen nun eine 80 Quadratkilometer große Kaldera mit steilen Klippen aus Asche und Bims liegt. Millionen Tonnen vulkanischer Asche regneten auf die Insel herab und überzogen jede Ortschaft mit einer Schicht aus Staub. Der Nordwestwind trug sie weit über Ostkreta hinaus bis ins östliche Mittelmeer. Meterhoch lag sie auf den Feldern Kretas und vernichtete die gesamte Ernte. Tiefseebohrungen ergaben, dass die Asche von Santorin über ein Gebiet von mehr als 300 000 Quadratkilometern bis 700 Kilometer weit verstreut wurde. Die Korngröße der Proben entspricht dem, was ein sommerlicher Nordwestwind davontragen kann.

Die Karte zeigt die Dicke der abgelagerten Vulkanasche. In Klammern die geschätzten Werte für den Niederschlag an Land

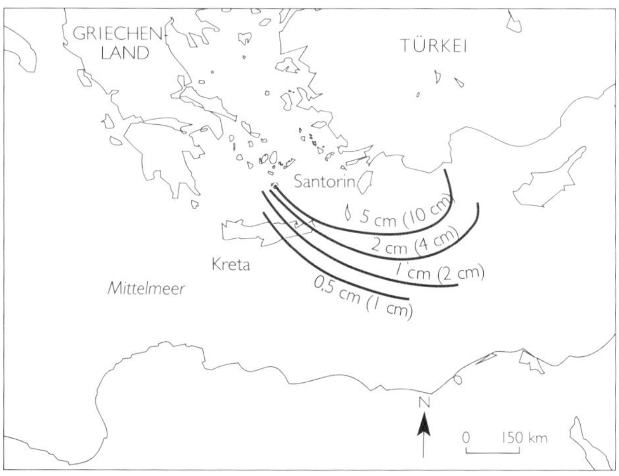

Tsunamis (durch seismische Aktivität ausgelöste Riesenwellen) müssen entstanden sein und sich ringförmig vom Zentrum der Eruption ausgebreitet haben. Schwächere Ausbrüche auf Santorin aus den Jahren 365 und 1650 n. Chr. verursachten Flutwellen, die an der Nordküste Kretas und sogar im fern gelegenen Alexandria in Ägypten schwere Schäden anrichteten. Ein Erdbeben bei Amorgos 1956 erzeugte 40 Meter hohe Flutwellen. Aufgrund der weit stärkeren Intensität der Eruption auf Santorin und der größeren Meerestiefe müssen die Wellen dort noch erheblich höher gewesen sein. Die nur 100 Kilometer entfernte Nordküste Kretas mit ihren steilen Hängen, an denen viele minoische Ortschaften lagen, muss von der Welle beträchtlich in Mitleidenschaft gezogen worden sein.

Akrotiri: Opfer der Naturgewalten

Der Vulkanausbruch auf Santorin zählt zu den größten Naturkatastrophen seit der Eiszeit. Nur die gewaltige Eruption des Tambora im Jahre 1815 in Südostasien war noch stärker, aber selbst die verheerende Eruption des Kra-

Vor dem Ausbruch des Vulkans kam es zu heftigen Erdbeben und zu einem Aschenregen, der die Felder und Dörfer auf der Insel im Nu zudeckte. Die Bewohner flüchteten mit ihren Booten und ließen menschenleere Siedlungen zurück. Eine davon war Akrotiri, das unter einer meterhohen Ascheschicht begraben war, bis Archäologen den Ort wieder freilegten

Unten: **Die zweistöckigen Häuser in Akrotiri sind noch intakt, und alles darin liegt und steht noch genau dort, wo es zurückgelassen wurde. Die dicht gedrängten Häuser vermitteln einen plastischen Eindruck vom Leben der Minoer zur Zeit der Katastrophe**

Die verputzten Wände der Häuser von Akrotiri sind mit kunstvollen Friesen bedeckt, die ein farbenfrohes Bild vom dörflichen Leben vor über 3500 Jahren vermitteln. Links zwei junge Boxer, rechts zwei mit schwungvollem Strich gemalte Antilopen

Unten: **Ausschnitt eines Miniaturfreskos: Bewaffnete Krieger mit Lederschilden; darunter möglicherweise ein Schiffsuntergang und Männer, die ins Meer stürzen**

katau 1883, bei der Zehntausende von Menschen ums Leben kamen und Dutzende von Ortschaften zerstört wurden, kommt an die Gewalt des Santorin-Ausbruchs bei weitem nicht heran. 1939 stellte der griechische Archäologe Spyridon Marinatos die These auf, dass der Ausbruch auf Santorin zum Niedergang der minoischen Zivilisation nach 1500 v. Chr. beigetragen habe. Die meisten Archäologen reagierten auf diese Theorie skeptisch, bis Marinatos schließlich Akrotiri entdeckte, eine unter einer Ascheschicht begrabene minoische Siedlung am südöstlichen Ende von Santorin, die von den Bewohnern fluchtartig verlassen worden war. Durch Marinatos' Grabungen wurde das gewaltige Ausmaß der Eruption bestätigt.

Akrotiri wird auch das »Pompeji der Ägäis« genannt. Die gesamte Siedlung lag unter einer Ascheschicht begraben und wurde damit für die Nachwelt perfekt konserviert. Marinatos legte eine Stadt frei, die sich mit ihren massiven Häusern und engen Gassen, wie man sie von vielen griechischen Dörfern heute noch kennt, über eine Fläche von mehr als 13 Hektar erstreckte. Nach wie vor stehen selbst zwei- oder dreistöckige Häuser. Mit großer Sorgfalt befreite Marinatos Raum für Raum von der Ascheschicht und förderte ein Gemeinwesen zu Tage, in dem die Zeit stehen geblieben war. Betten, Vorratskrüge und andere Geräte befanden sich noch genau dort, wo die flüchtenden Bewohner sie zurückgelassen hatten. Einige Wände waren mit farbenprächtigen Fresken verziert, die Krieger und Städte, Schiffe, Tiere und Pflanzen, sogar zwei Jungen beim Boxkampf zeigten. Obwohl Akrotiri, an minoischen Maßstäben gemessen, eher ein schlichter Ort war, verrät er uns über das Alltagsleben der Minoer weit mehr, als es irgendein kretischer Palast könnte.

Blick vom heutigen Städtchen Thera auf den Ort der Katastrophe. Die Explosion sprengte die gesamte Inselmitte weg und ließ einen riesigen Krater zurück

Die Datierung der Katastrophe

Marinatos stützte seine Datierung Akrotiris, und damit auch des Vulkanausbruchs, auf die in den Häusern gefundenen Keramikgefäße, die er mit Exemplaren aus dem berühmten Palast von Knossos in Nordkreta verglich. Ähnliche Gefäße wurden auch in ägyptischen Grabungsstätten entlang dem Nil gefunden. Historischen Quellen zufolge stammen sie von etwa 1500 v. Chr. Dementsprechend datierte Marinatos den Vulkanausbruch auf circa 1450 v. Chr., also genau auf die Zeit, in der die minoische Kultur ihren Niedergang erlebte und sich in Knossos erste Verfallsspuren zeigten. Marinatos argumentierte scheinbar folgerichtig, dass der Ausbruch auf Santorin dazu beigetragen hätte, dass Knossos und dann auch die gesamte minoische Kultur den Mykenern vom griechischen Festland zum Opfer gefallen sei.

Dank der Analyse von Baumringen und Eiskernen, an denen sich Temperatur- und Niederschlagsschwankungen pro Jahr beziehungsweise pro Jahrzehnt ablesen lassen, sind wir in den letzten Jahren zu völlig neuen Erkenntnissen in der Erforschung erdgeschichtlicher Klimaveränderungen gelangt. Mit Hilfe dieser neuen Daten aus Nordeuropa und Grönland kam man zu der Erkenntnis, dass im Jahre 1628 v. Chr. ein großes Gebiet von einem Temperaturabfall und einer verminderten Baumwuchsrate betroffen wurde – ein Phänomen, das in der Regel auf eine abgeschwächte Sonneneinstrahlung infolge von Vulkanasche in der Atmosphäre zurückgeführt wird. Weiterhin wird vermutet, dass diese Erscheinung mit dem Vulkanausbruch auf Santorin zusammenhängt, was bedeuten würde, dass er sich bereits im 17. Jahrhundert v. Chr. ereignete, also ganze eineinhalb Jahrhunderte vor dem endgültigen Niedergang der minoischen Zivilisation. Wissenschaftler, die Marinatos' Datierung für überzeugender halten, geben allerdings zu bedenken, dass die Baumringmuster und Eiskerndaten aus Nordeuropa stammen und das ungewöhnliche Klimaphänomen deshalb ebenso gut von einem anderen, bislang unbekannten Vulkanausbruch herrühren könnte, 150 Jahre vor der Eruption auf Santorin.

Eine Entdeckung aus jüngerer Zeit erschwert das Datierungsproblem sogar noch mehr. Der österreichische Wissenschaftler Manfred Bietak fand im Nildelta bei Tell el-Dab'a (Avaris) Bimssteinschichten, die von etwa 1550 v. Chr. datieren. Auch dieser Fund deutet auf einen größeren Vulkanausbruch im östlichen Mittelmeerraum hin, ändert aber nichts an der Tatsache, dass nach wie vor ein Zeitfenster von 150 Jahren für den Ausbruch auf Santorin besteht.

Was geschah mit den Minoern?

Zweifellos hatte der Vulkanausbruch auf Santorin schwer wiegende Folgen für die Minoer, besonders für die Bewohner der Paläste und Bauernsiedlungen nahe der Nordküste und im Bereich des vulkanischen Niederschlags in Ostkreta. Der Aschenregen wird die erntereifen Felder zugedeckt und die Erträge vernichtet haben, was späteres Pflügen unmöglich machte. Wahrscheinlich sind Hunderte, wenn nicht gar Tausende verhungert oder an den Folgekrankheiten der Hungersnot zugrunde gegangen. Knossos selbst liegt auf einem Hügel in einiger Entfernung vom Meer, so dass die Flutwellen den Palast nicht erreicht haben dürften, wohingegen die großen und kleinen Küstenorte mit Sicherheit betroffen waren. Hunderte von Handelsschiffen, Fischerbooten und kleineren Seefahrzeugen müssen von den Tsunamis zerschmettert worden sein, was ernste Folgen für den Fernhandel mit Wein und Olivenöl hatte, der die Existenzgrundlage der Minoer darstellte. Trotzdem führte der Vulkanausbruch allein nicht zum Untergang der minoischen Zivilisation, denn alles deutet darauf hin, dass die Minoer nicht nur die unmittelbaren Folgen der Katastrophe überlebten, sondern noch einige Generationen lang prosperierten.

Der Untergang des Römischen Reichs

Zeit: 5. Jahrhundert n. Chr.
Ort: Westlicher Mittelmeerraum

Während sich diese Ereignisse in Jerusalem zutrugen, erreichte uns ein schreckliches Gerücht aus dem Westen. Wir hörten, dass Rom belagert würde, dass sich die Bürger ihre Sicherheit mit Gold erkauften und dass sie nun, derart ausgeplündert, erneut heimgesucht würden, so dass sie nicht nur ihres Vermögens verlustig gingen, sondern auch ihres Lebens. Dann versagte dem Boten die Stimme und er brach in ein heftiges Schluchzen aus. Die Stadt, die die ganze Welt unterworfen hatte, wurde nun selbst niedergezwungen.

EUSEBIUS HIERONYMUS, BRIEF 127, 412 N. CHR.

IM LAUFE DES 5. JAHRHUNDERTS n. Chr. vollzog sich im Mittelmeerraum ein Umwandlungsprozess, den man gewöhnlich als »Untergang« des Römischen Reichs bezeichnet. Noch zu Anfang des Jahrhunderts erstreckte es sich von Britannien bis zur Sahara und von Spanien bis zum Nahen Osten. Am Ende jedoch befanden sich die westlichen Provinzen in der Hand der Germanen, während sich das Reich selbst auf den östlichen Mittelmeerraum beschränkte und von Kaisern in Konstantinopel regiert wurde. Den genauen Ursachen für diese Entwicklung versuchen Wissenschaftler seit Jahrhunderten auf die Spur zu kommen, und sie haben zumindest einige interessante Erkenntnisse zu Tage gefördert.

Römer und Germanen

Aus heutiger Sicht besteht ein eindeutiger Zusammenhang zwischen dem Niedergang Roms und dem Auftauchen der germanischen Völker im Westen. Wesentlich für diese Entwicklung war das Vordringen der Hunnen um 370 n. Chr., eines Nomadenvolks aus Zentralasien. Ihre Zuwanderung in Gebiete nördlich des Schwarzen Meeres führte zum Zusammenbruch einer Reihe von gotischen Königreichen, die sich seit Mitte des 3. Jahrhunderts im unteren Donaugebiet an der römischen Reichsgrenze etabliert hatten. Im Jahre 376 gestattete Kaiser Valens den durch die Hunnen bedrohten Westgoten, sich in der römischen Provinz Moesien südlich der Donau anzusiedeln,

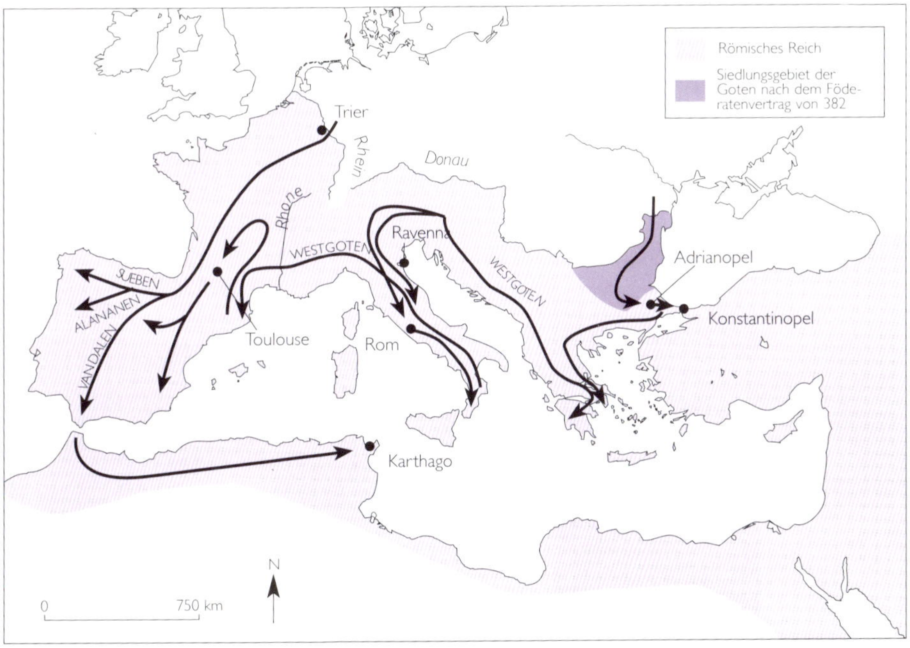

Anfang des 5. Jahrhunderts drangen immer mehr Germanenstämme in das Römische Reich vor, besonders in die Westprovinzen, was schließlich zur politischen Aufspaltung des Reichs führte

Theodosius I.: Der Kaiser, der als Erster autonome Siedlungen fremder Volksstämme im Römischen Reich gestattete

vermutlich in der Hoffnung, sie in großer Zahl für die römische Armee verpflichten zu können. Doch kaum waren die Goten in das Römische Reich integriert, hatten sie derart unter den Schikanen römischer Beamter zu leiden, dass sie bewaffneten Widerstand leisteten. Nach heftigen Unruhen im gesamten Balkangebiet standen die Goten am 8. August 378 Kaiser Valens und der geballten Streitmacht der östlichen Provinzen in Hadrianopolis (das heutige Edirne in der Osttürkei) gegenüber. In der blutigen Schlacht verloren Valens und zwei Drittel seiner Soldaten ihr Leben, und die Goten hatten im Balkan freie Hand. Der christliche Historiker Rufinus schrieb etwa 25 Jahre später, dass mit der Schlacht von Hadrianopolis »der Niedergang des Römischen Reichs seinen Anfang nahm«.

Unmittelbar nach dieser Niederlage gelang es Rom unter der Führung Theodosius' I., die Krise einzudämmen, allerdings nicht, ohne den Goten ein wichtiges Zugeständnis zu machen: Diese mussten zwar Truppen für die römische Armee bereitstellen, durften sich aber auf römischem Territorium selbst verwalten. Damit war ein Präzedenzfall geschaffen für die Besiedlung römischen Gebiets durch autonome Stämme. Darüber hinaus gestalteten sich die weiteren Beziehungen zwischen Goten und Römern alles andere als harmonisch. Da die Goten von den römischen Befehlshabern nach wie vor diskriminiert wurden, forderten sie einflussreichere Positionen innerhalb der Militärhierarchie, mussten jedoch feststellen, dass ihre Bemühungen immer wieder unterlaufen wurden, sei es durch politische Intrigen oder durch die Entscheidungsschwäche des Kaisers. Schließlich unternahmen sie unter der Führung des westgotischen Königs Alarich I. mehrere Feldzüge nach Italien, die im Jahre 410 in der Plünderung Roms gipfelten: Es war das erste Mal seit 800 Jahren, dass die Stadt von einem äußeren Feind erobert wurde.

Im Laufe des 5. Jahrhunderts führten weitere Zuwanderungen von Germanenstämmen in das Kaiserreich – besonders in die Westprovinzen – schließlich zu seiner politischen Aufspaltung. Im Dezember des Jahres 406 fiel endgültig die ungeschützte Rheingrenze, deren Sicherungstruppen in Oberitalien die Westgoten bekämpften. Einer der beteiligten Stämme, die Vandalen, überquerte 429 die Meerenge von Gibraltar und eroberte im Laufe der nächsten zehn Jahre die römischen Provinzen in Nordafrika. Unter der Führung ihres Königs Attila unternahmen die Hunnen in den 40er- und 50er-Jahren des 5. Jahrhunderts erneute Vorstöße gegen das Römische Reich und richteten auf dem Balkan, in Italien und Gallien große Verwüstungen an. Schrittweise musste die römische Führung Macht und Territorium an die Germanen abtreten, bis schließlich auch das Lebenszentrum des Römischen Reichs fiel. 476 wurde der farblose Romulus Augustulus, der letzte in Rom residierende Kaiser, durch den germanischen Heerführer Odoaker abgesetzt. Am Ende des Jahrhunderts waren Rom und Italien in das Reich des Ostgotenkönigs Theoderich eingegliedert.

Strukturelle Schwächen des Römischen Reichs

Um zu verstehen, wie die Germanen es schaffen konnten, das weströmische Reich zu Fall zu bringen, sollte man nicht nur an die militärische Stärke der Eindringlinge denken, sondern auch daran, weshalb Rom nicht in der Lage war, ihre Übergriffe abzuwehren. Man hat sich viel Gedanken über bestimmte strukturelle Schwachpunkte

Gedenkmünze mit Bildnis des Ostgotenkönigs Theoderich des Großen: Beispiel für einen neuen germanischen Herrscher aus dem Westen

Rechts: **Das ehemalige Rom mit seinen Stadtmauern und Kirchen auf einem Mosaik in der Basilika Sant' Apollinare Nuovo, die Theoderich der Große im 6. Jahrhundert in Ravenna erbauen ließ**

Unten: **Die Stadtmauer von Rom, im 3. Jahrhundert n. Chr. erbaut und im 5. Jahrhundert verstärkt, spiegelt die Gefahren jener Epoche wider. Doch sie war nicht stark genug, um den Angriffen der Goten unter Alarich 410 n. Chr. standzuhalten**

des Römischen Reichs gemacht, besonders im Hinblick auf die militärischen und wirtschaftlichen Ressourcen. In beiden Bereichen gibt es auffällige Unterschiede zwischen dem Osten und dem Westen, die auch erklären, weshalb sich das Oströmische Reich länger behaupten konnte. Im Allgemeinen war das Ostreich weit seltener feindlichen Übergriffen ausgesetzt als der Westen. So stand Konstantinopel im Gegensatz zu Rom nicht unter Druck, seine Armee in ständiger Verteidigungsbereitschaft zu halten. Beide Regionen waren von einer gewissen Militärverdrossenheit unter der Bevölkerung betroffen, was für den Westen natürlich weit schwerwiegendere Folgen hatte, da die Sicherung der Reichsgrenzen ein gleich bleibendes Kontingent an Soldaten erforderte.

Darüber hinaus scheinen die Ostprovinzen über höhere Staatseinkünfte verfügt zu haben als die Westprovinzen. Dies lag zum Teil sicher daran, dass die Landwirtschaft im Osten weniger unter kriegsbedingten Störungen zu leiden hatte und dass der Staatshaushalt nicht so stark durch Militärausgaben belastet war. In jedem Fall steht fest, und dies ist durch archäologische Funde belegt, dass die Städte im Osten weiterhin prosperierten – in sich ein Beweis für größere Wirtschaftlichkeit –, während die Städte im Westen im Niedergang begriffen waren. Ganz allgemein lässt sich sagen, dass ein Staat, dessen Volkswirtschaft vorwiegend agrarisch geprägt war, den Belastungen einer langwierigen wirtschaftlichen und politischen Krise unmöglich standhalten konnte.

Erschwerend kam hinzu, dass die verschiedenen Teile des Kaiserreichs in der Zeit der Krise nicht an einem Strang zogen. Unmittelbar nach dem Tod von Theodosius I. im Jahre 395 war das Reich unter seinen Söhnen in ein Ost- und ein Westreich aufgeteilt worden, so dass jeder nun über seine eigene Regierungsstruktur mit Residenz, Armee und Beamtenhierarchie verfügte. Im günstigsten Fall hieß dies, dass die beiden Reiche in erster Linie ihre eigenen Interessen verfolgen würden; im schlimmsten Fall konnte es bedeuten, dass es zwischen den beiden Reichsteilen zu offener Rivalität kam. So profitierte beispielsweise Alarich I. bei seinen Feldzügen in Italien von den ständigen Querelen zwischen den Machthabern im Ost- und im Westreich.

Wandel und Kontinuität

Wenn man sich ausschließlich auf die Ereignisse im 5. Jahrhundert konzentriert, entsteht leicht der Eindruck, dass der Zerfall des Weströmischen Reichs die Hauptursache für den Niedergang Roms war. Doch die Entwicklungen, die sich zwischen der Zuwanderung der Goten 376 und der Absetzung von Kaiser Romulus Augustulus 476 vollzogen, können auch als Teil eines längeren kulturellen, politischen und sozialen Umwälzungsprozesses gesehen werden, den die Mittelmeerländer zwischen dem 3. und 8. Jahrhundert durchliefen. Die im 5. Jahrhundert scheinbar so jäh auftretenden Überfälle der Germanen sind eine Folge von Migrationsbewegungen, die lange zuvor eingesetzt hatten. Bereits im 2. Jahrhundert kam es zu ersten Übergriffen an den Reichsgrenzen, die sich auch im 3. Jahrhundert fortsetzten. Überdies tauchten im 6. Jahrhundert und darüber hinaus an den Grenzen des Ostreichs immer wieder neue Volksstämme auf – eine Entwicklung, die bis zum Aufstieg des Islam anhielt.

Ferner wandelten sich auch Gesellschaft und Kultur des Römischen Reichs allmählich. Die Städte sind hierfür ein gutes Beispiel. In vielen Gebieten prosperierten sie noch, aber als zwischen dem 4. und 6. Jahrhundert die heidnische Adelsschicht durch christliche, von Bischöfen angeführte Eliten abgelöst wurde, hatte dies für die Städte deutlich sichtbare Folgen: Die Gebäude, die so charakteristisch für die urbane Kultur der Römer waren – wie Tempel, Amphitheater, Theater und Bäder –, verfielen allmählich, und das Stadtbild wurde zusehends von Kirchen beherrscht. Mit anderen Worten, es vollzogen sich im Römischen Reich substanzielle Veränderungen unabhängig vom Einfall der Germanenstämme.

Wenn wir also über den »Untergang« Roms sprechen, sollten wir bedenken, dass die römische Gesellschaft keineswegs ein statisches Gebilde war, auf das nur äußere Kräfte einwirkten, sondern dass sie durchaus dynamisch war und sich stetig wandelte. Die Ereignisse, die mit dem Fall Roms in Verbindung gebracht werden, beruhen daher auf einer Reihe von Entwicklungen der Spätantike, die sich sowohl innerhalb als auch außerhalb der Reichsgrenzen vollzogen.

Der Mittelmeerraum um 500 n. Chr. unter den neuen politischen Verhältnissen

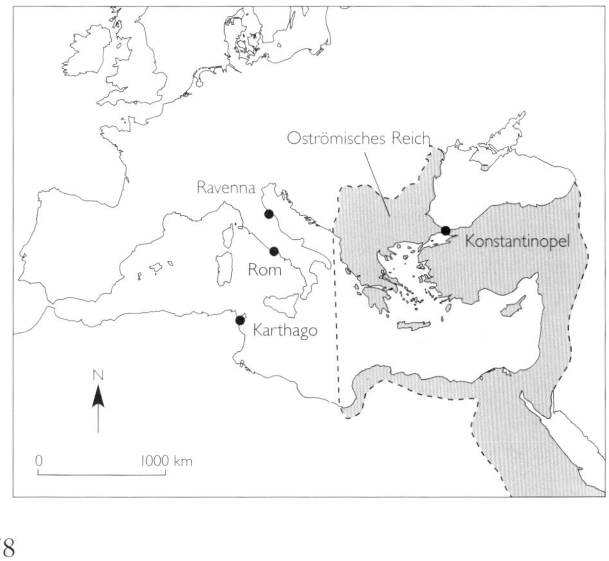

El Niño und das Ende der Mochica-Kultur

Zeit: 8. Jahrhundert n. Chr.
Ort: Nordküste Perus

In der Mochica-Gesellschaft konzentrierte sich ungeheurer Reichtum in den Händen einiger weniger, die in Luxus schwelgten und sich mit Angehörigen des niederen Adels umgaben. In jedem Tal gab es vermutlich ein oder zwei Fürstentümer, die kaum direkten Kontakt zum einfachen Volk hatten, jedoch untereinander so eng verbunden waren wie die Königshäuser in Europa.

WALTER ALVA UND CHRISTOPHER DONNAN, 1992

DIE MOCHICA-KULTUR an der Nordküste Perus erlebte ihre Blütezeit zwischen 100 und 800 n.Chr. unter der Führung von autoritären Krieger-Priestern, die über einen etwa 400 Kilometer breiten Küstenstreifen zwischen den Tälern des Lambayeque im Norden und des Nepeña im Süden herrschten. Ihre Untertanen lebten entweder direkt an der Pazifikküste oder in den Trockentälern der Flüsse, die sich höchstens 100 Kilometer landeinwärts durch eine der regenärmsten und unwirtlichsten Gegenden der Erde schlängelten.

Doch die Mochica nutzten die besondere Beschaffenheit ihrer Umgebung optimal. Mit Hilfe ihrer hervorragenden landwirtschaftlichen Kenntnisse profitierten sie vom Schmelzwasser der Anden, errichteten in den Tälern riesige Bewässerungssysteme und bestellten fruchtbare Böden. Sie erwirtschafteten beachtliche Überschüsse an Mais und produzierten große Mengen Baumwolle, die sie zu hochwertigen Stoffen verarbeiteten. Die Schwemmlandebenen entlang dem Lambayeque, dem Moche und anderen Flüssen bildeten ein grünes Mosaik aus dicht gedrängten, von langen Kanälen bewässerten Feldern. Und nicht weit von der Küste sorgte der kalte Humboldtstrom für starke Aufströmungen, die reich an Nährstoffen waren und in denen Millionen von Sardellen lebten. Hier gingen die Mochica mit ihren Schilfrohrbooten auf Fischfang und trockneten ihre Beute oder zerstampften sie zu nahrhaftem Fischmehl.

Angesichts dieses üppigen Nahrungsangebots blühte die Mochica-Kultur auf, und ihre reichen Herrscher lebten in

Unten links: **Die gigantische Pyramide Huaca del Sol im Moche-Tal, zerstört durch El Niño und die spanischen Eroberer**
Unten rechts: **Karte mit den im Text erwähnten Orten**

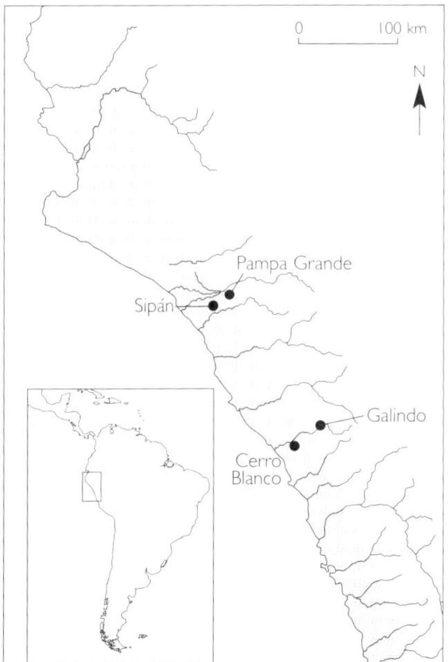

Links: **Die Töpfer der Mochica waren Meister ihres Handwerks: Porträtgefäß mit charakteristischem Steigbügel-Ausguss eines Fürsten mit Gesichtsbemalung, rituellem Kopfschmuck und heiter-gelassenem Ausdruck**
Rechts: **In Sipán fand man prächtige Fürstengräber der Mochica. Hier in glitzernder Pracht die Nachbildung eines Herrschers aus Sipán mit seinen eindrucksvollen Amtsinsignien; als Symbol seiner Macht hält er ein Zepter in der Hand**

prachtvollen, aus Lehmziegeln erbauten Pyramiden. Diese Krieger-Priester sahen sich als Mittler zwischen den Lebenden und den Mächten der spirituellen Welt. Ihr Leben bestand aus Kriegsführung, Zeremonien, Diplomatie, wobei sie in ständiger Rivalität mit benachbarten Fürsten standen. Zwar waren die Mochica ein wohlhabendes Volk und ihre Fürsten schier unbesiegbar, doch dann begann ihre Kultur zu stagnieren und brach schließlich ganz zusammen. Erst heute beginnen wir allmählich zu verstehen, wie es dazu kam.

Dürreperioden

An Eiskernen aus dem Quelccaya-Gletscher in den südperuanischen Anden lassen sich die Niederschlagsmengen von vor über 1500 Jahren ablesen. Man kann erkennen, dass zwischen 534 und 540 n. Chr. im Mochica-Gebiet eine kurze Trockenheit herrschte. In einer weiteren, 30 Jahre anhaltenden Dürreperiode zwischen 563 und 594 n. Chr. gingen die Niederschlagsmengen um 30 Prozent zurück, was verheerende Auswirkungen auf die riesigen Bewässerungssysteme entlang der Nordküste hatte.

Die Mochica-Hauptstadt bei Cerro Blanco lag zu Füßen zweier gewaltiger Adobe-Pyramiden oder Huacas, wo sich die Paläste der Krieger-Priester befanden und aufwendige Zeremonien durchgeführt wurden. Die Huaca del Sol ist mit ihren 41 Meter Höhe etwa 30 Meter niedriger als die Sonnenpyramide in Teotihuacán in Mexiko aus derselben Zeit. Während der anhaltenden Dürre im 6. Jahrhundert gingen die Wasservorräte zur Neige, der Grundwasserspiegel in den Flusstälern sank ab, und die Ernte verdorrte. Die Fürsten konnten die Krise jedoch auffangen, indem sie mit den Getreidevorräten streng haushalteten; und es gab ja auch noch Fisch und Fischmehl – bis El Niño zuschlug.

El Niño

El Niño, »das Christkind«, ist eine südwärts fließende Warmwasserströmung, die infolge komplexer atmosphärisch-ozeanischer Wechselwirkungen im südwestlichen Pazifik in unregelmäßigen Abständen vor der peruanischen Küste auftritt. Die durch den Zufluss von warmem Wasser veränderten Strömungsverhältnisse führen zu einem deutlichen Rückgang der Fischbestände und einem vorübergehenden Zusammenbruch der Sardellenfischerei. Sintflutartige Regenfälle gehen auf die normalerweise trockene Küstenregion nieder. Flüsse treten über die Ufer und reißen alles mit sich. Man kann sich lebhaft vorstellen, welche Auswirkungen dieses Klimaphänomen auf den bereits geschwächten Mochica-Staat hatte.

Wir wissen nicht genau, wann während der langen Dürreperiode El-Niño-Phänomene auftraten, aber mit Sicherheit befand sich die Mochica-Kultur bereits in der Krise. Die Getreidevorräte gingen zur Neige, die Wasserreserven waren erschöpft. Dann blieben auch noch die Fischschwärme aus, und heftige Regengüsse überschwemmten die Andenregion und die Küstenebene. Reißende Flüsse ergossen sich in die Ebene, verwüsteten alles, was sich ihnen in den Weg stellte, verschmutzten die Wasserreservoirs und zerstörten die uralten Kanalsysteme und Bewässerungsanlagen. Schlammige Wassermassen fraßen sich in die Adobe-Pyramide. Typhus und andere Seuchen müssen sich im Tal ausgebreitet und ganze Ortschaften ausgelöscht haben. Die Säuglingssterblichkeit stieg rapide an. Tausende litten an Hunger.

Die Mochica-Herrscher ordneten den Bau neuer Bewässerungsanlagen an und beschafften sich bei ihren Nachbarn im Osten robustere Maissorten; Reste davon fand man an archäologischen Stätten, die aus der Zeit kurz nach der Überschwemmung stammen. Sie besserten ihre Pyramiden aus, und ein Teil des alten Glanzes zog wieder in die Hauptstadt ein. Doch dann kündigte sich bereits die nächste Katastrophe an.

Erbeben

Schon immer hatten periodische Erdbeben die Heimat der Mochica erschüttert und gewaltige Sand- und Geröllmassen in die Flusstäler hinabgestürzt. Wenn nun die Flüsse infolge eines El Niños über die Ufer traten, schwemmten sie das sandige Material flussabwärts in den Pazifik, der es wiederum an den Strand zurückspülte und zu Dünenketten aufwarf. Bald entstanden die ersten Wanderdünen, die, vom Wind landeinwärts getrieben, zuerst die Küstensiedlungen bedrohten und dann die Hauptstadt. Zwischen 550 und 600 n. Chr. verließen die Krieger-Priester von Cerro Blanco ihre Stadt und zogen flussaufwärts zum strategisch günstig gelegenen Talausgang, von wo aus sich der Moche seinen Weg in die Ebene bahnte.

Der Zusammenbruch

Dies war ein beispielloser Schritt in der Geschichte der Mochica-Kultur, dem eine ernste Krise vorausgegangen sein musste. Möglicherweise hatte die Bevölkerung das Vertrauen in ihre Führer verloren. Die in starren ideologischen Denkmustern verhafteten Mochica-Fürsten waren offensichtlich außerstande, flexibel auf die neuen Gegebenheiten zu reagieren und beispielsweise nach alternativen Anbaumethoden zu suchen. Nun saßen sie dort, wo die Bewässerungskanäle vom Fluss abzweigten, die Täler miteinander verbanden und das umliegende Land mit Wasser versorgten. Galindo am oberen Ende des Mochetals und Pampa Grande im Lambayequetal wuchsen zu großen Siedlungen heran. In Pampa Grande lebten zwischen 10 000 und 12 500 Menschen.

Die neue geografische Lage erlaubte zwar eine sparsamere Wassernutzung, was sich vor allem in den Trockenperioden vorteilhaft auswirkte, setzte die Mochica-Siedlungen aber auch einem höheren Überflutungsrisiko aus. So kam, was kommen musste: Im 7. Jahrhundert n. Chr. gab es einen außergewöhnlich starken El Niño, der zu Überschwemmungen führte, die einen Großteil des Anbausystems um Galindo und Pampa Grande verwüsteten. Dann setzte an der Nordküste eine erneute Dürreperiode ein, welche die Nahrungsmittelknappheit noch erheblich verstärkte. Darüber hinaus sah sich die geschwächte Mochica-Führung mit sozialen Unruhen und Überfällen aus den Bergen konfrontiert. Um 700 n. Chr. gaben die Mochica beide Siedlungszentren auf, möglicherweise unter äußerem Druck. Was immer der Auslöser für die Abwanderung war, fest steht, dass wiederholte Dürren und El-Niño-bedingte Überschwemmungen einem reichen und mächtigen Staat das Rückrat gebrochen hatten.

Skelette von Menschen, die man während eines El Niños opferte, gefunden im Schlamm der ausgewaschenen Mauern eines Platzes an der Huaca de la Luna

68

Warum ging die Maya-Kultur unter?

Zeit: ca. 900 n. Chr.
Ort: Südliches Maya-Tiefland in Zentralamerika

Und zerschmettert wurde die Schöpfung Mensch. Da lagen sie alle, niedergestreckt, in Stücke gerissen, Mund und Antlitz zerschlagen, zerstört.

POPOL VUH, DAS HEILIGE BUCH DER QUICHÉ-MAYA

DIE ALTEN MAYA MESOAMERIKAS gehörten zu den schillerndsten und langlebigsten Kulturen des präkolumbischen Amerika. Anfangs noch einfache Bauern, verwandelten sie ihre wilde, tropische Umgebung in blühende Stadtstaaten, die von mächtigen Fürsten regiert wurden. Bereits einige Jahrhunderte vor Christus begann die Maya-Kultur im südlichen Tiefland Mexikos, Guatemalas und Honduras' zu florieren, und diese Entwicklung setzte sich bis 900 n. Chr. fort. Große Herrscherdynastien standen an der Spitze von kriegerischen Stadtstaaten wie Copán, Palenque und Tikal, deren Fürsten als gottähnliche Führer, Schamanen und Mittler zwischen den Lebenden und der Welt der Götter und Ahnen regierten. Sie sahen sich als so genannte Weltenbäume, als Verbindungswege, auf denen die Menschen mit der spirituellen Welt in Kontakt treten konnten. Ein Maya-Fürst hatte weit mehr Macht als ein weltlicher Herrscher. Durch die heilige Institution des Königtums und den dynastischen Stammbaum mit Volk und Familie und den ehrwürdigen Ahnen verbunden, war er Lebensnerv und Mittelpunkt der Gemeinschaft. Unglücklicherweise basierte diese hoch entwickelte Kultur auf einer Agrarwirtschaft, die sich unter den vorhandenen Umweltbedingungen nicht aufrechterhalten ließ.

Karte von Yucatán mit dem Siedlungsgebiet der Maya und den wichtigsten, im Text erwähnten Orten

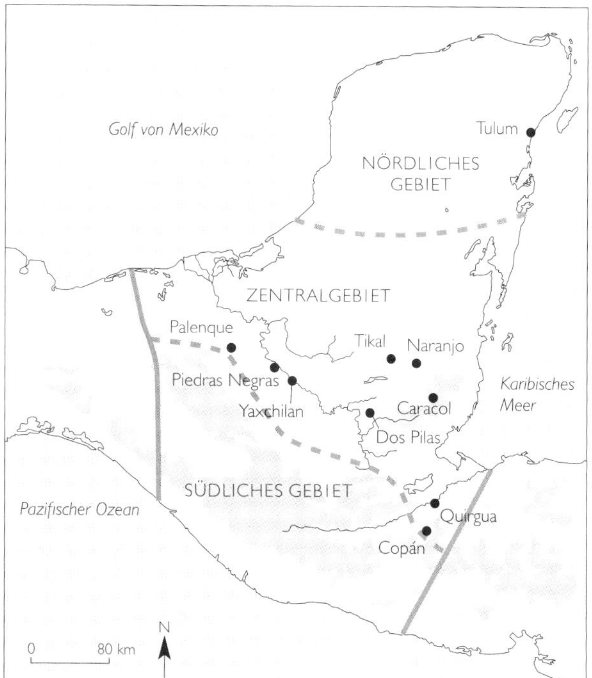

Um 800 n. Chr. brach die Maya-Kultur des südlichen Tieflands abrupt zusammen. Die großen Zeremonialzentren in der Region wurden aufgegeben und ein riesiges Siedlungsgebiet für immer verlassen. In der Stadt Tikal sank die Bevölkerungszahl von 25 000 bis 80 000 (die Schätzungen differieren) um zwei Drittel. Die Zurückgebliebenen zogen sich in die Ruinen der großen Pyramiden und Zentralbauten zurück und versuchten, so gut es ging, ihr altes Leben wieder aufzunehmen, doch innerhalb weniger Generationen waren auch sie verschwunden. Wissenschaftler haben lange nach den Ursachen für den Untergang der Maya geforscht und sind auf zahlreiche Faktoren gestoßen, unter anderen auf ökologische Veränderungen, soziale Umwälzungen, politische Umstürze und Kriege. Neueste paläoklimatologische Erkenntnisse deuten sogar darauf hin, dass Dürren eine der Hauptursachen für den Zusammenbruch der Maya-Kultur waren. Doch trotz all dieser Erklärungen können wir nicht mit letzter Sicherheit sagen, wie das Verhängnis seinen Lauf genommen hat.

Maya-Experten sind sich darin einig, dass die Krise ökologische, politische und soziale Ursachen hatte. Bis 800 n. Chr. war die Bevölkerungsdichte im südlichen Tiefland auf 200 Menschen pro Quadratkilometer angestiegen; hungrige Bauern hatten keine Möglichkeit, sich anderswo ein Stückchen unerschlossenes Land zu suchen,

Rechts: **Tatjana Proskouriakoffs Rekonstruktion des Zentralbezirks der Maya-Stadt Copán im heutigen Honduras. Archäologen haben die komplexe Baugeschichte des Ortes entwirrt. Untersuchungen in der Stadt und ihrem Hinterland belegen den Niedergang der Bevölkerung im 8. und 9. Jahrhundert**

Unten: **Der Heldenzwilling Hunahpu, Schutzpatron der Schreiber, spielt in den im Popol Vuh niedergelegten Schöpfungsmythen der Maya eine wichtige Rolle. Auf dem Rand des Gefäßes der Maisgott: Dem Mythos zufolge wurden die Menschen aus Mais erschaffen; Mais war auch Hauptnahrungsquelle der Maya**

denn es gab weit und breit keins mehr. Die landwirtschaftliche Produktion der Maya hatte ihre Grenzen erreicht. Eine Dürreperiode hätte daher katastrophale Folgen für die Menschen in dieser Region gehabt. Neue Theorien machen einen plötzlichen Klimawechsel hauptverantwortlich für den Zusammenbruch der Maya-Kultur.

Die Landwirtschaft der Maya

Das Maya-Tiefland hatte wenig Ähnlichkeit mit dem fruchtbaren Niltal oder den intensiv bewässerten Tälern der Mochica in Peru. Die südliche Yucatán-Halbinsel ist ein riesiger Festlandsockel aus korallinem Kalkstein, mit schlechten Drainage-Eigenschaften und nur wenigen ganzjährig Wasser führenden Flüssen. Das heiße, feuchte Tiefland mit seinen unregelmäßigen Niederschlägen war ursprünglich mit dichtem Regenwald bedeckt, den die Maya jedoch rodeten. Die Vegetation, die wir heute dort antreffen, ist nachgewachsener Sekundärwald. Diese unwirtliche Umgebung war relativ unfruchtbar, Böden konnten nur mit Hilfe extensiver Brandrodung urbar gemacht werden. Doch bereits nach etwa zwei Jahren waren die gerodeten Flächen, *milpa* genannt, derart ausgelaugt, dass man sie bis zu sieben Jahre lang brachliegen lassen musste. Solche Felder konnten keine großen Städte ernähren, und schon gar kein dicht gedrängtes Siedlungsgebiet aus zahllosen Dorfgemeinschaften. So gingen die Maya dazu über, Sümpfe trockenzulegen und landwirtschaftlich unbrauchbares Land in höchst ergiebige Anbauflächen zu verwandeln – solange sie genügend Grundwasser hatten. Darüber hinaus bewirtschafteten sie terrassierte Berghänge und nutzten jedes fruchtbare Fleckchen Erde.

Obwohl die Maya also intensive Feldwirtschaft betrieben, steuerte ihre landwirtschaftliche Erzeugung lange vor dem Zusammenbruch der Zivilisation auf eine Krise zu. Zwar hatte sich auf lokaler Ebene die Intensivierung der Landwirtschaft offensichtlich bewährt, vor allem da die örtliche Führung Produktion und Gewinne vermutlich über ein Tributsystem streng kontrollierte. Aber die Maya waren nicht in der Lage, ihre landwirtschaftliche Produktion zu vereinheitlichen und auf größere Gebiete auszuweiten, wie die Ägypter oder die Mochica, deren große Bewässerungssysteme zu einer Standardisierung der An-

baumethoden führte. Die Maya hatten es nicht nur mit einer höchst vielfältigen Umgebung zu tun, sondern auch mit unergiebigen tropischen Böden und unberechenbaren Niederschlägen. Auch sahen sich die Bauern ständig steigenden Produktionsvorgaben ihrer Grundherren ausgesetzt, während die Böden zusehends auslaugten, sintflutartige Regenfälle das gerodete Land weitflächig erodierten und ein chronischer Mangel an Feuerholz herrschte. Eine lange Dürreperiode versetzte der Landwirtschaft schließlich den Todesstoß.

Dürren

Regionale Klimaveränderungen lassen sich an übereinander liegenden Sedimentschichten am Grund von Seen exakt ablesen. Der Chichancanab-See in Yucatán war um 6200 v. Chr. entstanden, als mit dem Wasserstand im Karibischen Meer auch der Grundwasserspiegel in der Region stark anstieg. Sedimentproben zeigen, dass das Klima bis etwa 1000 v. Chr. relativ feucht war und danach trockener wurde. Diese Entwicklung erreichte zwischen 800 und 1000 n. Chr. ihren Höhepunkt, also zur Zeit des Untergangs der Maya. Das Klima in diesen beiden Jahrhunderten war das trockenste in den vergangenen 8000 Jahren.

In Punta Láguna im mexikanischen Bundesstaat Quintana Roo haben sich die Sedimentschichten so schnell abgelagert, dass Proben eine klar erkennbare Chronologie aus feuchten und trockenen Jahren ergaben, so gut lesbar wie ein Jahresringmuster. Im Jahr 585 n. Chr. sind mehrere kurze Trockenperioden festzustellen, die zeitlich mit einer großen Dürre zusammenfallen, die die Eiskerne aus dem Quelccaya-Gletscher in den Anden belegen und von der die Mochica-Kultur betroffen war. Obwohl diese Dürre das Leben der Maya beeinträchtigt haben dürfte, kam es in den folgenden 200 Jahren wieder zu ausreichenden Regenfällen, so dass sich die Vegetation schnell wieder erholte. Doch ab 725 n. Chr. wurde die Region von einer ausgedehnten 300-jährigen Trockenperiode heimgesucht, die ihren Höhepunkt zwischen 862 und 986 n. Chr. erreichte und bis 1020 anhielt. Ihr folgte ein abrupter Klimawechsel, und noch im selben Jahrhundert kam es zur regenreichsten Periode der vergangenen 8000 Jahre.

Der Zusammenbruch

Als im 8. und 9. Jahrhundert n. Chr. die großen Dürren einsetzten, stand die Maya-Kultur bereits unter zunehmendem Druck. Die überproportional vertretene Adelsschicht in den schnell wachsenden Städten war in politische Machtkämpfe verstrickt. Nahrungsmittel mussten mittlerweile aus entfernten Regionen importiert werden. Der Kampf der Fürsten um militärische Vorherrschaft und Prestige verlangte dem einfachen Volk immer höhere Leistungen ab. Die Dürren gaben der angeschlagenen Gesellschaft den Rest: Ernteerträge und Tributzahlungen schrumpften rapide. Mächtige Fürsten erlebten, wie ihre religiöse und weltliche Autorität angesichts einer unruhigen, hungernden Bevölkerung dahinschwand.

Einer derartigen Krisenhäufung war kein Herrscher gewachsen. Nachdem Tausende verhungert waren, ver-

Gegenüberliegende Seite: **Tikal, im Zentrum der wichtigsten Handelsrouten gelegen, war eine der größten Stadtstaaten der Maya. Die mächtigen Fürsten von Tikal herrschten über mehrere Städte, bis ihr Staat im 6. Jahrhundert n. Chr. einen Niedergang erlebte**
Rechts: **Diese Vase aus Jadeplättchen mit dem Kopf des Maisgottes stammt aus einem spätklassischen Grab in Tikal**

ließen die Überlebenden die großen Städte und verstreuten sich auf kleinere Siedlungen. Untersuchungen im Umland der Stadt Copán dokumentieren deren Bevölkerungsschwund: Zwischen 700 und 850 n. Chr. lebten 20 000 bis 25 000 Menschen in der Stadt und ihrer unmittelbaren Umgebung, wobei sich ihre Zahl alle 80 bis 100 Jahre verdoppelt hatte. Nach 850 schrumpfte die Bevölkerungszahl auf die Hälfte, während die Zahl der Landbewohner um fast 20 Prozent stieg. Nach 1150 lebten im Copántal nur noch 2000 bis 5000 Menschen.

Infolge des Zusammenbruchs kam es zu Aufständen und Kriegen. 645 n. Chr. beispielsweise unternahmen die Herrscher von Dos Pilas, einem Stadtstaat im Norden Guatemalas, ehrgeizige Feldzüge, um ihr Territorium zu erweitern. Dos Pilas entwickelte sich zu einem reichen Handelszentrum, bis sich seine Führer 761 übernahmen. Das angrenzende Tamrindito griff seinen einst mächtigen Nachbarn an und tötete dessen Herrscher. Die überlebenden Adligen konnten fliehen und errichteten auf einem Felsenhügel eine Festung. Ein halbes Jahrhundert lang hielten sie wiederholten Angriffen stand, bis sie im Zuge erneuter heftiger Kämpfe fliehen mussten und mehrere zerstreute Siedlungen errichteten, die sie ebenfalls befestigten. Innerhalb des eng begrenzten, kargen Gebiets, das sie gegen feindliche Angriffe verteidigen konnten, müssen die landwirtschaftlichen Erträge rapide zurückgegangen sein. In einem letzten verzweifelten Anlauf errichteten die verbleibenden Siedler auf einer Halbinsel im Petexbatun eine Wasserburg, die sie mit drei quer über die Landenge verlaufenden Gräben zu schützen versuchten. Doch auch dieser Außenposten wurde während der Dürre im 9. Jahrhundert aufgegeben.

Die Auswirkungen der langen Trockenperioden erschütterten die Welt der Maya in ihren Grundfesten. Die Zivilisation im südlichen Tiefland brach völlig zusammen, so dass sich das Zentrum der Maya-Kultur in den Norden von Yucatán verlagerte, das einen höheren Grundwasserspiegel hatte. Im Süden geriet die Autorität der Fürsten angesichts der Dürrekatastrophe und aufständischer Untertanen ins Wanken. Innerhalb weniger Generationen fiel das kunstvolle Gefüge aus Maya-Stadtstaaten wie ein Kartenhaus in sich zusammen.

Unten: **Die kleine befestigte Maya-Stadt Tulum liegt auf einem Felsplateau an der karibischen Küste im Norden Yucatáns. Im nördlichen Tiefland konnte sich die Maya-Kultur bis zur spanischen Eroberung erfolgreich behaupten**

69

Was geschah mit den Anasazi?

Zeit: 13. Jahrhundert n. Chr.
Ort: Südwesten der USA

Im Laufe unserer Geschichte sind die Menschen von Ort zu Ort gezogen, haben sich vereint und wieder getrennt, und dies haben wir in unseren Liedern, Geschichten und Mythen festgehalten, weil wir uns immer daran erinnern müssen, dass es ohne Bewegung kein Leben gibt.

TESSIE NARANJO, 1995

DIE ANASAZI waren ein prähistorisches Bauernvolk, das zwischen 800 v. Chr. und 1600 n. Chr. das Colorado-Plateau und die nördliche Rio-Grande-Region im Südwesten der USA bewohnte. Der Name »Anasazi« ist ein von frühen Archäologen übernommenes anglisiertes Wort aus der Navajo-Sprache, das »die Alten« oder »feindlicher Vorfahr« bedeutet. Feindlich meint in diesem Zusammenhang lediglich »nicht zu uns gehörend«. Die Pueblo-Indianer, Nachfahren dieser frühen Bauern, ziehen jedoch den Begriff »Ancestral Puebloan People«, »Ur-Pueblo-Volk«, vor. Sie sind berühmt für ihre großartigen Felsensiedlungen, ihre mehrstöckigen Steinbauten und ihre Felskunst, die sie an Orten wie Canyon de Chelly, Mesa Verde, Chaco Canyon, Canyonlands und Bandelier hinterließen. Viele dieser unter Denkmalschutz stehenden Stätten befinden sich in Nationalparks im Four-Corners-Gebiet, wo die Staatsgrenzen Arizonas, New Mexicos, Utahs und Colorados zusammentreffen. Diese architektonischen Zeugnisse sind allerdings nur die anschaulichsten Hinterlassenschaften dieses höchst anpassungsfähigen Volkes, das meist in kleinen, verstreuten Siedlungen lebte, Mais, Bohnen und Kürbisse anbaute und sich von der Jagd und einheimischen Wildpflanzen ernährte.

Unterschiedliche geografische, ökologische und klimatische Bedingungen innerhalb der Region sowie kulturelle Besonderheiten führten zu verschiedenen Anasazi-Kulturen mit jeweils eigenem Stil von Keramiken, Steinmetzkunst und Architektur. Dazu gehörten die Virgin-, die Kayenta-, die Mesa-Verde-, die Chaco- und die Rio-Grande-Gruppe. Auf dem Höhepunkt ihrer geografischen Ausdehnung Ende des 11. Jahrhunderts bewohnten die Anasazi-Gruppen ein riesiges Territorium, das sich von Südnevada bis Zentral-New-Mexico und von Nordarizona bis nach Südutah erstreckte. Die Chaco, deren eindrucksvolle Siedlungszentren im San-Juan-Becken im Nordwesten New Mexicos lagen, waren die erste Gruppe, die Mitte des 12. Jahrhunderts ihr angestammtes Gebiet verließ; die Gründe für diesen Schritt sind bis heute umstritten. Doch am Ende des 13. Jahrhunderts zogen auch die Virgin-, Kayenta- und Mesa-Verde-Gruppe aus ihrer Heimat im Four-Corners-Gebiet in Richtung Süden und

Die Betatakin-Bauten: Die Felssiedlung enthält 120 Räume und 3 Kivas. Sie wurde zwischen 1250 und 1300 n. Chr. von den Kayenta-Anasazi bewohnt

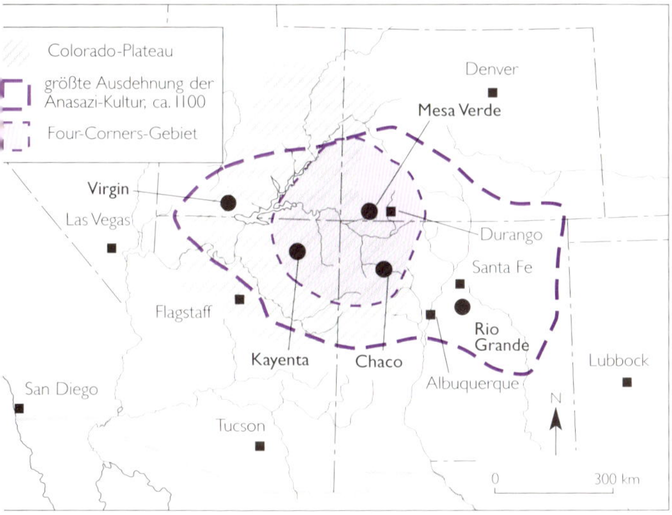

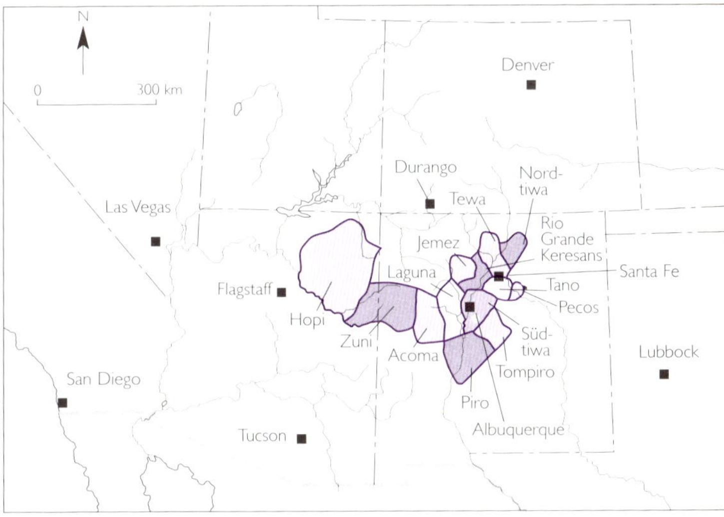

Osten. Nur die Rio-Grande-Anasazi und vereinzelte Gemeinschaften am Südrand des Colorado-Plateaus blieben zurück. Bis 1600, wenn nicht schon 1450 n. Chr., hatten sich diese Nachfahren der Anasazi zu den Hopi, Zuni, Keres, Tewa, Tiwa und Towa sprechenden Pueblo-Indianern des heutigen Arizona und New Mexico entwickelt. Die Geschichte dieser unverwüstlichen Völker, ihre Wanderungsbewegung und ihr Überlebenskampf, fasziniert uns seit mehr als 100 Jahren.

Die Pueblo-Indianer und die Archäologen haben unterschiedliche, aber einander ergänzende Erklärungen dafür, warum die Anasazi ihre Pueblo-Siedlungen verließen. Viele Wissenschaftler machten negative Umwelteinflüsse dafür verantwortlich. Sie gehen davon aus, dass die Anasazi aufgrund veränderter Klimabedingungen nicht mehr genug Nahrung produzieren konnten. Andere glauben, dass es soziale Probleme waren, die die Menschen aus ihrem Siedlungsgebiet vertrieben. Ihrer Ansicht nach zwangen innere Konflikte, Krieg und Angst vor feindlichen Übergriffen die Anasazi zuerst dazu, große, festungsartige Anlagen oder hoch gelegene Felsnischen-Siedlungen zu errichten, wo sie sich verteidigen konnten; aus denselben Gründen suchten sie später noch sicherere Plätze auf. Wieder andere Wissenschaftler vertreten die Theorie, dass es eine ganze Reihe von Anreizen gab – darunter eine neue Religion, erhöhte Sicherheit und ein besseres Anbauklima –, die die Anasazi dazu bewegten, das Four-Corners-Gebiet zu verlassen. In Kurzform gibt es zwei Theorien: Entweder waren es schwierige Lebensbedingungen, die die Anasazi aus der Region vertrieben (»Druckfaktoren«), oder die Aussicht auf bessere Lebensbedingungen anderswo (»Zugfaktoren«) hat sie dazu gebracht, ihre Heimat freiwillig aufzugeben. Die meisten Archäologen gehen heute jedoch von einer Kombination der beiden Thesen aus: Sowohl Umwelteinflüsse als auch soziale Faktoren veranlassten die Anasazi im 13. Jahrhundert, das Four-Corners-Gebiet zu verlassen.

Oben links: **Das traditionelle Siedlungsgebiet der Anasazi und die Ausbreitungsgrenzen der fünf Hauptgruppen um 1100**
Oben: **Lage der 13 historischen Pueblos um 1600**

Umwelteinflüsse und soziale »Druckfaktoren«

Die Analyse von Jahresringen, Pflanzenresten und Schwemmlandsedimenten ergab Hinweise auf Umwelteinflüsse, die zu Missernten geführt haben könnten. Gegen Ende des 13. Jahrhunderts trat beispielsweise eine Dürreperiode ein, die 24 Jahre andauerte (die »Große Dürre« von 1276–1299 n. Chr.); zwischen Anfang und Mitte des 13. Jahrhunderts kam es in kurzen Abständen zu mehreren Kältezeiten, die die Vegetationszyklen erheblich verkürzt haben dürften; eine Phase verspäteten Regenbeginns nach 1250 n. Chr. schädigte die Ernten, und gegen Ende des 13. Jahrhunderts sank der Grundwasserspiegel ab. Zusammengenommen haben diese Faktoren den Trocken- und Nassfeldbau wahrscheinlich gleichermaßen gefährdet, wenn nicht gar unmöglich gemacht.

Niederschlagsentwicklung in der Mesa-Verde-Region, 1200 bis 1300. Die Trockenperiode setzte 1276 ein und dauerte 24 Jahre

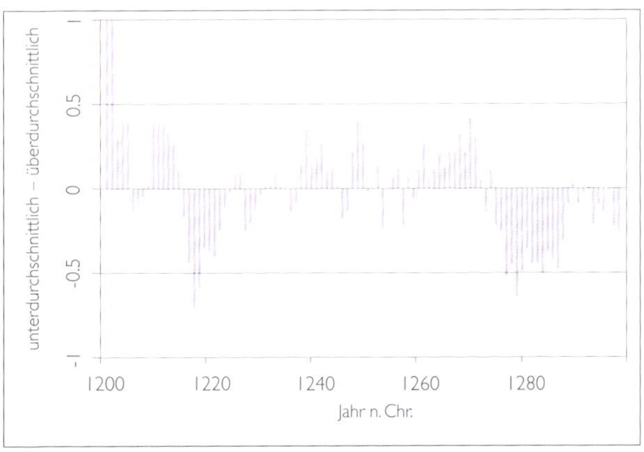

Die schwierigen Umweltbedingungen könnten darüber hinaus soziale Probleme verursacht haben. Möglicherweise kam es zu erbitterten Kämpfen um nutzbares Ackerland, Plünderungen von Nahrungsmittelvorräten und schließlich zu Hungersnöten, Krankheit und Tod.

Umwelteinflüsse und soziale »Zugfaktoren«

Im 13. und 14. Jahrhundert regnete und schneite es südlich und östlich des Four-Corners-Gebiets konstanter als nördlich und westlich. Dieser Umstand könnte dazu beigetragen haben, dass man gezielt an sicherere Orte zog, wo Freunde und Verwandte lebten und es noch nutzbares Ackerland gab.

Neue religiöse und soziale Entwicklungen im 14. Jahrhundert wurden südlich des Four-Corners-Gebiets nachgewiesen. Es entstanden Zeremonialgesellschaften und Gruppierungen zur Pflege von Religion, Heilkunde und Kriegskunst; außerdem entwickelten sich neue Großsiedlungen mit öffentlichen Bauten und Gemeinschaftshäusern. Möglicherweise setzten diese Entwicklungen bereits im 13. Jahrhundert ein und übten auf die alten Pueblo-Indianerstämme eine erhebliche Anziehungskraft aus.

Die Sicht der Pueblo-Indianer

Die heutigen Nachfahren der Pueblo-Indianer stellen die Erkenntnisse der Archäologen im Allgemeinen nicht in Frage. Sie interpretieren jedoch die Abwanderung der Anasazi nicht als unfreiwillige Aufgabe ihres Siedlungsgebiets, sondern als Teil eines kontinuierlichen Migrationsprozesses, der für die Geschichte der Pueblo-Indiander kennzeichnend ist. In Übereinstimmung mit mündlichen Überlieferungen lebten die Ahnen der Pueblo-Indianer weiter im Four-Corners-Gebiet, das auch heute noch von Pueblo-Indianern besucht und zu unterschiedlichen Zwecken genutzt wird.

Sowohl Umwelteinflüsse als auch soziale Faktoren werden die Anasazi bewogen haben, ihre Siedlungen aufzugeben, um sich eine neue Heimat zu suchen, die mehr Sicherheit und Zukunft versprach. Sie waren ein Volk, das stets auf veränderte Umwelt- und Lebensbedingungen zu reagieren wusste: Sie zogen weiter.

Links oben: **Der Pueblo Bonito der Chaco-Anasazi war eine riesige, festungsartige Siedlung, deren Gebäude bis zu 4 oder 5 Stockwerke hoch waren; zum Zeitpunkt seiner Aufgabe enthielt er an die 600 Räume und 40 Kivas**

Links: **Cliff Palace, Mesa Verde, mit etwa 220 Räumen und 23 Kivas: Zwischen 1250 und 1280 n. Chr. lebten hier die Mesa-Verde-Anasazi**

Einschläge von Riesenmeteoriten?

Zeit: die letzten 5000 Jahre
Ort: Die Erde

Und der dritte Engel stieß in die Posaune: und es fiel vom Himmel ein großer Stern, brennend wie eine Fackel. Er fiel auf den dritten Teil der Flüsse und auf die Wasserquellen.

OFFENBARUNG DES JOHANNES 8,10

SCHWEFEL UND FEUERREGEN, Pest, Sodom und Gomorrha, die sieben mageren Jahre in Ägypten und die Sintflut – es gibt zahlreiche biblische Geschichten über Gott, der Leid und Verderben über all jene bringt, die sich gegen ihn versündigten. Generationen von Archäologen und Bibelforschern haben darüber gestritten, ob diese Katastrophen wirklich stattfanden oder ob sie, was wahrscheinlicher ist, symbolisch zu verstehen waren. Es gibt aber auch Naturkatastrophen, die historisch belegt sind, wie den Vulkanausbruch auf Santorin im 2. Jahrtausend v. Chr., das große Erdbeben von 265 n. Chr., das die römische Stadt Kourion in Zypern zerstörte, und den Ausbruch des Tambora 1815 in Indonesien, der so viel Vulkanasche ausstieß, dass Europa zwölf Monate später fröstelnd das berühmte »Jahr ohne Sommer« erlebte. Auch wenn sich Naturwissenschaftler und Historiker über die tatsächlichen Auswirkungen solcher Katastrophen streiten, zweifelt niemand an ihrer Existenz. Trotzdem stellen einige Wissenschaftler heute eine neue Frage: Gibt es bislang unbekannte Naturkatastrophen, die den Lauf der Geschichte entscheidend beeinflussten?

1950 veröffentlichte Immanuel Velikovsky sein berühmtes Buch *Welten im Zusammenstoß*, in dem er nachzuweisen versucht, dass es im Laufe der Erdgeschichte zu zahlreichen, durch Meteoriteneinschläge verursachte Umweltveränderungen kam. Er ging sogar so weit, zu behaupten, dass im 1. und 2. Jahrtausend v. Chr. die Planteten Venus und Mars auf der Erde große Verwüstungen angerichtet hätten. Velikovskys Theorien stießen bei Naturwissenschaftlern auf so vehemente Ablehnung, dass einige sein Buch sogar verbieten lassen wollten. Seine Ideen waren blanker Unsinn, aber immerhin lieferte er eine präzise Beschreibung des verheerenden Meteoritenschauers, der auf die Erde niedergehen könnte, wenn ein Komet ihr zu nahe käme. 50 Jahre nach Velikovskys Veröffentlichung sind Meteoriten in der archäologischen Diskussion, diesmal allerdings aufgrund der großen Fortschritte in der Paläoklimatologie.

Jahresringe, Vulkane und Meteoriten

Der Paläoökologe Michael Baillie hat sich intensiv mit der Analyse von Jahresringen und den Klimaveränderungen der letzten 5000 Jahre, die sich an ihnen ablesen lassen, beschäftigt. Dabei stieß er auf eine Reihe von Klimaeinbrüchen, die sich als schmale Ringe in uralten irischen Eichen zeigten, aber auch in Bäumen an anderen Orten auf der ganzen Welt. Sie datieren von 2354 bis 2345 v. Chr., von 1628 bis 1623 v. Chr., von 1159 bis 1141 v. Chr., von 208 bis 204 v. Chr. und von 526 bis 545 n. Chr. Vor kurzem noch führte man solche Anoma-

An Jahresringen kann man das jährliche Wachstum ablesen und damit die klimatischen Bedingungen des jeweiligen Zeitraums

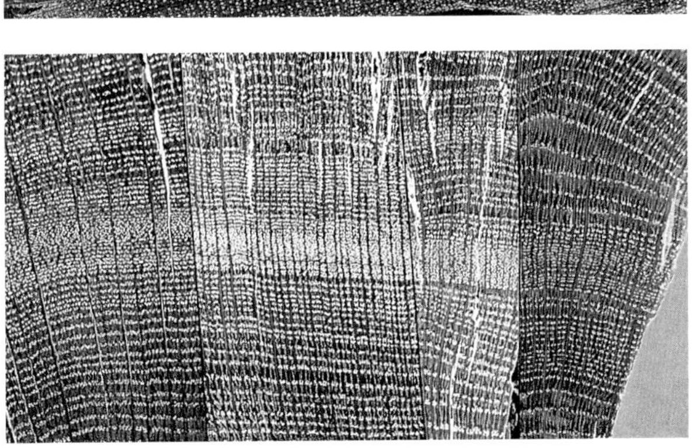

lien auf größere Vulkanausbrüche zurück, bei denen – wie beim erwähnten Ausbruch des Tambora – Asche in die Atmosphäre gelangt, die die Sonneneinstrahlung reduziert und damit eine Klimaverschlechterung und ein gebremstes Baumwachstum nach sich zieht. Vulkanausbrüche hinterlassen ihre Spuren auch in Form einer erhöhten Säurekonzentration in Gletscherkernen, die den jährlichen Schneefall dokumentieren. Die einzelnen Eisschichten werden chemisch ausgewertet, gezählt und datiert, allerdings lassen sich erhöhte Säurewerte nicht immer zweifelsfrei mit bestimmten Vulkanausbrüchen in Verbindung bringen. Interessanterweise hat man für das seltsame Geschehen am Anfang des 6. Jahrhunderts n. Chr., das in den Jahresringen deutlich markiert ist, noch keine Säurekonzentrationen gefunden.

Nachdem Baillie anhand der Baumringanalysen solche Umweltereignisse identifiziert hat, begibt er sich in ein Labyrinth aus Archäologie, Geschichtsforschung und Volkskunde. Er betrachtet die Baumringphänomene im Zusammenhang mit historischen und mythischen Ereignissen: die Sintflut aus der Schöpfungsgeschichte, die ägyptischen Plagen vor dem Exodus, die Hungersnöte am Ende der Herrschaft König Davids, die Hungerskatastrophe in China, die zum Ende der Qin-Dynastie führte, und schließlich noch die Legende um Merlin und König Artus in Britannien. Aber waren Vulkanausbrüche allein für solche weitreichenden, dramatischen Folgen verantwortlich? Oder mit Baillies Worten: »Steckt möglicherweise noch ein unbekannter Faktor in der Gleichung?« Aus dem weltweit überlieferten Schrifttum folgert Baillie, dass es sich bei diesem »Faktor« um Meteoriteneinschläge oder um Trümmer von Meteoritenschauern handeln könnte.

Der Ausbruch auf Santorin und der Exodus

Einige Wissenschaftler bringen die Klimaanomalie von 1628 v. Chr. mit dem Vulkanausbruch auf Santorin im Ägäischen Meer in Verbindung. Auf diesen wiederum führt Baillie den Zusammenbruch des Mittleren Reichs in Ägypten und den Einfall der Hyksos im Niltal sowie den Auszug der Israeliten aus Ägypten zurück – ein Ereignis, das in der Regel auf etwa 1250 v. Chr. datiert wird. Er verweist auf Ian Wilson, der die These vertritt, dass die »Wolkensäule … des Tages« und »die Feuersäule des Nachts«, die den Israeliten den Weg wiesen, von dem 800 Kilometer entfernten Vulkan auf Santorin stammen könnten. Könnte es sich, wie Baillie annimmt, bei dieser Bibelstelle tatsächlich um einen Augenzeugenbericht von dem Vulkanausbruch 1628 v. Chr. handeln? Hier begibt sich der Wissenschaftler auf dünnes Eis, denn nicht alle Archäologen stimmen der Datierung des Vulkanausbruchs auf 1628 v. Chr. zu: Alte archäologische Chronologien, die auf anderen historischen Ereignissen in Ägypten basieren, datieren den Vulkanausbruch auf etwa 1500 v. Chr. Aber Baillie geht sogar noch weiter: Er verbindet den Klimaeinbruch von 1628 v. Chr. mit Ereignissen an weit entfernten Orten wie Irland und China, wobei er wiederum auf extraterrestrische Einflüsse verweist, die für vulkanische oder andere seismische Aktivitäten verantwortlich sein könnten.

Folgt man der Bibel, dann lagen 480 Jahre zwischen dem Auszug der Israeliten aus Ägypten und dem Jahr, in dem König Salomo seinen Tempel erbauen ließ und eine »Wolke das Haus des Herrn erfüllte«. Wie in Psalm 18 beschrieben: »Da wankte die Erde, und sie erbebte, erschüttert wurden die Berge bis auf den Grund, Zittern befiel sie von seinem flammenden Zorn. Sein Odem war rauchende Wolke, aus seinem Mund brach verzehrendes Feuer, flammende Lohe brannte aus ihm.« Da dieser Zeitraum von 480 Jahren etwa dem Intervall zwischen zwei von Baillie identifizierten Klimaphänomenen (1628 und 1159–1141 v. Chr.) entspricht, geht dieser davon aus, dass die Bibel in Wirklichkeit von verheerenden extraterrestrischen Einwirkungen im östlichen Mittelmeerraum berichtet.

Baillie vermutet, dass es im Laufe der Erdgeschichte zu Tausenden solcher Kollisionen mit Himmelskörpern gekommen ist, von denen jedoch viele nur gewaltige atmosphärische Verpuffungen waren und deshalb keine sichtbaren Spuren in Form von Einschlagskratern hinterließen. Dies war beispielsweise der Fall bei einem Meteoriten, der 1908 etwa 10 Kilometer über dem sibirischen Tunguska mit einer Sprengkraft von 12 bis 30 Megatonnen TNT explodierte und ein riesiges Waldgebiet verwüstete. Es kursierten vage Berichte über rätselhafte Beobachtungen und Explosionsgeräusche, die jedoch ignoriert oder vergessen worden wären, hätte nicht ein neugieriger russischer Wissenschaftler namens Leonid Kulik die betroffene Gegend

Links: **Diese künstlerische Darstellung zeigt den gewaltigen Einschlag eines Meteoriten von 800 Kilometer Durchmesser**
Rechts: **Meteoritenkrater im Nordosten Arizonas, USA: Der etwa 50 000 Jahre alte Krater ist ungefähr 200 Meter tief und hat einen Durchmesser von 800 Metern. Man weiß erst seit relativ kurzer Zeit, dass es sich um einen Meteoritenkrater handelt**

bereist und die Auswirkungen der Explosion selbst dokumentiert. Die Detonation hinterließ weder einen Krater, noch fand man in Eisbohrkernen irgendwelche Spuren des Ereignisses.

Mit Hilfe von Infraschallmessungen konnten in jüngster Zeit Intensität und Häufigkeit von Explosionen in der Atmosphäre nachgewiesen werden; die Ergebnisse deuten darauf hin, dass im Laufe der vergangenen 5000 Jahre die Erde beziehungsweise ihre Lufthülle mindestens einmal, wahrscheinlich sogar öfter, von einem Meteoriten von einigen Hundert Meter Durchmesser oder auch einem Schwarm kleinerer Meteoritentrümmer getroffen wurde. Auch wenn diese Einschläge keine sichtbaren Spuren hinterließen, so geht Baillie davon aus, dass einige von ihnen in zunehmend dichter besiedelten Gebieten großen Schaden angerichtet haben könnten.

Das unheilvolle 6. Jahrhundert

Baumringanalysen bezeugen eine Sonnenverdunkelung infolge einer atmosphärischen Staubwolke 540 n. Chr., die offensichtlich auf keinen Vulkanausbruch zurückzuführen ist. Baillie vermutet, dass im 6. Jahrhundert ein Meteorit die Erde getroffen haben könnte und eine Reihe von Naturkatastrophen auslöste, darunter Erdbeben, große Hungersnöte, eine außergewöhnlich kalte Witterung, Überschwemmungen und Seuchen. Diese ungewöhnlichen Ereignisse wurden jahrhundertelang überliefert.

Der Journalist David Keys ermittelte das Jahr 535/536 n. Chr. als den kritischen Zeitraum, in dem ein verheerendes Naturereignis 18 Monate lang die Sonne verdunkelte und damit weltweit das Klima veränderte. Ungewöhnlich starke Regenfälle im tropischen Afrika führten zu einer rapiden Vermehrung der Ratten- und Flohpopulation, woraufhin sich im 6. Jahrhundert im Mittelmeerraum und Europa die Beulenpest verheerend ausbreitete. 537 und 538 n. Chr. forderte eine große Dürre in China zahllose Menschenleben und zog weite Teile der mongolischen Steppe in Mitleidenschaft, was wiederum Migrationsbewegungen in Eurasien auslöste und letztlich zur Entstehung des awarischen Reichs in Osteuropa und der Westukraine führte. Die Awaren gerieten bald in Konflikt mit dem geschwächten Römischen Reich, das unter Geldknappheit, der Eroberung des Balkans durch Awaren und Slawen, der persischen Besetzung großer Teile des Ostreichs, Seuchen und religiösen Differenzen litt. Keys ist der Meinung, dass diese Probleme direkt oder indirekt mit den ungewöhnlich instabilen Klimaverhältnissen Westeuropas zwischen 535 und 555 zusammenhängen.

Er argumentiert, dass ein Dominoeffekt, ausgelöst durch Klimakatastrophen und Seuchen im 6. Jahrhundert, zur Expansion des angelsächsischen England sowie zu weit verbreiteten Dürren und Hungerkatastrophen führte. Auf der anderen Seite des Atlantiks trug die Dürre im 6. Jahrhundert zum Untergang der bedeutenden Stadt Teotihuacán bei und hatte starke politische Auswirkungen auf das Maya-Tiefland, wo der Stadtstaat Tikal einen vorübergehenden Niedergang erlebte. Eisbohrungen in dem Quelccaya-Gletscher in den Anden dokumentieren Trockenperioden im 6. Jahrhundert sowie El-Niño-Phänomene, die die Mochica-Zivilisation an der Nordküste Perus dezimierten und Tiwanaku am Titicacasee im Hochland zum Aufschwung verhalfen. Keys führte all diese Entwicklungen auf einen gewaltigen Vulkanausbruch im Jahre 535 zurück, der sich in der Sundastraße zwischen Java und Sumatra ereignete und bei dem Asche und Gesteinsbrocken 48 Kilometer hoch in die Strato-

Kometen wurden immer schon mit großen Katastrophen in Verbindung gebracht. Auf dem Teppich von Bayeux erscheint der Halleysche Komet zur Zeit der Schlacht bei Hastings und des Todes von König Harold II. Godwinson von England

sphäre geschleudert wurden. Hier allerdings widerspricht ihm Baillie, der für diese Phänomene extraterrestrische Einflüsse verantwortlich macht.

Baillies Ansicht nach spielten die Trümmerteile, die bei Fastzusammenstößen aus dem Meteoritenkörper gerissen wurden, für die Menschheitsgeschichte eine entscheidende Rolle. Anhand von Klimadaten, archäologischen Befunden, historischen Aufzeichnungen und volkstümlichen Überlieferungen entwirft er ein rein hypothetisches Szenario, das noch wissenschaftlich bewiesen werden muss. Da viele Klimaphänomene kaum Spuren hinterlassen, dürfte dies allerdings nicht leicht fallen. Trotzdem ist Baillies Hypothese ein Hinweis darauf, welchen Einfluss klimatische und geologische Phänomene auf das Leben auf der Erde hatten und möglicherweise noch haben werden.

Diese Fotografie zeigt die Verwüstungen, die die Explosion eines Meteoriten 1908 über Tunguska in Sibirien auslöste. Da es keinen Einschlagskrater gibt und der Wald sich wieder regenerierte, finden sich am Boden kaum noch Hinweise auf die Explosion. Wie oft haben sich in der Vergangenheit ähnliche Katastrophen ereignet, die ganze Kulturen zugrunde richteten, ohne sichtbare Spuren zu hinterlassen?

Weiterführende Literatur

Mythen und Legenden: Was ist wahr?

1 Der Garten Eden

Koldewey, R.: *The Excavations at Babylon.* London 1914.
Reade, Julian: »Die Hängenden Gärten von Babylon«. *Die Siebzig Weltwunder.* Hg.: Scarre, Chris. Frankfurt am Main 2000.
Wiseman, D.J.: *Nebuchadrezzar and Babylon: The Schweich Lectures of the British Academy 1983.* Oxford 1985.

2 Die Sintflut und die Arche Noah

Bright, J.: »Has Archaeology found evidence of the Flood?« *Biblical Archaeologist Reader,* I. Hg.: Wright, G.E. u. Freedman, D.N. ASOR 1964: 32–40.
Ryan, Wiliam u. Pitman, Walter: *Sintflut: Ein Rätsel wird entschlüsselt.* Bergisch Gladbach 1999.

3 Der Auszug aus Ägypten: Mythos oder Realität?

Davies, P.: »What Separates a Minimalist from a Maximalist? Not Much«. *Biblical Archaeology Review* 26, Nr. 2.
Dever, W.G.: »Save us from Postmodern Malarkey«. *Biblical Archaeology Review,* 26, Nr. 2.
Millard, A.: »How Reliable is Exodus?«. *Biblical Archaeology Review* 26, Nr. 4.
Sarna, N.A.: »Israel in Egypt«. *Ancient Israel.* (Hg.): Shanks, H. Eaglewood Cliffs 1989.

4 Der Untergang von Sodom und Gomorrha

Harris, G.M. u. Beardow, A.P.: »The destruction of Sodom and Gomorrah: a geotechnical perspective«, *Quarterly Journal of Engineering Geology* 28 (1995): 349–62.
van Hattem, W.C.: »Once Again: Sodom and Gomorrah«. *Biblical Archaeologist,* 44, Nr. 2 (1981): 87–92.
Neev, D. u. Emery, K.O.: *The Destruction of Sodom, Gomorrah, and Jericho. Coordination of Biblical and Scientific Information.* New York 1995.
Politis, K.D. et al.: *Excavations at the Sanctuary of Lot at Deir 'Ain 'Abata, Jordan.* London 2001.
Schaub, R.T. u. Rast, W.E.: *Reports of the Expedition to the Dead Sea Plain, Jordan, Vol I. Bab edh-Drah: Excavations in the Cemetery Directed by Paul W. Lapp (1965–67),* ASOR Winona Lake 1983.

5 Atlantis: Legende oder Tatsache?

de Camp, L.Sprague: *Lost Continents: The Atlantis Theme in History, Science, and Literature.* New York 1970
Castleden, R.: *Atlantis Destroyed.* London u. New York 1998.
Donnelly, I.: *Atlantis: The Antediluvian World* (Orig. Ausg. 1881) New York 1971.
Galanopoulos, Angelos George u. Bacon Edward: *Die Wahrheit über Atlantis.* München 1980.
Luce, John Victor: *Atlantis: Legende und Wirklichkeit.* Bergisch Gladbach 1980.
Pelligrino, C.: *Unearthing Atlantis: An Archaeological Odyssey.* New York 1971.

6 Der Trojanische Krieg

Fitton, J.L.: *The Discovery of the Greek Bronze Age.* London u. Cambridge, Mass. 1996.
Homer: *Ilias.* Frankfurt am Main 1997.
Johnston, I.: »The Legend of the Trojan War.« www.mala.bc.ca/~johnstoi/clas101/troy.htm.
Rutter, J.B.: »Troy VII and the Historicity of the Trojan War.« http://tenaya.cs.dartmouth.edu/history/bronze_age/lessons/27.html.
Wood, Michael: *Der Krieg um Troja: Geschichte der Stadt, ihrer Wiederentdeckung und der neuesten Grabungen.* Frankfurt am Main 1985.

7 Theseus und der Minotaur

Castleden, R.: *The Knossos Labyrinth: A New View of the »Palace of Minos« at Knossos.* London u. New York 1990.
Castleden, R.: *Minoans: Life in Bronze Age Crete.* London u. New York 1993.
Fitton, J.L.: *The Discovery of the Greek Bronze Age.* London u. Cambridge, Mass. 1996.
Frazer, Sir J.G. (übers.): *Apollodorus, The Library.* Cambridge, Mass. 1960.

8 Jason und die Argonauten

Apollonios von Rhodos: *Das Argonautenepos.* Hg.: Glei, Reinhold u. Natzel-Glei, Stephanie. Darmstadt 1996.
Haskas, V.: 1996. Jason and the Argonauts: http://www.greece.org/poseidon/work/argonautika/argo.html.
Mertz, H.: *The Wine Dark Sea.* Chicago 1994.

9 Die Zehn Verlorenen Stämme Israels

Parfitt, T.: *Journey to a Vanished City: The Search for a Lost Tribe of Israel.* Phoenix 1997.

10 Die Suche nach der Bundeslade

Grierson, R. u. Munro-Hay, S.: *The Ark of the Covenant.* Phoenix 2000.

11 Der Stern von Bethlehem

Brown, Raymond E.: *The Birth of the Messiah: A Commentary on the Infancy Narratives in the Gospels of Matthew and Luke.* New York 1993.
Cramer, F.H.: *Astrology in Roman Law and Politics.* Chicago 1996.
Freitag, R.S.: *The Star of Bethlehem: A List of References.* Washington, DC 1979.
Lindsay, J.: *Origins of Astrology.* New York 1971.
Molnar, M.R.: *The Star of Bethlehem: The Legacy of the Magi.* New Brunswick u. London 1999.

12 König Artus und der Heilige Gral

Alcock, L.: *Arthur's Britain.* Harmondsworth 1971.
Ashe, Geoffrey (Hg.): *The Quest of Arthur's Britain.* London 1971.
Lacy, N.J. (Hg.): *The New Arthurian Encyclopedia.* New York 1991.
Lacy, N.J., Ashe, G.u. Mancoff, D.N.: *The Arthurian Handbook.* New York 1997, 2. Auflage.
Snyder, C.: *Exploring the World of King Arthur.* London u. New York 2000.
White, R. (Hg.): *King Arthur in Legend and History.* London 1998.

13 Das Grabtuch von Turin

Iannone, John C.: *The Mystery of the Shroud of Turin.* New York 1998.
Meachem, W.: »The Authentication of the Turin Shroud: An Issue in Archaeological Epistemology«. *Current Anthropology* 24 (Juni 1983).
Scavone, D.C.: *The Shroud of Turin.* San Diego 1989.
Scavone, D.C.: »The Historian and the Shroud«. *Proceedings of the Symposium History, Science, Theology and the Shroud,* 22.–23. Juni 1991. St. Louis 1991.
Stevenson, K.u. Habermas, G.: *The Shroud and the Controversy.* Nashville 1990.

14 Das Geheimnis der Maya: Weltuntergang 2012?

Friedel, D., Schele, L.u. Parker, J.: *Maya Cosmos: A Thousand Years on the Shaman's Path.* New York 1993.
Taube, K.: *Aztec and Maya Myths.* London 1993.
Tedlock, D.: *The Popol Vuh: The Definitive Edition of the Mayan Book of the Dawn and Life and the Glories of Gods and Kings.* New York 1985.

15 Aztlán und der Mythos der Aztekenwanderung

Boone, E. H.: »Migration Histories as Ritual Performance«. *To Change Place: Atzec Ceremonial Landscape.* Hg.: Carrasco, D. Boulder 1991.

Durán, Fray Diego: *The History of the Indies of New Spain.* Trans. D. Heyden. Norman and London 1994.

Matos Moctezuma, E.: *The Great Temple of the Aztecs.* London u. New York, 1988.

Paz, O.: *In Search of the Present.* 1990.

Sahagún, Bernardino de: *Florentine Codex: General History of the Things of New Spain,* Book 3, »The Origin of the Gods«, trans. Anderson and Dibble. Santa Fee, 1952.

Thomas, H.: *Conquest: Montezuma, Cortes and the Fall of Old Mexico.* New York 1993.

Townsend, R. F.: *The Aztecs.* London u. New York, Neuauflage 2000.

16 Traumzeit-Erinnerungen

Chaloupka, George: *Journey in Time: the World's Longest Continuing Art Tradition.* Chatswood 1993.

Flood, Josephine: *Rock Art of the Dreamtime: Images of Ancient Australia.* Sydney 1997.

Flood, Josephine: *Archaeology of the Dreamtime: the Story of Prehistoric Australia and its People.* Sydney 2000. (1. Auflage 1983).

Rätsel der Steinzeit

17 Die Herkunft der Menschheit

Aiello, L. u. Wheeler, P.: »The expensive-tissue hypothesis«. *Current Anthropology* 36 (1995): 199–221.

Boyd, R. u. Silk, J. B.: *How Humans Evolved.* New York u. London 2000. 2. Auflage.

Johanson, Donald u. Edgar, Blake: *Lucy und ihre Kinder.* Berlin 2000.

Lahr, M. M. u. Foley, R. A.: *»Towards a theory of modern human origins: geography, demography, and diversity in recent human evolution«. Yearbook of Physical Anthropology* 41 (1998). 137–176.

18 Die Entwicklung der Sprache

Dunbar, R.: *Grooming, Gossip and the Evolution of Language.* London 1996.

Mithen, S.: *The Prehistory of the Mind.* London u. New York 1996.

Pinker, Steven: *Der Sprachinstinkt: wie der Geist die Sprache bildet.* München 1998.

Pinker, S. u. Bloom, P.: »Natural language and natural selection«. *Behavioural and Brain Sciences* 13 (1990): 707–784.

19 Was geschah mit den Neandertalern?

Mithen, S.: *The Prehistory of the Mind.* London u. New York 1996.

Stringer, Chris u. Gamble, C.: *In Search of the Neanderthals.* London u. New York 1993.

Stringer, Chris u. McKie, Robin: *Afrika – Wiege der Menschheit: die Entstehung, Entwicklung und Ausbreitung des Homo sapiens.* München 1996.

20 Das Rätsel der paläolithischen Höhlenmalerei

Chauvet, J.-M., Brunnel Deschamps, E. u. Hillaire, C.: *Chauvet Cave: The Discovery of the World's Oldest Paintings.* London u. New York 1998.

Clottes, Jean u. Courtin, Jean: *Grotte Cosquer bei Marseille: eine im Meer versunkene Bilderhöhle.* Sigmaringen 1995.

Clottes, Jean u. Lewis-Williams, J. D.: *Schamanen: Trance und Magie in der Höhlenkunst der Steinzeit.* Sigmaringen 1997.

Leroi-Gourhan, André: *Prähistorische Kunst. Die Ursprünge der Kunst in Europa.* Freiburg, Basel u. Wien 1982.

Ruspoli, Mario: *Lascaux: Heiligtum der Eiszeit.* Freiburg, Basel u. Wien 1986.

21 Wer waren die ersten Australier?

Allen, J., Golson, J. u. Jones, R. (Hg.): *Sunda and Sahul. Prehistoric Studies in Southeast Asia, Melanesia and Australia.* London 1977.

Flood, J.: *Archaeology of the Dreamtime: the Story of Prehistoric Australia and its People.* Sydney 2000 (erste Auflage 1983).

22 Die ersten Amerikaner und der Kennewick-Mann

Chatters, J.: »The Recovery and Analysis of an Early Holocene Human Skeleton from Kennewick, Washington«, *American Antiquity* 65 (2) (2000): 291–316.

Dillehay, T.: *The First Settlement of the Americas: A New Prehistory.* New York 2000.

Dillehay, T. u. Meltzer, D. (Hg.): *The First Americans: Search and Research.* Boston 1991.

Dixon, J.: *Bones, Boats, and Bisons: Archaeology and the First Colonization of Western North America.* Albuquerque 1998.

Fagan, Brian M.: *Die ersten Indianer: das Abenteuer der Besiedlung Amerikas.* München 1990.

Meltzer, D.: »The Discovery of Deep Time: A History of Views of the Peopling of the Americas«. *Method and Theory for Investigating the Peopling of the Americas.* Hg.: Bonnichsen, R. u. Steele, D. G. Corvallis 1994: 7–26

Thomas, D. H.: *Skull Wars.* New York 2000.

23 Wie starben die Großtiere der Eiszeit aus?

»The Mammoth's Demise«. *Discovering Archaeology* Sept./Okt. (1999): 31–61.

Bahn, Paul u. Lister, Adrian: *Mammuts: die Riesen der Eiszeit.* Sigmaringen 1997.

Haynes, G.: *Mammoths, Mastodonts and Elephants.* Cambridge 1991.

Martin, P. S. u. Klein, R. G. (Hg.): *Quaternary Extinctions. A Prehistoric Revolution.* Tucson 1984.

Stuart, A. J.: »Mammalian extinctions in the late Pleistocene of Northern Eurasia and North America« *Biological Review* 66 (1991): 453–562.

24 Wie begann die Landwirtschaft?

Anderson, P.: *Prehistory of Agriculture: New Experimental and Ethnographic Approaches.* Institute of Archaeology, University of California, Monographie Nr. 40. Los Angeles 1999.

Bar-Yosef, O.: »The Natufian Culture in the Levant, threshold to the Origins of Agriculture«. *Evolutionary Anthropology* (1998): 159–77.

Smith, B.: *The Emergence of Agriculture.* Washington, DC 1997.

25 Das Rätsel der Felsmalerei

Bahn, P. G.: *The Cambridge Illustrated History of Prehistoric Art.* Cambridge u. New York 1998.

Chippindale, C. u. Taçon, P. S. C. (Hg.): *The Archaeology of Rock Art.* Cambridge u. New York 1998.

Lewis-Williams, J. D. u. Dowson, T. A.: *Images of Power: Understanding Bushman Rock Art.* Johannesburg 1989.

26 Die Bedeutung der Megalithen

Burl, A. u. Milligan, M.: *Circles of Stone: The Prehistoric Rings of Britain u. Ireland.* London 1999.

Joussaume, R.: *Dolmens for the Dead: Megalith-Building Around the World.* London 1987.

Renfrew, C. (Hg.): *The Megalithic Monuments of Western Europe.* London u. New York 1983.

27 Gab es einen Kult der Muttergöttin?

Ehrenberg, Margaret: *Die Frau in der Vorgeschichte.* München 1992.

Gimbutas, Marija: *The Living Goddesses.* Berkeley 1999.

Goodison, L. u. Morris, C. (Hg.): *Ancient Goddesses.* London 1998.

28 Der Mann aus dem Eis: Schäfer, Schamane?

Barfield, L.: »The Iceman Reviewed«. *Antiquity* 68 (1994): 10–26.

Fowler, B.: *Iceman: Uncovering the Life and Times of a Prehistoric Man Found in an Alpine Glacier.* New York 2000.

Spindler, K.: *Der Mann im Eis: neue sensationelle Erkenntnisse über die Mumie aus den Ötztaler Alpen.* München 2000.

29 Wie wurde Stonehenge gebaut?

Chippindale, C.: *Stonehenge Complete.* London u. New York 1994. 2. Auflage.

Fitchen, John: *Mit Leiter, Strick und Winde: Bauen vor dem Maschinenzeitalter.* Basel, Boston u. Berlin 1988.

Richard, J. u. Whitby, M.: »The engineering of Stonegenge«. *Science and Stonehenge.* Oxford, Proceedings of the British Academy 92. Hg.: Cunliffe, B. u. Renfrew, C. (1997): 231–256.

30 Woher kamen die Indoeuropäer?

Anthony, D. W.: »*The archaeology of Indo-European origins*«. *Journal of Indo-European Studies* 19 (1991): 193–222.

Gimbutas, Marija: »The fall und tansformation of Old Europe: Recapitulation«. *The Kurgan Culture and the Indo-Europeanization of Europe.* Journal of Indo-European Studies Monographie Nr. 18. Hg.: Dexter, M. R. u. Jones-Bley, K. Washington, DC 1997.

Mallory, J. P.: *In Search of the Indo-Europeans.* London u. New York 1989.

Mallory, J. P.: »*The homelands of the Indo-Europeans*«. *Archaeology and Language I.* Hg.: Blench, R. u. Sriggs, M. London u. New York (1997): 93–121.

Mallory, J. P. u. Adams, D. Q.: *Encyclopedia of Indo-European Culture.* London 1997.

Nichols, J.: »The epicentre of the Indo-European linguistic spread«. *Archaeology and Language I.* Hg.: Blench, R. u. Sriggs, M. London u. New York (1997): 122–148.

Renfrew, C.: *Archaeology and Language.* London 1987.

Alte Kulturen

31 Waren die alten Ägypter schwarz?

Bernal, Martin: *Schwarze Athene: die afroasiatischen Wurzeln der griechischen Antike.* Leipzig, 1992.

Brothwell, D. R. u. Chiarelli, B. A. (Hg.): *Population Biology of the Ancient Egyptians.* New York 1973.

Celenko, T. (Hg.): *Egypt in Africa.* Bloomington 1996.

Derry, D. E.: »The dynastic race in Egypt«. *Journal of Egyptian Archaeology* 42 (1956): 80–85.

Diop, C. A.: *The African Origin of Civilization: Myth or Reality?* New York 1974.

Trigger, B. B.: »Nubian, Negro, Black, Nilotic?« *Africa in Antiquity: The Arts of Ancient Nubia and the Sudan I.* Hg.: Hochfield, S. u. Riefstahl, E. Brooklyn 1978: 26–35.

32 Das Errichten von Pyramiden und Obelisken

Arnold, D.: *Building in Egypt: Pharaonic Stone Masonry.* Oxford u. New York 1991.

Dibner, B.: *Moving the Obelisks.* Cambridge, Mass. 1970.

Edwards, I. E. S.: *Die ägyptischen Pyramiden.* Wiesbaden 1967.

Engelbach, R.: *The Problem of the Obelisks.* New York 1923.

Fisher, M. J. u. Fischer, D. E.: *Mysteries of Lost Empires.* London 2000: 54–96.

Habachi, L.: *The Obelisks of Egypt: Skyscrapers of the Past.* Kairo 1984.

Lehner, Mark: *Das Geheimnis der Pyramiden in Ägypten.* München 1999.

33 Das Rätsel der Sphinx

Dessenne, A.: *Le Sphinx: étude iconographique.* Paris 1957.

Demisch, H.: *Die Sphinx.* Stuttgart 1977.

Hassan, S.: *The Sphinx: Its History in Light of Recent Excavations.* Kairo 1949.

Jordan, P. u. Ross, J. G.: *Riddles of the Sphinx.* London u. New York 1998.

Lehner, M.: »Reconstructing the Sphinx«. *Cambridge Archaeological Journal* 2/1 (1992): 3–26.

de Wit, C.: *Le rôle et le sens du lion dans l'Egypte ancienne.* Leiden 1951.

34 Wo lag das Land Punt?

Bradbury, L.: »Kpn-boats, Punt trade, and a lost emporium«. *Journal of the American Research Center in Egypt* 33 (1996): 37–60.

Fattovich, R.: »Punt: the archaeological prerspective«. *Sesto Congresso Internazionale di Egittologia, Atti II.* Turin 1993: 399–405.

Herzog, R.: *Pount.* Glückstadt 1968.

Kitchen, K. A.: »Punt and how to get there«. *Orientalia* 40 (1971): 184–207.

Kitchen, K. A.: »The land of Punt«. *The Archaeology of Africa.* Hg.: Shaw, T. et. al. London 1993: 587–608.

Stevenson Smith, W.:«The land of Punt«. *Journal of the American Research Center in Egypt* 1 (1962): 59–60.

35 Wurde Tutanchamun ermordet?

Brier, Bob: *Der Mordfall Tutanchamun.* München u. Zürich 2000.

Forbes, D. C.: »Abusing Pharaoh«. *KMT: a Modern Journal of Egyptology 3:1* (1992): 58–67.

Harrison, R. G. u. Abdalla, A. B.: »The Remains of Tutankhamun«. *Antiquity* 46 (1972): 8–14.

Leek, F. Filce: *The Human Remains from the Tomb of Tut'ankhamun.* Oxford 1972.

Reeves, N.: *The Complete Tutankhamun.* London u. New York 1990.

36 Wer verbirgt sich hinter den Tarim-Mumien?

Barber, E. W.: *The Mummies of Ürümchi.* New York u. London 1999.

Mallory, J. P. u. Mair, V. H.: *The Tarim Mummies: Ancient China and the Mystery of the Earliest Peoples form the West.* London u. New York 2000.

37 Waren die Olmeken afrikanischen Ursprungs?

Coe, M. D.: *America's First Civilization: Discovering the Olmec.* New York 1968.

Diehl, R. A.: »The Olmec World«. *Olmec Art of Ancient Mexico.* Hg.: Benson, E. P. u. de la Fuente, B. Washington, DC 1996: 29–34.

Haslip-Viera, G., Ortiz de Montellano, B. u. Barbour, W.: »Robbing Native American Cultures: Van Sertima's Afrocentricity and the Olmecs. *Current Anthropology* 38:3 (1997): 419–441.

Ortiz de Montellano, B., Haslip-Viera, G. u. Barbour, W.: »They Were NOT Here before Columbus: Afrocentric Hyperdiffusionism in the 1990s«. *Ethnohistory* 44:2 (1997): 199–234.

Van Sertima, I.: *They came before Columbus: The African Presence in Ancient America.* New York 1976.

38 Warum opferten die Karthager Kinder?

Brown, S.: *Late Carthaginian Child Sacrifice and Sacrificial Monuments in their Mediterranean Context.* Sheffield 1991.

Hurst, H.: »Child sacrifice at Carthage«. *Journal of Roman Archeaology* 7 (1994): 325–28.

Hurst, H.: »The Sanctuary of Tanit at Carthage in the Roman Period«. *Journal of Roman Archaeology Supplementary Serie 30.* Portsmouth, Rhode Island 1999.

Moscati, Sabatino: *Gli adoratori di moloch: indagine su un celebre rito cartaginese.* Milan 1991.

Lancel, S.: *Carthage, a History.* Oxford 1995: 227–256.

Stager, L. E.: »The rite of child sacrifice at Carthage«. *New Light on Ancident Carthage.* Hg.: Pedley, J. G. Ann Arbor 1980: 1–11.

39 Orakel: Propheten oder Profitmacher?

Fontenrose, J.: *The Delphic Oracle: Its Responses and Operations with a Catalogue of Responses.* Berkeley 1978.

Forrest, G.: »Colonization and the Rise of Delphi«. *Historia* 6 (1957).

Maurizio, L.: »Anthropology and Spirit Possession: A Reconsideration of the Pythias's Role at Delphi«. *Journal of Hellenic Studies* 115 (1995).

Morgan, C.: *Athletes and Oracles.* Cambridge 1985.

Parke, H. W. A.: *History of the Delphic Oracles.* Oxford 1939.

Price, S.: »Delphi and Divination«. *Greek Religion and Society.* Hg.: Easterling, P. E. and Muir, J. V. Cambridge 1985.

40 Wer waren die Kelten?

Chapman, M.: *The Celts: the Construction of a Myth.* Basingstoke u. London 1992.

Cunliffe, B.: *The Ancient Celts.* Oxford 1997.

Green, M. J. (Hg.): *The Celtic World.* London 1995.

Haywood, J.: *The Historical Atlas of the Celtic World.* London u. New York 2001.

James, S.: *The Atlantic Celts: Ancient People or Modern Invention?* London 1999.

James, S.: *Das Zeitalter der Kelten.* Düsseldorf 1996.

41 Moorleichen: Kult- oder Mordopfer?

Glob, Peter V.: *Die Schläfer im Moor.* München 1966.

von der Sanden, W.: *Through Nature to Eternity. The Bog Bodies of Northwest Europe.* Amsterdam 1996.

Turner, R. C. u. Scaife, R. G. (Hg.): *Bog Bodies. New Discoveries and New Perspectives.* London 1995.

42 Die verschwundenen römischen Legionen
Birley, E.: »The end of the Ninth Legion«. *Soldier and Civilian in Roman Yorkshire.* Hg.: Butler, R. M. Leicester 1971.
Keppie, L.: »Legio VIIII in Britain: The Beginning and the End«. *Roman Fortresses and their Legions.* Hg.: Brewer, R. London u. Cardiff 2000: 83–100.
Keppie, L.: *The Making of the Roman Army: from Republic to Empire.* London 1984. Neuauflage 1998.
Webster, G.: *The Roman Imperial Army.* London 1969. Neuauflage 1998.

43 Die Mithras-Mysterien
Beard, M., North J. u. Price, S.: *Religions of Rome.* Bd. 2. Cambridge 1998: 88–91, 305–319.
Beck, R.: »Mithraism since Franz Cumont«. *Aufstieg und Niedergang der römischen Welt* II.17.4. Berlin u. New York 1984, 2002–2015.
Beck, R.: »The mysteries of Mithras«. *Voluntary Associations in the Graeco-Roman World.* Hg.: Klappenborg, J.S. u. Wilson, S.G. London 1996: 176–85.
Turcan, R.: *The Cults of the Roman Empire.* Oxford 1996: 195–247.
Ulansey, David: *Die Ursprünge des Mithraskults: Kosmologie und Erlösung in der Antike.* Stuttgart 1998.
Vermaseren, Maarten J.: *Corpus inscriptionum et monumentorum religionis Mithraicae.* 2 Bde. Den Haag 1956 und 1960.
Vermaseren, Maarten J.: *Mithras: Geschichte eines Kultes.* Stuttgart 1965.

44 Die verschwundene Stadt der Maya
Graham, I.: »Mission to La Corona«. *Archaeology* 50 (5) (1997): 46.
Marcus, J.: *Emblem and State in the Classic Maya Lowlands: An Epigraphic Approach to Territorial Organization.* Washington, DC 1976.
Martin, S. u. Grube, N.: *Chronicle of the Maya Kings and Queens: Deciphering the Dynasties of the Ancient Maya.* London u. New York 2000.
Schuster, A.: »The Search for Site Q«. *Archaeology* 50 (5) (1997): 42–45.
Stuart, D. u. Houston, S. D.: »Classic Maya Place Names«. *Studies in Pre-Columbian Art and Archaeology* Nr. 33. Washington, DC 1994.

45 Das Geheimnis der Nasca-Linien
Aveni, A. (Hg.): *The Lines of Nazca.* Philadelphia 1990.
Aveni, A.: »Solving the Mystery of the Nasca Lines«. *Archaeology* 53 (3) (2000): 26–35.
Aveni, A.: *Nasca. Eighth Wonder of the World?* London 2000.
von Hagen, A. u. Morris C.: *The Cities of the Ancient Andes.* London u. New York 1999.
Moseley, M.: *The Incas and their Ancestors.* London u. New York 1992.
Silverman, H.: »The Early Nasca Pilgrimage Center of Cahuachi and the Nasca Lines: Anthropological and Archaeological Perspectives«. *The Lines of Nazca.* Hg.: Aveni, A. Philadelphia 1990: 209–244.

46 Wer erbaute Tiahuanaco?
Bauer, B. u. Stanish, C.: *Ritual and Pilgrimage in the Ancient Andes.* Austin 2001.
Goldstein, P.: »Tiwanaku temples and state expansion: a Tiwanaku sunken-court temple in Moquegua, Peru«. *Latin American Antiquity.* 4 (1) (1993): 22–47.
Janusek, J. W.: »Craft and local power: embedded specialization in Tiwanaku cities«. *Latin American Antiquity* 10 (2) (1999): 107–31.
Kolata, A.: *The Tiwanaku.* London 1993.
Moseley, M.: *The Incas and their Ancestors.* London u. New York. Neuauflage 2001.

47 Warum opferten die Inka Kinder?
Bauer, B.: *The Sacred Landscape of the Inca. The Cusco Ceque System.* Austin 1998.
Cobo, B.: *Inca Religion and Customs.* Übers. und hrsg. von R. Hamilton. Austin 1990 (1653).
McEwan, C. u. van de Guchte, M.: »Ancestral Time and Sacred Space in Inca State Ritual«. *The Ancient Americas: Art from Sacred Landscapes.* Hg.: Townsend, R. Chicago 1992: 359–71.
Reinhard, J.: »Llullaillaco: An Investigation of the World's Highest Archaeological Site«. *Latin American Indian Literatures Journal* 9 (1) (1993): 32–65.
Reinhard, J.: »Frozen in Time«. *National Geographic Magazine* (November 1999): 36–55.

48 Wie wurden die polynesischen Inseln besiedelt?
Beaglehole, J.: *The Life of Captain James Cook.* Palo Alto 1974.
Bellwood, P.: *The Polynesians.* London u. New York 1987.
Finney, B.: *Voyage of Rediscovery.* Berkeley 1994.
Irwin, G.: *The Prehistoric Exploration and Colonization of the Pacific.* Cambridge 1992.

49 Die Statuen der Osterinsel
Diamond, J.: *Guns, Germs and Steel.* New York u. London 1997.
Finney, B.: *Voyage of Rediscovery.* Berkeley, Los Angeles u. London 1994.
Heyerdahl, Thor: *Die Kunst der Osterinsel: Geheimnisse und Rätsel.* München, Gütersloh u. Wien 1975.
Kirch, P.V.: *On the Road of the Winds.* Berkeley, Los Angeles u. London 2000.
Metraux, A.: *Ethnology of Easter Island.* Bernice P. Bishop Museum Bulletin 140. Honolulu 1940.
Routledge, K.: *Mystery of Easter Island.* London 1919.
van Tilburg, J.: *Easter Island Archaeology, Ecology and Culture.* London u. Washington, DC 1994.

Gräber und Schätze

50 Das rätselhafte Grab Nr. 55
Bell, M.: »An Armchair Excavation of KV 55«. *Journal of the American Research Center in Egypt* 27 (1990): 97–137.
Brock, L.P.: »Theodore Davis and the Rediscovery of Tomb 55«. *Valley of the Sun Kings: New Explorations in the Tombs of the Pharaohs.* Hg.: Wilkinson, R. H. Tuscon 1995: 34–46.
Dodson, A.: »King's Valley Tomb 55 and the Fates of the Amarna Kings«. *Amarna Letters* 3 (1994): 92–103.
Dodson, A.: *The Coffins and Canopic Equipment from the Tomb of Tutankhamun.* Oxford, in Vorbereitung.
Forbes, D.C.: »The ›Missing‹ Coffin Trough from KV 55«. *KMT: a Modern Journal of Egyptology* 10/3 (1999): 18–19.
Harrison, R.G.: »An Anatomical Examination of the Pharaonic Remains Purported to be Akhenaten«. *Journal of Egyptian Archaeology* 52 (1996): 95–119.
Reeves, C.N.: »A Reappraisal of Tomb 55 in the Valley of the Kings«. *Journal of Egyptian Archaeology* 67 (1981): 48–55.

51 Alexanders des Großen verschwundenes Grab
Adriani, A.: *La tomba di Alessandro: realtà, ipotesi e fantasie.* Rom 2000.
Colvin, H. M.: *Architecture and the After-Life.* New Haven u. London 1991: 42.
Fraser, P. M.: *Ptolemaic Alexandria.* Oxford 1972 I. 14–17 u. II. 31–33 (n. 79) u. 35 (n. 83).
Fedak, J.: *Monumental Tombs of the Hellenistic Age.* Toronto 1990.
Grimm, G.: *Alexandria. Die erste Königsstadt der hellenistischen Welt.* Mainz 1998: 66–69.

52 Das Grabmal des ersten Kaisers von China
Cotterell, Arthur: *Der erste Kaiser von China.* Frankfurt am Main u. Wien 1983.
Li Xueqin: *Eastern Zhou and Qin Civilizations.* New Haven 1985.
Loewe, M.u O'Shaughnessy, E. L. (Hg.): *The Cambridge History of Ancient China.* Cambridge 1999.
Pirazzoli-t'Serstevens, M.: *The Han Dynasty.* New York 1982.

53 Der verborgene Schatz am Toten Meer
Kyle McCarter, P. Jr.: »The mystery of the Copper Scroll after 40 years«. *The Dead Sea Scrolls.* Hg.: Shanks, H. BAS 1992.
Vermes, G.: *Introduction to the Complete Dead Sea Scrolls.* London 1999.
Wolters, W.: *The Copper Scroll. Overview, Text and Translation.* Sheffield 1996.

54 Das Grab Christi
Biddle, Martin: *Das Grab Christi.* Gießen u. Basel 1998.
Murphy-O'Connor, J.: *The Holy Land.* Oxford 1998, 4. Auflage.

Alte und nicht entzifferte Schriften

55 Die Entstehung der Schrift

Englund, R. K.: »The origins of script«. *Science*, 11. Juni 1993.
Claiborne, Robert: *Die Erfindung der Schrift*. Reinbek 1978.
Harris, R.: *The Origin of Writing*. London 1986.
Marshack, A.: *The Roots of Civilization*. New York 1991. 2. Auflage.
Robinson, Andrew: *Die Geschichte der Schrift*. Bern, Stuttgart u. Wien 1996.
Schmandt-Besserat, D.: *How Writing Came About*. Austin 1996.

56 Die proto-elamische Schrift

Nissen, H. J., Damerow, P. u. Englund, R. K.: *Archaic Bookkeeping*. Chicago 1993.
Potts, D. T.: *The Archaeology of Elam*. Cambridge 1999.
Walker, C. B. F.: *Cuneiform*. London 1987.

57 Die Indus-Schrift

Jansen, M., Mulloy, M. u. Urban, G. (Hg.): *Forgotten Cities on the Indus*. Mainz 1991.
Kenoyer, J. M.: *Ancient Cities of the Indus Valley Civilization*. Karatschi, 1998.
Parpola, A.: *Deciphering the Indus Script*. Cambridge 1994.
Possehl, G. L.: *Indus Age: The Writing System*. Philadelphia 1996.
http://www.harappa.com

58 Die Linear-A-Schrift und der Diskus von Phaistos

Chadwick, J.: *Linear B and Related Scripts*. London 1987.
Duhoux, Y.: *Le Disque de Phaestos*. Louvain 1977.
Pope, M. u. Raison, J.: »Linear A: changing perspectives«. *Études Minoennes I: Le Lineaire A*. Hg.: Duhoux, Y. Louvain 1978.
http://www.math.leidenuniv.nl/%7Elipi/archaeolgy/phaistos.html

59 Die Entstehung des Alphabets

Gardiner, A. H.: »The Egyptain origin of the Semitic alphabet«. *Journal of Egyptian Archaeology* 3 (1916).
Healey, J. F.: *The Early Alphabet*. London 1990.
King, C.: *The Twenty-Two Letters*. London 1966.
Naveh, J.: *Origins of the Alphabet*. London 1975.
Powell, B. B.: *Homer and the Origin of the Greek Alphabet*. Cambridge 1991.
Sassoon, J.: »Who on earth invented the alphabet?« *Visible Language*, Frühjahr 1990.

60 Das etruskische Alphabet

Bonfante, G. u. Bonfante, L.: *The Etruscan Language*. Manchester 1983.
Bonfante, L.: *Etruscan*. London 1990.
Pallottino, Massimo: *Die Etrusker*. Frankfurt am Main u. Hamburg 1965.
Spivey, N.: *Etruscan Art*. London u. New York 1997.

61 Die meroitische Schrift

Griffith, Francis Llewellyn: »Meroitic inscriptions«. *Areika*. Hg.: Randall Maciver, D. u. Woolley, C. L. Oxford 1909.
Shinnie, P. L.: *Meroe: A Civilization of the Sudan*. London 1967.
Welsby, D. A.: *The Kingdom of Kush*. London 1996.

62 Die zapotekische und isthmische Schrift

Coe, M. D.: *Mexico*. London u. New York 1994. 4. Auflage.
Justeson, J. S. u. Kaufman, T.: »A decipherment of epi-Olmec hieroglyphic writing«. *Science*, 259, 19. März 1993.
Macri, M. J.: »Maya and other Mesoamerican scripts«. *The World's Writing Systems*. Hg.: Daniels, P. T. u. Bright, W. New York 1996.
Urcid, J.: »Codices on stone: the genesis of writing in ancient Oaxaca«. *Indiana Journal of Hispanic Literatures* 13 (1998).

63 Runen und piktische Symbolsteine

Cummins, W. A.: *The Age of the Picts*. Stroud 1995.
Elliott, R. W. V.: »The Runic script«. *The World's Writing Systems*. Hg.: Daniels, P. T. u. Bright, W. New York 1996.
Page, R. I.: *Runes*. London 1987.
Sutherland, E.: *The Pictish Guide*. Edinburgh 1997.

64 Rongorongo

Bahn, P. u. Flenley, J.: *Easter Island, Earth Island*. London u. New York 1992.
Fischer, S. R.: Rongorongo: *The Easter Island Script*. Oxford 1997.
http://www.rongorongo.org

Der Untergang alter Kulturen

65 Die Minoer und der Vulkanausbruch auf Santorin

Dickinson, O.: *The Aegean Bronze Age*. Cambridge 1994.
Hood, S.: *The Minoans*. London u. New York 1971.
Friedrich, W. L.: *Fire in the Sea: The Santorini Volcano. Natural History and the Legend of Atlantis*. Cambridge 2000.
Luce, John Victor: *Atlantis: Legende und Wirklichkeit*. Bergisch Gladbach 1969.
Manning, S.: »The Bronze Age Eruption of Thera«. *Journal of Mediterranean Archaeology* 1(1) (1988): 17–82.
Manning, S.: *Absolute Chronology of the Aegean Bronze Age*. Sheffield 1995.

66 Der Untergang des Römischen Reichs

Bowersock, G. W., Brown, P. u. Grabar, O.: *Late Antiquity. A Guide to the Postclassical World*. Cambridge, Mass. u. London 1999.
Brown, P.: *The World of Late Antiquity: From Marcus Aurelius to Mohammed*. London 1971.
Gibbon, Edward: *Verfall und Untergang des Römischen Reiches*. Frankfurt am Main 2000.
Jones, A. H. M.: *The Later Roman Empire, 284–602. A Social, Economic, and Administrative Survey*. 3 Bde. Oxford 1964.
Webster, L. u. Brown, M. (Hg.): *The Transformation of the Roman World AD 400–900*. London 1997.

67 El Niño und das Ende der Mochica-Kultur

Alva, W. u. Donnan, C.: *The Royal Tombs of Sipán*. Los Angeles 1992.
Donnan, C.: *Moche Art and Iconography*. Los Angeles 1978.
Fagan, Brian M.: Die Macht des Wetters: Wie das Klima die Geschichte verändert. Düsseldorf 2001.
Moseley, M: *The Incas and Their Ancestors*. London u. New York 2001.
Shimada, I.: *Pampa Grande and the Mochica Culture*. Austin 1994.

68 Warum ging die Maya-Kultur unter?

Coe, Michael D.: *Die Maya*. Bergisch Gladbach 1977.
Culbert, P. (Hg.): *The Ancient Maya Collapse*. Albuquerque 1973.
Culbert, P.: »The Collapse of Classic Maya Civilization«. *The Collapse of Ancient States and Civilizations*. Hg.: Yoffee, N. u. Cowgill, G. Tuscon 1988: 232–254.
Sabloff, J. A.: *The Cities of Ancient Mexico*. London u. New York 1997.
Schele, Linda u. Freidel, David: *Die unbekannte Welt der Maya: Das Geheimnis ihrer Kultur entschlüsselt*. München 1999.

69 Was geschah mit den Anasazi?

Cordell, L.: *Archaeology of the Southwest*. San Diego 1997. 2. Auflage.
Ferguson, W. M. u. Rohn, A. H.: *Anasazi Ruins of the Southwest in Color*, Albuquerque 1987.
Plog, S.: *Ancient Peoples of the American Southwest*. London u. New York 1997.
Roberts, D.: *In Search of the Old Ones: Exploring the Anasazi World of the Southwest*. New York 1996.
Stewart, D.: *Anasazi America*. Albuquerque 2000.

70 Einschläge von Riesenmeteoriten?

Baillie, M.: *A Slice Through Time: Dendrochronology and Precision Dating*. London 1995.
Baillie, M.: *Exodus to Arthur*. London 1999.
Drews, R.: *The End of the Bronze Age: Changes in Warfare and the Catastrophe ca. 1200 B.C.* Princeton 1993.
Keys, David: *Als die Sonne erlosch: 535 n. Chr.: Eine Naturkatastrophe verändert die Welt*. München 1999.
Levy, D. H.: *The Quest for Comets*. Oxford 1995.
Velikovsky, Immanuel: *Welten im Zusammenstoß: Kosmische Katastrophen schufen unsere Zivilisationen*. Frankfurt am Main u. Berlin 1994.

Bildnachweis

o: oben; u: unten; m: Mitte; l: links; r: rechts.

1 Archäologisches Museum Heraklion. **2–3** © N. J. Saunders. **5l** Z. Radovan, Jerusalem. **5r** © Mick Sharp. **6l** Robert Harding Picture Library. **6r** © Daniel Schwartz/Lookat, Zürich. **7l** © British Museum, 2001. **7r** Louvre, Paris. **10–11** mit freundlicher Genehmigung des französischen Ministeriums für Kultur und Kommunikation, Kulturdirektion Bezirk Rhône-Alpes, Abteilung Archäologie. **12** Louvre, Paris. Photo AKG, London/Erich Lessing. **13o** © British Museum, 2001. **13u** Elizabeth Pendleton. **14o** © Christopher Chippindale. **14u** © Johan Reinhard. **15** Z. Radovan, Jerusalem. **16o**, **16–17** © Tony Morrison/South American Pictures. **16u** Museum of Antiquities, University of Newcastle upon Tyne. **17** Museo Archeologico, Florenz. Foto Gabinetto Fotografico, Florenz. **18–19** © The National Gallery, London. **20** MS Fr 112, Bibliothèque Nationale, Paris. **21** Bibliothèque Royale de Belgique, Brüssel, Belgien/Bridgeman Art Library. **22l** Collection Kofler Truniger, Luzern. Foto Eileen Tweedy. **22r** British Museum. Foto Eileen Tweedy. **23o** © British Museum, 2001. **23u** Pergamonmuseum Berlin. Photo AKG, London/Erich Lessing. **24l** S. Maria del Carmine, Brancacci Chapel, Florenz. **24r** © British Museum, 2001. **25** Z. Radovan, Jersualem. **26** © British Museum, 2001. **27** Werner Forman Archive. **28** Photo Department of Western Asiatic Antiquities, British Museum, London. **29o** Photo Sean Markey/ nationalgeographic.com © 2001 National Geographic Society. Alle Rechte vorbehalten. **29u** P. Winton. **30**, **31o** Z. Radovan, Jerusalem. **31b** Palacio de Liria, Madrid. **32** Ashmolean Museum, Oxford. **33u** Foto © Jürgen Liepe. **34** Glasgow Museums: The Burrell Collection. **33o**, **35o** P. Winton. **35u** Z. Radovan, Jerusalem. **36**, **36–7**, **37** © K. D. Politis. **38** Holkham Hall, Norfolk. **39o** Foto Hirmer. **39u** A. Kircher: *Mundus Subterraneus.* 1678. **40** Photo AKG London/Erich Lessing. **40-1** © Peter Clayton. **41** Archäologisches Museum Heraklion. Foto Agenzia Fotografica Luisa Ricciarini. **42o** I. Donnelly: *Atlantis: The Antediluvian World.* 1882. **42u** Museo del Prado, Madrid. Photo AKG London. **43** © The National Gallery, London. **44–45** Zeichnung von Lloyd Townsend. **45m** P. Winton *nach* Dörpfeld, überarbeitet von M. Korfmann. **45ul** © Peter Clayton. **45r** Photo AKG London. **46o** mit freundlicher Genehmigung des Troja-Projekts, Eberhard-Karls-Universität, Tübingen. **46ul** Mansell Collection. **46ur** Puschkin-Museum, Moskau. **47** Mykonos-Museum. Foto Deutsches Archäologisches Institut, Abteilung Athen. **48** © Tate Gallery, London 2000. **49o** Kunsthistorisches Museum Wien. Photo AKG London. **49u** Victoria & Albert Museum, London/Bridgemann Art Library. **50** Archäologisches Museum Heraklion. Photo AKG London. **51ol** © Peter Clayton. **51r** Archäologisches Museum Heraklion. Photo AKG London/Erich Lessing. **51bl** *nach* Dr. Stylianos Alexiou (*Minoikos Politismos*). **52** The Metropolitan Museum of Art, Harris Brisbane Dick Fund, 1934. **53o** Foto John Egan/Severin Archive. **53u** Eremitage, St. Petersburg. **54o** Mary Evans Picture Library. **54u**, **55l**, **55r** P. Winton. **56** © Jüdische National- und Universitätsbibliothek, Jerusalem. Beth Hatefutsoth Photo Archive, Tel Aviv. **57o** Jerusalem, Amishav – »Zur Sammlung der Zerstreuten Israels«. Beth Hatefutsoth Photo Archive, Tel Aviv. **57u** © British Museum, 2001. Photo AKG London/Erich Lessing. **58o** P. Winton. **58u** aus *Illustrations to the Epitome of the Ancient History of Japan* von N. Mckeod, Kyoto, 1877. © Jüdische National- und Universitätsbibliothek, Jerusalem. Beth Hatefutsoth Photo Archive, Tel Aviv. **58** © Tudor Parfitt. **60** Bibliothèque Nationale, Paris. **61o**, **61u**, **62o** Z. Radovan, Jerusalem. **62u** Archäologisches Museum Palästina. **63** Michael Molnar *nach* Raffaele Garrucci: *Storia dell arte cristina nei primi otto della chiesa.* Prato, G. Guasti, 1881, Bd. 6, Tafel 485. **64o** Photo AKG London/Erich Lessing. **64l**, **64r** Molnar Collection. Foto Michael Molnar. **65** Photo AKG London/Cameraphoto. **66ol**, **66or** Michael Molnar. **66u** Foto David Silverman © 2000. **67** © David Lyons/Event Horizons. **68o** © Crown Copyright NMR. **68u** Foto mit freundlicher Genehmigung des archäologischen Instituts an der Glasgow University. **69o** © English Heritage Photo Library/Jonathan Bailey. **69u** © Stadtrat Hampshire. **70** National Museum of Ireland, Dublin. **71l** mit Genehmigung der Holy Shroud Guild. **71c** mit Genehmigung von Pater Damianos, dem Sacred Council und den Mönchen des Klosters St. Catherine. **71r** Fortean Picture Library. **72l**, **72r** © 1978 Barrie Schwortz. **73o** © 1978 Mark Evans. **73m** © 1997 Barrie Schwortz. **73u** Fortean Picture Library. **74** © Justin Kerr. **75ol**, **75or** von Alfred Percival Maudslay *Archaeology*, R. H. Porter und Dulau, London 1889–1902. **75u** Codex Dresdensis, S. 74. **76l**, **76r** Richard Townsend. **77o** Museo del Templo Mayor, Mexico City. **77u** Bodleian Library, Oxford, MS. Arch. Selden. A. I, f. 2r. **78o** P. Winton. **78u** Museo Nacional de Antropología, Mexico City. Foto Richard Townsend. **79** © Christopher Chippindale. **80o** © Ken Wilson, Robert Harding Picture Library. **80u** © Christopher Chippindale. **81ol** Privatsammlung, New York. Werner Forman Archive. **81or** Christopher Chippindale. **81u** Bruce Nabegeyo: *Ngalyod – Rainbow Serpent*, 1995. Abdruck mit Genehmigung des Künstlers/Injalak Arts & Crafts Association. Foto © Christopher Chippindale. **82–3** © Jean Williamson/Mick Sharp. **84** Foto Jean Vertut. **85o** Foto Michael Day. **85u** P. Winton. **86** © 2001, The Natural History Museum, London. **86–7** Foto Michael Day. **87** mit freundlicher Genehmigung des Nationalmuseums von Kenia, Nairobi. **89** Foto Anna Klopet. **90** Foto von Robert I. M. Campbell. Mit freundlicher Genehmigung des Nationalmuseums von Kenia, Nairobi. **91o** P. Winton. **91m** Medizinische Fakultät, Universität Tel Aviv. **91u** Foto Volker Steger/Nordstar – 4 Million Years of Man/Science Photo Library. **92** T. Huxley: *Evidence as to Man's Place in Nature.* 1863. **93o** Giovanni Casselli. **93b** P. Winton/ A. Petersen. **94o** Foto mit freundlicher Genehmigung Jean-Jacques Hublin. **94** John Reader/Science Photo Library. **95l** © Instituto Portugûes de Arqueologia, Lissabon. **95r** © Stephen Morley. Abdruck mit Genehmigung von Channel Four Books. **96** Foto A. B. Weiden. **97o** Musée des Antiquités Nationales, St. Germain-en-Laye. **97o** mit freundlicher Genehmigung des französischen Ministeriums für Kultur und Kommunikation, Kulturdirektion Bezirk Rhône-Alpes, Abteilung Archäologie. **98**, **98-9** Foto M. O. & J. Plassard. **99** Foto A. B. Weiden. **100** Foto Laborie, Bergerac. **101** P. Winton. **102** © Stephen L. Davis. **103ol**, **ul** © 2001, The Natural History Museum, London. **103r** © Alan Thorne. **104** Foto J. L. Shellshear Museum. **105** Foto mit freundlicher Genehmigung J. M. Adovasio, University of Pittsburgh. **106l** Denver Museum of Natural History. **106r** Montana Historical Society Collection, Schenkung von Faye Case im Andenken an Ben Hargis. Foto Peter A. Bostrom. **106–7** Foto Tom Dillehay. **107o**, **107u** Foto © James C. Chatters. **108** P. Winton. **109** Foto Eileen Tweedy. **110** Zeichnung Andrew Farmer, A. Lister & P. Bahn: *Mammuts.* Sigmaringen, 1997. **111o** N. K. Vereshchagin. **111u** Denver Museum of Natural History. **112** G. Penna. **112–13** G. Penna *nach* Ann Winterbotham, A. Lister & P. Bahn: *Mammuts.* Sigmaringen, 1997. **113** Foto von Denis Fennin/American Natural History Museum, New York. **114** Z. Radovan, Jerusalem. **115ol** Sammlung der Altertümerverwaltung Israel. Foto © Israel-Museum, Jerusalem. **115mr**, **u** © Andrew Moore. **116** P. Winton. **117** © Andrew Moore. **118**, **119o** © Christopher Chippindale. **119u**, **120o** © Christopher Chippindale. **120u**, **121or** Alison Gascoigne. **121m** Rockart Research Institute, University of the Witwatersrand, Johannesburg. **121u** © 1982 Centro Camuno di Studi Preistorici, 25044 Capo di Monte, Italien. **122** © Paul Bahn. **123**, **124o** © Mick Sharp. **124u** George Eogan. **125o** Picardt, aus *Korte Beschryvinge von England, Scotlande ende Irland.* **125u** M. Jos le Doare, Chateaulin (Finistère). **126** © David Lyons/ Event Horizons. **127** © Skyscan Balloon Photography. English Heritage Photo Library. **128** Photo AKG London/Erich Lessing. **129o** Foto C. M. Dixon. **129u** Photo AKG London/Erich Lessing. **130o** Foto © Peter Clayton. **131** Dúchas, The Heritage Service, Dublin. **132** © Frank Spooner Pictures. Foto Hanny Paul. **133l** Christin Beeck, Römisch-Germanisches Zentralmuseum, Mainz. **133r** Südtiroler Museum für Archäologie, Museumstr. 42, I-39100 Bozen, www.iceman.it. Foto Augustin Ochsenreiter. **134l** © Frank Spooner Pictures. **134r** Christin Beeck, Römisch-Germanisches Zentralmuseum, Mainz. **135** © Frank Spooner Pictures. Foto G. Hinterleitner. **136–7** © English Heritage Photo Library. **137** © Wendy George, 1999. **138** © Mick Sharp. **139** Foto © Phil Rees. Dragon News & Picture Agency. **140o** P. Winton *nach* Richards, J. & Whitby, M., in: Cunliffe, B. & Renfrew, C. (Hg.): *Science and Stonehenge* (1997). **140u** Foto Julian Richards. **141** Historisches Bezirksmuseum, Lowetsch, Bulgarien. Photo AKG London/Erich Lessing. **142o**, **142ul**, **142ur**, **143o**, **143ul**, **143ur** P. Winton *nach* J. P. Mallory und V. H. Mair: *Tarim Mummies.* Thames & Hudson, 2000, **144–5.** © Peter Clayton. **146** Foto Heidi Grassley © Thames and Hudson Ltd. **147l**, **147r** Museum of Fine Arts, Boston. **148o**, **148u**, **149** Ägyptisches Museum, Kairo. Foto © Jürgen Liepe. **150l** I. Rosellini: *Monumenti dell'Egitto e della Nubia.* 1834. **151l** Mark Lehner. **151r** Metropolitan Museum of Art, New York. **152-3** mit freundlicher Genehmigung des Ägyptologischen Instituts, Prag. Foto Kamil Vodera. **153**, **154o** Lesley & Roy Adkins Picture Library. **154u** P. Winton *nach* M. Prendergast, in: M. J. Fisher und D. E. Fisher: *Mysteries of Lost Empires.* Channel Four Books, 2000. **155** Mark Lehner. **156** Foto Heidi Grassley © Thames & Hudson Ltd. **157ol** P. Winton. **157or** © John Ross. **157u** © Simon Harris. Robert

Harding Picture Library. **158** *La Description de L'Égypte.* Paris 1809. **159** Mark Lehner. **160o** A. Kircher: *Turris Babel.* 1679. **160u** Mark Lehner. **161l**, **161r** Ägyptisches Museum, Kairo. Foto © Jürgen Liepe. **162o** Foto © F. Jackson, Robert Harding Picture Library. **162u** A. Mariette: *Deir el Bahri.* Paris 1877. **163o** P. Winton. **163u** Foto © Ullstein. **164l** © John Ross. **164r** Griffith Institute, Ashmolean Museum, Oxford. **165o** Ägyptisches Museum, Kairo. **165u** © John Ross. **166l** Griffith Institute, Ashmolean Museum, Oxford. **166r** von Harrison und Abdalla: *Antiquity,* 46/181, 1972. **167**, **168** Jeffrey Newbury, Zeitschrift *Discover.* **169** Foto He Duxiu. **170ol** *nach* Albert von Le Coq: *Chotscho.* Berlin 1913. D. Reimer, 21. **170or**, **170u** P. Winton *nach* J. P. Mallory und V. H. Mair: *Tarim Mummies.* Thames & Hudson 2000. **171** Richard Stewart/NGS Image Collection. **172** Foto © Rafael Doniz. **173** Roger Wilson. **174** T. Wellman. **174–5**, **175or** Roger Wilson. **175ul** Bardo-Museum, Tunis. **176** Roger Wilson. **177** Antikenmuseum der staatlichen Museen zu Berlin. Stiftung Preußischer Kulturbesitz. **178o** Foto © Tony Gervis. Robert Harding Picture Library. **178u** mit freundlicher Genehmigung der École Française D'Athènes. **179o** © G. Dagli Orti. **179u** Foto Heidi Grassley © Thames & Hudson Ltd. **180–1** Delphi-Museum. **181** Delphi-Museum. Foto Hirmer. **182** © Landesamt für Denkmalpflege Hessen. Foto Ursula Seitz-Gray. **183** David Lyons/Event Horizons. **184** Museo Nazionale delle Terme, Rom. Foto Hirmer. **185** Rheinisches Landesmuseum, Trier. **186** © Kulturhistorisches Museum, Silkeborg, Dänemark. **187l** Archäologisches Landesmuseum Christian-Albrechts-Universität, Schleswig. **187r**, **188** Nationalmuseum, Kopenhagen. **189l** Rheinisches Landesmuseum, Bonn. **189m**, **189r** The Hunterian Museum, University of Glasgow. **190o** National Museum of Wales, Cardiff. **190u**, **191o** mit freundlicher Genehmigung des Yorkshire Museum. **191u** Foto mit freundlicher Genehmigung der Ermine Street Guard. **192o** P. Winton. **192u** © Reading Museum Service (Stadtrat Reading). Alle Rechte vorbehalten. **193** mit freundlicher Genehmigung der Smithsonian Institution, Freer Gallery of Art, Washington D.C. **194** British Museum. Foto Roger Wilson. **195o** Kurpfälzisches Museum, Heidelberg. Foto Roger Wilson. **195b** Roger Wilson. **196tl** Werner Forman Archive. **196or**, **196u** Roger Wilson. **197l** P. Winton. **197r** Simon Martin. **198o** © Justin Kerr. **198u** Simon Martin. **199** © Tony Morrison/South American Pictures. **200l** P. Winton. **200r** Archivio Whitestar. **201o** University Museum of Archaeology and Ethnology, Cambridge. **201u** mit freundlicher Genehmigung Helaine Silverman, Dept. of Anthropology, University of Illinois, Urbana-Champaign. **202l** Museo de Metales Preciosos Precolombinos, La Paz. Foto Dirk Bakker. **202r** Michael Glavin *nach* Alan Kolata. **203o** Robert Harding Picture Library. **203u** Foto Robert Frerck © Robert Harding Picture Library. **204** Foto Charles Stanish. **205l** © Johan Reinhard. **205r** Foto Loren McIntyre. **206l** © Johan Reinhard. **206r**, **207** Foto Loren McIntyre. **208** P. Winton. **209o** Foto © Derek Bayes. Aspect Picture Library. **209u** © David Hiser/Photographers Aspen Inc. **210** © Patrick Short. **211** Duché de Vancy, 1786. **212l** © Corson Hirschfeld. **212or** Zeichnungen von Cristián Arévalo Pakarati. **212–13** © Geoff Renner. Robert Harding Picture Library. **213** © Jo Anne Van Tilburg. **214** Foto Elizabeth Pendleton. **214–15**, **215ol**, **215or** © Jo Anne Van Tilburg. **216–17** © Daniel Schwartz/Lookat, Zürich. **218** Z. Radovan, Jerusalem. **219l** Dublin Historical Society, Dublin, New Hampshire. Schenkung von Jessie Taylor Hale. **219r** © 1985 H. Parkinson und Richard B. Parkinson. **220o** © Jürgen Liepe. **220u** © 1985 H. Parkinson und Richard B. Parkinson. **221** Ägyptisches Museum, Kairo. **222ol**, **222or** von R. G. Harrison: *Journal of Egyptian Archaeology* 52, 1966, Tafel XXVIII (I). **222l** Griffith Institute, Ashmolean Museum, Oxford. **223l** Foto Othmar Pferschy, Istanbul. **223r** Bibliothèque Nationale, Paris.

224 © Michael Pfrommer. **225o** P. Winton. **225u** H. M. Colvin: *Architecture and the After-Life.* Yale University Press 1991. **226o**, 226b Foto Roger Wilson. **227** Foto INDEX/Summerfield. **228o** P. Winton. **228u**, **229t** © Daniel Schwartz/Lookat, Zürich. **229u**, **230** Foto INDEX/Summerfield. **231** Foto David Silverman © 2000. **232o** Z. Radovan, Jersualem. **232u**, **233** Allegro Photo Archive (Manchester Museum) © Privatbesitz John M. Allegro. **234** Z. Radovan, Jerusalem. **235** Marcello Bertinetti/Archivio Whitestar. **236** Arthaud – Michael Audrain. **237o** Foto John Cook. **237u** Luca Rossi/Archivio Whitestar. **238–39**, **240** © British Museum, 2001. **241** Foto © RMN – Gérard Blot. **242l** Foto Jean Vertut. **242or**, **243ol** Institute of Graphic Arts für das U.S.-amerikanische Verkehrsministerium. **243or** © 2001 Cordon Art B. V. – Baarn, Holland. Alle Rechte vorbehalten. **243mr** Foto Albert Shoucair. **244o** von G. Palatino: *Libro Nuovo.* ca. 1540. **244u** mit freundlicher Genehmigung der British Library. **245** P. Winton *nach* Lamberg-Karlovsky. **246o** Foto © RMN. **246u** T. Wellman *nach* Abbildung 74 von Hans J. Nissen, Peter Damerow, R. K. Englund: *Archaic Bookkeeping.* University of Chicago Press 1993. **247** Robert Harding Picture Library. **248ol** P. Winton. **248or** Nationalmuseum, Neu-Delhi. **249ol** Foto Jyrki Lyytikkä für die Universität von Helsinki/Amt für Archäologie und Museen, Staatsregierung Pakistan. **249or** Foto Jyrki Lyytikkä für die Universität von Helsinki/Archaeological Survey of India. **249u** P. Winton *nach* A. Parpola. **250** Ashmolean Museum, Oxford. **250-1** M. Winch/Axiom. **251** A. Evans: *The Palace of Minos,* Bd. 4, 1935. **252l**, **252r** Archäologisches Museum Heraklion. **254** P. Winton *nach* A. Petersen, A. Robinson: *Die Geschichte der Schrift.* Bern, Stuttgart & Wien 1996. **255t** © Michael Jenner. **255u** Rudyard Kipling: *Genau-so-Geschichten.* Zürich 2001. Neuübersetzung. **256o** British Museum, London. **256ul** William Foxwell Albright: *The Proto-Sinaitic Inscriptions and their Decipherment.* Harvard Theological Studies, Bd. 22, 1966. Copyright 1966 Präsident und Mitgliedschaft des Harvard Colleges. **256ur**, **257l** T. Wellman. **257r** Foto von Bruce Zuckerman und Marilyn Lundberg, West Semitic Research Project. **258r** The Metropolitan Museum of Art, Fletcher Fund, 1924. **259l** Museo di Villa Giulia, Rom. **260** Derek Welsby. **261r** Smithsonian Institution, Washington D.C. **262** Zeichnung mit freundlicher Genehmigung von George Stuart. **263** Foto Jan Rietz/Tiofoto. **264m** T. Wellman. **264u** © The Trustees of the National Museums of Scotland 2001. **265l** The Sutherland Trust, Dunrobin Castle. Foto David Sim. **265r** © The Trustees of the National Museums of Scotland 2001. **267o** Peter Bellwood. **268–9** © Tom Till. **270** Photo AKG London. **271** P. Winton. **272o** Foto Henri Stierlin. **272u**, **273o** © Jürgen Liepe. **273u** Foto Henri Stierlin. **274** Foto G. Goakimedes. **275** P. Winton. **276o** Academia de la Historia, Madrid. Werner Forman Archive. **276u** Museo delle Terme, Rom. Foto Deutsches Archäologisches Institut, Abteilung Rom. **277o** Photo AKG London/Erich Lessing. **277u** Foto Mark Humphries. **278** P. Winton. **279l** Tony Morrison/South American Pictures. **279r** P. Winton. **280l** British Museum, London. **280r** © UCLA Fowler Museum of Cultural History. Foto Susan Einstein, Los Angeles. **281** Foto Steve Bourget. **282** P. Winton. **283o** T. Proskouriakoff. **283u** © Justin Kerr. **284** N. Grube. **285o** © Justin Kerr. **285u** Foto Massimo Borchi/Archivio Whitestar. **286** Nationalpark-Verwaltung, U.S.-amerikanisches Innenministerium. Foto Fred Mung, Jr. **287ol**, **287or** P. Winton *nach* Linda Cordell: *Archaeology of the Southwest.* Academic Press Inc. 1997. **287u** P. Winton *nach* Carol J. Ellick. **288o**, **288u** © Mick Sharp. **289o**, **289u** Foto Mike Baillie. **290–91** NASA/Science Photo Library. **291** David Parker/Science Photo Library. **292o** Musée de la Tapisserie, Bayeux. Foto Giraudon. **292u** © Novosti (London).

Register